공인회계사
1차 세법

10개년 기출문제집

CPA

CERTIFIED PUBLIC ACCOUNTANT

머리말

공인회계사 시험 세법 과목은 그 내용이 방대하여 수험생들이 어려워하는 과목 중 하나입니다. 저 또한 과거 시험 공부시 어려워했던 과목 중 하나였습니다.

본서는 공인회계사 시험을 준비하는 수험생뿐만 아니라 세무사 시험을 준비하는 수험생의 1차 세법 시험에 대비하는 실전 문제 풀이 연습서이자, 기본서의 역할과 최종정리서를 필요로 하는 수험생을 위한 기출문제집 해설서입니다.

본서의 특징은 다음과 같습니다.

도서의 특징

1. 본서의 기출문제는 원본의 내용대로 수록하였으나, 세법 개정으로 수정해야 하는 경우에 일부 수정하여 수록하였습니다.
2. 본서의 문제 지문과 해설은 2023년 7월에 발표된 세제개편안의 내용을 반영하여 수정 · 보완함으로써 2024년 1차 세법 시험에 대비하였습니다. 개정안 내용은 해설편에서 개정안으로 표시하여 수험생들이 확인할 수 있도록 하였습니다.
3. 본서는 수험생들이 주의해야 할 사항이나 중요한 사항에 대하여 해설편의 더 알아보기 과정을 통하여 정리하였습니다.
4. 기출 문제 중 난이도가 높은 문제에 대하여는 고난도 를 표시하고, 문제 풀이 과정과 계산과정을 상세히 표시하였습니다.

마지막으로 본서를 통하여 공부하는 수험생들의 합격과 건승을 기원합니다.

저자 **박지성**

공인회계사 시험제도 안내

시험방법

❶ 공인회계사 시험은 공인회계사가 되려고 하는 자에게 필요한 기초소양, 일반적인 학리와 그 응용능력을 검정하기 위한 시험으로서 제1차시험 및 제2차시험을 구분하여 시행됩니다.

❷ 제1차시험은 객관식 필기시험으로 실시되고, 제1차시험 합격자는 당해연도 제2차시험과 다음 회의 제2차시험에 응시할 수 있습니다.

❸ 제2차시험은 주관식 필기시험으로 실시되고, 제2차시험의 합격자에게는 한국공인회계사회에서 금융위원회가 발급하는 합격증서를 교부합니다.

※ 공인회계사 시험 시행계획은 금융감독원 공인회계사시험 홈페이지(cpa.fss.or.kr) 공고 참고

응시자격

제1차시험과 제2차시험 공통 응시자격

"학교 등에서 학점이수 해당과목별로 회계학 및 세무관련과목 12학점 이상, 경영학과목 9학점 이상, 경제학과목 3학점 이상을 이수한 자 또는 이수한 것으로 학점인정을 받은 자"만이 공인회계사 시험에 응시할 수 있습니다.

제1차시험 응시자격

❶ 제1차시험의 영어과목이 공인영어시험 성적으로 대체됨에 따라 합격에 필요한 영어성적을 취득하여야 제1차시험에 응시할 수 있습니다.

❷ 영어시험의 종류 및 합격에 필요한 점수

구분	토플 (TOFEL, iBT)	토익 (TOEIC)	텝스 (TEPS)	지텔프 (G-TELP)	플렉스 (FLEX)	아이엘츠 (IELTS)
일반응시자	71점 이상	700점 이상	340점 이상	Level2 65점 이상	625점 이상	4.5 이상
청각장애인 응시자	35점 이상	350점 이상	204점 이상	Level2 43점 이상	375점 이상	-

제2차시험 응시자격

❶ 당해연도 제1차시험에 합격한 자

❷ 직전 제1차시험에 합격한 자

❸ 「공인회계사법」 제6조 제1항 각호의 해당자(경력자) – 자세한 사항은 금융감독원 홈페이지 참고

❹ 「공인회계사법시행령」 부칙(1997.3.22.) 제4조 해당자(1988년 이전 제2차시험 합격자)

시험과목 및 과목별 배점

제1차시험

구분	시험시간	시험과목	문항수	배점
1교시	110분	경영학	40	100점
		경제원론	40	100점
2교시	120분	상법 (총칙편 · 상행위편 및 회사편과 어음법 및 수표법 포함)	40	100점
		세법개론	40	100점
3교시	80분	회계학 (회계원리 · 회계이론 및 정부회계 포함)	50	150점
–	–	영어*	–	–

* 영어과목 시험은 공인영어시험에서 취득한 성적으로 필기시험을 대체함

제2차시험

❶ 제2차시험에서는 과목별 부분합격제*가 시행됩니다.

❷ 2017년부터 회계감사 과목에서 직업윤리 관련 문제가 10% 내외로 출제됩니다.

구분		시험시간	시험과목	배점
1일차	1교시	120분	세법	100점
	2교시	120분	재무관리	100점
	3교시	120분	회계감사	100점
2일차	1교시	120분	원가회계	100점
	2교시	150분	재무회계	150점

* 부분합격제: 제1차시험의 합격자(경력 면제자 포함)가 제1차시험 합격연도에 실시된 제2차시험의 과목 중 매과목 배점의 6할 이상 득점한 경우에는 다음 해의 제2차시험에 한하여 그 과목의 시험을 면제함

시험의 일부면제

❶ 「공인회계사법」 제6조 제2항에 따라 제1차시험에 합격한 자에 대하여는 다음 회의 시험에 한하여 제1차 시험을 면제

❷ 「공인회계사법」 제6조 제1항 및 같은 법 시행령 제4조에 해당하는 자는 제1차시험을 면제(경력자)

공인회계사 시험 통계자료

제1차시험 과목별 평균점수

구분		경영학	경제원론	상법	세법개론	회계학	전과목	최저 합격점수
2023년	전체	47.9	42.5	54.9	46.5	38.9	45.5	351.0
	합격자	73.5	60.9	83.6	75.5	59.8	69.7	
2022년	전체	62.0	47.3	57.9	46.2	48.1	51.9	396.0
	합격자	85.7	69.4	80.9	76.0	75.1	77.2	
2021년	전체	51.37	41.15	60.86	44.06	47.13	48.75	368.5
	합격자	71.95	58.09	88.85	71.08	73.23	72.69	
2020년	전체	58.50	46.30	62.52	50.89	50.16	53.35	383.5
	합격자	79.35	61.16	86.70	77.55	74.39	75.69	
2019년	전체	55.63	53.40	58.83	46.93	47.23	51.93	368.5
	합격자	75.07	72.95	81.85	70.80	67.20	73.00	

제2차시험 과목별 평균점수

구분		세법	재무관리	회계감사	원가회계	재무회계[1]
2023년	전체	56.62	58.65	58.15	59.80	51.98
	합격자[2]	71.82	75.99	66.61	69.81	67.14
2022년	전체	61.67	60.22	62.21	62.28	61.84
	합격자	70.75	72.97	70.88	74.78	72.78
2021년	전체	62.57	59.59	61.14	60.88	64.18
	합격자	75.40	72.30	71.79	72.23	76.23
2020년	전체	62.15	60.28	60.04	58.81	59.82
	합격자	74.36	72.18	72.75	72.73	73.52
2019년	전체	62.81	61.55	60.85	57.85	60.96
	합격자	72.97	72.92	68.87	68.40	71.46

1) 재무회계 과목 점수(150점 배점)를 100점으로 환산한 수치임
2) 당해 시험 응시한 최종합격자의 과목별 평균

연도별 합격자 현황

연도	제1차시험			제2차시험		
	접수자	응시자	합격자	접수자	응시자	합격자
2023년	15,940	13,733	2,624	–	–	–
2022년	15,413	13,123	2,217	3,828	3,719	1,237
2021년	13,458	11,654	2,213	3,708	3,595	1,172
2020년	10,874	9,054	2,201	3,529	3,453	1,110
2019년	9,677	8,512	2,008	3,067	3,006	1,009

2023년 제58회 문항별 요점 정리

문제	법	키워드	고난도
01	국세기본법	부과제척기간	
02		제2차 납세의무	
03		수정신고, 기한후신고, 경정청구	
04		심판청구	
05		세무조사	
06	법인세법	손익의 귀속시기	
07		각사업연도 소득금액	★
08		기업업무추진비 세무조정	
09		감가상각비 세무조정	
10		기부금	
11		감자시 의제배당	
12		자산, 부채 평가	
13		재고자산 세무조정	
14		인정이자, 지급이자	★
15		퇴직급여충당금, 퇴직연금충당금	★
16		대손금, 대손충당금	
17		부당행위계산부인	
18		재해손실세액공제등	★
19		청산소득	
20	소득세법	금융소득	
21		사업소득	
22		근로소득 총급여액	
23		연금소득	
24		양도소득	★
25		인적공제, 특별소득공제	★
26		퇴직소득	
27		종합소득세 신고 납부	
28		기타소득금액	
29		결손금, 이월결손금	★
30	부가가치세법	총괄납부, 사업자단위과세	
31		영세율	
32		면세	
33		매입세액공제액	
34		차가감납부세액	★
35		세금계산서	
36		공통매입세액 정산	
37		재고매입세액	★
38	상증세법	저당권 재산 평가 특례	★
39		상속재산	
40	지방세법	재산세	

이 책의 차례

PART 01 기출문제

PART 02 정답 및 해설

PART 1

기출문제

01 2023년 제58회 기출문제

※ 각 문제의 보기 중에서 물음에 가장 합당한 답을 고르시오.
(주어진 자료 이외의 다른 사항은 고려하지 않으며, 조세부담 최소화를 가정할 것)

01 **「국세기본법」상 국세 부과제척기간에 관한 설명이다. 옳은 것은?**

① 납세자가 역외거래에서 이중장부를 작성하여 법인세를 포탈한 경우 부과제척기간은 그 법인세를 부과할 수 있는 날부터 10년이다.

② 납세자가 부정행위로 상속세를 포탈하는 경우로서 제3자의 명의로 되어 있는 피상속인의 재산을 취득한 상속인이 사망한 때에는 과세관청은 해당 재산의 상속이 있음을 안 날부터 1년 이내에 상속세를 부과할 수 있다.

③ 「종합부동산세법」에 따라 신고하는 종합부동산세의 부과제척기간 기산일은 과세표준신고기한의 다음 날이다.

④ 심사청구에 대한 결정이 확정됨에 따라 그 대상이 된 과세표준과 연동된 다른 세목(같은 과세기간으로 한정)의 과세표준 조정이 필요한 경우 지방국세청장 또는 세무서장은 그 결정이 확정된 날부터 1년이 지나기 전까지 경정이나 그 밖에 필요한 처분을 할 수 있다.

⑤ 공제세액을 의무불이행의 사유로 징수하는 경우 해당 공제세액의 부과제척기간 기산일은 과세관청이 의무불이행이 있음을 안 날이다.

PART 1

기출문제

02 「국세기본법」상 제2차 납세의무에 관한 설명이다. 옳은 것만을 모두 고른 것은?

ㄱ. 청산인의 제2차 납세의무 한도는 분배하거나 인도한 재산의 가액이며, 그 재산의 가액은 청산 후 남은 재산을 분배하거나 인도한 날 현재의 시가로 한다.
ㄴ. 합명회사의 재산으로 그 법인에 부과되거나 그 법인이 납부할 국세에 충당하여도 부족한 경우에는 그 국세의 납세의무 성립일 현재 그 합명회사의 사원에 해당하는 자가 그 부족한 금액에 대하여 제2차 납세의무를 진다.
ㄷ. 법인이 과점주주의 조세채무에 대하여 부담하는 제2차 납세의무는 당해 법인의 순자산가액에 과점주주의 지분비율을 곱하여 산출한 금액을 한도로 한다.
ㄹ. 제2차 납세의무를 부담하는 사업양수인은 사업장별로 그 사업에 관한 모든 권리(미수금에 관한 것은 제외)와 모든 의무(미지급금에 관한 것은 제외)를 포괄적으로 승계한 자로서 양도인과 특수관계인인 자 또는 양도인의 조세회피를 목적으로 사업을 양수한 자이다.

① ㄱ, ㄴ
② ㄴ, ㄹ
③ ㄱ, ㄷ, ㄹ
④ ㄴ, ㄷ, ㄹ
⑤ ㄱ, ㄴ, ㄷ, ㄹ

03 「국세기본법」상 신고와 경정청구에 관한 설명이다. 옳지 않은 것은?

① 과세표준신고서를 신고 당시 해당 국세의 납세지를 관할하는 세무서장 외의 세무서장에게 제출한 경우에도 그 신고의 효력에는 영향이 없다.
② 과세표준신고서를 법정신고기한까지 제출한 자는 과세표준신고서에 기재된 과세표준 및 세액이 세법에 따라 신고하여야 할 과세표준 및 세액에 미치지 못할 경우, 관할 세무서장이 결정 또는 경정하여 통지하기 전까지 법정기간 내에 과세표준수정신고서를 제출할 수 있다.
③ 과세표준신고서를 법정신고기한까지 제출한 자는 소득이나 그 밖의 과세물건의 귀속을 제3자에게로 변경시키는 결정 또는 경정이 있을 경우, 그 사유가 발생한 것을 안 날부터 3개월 이내에 결정 또는 경정을 청구할 수 있다.
④ 기한후과세표준신고서를 제출한 자가 과세표준수정신고서를 제출한 경우 관할 세무서장은 신고일부터 2개월 이내에 해당 국세의 과세표준과 세액을 결정 또는 경정하여 신고인에게 통지하여야 한다.
⑤ 경정의 청구를 받은 세무서장은 그 청구를 받은 날부터 2개월 이내에 과세표준 및 세액을 경정하거나 경정하여야 할 이유가 없다는 뜻을 그 청구를 한 자에게 통지하여야 한다.

04 「국세기본법」상 심판에 관한 설명이다. <u>옳지 않은</u> 것은?

① 심판청구의 대상이 된 처분의 취소·경정 또는 필요한 처분을 하기 위하여 사실관계 확인 등 추가적으로 조사가 필요하여 재조사 결정을 한 경우, 해당 재조사 결정에 따른 처분청의 처분에 대하여는 심판청구를 제기할 수 없다.

② 조세심판원이 심판청구에 대한 결정기간이 지나도 결정을 하지 못한 경우 심판청구인은 결정의 통지를 받기 전이라도 그 결정기간이 지난 날부터 행정소송을 제기할 수 있다.

③ 담당 조세심판관에게 공정한 심판을 기대하기 어려운 사정이 있다고 인정될 때에는 심판청구인은 그 조세심판관의 기피를 신청할 수 있다.

④ 조세심판관회의는 심판청구를 한 처분 외의 처분에 대해서는 그 처분의 전부 또는 일부를 취소 또는 변경하거나 새로운 처분의 결정을 하지 못한다.

⑤ 조세심판원장은 심판청구의 내용이 세법에 적합하지 아니하나 보정할 수 있다고 인정되면 상당한 기간을 정하여 보정할 것을 요구할 수 있다.

05 「국세기본법」상 세무조사에 관한 설명이다. <u>옳지 않은</u> 것은?

① 세무공무원은 세무조사를 하는 경우 납세자권리헌장의 내용이 수록된 문서를 납세자에게 내주어야 한다.

② 거래상대방에 대한 조사가 필요한 경우에는 같은 세목 및 같은 과세기간에 대하여 재조사를 할 수 있다.

③ 세무공무원은 세무조사의 중지기간 중에도 납세자에게 국세의 과세표준과 세액을 결정 또는 경정하기 위한 질문을 할 수 있다.

④ 세법 적용에 착오가 있는 조사대상 과세기간의 특정 항목이 다른 과세기간에도 있어 동일·유사한 세법 적용의 착오가 있을 것으로 의심되어 다른 과세기간의 그 항목에 대한 조사가 필요한 경우에는 조사진행 중 세무조사의 범위를 확대할 수 있다.

⑤ 세무조사 중 세무공무원의 위법·부당한 행위가 있는 경우 납세자는 세무조사 기간이 끝나는 날까지 세무서장 또는 지방국세청장에게 세무조사 중지를 세무서 납세자보호위원회 또는 지방국세청 납세자보호위원회에서 심의하여 줄 것을 요청할 수 있다.

06 「법인세법」상 손익의 귀속시기에 관한 설명이다. 옳은 것만을 모두 고른 것은?

ㄱ. 법인이 매출할인을 하는 경우 그 매출할인금액은 상대방과의 약정에 의한 지급기일(그 지급기일이 정하여 있지 아니한 경우에는 지급한 날)이 속하는 사업연도의 매출액에서 차감한다.
ㄴ. 법인이 결산을 확정함에 있어서 차입일부터 이자지급일이 1년을 초과하는 특수관계인과의 거래에 따른 기간경과분 미지급이자를 해당 사업연도의 손비로 계상한 경우에는 그 계상한 사업연도의 손금으로 한다.
ㄷ. 중소기업이 아닌 법인이 장기할부조건으로 자산을 판매하고 인도기준으로 회계처리한 경우, 그 장기할부조건에 따라 각 사업연도에 회수하였거나 회수할 금액과 이에 대응하는 비용을 신고조정에 의하여 해당 사업연도의 익금과 손금에 산입할 수 있다.
ㄹ. 자산을 장기할부조건으로 취득하면서 발생한 채무를 기업회계기준이 정하는 바에 따라 현재가치로 평가하여 현재가치할인차금으로 계상한 경우 당해 현재가치할인차금은 취득가액에 포함한다.

① ㄱ
② ㄷ
③ ㄴ, ㄷ
④ ㄴ, ㄹ
⑤ ㄱ, ㄷ, ㄹ

07 제조업을 영위하는 영리내국법인 (주)A의 제24기(2024.1.1.~2024.12.31.) 자료이다. (주)A의 제24기 각 사업연도 소득금액으로 옳은 것은?

(1) (주)A는 금융회사와 채무를 출자로 전환하는 내용이 포함된 경영정상화계획의 이행을 위한 협약을 체결한 법인이다.
(2) 당기 포괄손익계산서상 법인세차감전순이익은 210,000원이다.
(3) 매출액 300,000원과 매출원가 220,000원이 당기 포괄손익계산서상 누락되어 있다.
(4) 당기 포괄손익계산서상 판매비와 관리비 중 손익귀속시기가 도래하지 않은 선급비용 해당액 25,000원이 포함되어 있다.
(5) (주)A는 B은행에 대한 차입금 200,000원을 출자전환하면서 주식 10주(액면가 5,000원, 시가 3,000원)를 교부하고, 다음과 같이 회계처리하였다.

(차) 차입금	200,000원	(대) 자본금	50,000원
		채무면제이익 (영업외 수익)	150,000원

(6) (주)A는 자기주식처분에 대해서 다음과 같이 회계처리하였다.

(차) 현금	30,000원	(대) 자기주식	20,000원
		자기주식처분이익 (자본잉여금)	10,000원

① 140,000원
② 150,000원
③ 175,000원
④ 290,000원
⑤ 325,000원

08 제조업을 영위하는 영리내국법인 (주)A(중소기업 아님)의 제24기(2024.1.1.~2024.12.31.) 기업업무추진비 세무조정을 위한 자료이다. 손금불산입 세무조정 금액으로 옳은 것은?

(1) 포괄손익계산서상 매출액은 15,000,000,000원이고, 이 금액에는 매출할인 3,000,000,000원이 차감되어 있다.

(2) 포괄손익계산서상 기업업무추진비로 비용처리한 금액은 70,000,000원이고, 문화기업업무추진비, 전통시장기업업무추진비와 경조금 해당액은 없다.

(3) 제24기 기업업무추진비 내역은 다음과 같다.

구분	건당 3만원 이하분	건당 3만원 초과분
적격증명서류 수취분	15,000,000원	53,000,000원
영수증 수취분	1,500,000원	500,000원

(4) 포괄손익계산서상 복리후생비 중 적격증명서류를 수취한 기업업무추진비 해당 금액은 5,000,000원이고, 이 금액에는 대표이사가 업무와 무관하게 사적인 용도로 사용한 금액 1,000,000원이 포함되어 있다.

(5) 수입금액에 관한 적용률

100억원 이하	3/1,000
100억원 초과 500억원 이하	3천만원 + (수입금액 − 100억원) × 2/1,000

① 1,500,000원
② 20,000,000원
③ 21,500,000원
④ 23,000,000원
⑤ 24,500,000원

09 제조업을 영위하는 영리내국법인 (주)A(한국채택국제회계기준 적용대상 아님)의 제24기(2024.1.1.~2024.12.31.) 감가상각 자료이다. (주)A의 기계장치에 대한 감가상각과 관련된 손금불산입 세무조정 금액으로 옳은 것은? 단, 전기 이전의 세무조정은 정확하게 이루어졌다.

> (1) 기계장치의 취득원가는 100,000,000원이며, 제23기 기초 감가상각누계액은 60,000,000원이고, 제23기 기초 상각부인누계액은 5,000,000원이다.
> (2) 제23기 포괄손익계산서상 기계장치에 대한 감가상각비는 12,500,000원이고, 세무상 상각범위액은 13,500,000원이다.
> (3) 제24기 포괄손익계산서상 기계장치에 대한 감가상각비는 15,000,000원이다.
> (4) 제24기 포괄손익계산서상 수선비로 계상한 기계장치의 자본적지출액은 1,000,000원이고, 3년 미만의 기간마다 주기적 수선을 위한 지출은 아니다.
> (5) (주)A는 기계장치에 대한 감가상각방법을 신고하지 않았다.
> (6) 기계장치에 대한 정액법 상각률은 0.125이고, 정률법 상각률은 0.300이다.

① 1,800,000원
② 2,500,000원
③ 5,250,000원
④ 5,550,000원
⑤ 6,750,000원

10 「법인세법」상 기부금에 관한 설명이다. <u>옳지 않은</u> 것은?

① 특수관계인 외의 자에게 정당한 사유 없이 자산을 정상가액보다 낮은 가액으로 양도하는 경우 정상가액과 양도가액의 차액은 기부금에 포함한다.
② 법인이 기부금을 금전 외의 자산으로 제공한 경우 특수관계인이 아닌 자에게 기부한 일반기부금은 기부했을 때의 장부가액과 시가 중 큰 금액으로 해당 자산가액을 산정한다.
③ 법령에 따라 특별재난지역으로 선포된 경우 그 선포의 사유가 된 재난으로 생기는 이재민을 위한 구호금품의 가액은 특례기부금이다.
④ 내국법인이 각 사업연도에 지출하는 일반기부금 중 손금산입한도액을 초과하여 손금에 산입하지 아니한 금액은 해당 사업연도의 다음 사업연도 개시일부터 10년 이내에 끝나는 각 사업연도로 이월하여 그 이월된 사업연도의 소득금액을 계산할 때 손금산입한도액의 범위에서 손금에 산입한다.
⑤ 내국법인이 각 사업연도에 지출하는 기부금을 이연계상한 경우에는 이를 그 지출한 사업연도의 기부금으로 하고, 그 후의 사업연도에 있어서는 이를 기부금으로 보지 아니한다.

11 **제조업을 영위하는 영리내국법인 (주)A의 제24기(2024.1.1.~2024.12.31.) 자료이다. 영리내국법인 (주)B의 주식소각으로 인하여 (주)A에게 발생하는 의제배당금액으로 옳은 것은? 단, 수입배당금 익금불산입은 고려하지 않는다.**

(1) (주)A는 (주)B의 주식 5,000주(1주당 액면가액 5,000원)를 보유하고 있고 취득명세는 다음과 같다.

취득일	주식수	비고
2020.5.10.	2,000주	1주당 9,500원에 유상취득
2021.7.20.	2,500주	이익준비금의 자본금 전입으로 인해 취득
2022.3.20.	500주	주식발행초과금의 자본금 전입으로 인해 취득

(2) (주)B는 2024년 2월 20일에 모든 주주가 소유하는 주식의 20%를 1주당 20,000원의 현금을 지급하고 소각하였다.

① 11,500,000원
② 13,500,000원
③ 14,500,000원
④ 15,500,000원
⑤ 16,500,000원

12 **「법인세법」상 자산 및 부채의 평가에 관한 설명이다. 옳지 않은 것은?**

① 적격합병을 한 합병법인은 피합병법인의 자산을 장부가액으로 양도받은 것으로 한다. 이 경우 장부가액과 시가와의 차액을 법령으로 정하는 바에 따라 자산별로 계상하여야 한다.
② 법인이 신고한 화폐성외화자산·부채의 평가방법은 그 후의 사업연도에도 계속하여 적용하여야 한다. 다만, 신고한 평가방법을 적용한 사업연도를 포함하여 3개 사업연도가 지난 후에는 다른 방법으로 신고하여 변경된 평가방법을 적용할 수 있다.
③ 시설개체 또는 기술낙후로 인하여 생산설비의 일부를 폐기한 경우 당해 자산의 장부가액에서 1천원을 공제한 금액을 폐기일이 속하는 사업연도의 손금에 산입할 수 있다.
④ 유가증권 중 채권의 평가는 개별법, 총평균법 및 이동평균법 중 법인이 납세자 관할 세무서장에게 신고한 방법에 의한다.
⑤ 특수관계인인 개인으로부터 유가증권을 저가매입한 경우 매입가액과 시가와의 차액은 해당 유가증권의 취득원가에 포함한다.

13 **제조업을 영위하는 영리내국법인** (주)A(**한국채택국제회계기준 적용대상 아님**)**의 제**24**기**(2024.1.1.~2024.12.31.) **재고자산 평가와 관련된 자료이다.** (주)A**의 제**24**기 재고자산에 대한 세무조정으로 옳은 것은?**

(1) 제24기 재고자산 내역

구분	장부가액	선입선출법	총평균법	후입선출법
원재료	150,000원	250,000원	200,000원	150,000원
재공품	350,000원	370,000원	360,000원	350,000원
제품	250,000원	230,000원	200,000원	270,000원

(2) (주)A는 제23기까지 원재료의 평가방법을 총평균법으로 신고하여 평가하여 왔으나, 제24기부터 후입선출법으로 변경하기로 하고 제24기 10월 20일에 재고자산 평가방법의 변경신고를 하였다.

(3) (주)A는 제23기까지 재공품의 평가방법을 총평균법으로 신고하여 평가하여 왔으나, 제24기에 평가방법 변경신고를 하지 않고 재공품을 후입선출법으로 평가하였다.

(4) (주)A는 제품을 신고한 평가방법인 총평균법으로 평가하였으나, 계산착오로 인하여 50,000원을 과대계상하였다.

	익금산입・손금불산입	손금산입・익금불산입
①	50,000원 (유보)	–
②	70,000원 (유보)	–
③	70,000원 (유보)	50,000원 (△유보)
④	120,000원 (유보)	–
⑤	120,000원 (유보)	50,000원 (△유보)

14 **제조업을 영위하는 영리내국법인 (주)A의 제24기(2024.1.1.~2024.12.31.) 자료이다. 가지급금 인정이자 및 지급이자 손금불산입 관련 세무조정이 제24기 각 사업연도 소득금액에 미치는 순영향으로 옳은 것은? 단, 전기의 세무조정은 정확하게 이루어졌다.**

(1) (주)A가 특수관계인들에게 2023년 5월 6일에 대여한 「법인세법」상 업무무관가지급금(대여기간 : 3년)의 내역은 다음과 같으며 이자수익은 전액 장부에 계상하였다.

구분	연이자율	대여금	이자수익
갑	–	30,000,000원	–
을	8%	40,000,000원	3,200,000원

(2) (주)A의 당기말 현재 차입금과 지급이자의 내역은 다음과 같으며 차입금은 모두 은행(특수관계인 아님)으로부터 2023년 3월 7일에 차입하였다.

구분	연이자율	차입금	지급이자
기업구매자금대출*	8%	600,000,000원	48,000,000원
운영자금대출	10%	900,000,000원	90,000,000원

*한국은행총재가 정한 규정에 따른 것임

(3) 당좌대출이자율은 12%이며 (주)A는 「법인세법」상 금전대차거래의 시가를 신고하지 아니하였다.

① (+)3,240,000원
② (+)9,680,000원
③ (+)9,760,000원
④ (+)10,240,000원
⑤ (+)13,440,000원

15 제조업을 영위하는 영리내국법인 (주)A의 제24기(2024.1.1.~2024.12.31.) 자료이다. 퇴직급여충당금 및 퇴직연금충당금 관련 세무조정이 제24기 각 사업연도 소득금액에 미치는 순영향으로 옳은 것은?

(1) 당기말 확정급여형 퇴직연금운용자산 계정내역은 다음과 같다.

퇴직연금운용자산 (단위 : 원)

기초잔액	87,000,000	당기감소	10,000,000
당기증가	20,000,000	기말잔액	97,000,000

(2) 당기말 퇴직급여충당금 계정내역은 다음과 같으며 기초잔액의 세무상 부인액은 20,000,000원이다.

퇴직급여충당금 (단위 : 원)

당기감소	40,000,000	기초잔액	50,000,000
기말잔액	10,000,000	당기증가	0

(3) 당기중 종업원 갑과 을의 현실적인 퇴직으로 인하여 지급한 내역은 다음과 같으며 각 지급액은 퇴직급여충당금과 상계하는 회계처리를 하였다.

구분	퇴직급여지급액	비고
갑	30,000,000원	(주)A가 현금으로 지급
을	10,000,000원	퇴직연금운용자산에서 지급

(4) (주)A는 신고조정에 의하여 퇴직연금충당금을 손금산입하고 있으며, 세무상 기초잔액은 40,000,000원(△유보)이다.

(5) 당기말 퇴직급여추계액은 일시퇴직기준 90,000,000원이고, 보험수리적기준 95,000,000원이다.

① (−)55,000,000원
② (−)65,000,000원
③ (−)75,000,000원
④ (−)95,000,000원
⑤ (−)97,000,000원

16 **「법인세법」상 대손금 및 대손충당금 손금산입에 관한 설명이다. 옳지 않은 것은?**

① 내국법인이 보유하고 있는 「민법」에 따른 소멸시효가 완성된 선급금은 해당 사유가 발생한 날이 속하는 사업연도의 손금으로 한다.

② 내국법인이 다른 법인과 합병하는 경우로서 채무자의 파산으로 회수할 수 없는 채권에 대한 대손금을 합병등기일이 속하는 사업연도까지 손비로 계상하지 않은 경우 그 대손금은 해당 법인의 합병등기일이 속하는 사업연도의 손비로 한다.

③ 대손충당금을 손금에 산입한 내국법인이 합병하는 경우 그 법인의 합병등기일 현재 해당 대손충당금 중 합병법인이 승계받은 금액은 그 합병법인이 합병등기일에 가지고 있는 대손충당금으로 보지 아니한다.

④ 대손충당금을 손금에 산입한 내국법인은 대손금이 발생한 경우 그 대손금을 대손충당금과 먼저 상계해야 하고, 상계하고 남은 대손충당금의 금액은 다음 사업연도의 소득금액을 계산할 때 익금에 산입한다.

⑤ 내국법인이 동일인에 대하여 매출채권과 매입채무를 가지고 있는 경우에는 당해 매입채무를 상계하지 아니하고 대손충당금을 계상할 수 있으나 당사자간의 약정에 의하여 상계하기로 한 경우에는 그러하지 아니하다.

17 **「법인세법」상 부당행위계산의 부인에 관한 설명이다. 옳은 것은?**

① 내국법인A가 「독점규제 및 공정거래에 관한 법률」에 따른 기업집단에 속하는 법인인 경우 그 기업집단에 소속되어 있는 다른 계열회사는 내국법인A의 특수관계인에 해당한다.

② 내국법인이 특수관계인의 출연금을 대신 부담하는 것은 조세의 부담을 부당하게 감소시킨 것으로 인정되지 아니한다.

③ 내국법인B에 과반수 이상을 출자하고 있는 내국법인C에 40%를 출자하고 있는 내국법인이나 개인은 내국법인B의 특수관계인에 해당하지 아니한다.

④ 부당행위계산의 부인규정을 적용할 때 토지의 시가가 불분명한 경우에는 「상속세 및 증여세법」에 따른 보충적 평가방법을 준용하여 평가한 가액을 우선적으로 적용한다.

⑤ 특수관계가 있는 내국법인간의 합병(분할합병은 포함하지 아니함)에 있어서 주식을 시가보다 높거나 낮게 평가하여 불공정한 비율로 합병한 경우 조세의 부담을 부당하게 감소시킨 것으로 인정된다.

18 제조업을 영위하는 영리내국법인 (주)A의 제24기(2024.1.1.~2024.12.31.) 자료이다. 재해손실세액공제액과 사실과 다른 회계처리로 인한 경정에 따른 세액공제액의 합계액으로 옳은 것은?

(1) (주)A의 사업용자산 화재내역은 다음과 같다.

구분	화재 전 장부가액	재해상실가액	화재 후 장부가액
공장건물	400,000,000원	100,000,000원	300,000,000원
차량운반구	100,000,000원	40,000,000원	60,000,000원

(2) 사업용자산은 모두 화재보험에 가입되어 있으며 보험금으로 80,000,000원을 수령하였다.

(3) (주)A가 보관하고 있던 타인소유 자산 100,000,000원이 공장건물 화재로 전액 상실되었다. (주)A는 이에 대하여 변상책임을 부담한다.

(4) (주)A는 사실과 다른 회계처리를 하여 관계당국으로부터 경고 조치를 받았으며 이에 「국세기본법」에 따라 2024년 10월 2일에 경정을 받았다. 사실과 다른 회계처리로 인한 과다납부 세액은 40,000,000원이다.

(5) 당기 사업연도의 법인세 관련 자료는 다음과 같으며 재해발생일 현재 미납법인세액은 없고 「국세기본법」에 따른 수정신고를 하여 납부할 세액도 없다.

산출세액	공제·감면 세액	가산세액	차감납부할세액
300,000,000원	30,000,000원*	6,000,000원**	50,000,000원

*연구·인력개발비에 대한 세액공제액임

**원천징수등 납부지연 가산세임

① 40,000,000원
② 110,400,000원
③ 118,400,000원
④ 150,400,000원
⑤ 280,000,000원

19 「법인세법」상 청산소득에 관한 설명이다. <u>옳지 않은</u> 것은?

① 외국법인과 비영리내국법인은 청산소득에 대한 법인세 납세의무가 없다.

② 청산소득에 대한 법인세의 납부의무가 있는 법인은 과세표준과 세액을 납세지 관할 세무서장에게 신고하여야 하나 청산소득의 금액이 없는 경우에는 그러하지 아니하다.

③ 내국법인의 해산에 의한 청산소득의 금액을 계산할 때 그 청산기간에 생기는 각 사업연도의 소득금액이 있는 경우에는 그 법인의 해당 각 사업연도의 소득금액에 산입한다.

④ 내국법인의 해산에 의한 청산소득의 금액을 계산할 때 그 청산기간에 「국세기본법」에 따라 환급되는 법인세액이 있는 경우 이에 상당하는 금액은 그 법인의 해산등기일 현재 자기자본의 총액에 가산한다.

⑤ 특별법에 따라 설립된 법인이 그 특별법의 개정이나 폐지로 인하여 「상법」에 따른 회사로 조직변경하는 경우에는 청산소득에 대한 법인세를 과세하지 아니한다.

20 거주자 갑(금융업을 영위하지 않음)의 2024년 금융소득 관련 자료이다. 종합과세되는 이자소득금액과 배당소득금액의 합계액으로 옳은 것은? 단, 제시된 금액은 원천징수세액을 차감하기 전 금액이다.

(1) 출자공동사업자로서 현금배당 6,000,000원을 받았다.
(2) 비상장내국법인으로부터 이익준비금의 자본금 전입으로 인하여 무상주(10,000,000원)를 받았다.
(3) 상장내국법인으로부터 현금배당 7,000,000원을 받았다.
(4) 법인으로 보는 단체로부터 현금배당 8,000,000원을 받았다.
(5) 직장공제회로부터 초과반환금 1,000,000원을 받았다.
(6) 법원보증금 이자 2,000,000원을 받았다.

① 0원
② 25,000,000원
③ 25,550,000원
④ 31,110,000원
⑤ 31,500,000원

21 「소득세법」상 사업소득에 관한 설명이다. 옳지 않은 것은?

① 부가가치세 면세대상인 수의사가 제공한 의료보건용역에서 발생하는 사업소득은 원천징수대상이다.
② 간편장부대상자인 보험모집인에 해당하는 사업자에게 모집수당 등의 사업소득을 지급하는 원천징수의 무자는 사업소득에 대한 소득세의 연말정산을 해야 한다.
③ 조림기간 5년 이상인 임지의 임목의 벌채 또는 양도로 발생하는 소득으로서 연 600만원 이하의 금액은 비과세 사업소득에 해당한다.
④ 사업자가 조직한 납세조합이 조합원에 대한 매월분의 소득세를 징수할 때에는 그 세액의 100분의 5에 해당하는 금액을 공제하여 징수하되, 공제하는 금액은 연 300만원을 한도로 한다.
⑤ 건설업을 경영하는 거주자가 자기가 생산한 물품을 자기가 도급받은 건설공사의 자재로 사용한 경우 그 사용된 부분에 상당하는 금액은 해당 과세기간의 소득금액을 계산할 때 총수입금액에 산입하지 아니한다.

22 (주)A(중소기업 아님)의 영업부서 종업원인 거주자 갑의 2024년 근로소득 관련 자료이다. 갑의 2024년 근로소득 총급여액으로 옳은 것은?

(1) 급여 : 21,600,000원(월 1,800,000원×12개월)
(2) 잉여금 처분에 의한 상여금 : 10,000,000원
(잉여금처분결의일 : 2023.11.25., 지급일 : 2024.1.25.)
(3) 식사대 : 3,000,000원(식사대 이외에 별도로 식사를 제공받고 있음)
(4) 「발명진흥법」에 따른 직무발명보상금 : 2,000,000원
(직무와 관련된 발명으로 인해 회사로부터 지급받은 금액임)
(5) 주택의 구입에 소요되는 자금을 회사로부터 무상으로 대여받음으로써 얻은 이익 : 2,400,000원
(6) 휴일근로로 지급받은 초과근로수당 : 2,000,000원
(7) 학자금 : 8,000,000원
(회사 내부규정에 따라 자녀의 대학등록금으로 지급받은 금액임)

① 32,000,000원
② 35,000,000원
③ 37,000,000원
④ 45,000,000원
⑤ 46,000,000원

23 「소득세법」상 연금소득에 관한 설명이다. 옳지 않은 것은?

① 공적연금소득을 지급하는 자가 연금소득의 일부 또는 전부를 지연하여 지급하면서 지연지급에 따른 이자를 함께 지급하는 경우 해당 이자는 공적연금소득으로 본다.
② 연금수령이 개시되기 전에 연금저축계좌에서 퇴직연금계좌로 일부가 이체되는 경우 이를 인출로 본다.
③ 연금계좌에서 인출된 금액이 연금수령한도를 초과하는 경우에는 연금외수령분이 먼저 인출되고 그 다음으로 연금수령분이 인출되는 것으로 본다.
④ 이연퇴직소득을 연금수령하는 연금소득의 금액은 종합소득과세표준을 계산할 때 합산하지 아니한다.
⑤ 원천징수의무자가 공적연금소득을 지급할 때에는 연금소득 간이세액표에 따라 소득세를 원천징수한다.

24 거주자 갑의 2024년 토지(미등기 아님) 양도 관련 자료이다. 양도소득금액으로 옳은 것은?

(1) 갑은 2024년 9월 8일 토지를 800,000,000원에 특수관계인이 아닌 자에게 양도하였다.
(2) 갑은 해당 토지를 2018년 6월 5일 특수관계인이 아닌 자로부터 취득하였으나, 실지거래가액을 확인할 수 없다.
(3) 갑은 해당 토지에 대한 자본적지출로 40,000,000원, 양도시 부동산 중개수수료로 5,000,000원을 지출하였으며, 지출 사실은 금융거래 증명서류에 의하여 확인된다.
(4) 토지 취득시 매매사례가액 및 감정가액은 확인되지 않으며, 토지 양도시 기준시가는 600,000,000원이고 취득시 기준시가는 420,000,000원이다.
(5) 6년 이상 7년 미만 보유한 토지의 장기보유특별공제율은 12%이며, 토지의 기타 필요경비에 대한 개산공제율은 3%이다.

① 200,112,000원
② 211,200,000원
③ 227,400,000원
④ 294,800,000원
⑤ 323,312,000원

25 거주자 갑의 2024년 종합소득공제 관련 자료이다. 갑의 인적공제액과 특별소득공제액의 합계액으로 옳은 것은?

(1) 본인 및 부양가족 현황

구분	나이	비고
본인(남성)	50세	총급여액 30,000,000원
배우자	48세	은행예금이자 2,000,000원
모친	78세	전통주 제조소득 6,000,000원
아들	20세	소득없음
딸	10세	소득없음

(2) 모친의 전통주 제조소득은 「주세법」에 따른 전통주를 농어촌지역에서 제조함으로써 발생하는 소득이다.
(3) 딸은 항시 치료를 요하는 중증환자인 장애인이다.
(4) 「국민건강보험법」, 「노인장기요양보험법」 및 「고용보험법」에 따라 갑이 납부한 보험료는 2,500,000원이다.
(5) 무주택 세대주인 갑은 법령에 의한 국민주택규모의 주택을 임차하기 위한 주택임차자금 차입금의 원리금 5,000,000원을 상환하였다.
(6) 갑은 특별소득공제를 신청하였다.

① 12,500,000원
② 14,000,000원
③ 15,000,000원
④ 16,500,000원
⑤ 18,000,000원

26 「소득세법」상 퇴직소득에 관한 설명이다. 옳지 않은 것은?

① 거주자가 출자관계에 있는 법인으로의 전출이 이루어졌으나 퇴직급여를 실제로 받지 않은 경우는 퇴직으로 보지 않을 수 있다.

② 거주자가 퇴직소득을 지급받은 날부터 90일이 되는 날에 연금계좌에 입금하는 경우, 해당 거주자는 퇴직소득의 원천징수세액에 대한 환급을 신청할 수 있다.

③ 사용자 부담금을 기초로 하여 현실적인 퇴직을 원인으로 지급받는 소득은 퇴직소득이다.

④ 거주자의 퇴직소득금액에 국외원천소득이 합산되어 있는 경우로서 그 국외원천소득에 대하여 외국에서 외국소득세액을 납부하였을 때에는 공제한도금액 내에서 외국소득세액을 해당 과세기간의 퇴직소득 산출세액에서 공제할 수 있다.

⑤ 임원인 근로소득자가 계속근로기간 중에 「근로자퇴직급여 보장법」의 퇴직금 중간정산 사유에 해당하여 퇴직급여를 미리 지급받은 경우에는 그 지급받은 날에 퇴직한 것으로 본다.

27 「소득세법」상 종합소득세의 신고 및 납부에 관한 설명이다. 옳지 않은 것은?

① 납세지 관할 세무서장 또는 지방국세청장은 거주자가 과세기간 중에 사업부진으로 장기간 휴업상태에 있는 때로서 소득세를 포탈할 우려가 있다고 인정되는 경우에는 수시로 그 거주자에 대한 소득세를 부과할 수 있다.

② 중간예납 의무가 있는 거주자가 중간예납기간의 종료일 현재 그 중간예납기간 종료일까지의 종합소득금액에 대한 소득세액이 중간예납기준액의 100분의 30에 미달하는 경우에는 중간예납추계액을 중간예납세액으로 하여 납세지 관할 세무서장에게 신고할 수 있다.

③ 해당 과세기간의 개시일 현재 사업자가 아닌 자로서 그 과세기간 중 신규로 사업을 시작한 자는 중간예납의무를 지지 않는다.

④ 원천징수대상 소득이 발생 후 지급되지 아니함으로써 소득세가 원천징수되지 아니하고 종합소득에 합산되어 종합소득세가 과세된 경우에 그 소득을 지급할 때에는 소득세를 원천징수하지 아니한다.

⑤ 부동산매매업자는 토지의 매매차익과 그 세액을 매매일이 속하는 달의 말일부터 2개월이 되는 날까지 납세지 관할 세무서장에게 신고하여야 하나, 매매차익이 없거나 매매차손이 발생하였을 때에는 그러하지 아니하다.

28 거주자 갑의 2024년 소득내역이다. 갑의 종합과세되는 기타소득금액으로 옳은 것은?

구분	금액	실제 필요경비
지역권(공익사업과 관련 없음)을 대여하고 받은 대가	3,000,000원	2,000,000원
복권당첨금품	3,001,000원	1,000원
상속받은 저작권 양도로 받은 대가	10,000,000원	8,000,000원
전국요리경연대회 상금*	4,000,000원	-
퇴직한 전 회사에서 받은 직무발명보상금	3,000,000원	-
일시적인 외부특강료	2,000,000원	-

*「공익법인의 설립·운영에 관한 법률」의 적용을 받는 공익법인이 주무관청의 승인을 받아 시상하는 상금임

① 3,600,000원
② 4,000,000원
③ 5,200,000원
④ 5,400,000원
⑤ 6,200,000원

29 거주자 갑의 2024년 종합소득 관련 자료이다. 사업소득에서 발생한 결손금 및 이월결손금 공제 후 갑의 종합소득금액으로 옳은 것은? 단, 부동산임대업은 주거용 건물임대업이 아니다.

(1) 종합소득금액 내역(△는 결손금을 의미함)

구분	2023년	2024년
이자소득금액	5,000,000원	25,000,000원
배당소득금액	3,000,000원	16,500,000원
부동산임대업의 사업소득금액	△10,000,000원	15,000,000원
부동산임대업 이외의 사업소득금액	△30,000,000원	△35,000,000원
근로소득금액	15,000,000원	5,000,000원
연금소득금액	6,000,000원	6,000,000원
기타소득금액	4,000,000원	-

(2) 2022년까지 발생한 사업소득의 결손금은 없다.

(3) 기본세율을 적용받는 금융소득에서 결손금과 이월결손금을 제한 없이 공제하는 것으로 한다.

① 0원
② 17,500,000원
③ 27,500,000원
④ 29,000,000원
⑤ 32,500,000원

30 「부가가치세법」상 주사업장총괄납부와 사업자단위과세에 관한 설명이다. 옳은 것은?

① 주된 사업장에서 총괄하여 납부하는 사업자가 되려는 자는 그 납부하려는 과세기간 개시 후 20일 이내에 주사업장총괄납부 신청서를 주된 사업장의 관할 세무서장에게 제출하여야 한다.

② 주사업장총괄납부 사업자가 종된 사업장을 신설하는 경우 주된 사업장 관할 세무서장에게 주사업장총괄납부 변경신청서를 제출하여야 한다.

③ 주사업장총괄납부 사업자가 세금계산서 발급 없이 재화를 판매목적으로 자기의 다른 사업장에 반출한 경우 재화의 공급으로 본다.

④ 사업자단위과세 사업자가 법인인 경우 지점소재지를 납세지로 할 수 있다.

⑤ 사업자단위과세 사업자가 사업자단위과세를 적법하게 포기한 경우 그 포기한 날이 속하는 과세기간의 다음 과세기간부터 각 사업장별로 신고·납부하거나 주사업장총괄납부를 해야 한다.

31 「부가가치세법」상 영세율에 관한 설명이다. <u>옳지 않은</u> 것은?

① 「관세법」에 따른 수입신고 수리 전의 물품으로서 보세구역에 보관하는 물품을 외국으로 반출하는 경우 영세율을 적용한다.

② 수출업자와 직접 도급계약에 따라 수출재화를 임가공하고 부가가치세를 별도로 적은 세금계산서를 발급한 경우 영세율을 적용하지 않는다.

③ 외국을 항행하는 원양어선에 재화를 공급하고 부가가치세를 별도로 적은 세금계산서를 발급한 경우 영세율을 적용하지 않는다.

④ 사업자가 대한적십자사에 공급하는 재화(대한적십자사가 그 목적사업을 위하여 당해 재화를 외국으로 무상 반출하는 경우에 한함)는 영세율을 적용한다.

⑤ 「관광진흥법」에 따른 종합여행업자가 외국인 관광객에게 공급하는 관광알선용역은 대가수령방법과 관계없이 영세율을 적용한다.

32 「부가가치세법」상 면세에 관한 설명이다. 옳은 것만을 모두 고른 것은?

ㄱ. 상시주거용(사업을 위한 주거용 제외)으로 사용하는 건물의 임대용역에 대해서는 부가가치세를 면제한다.
ㄴ. 도서, 신문, 잡지, 관보, 「뉴스통신 진흥에 관한 법률」에 따른 뉴스통신, 방송 및 광고에 대해서는 부가가치세를 면제한다.
ㄷ. 은행업에 관련된 전산시스템과 소프트웨어의 판매・대여 용역에 대해서는 부가가치세를 면제한다.
ㄹ. 공익사업을 위하여 주무관청의 승인을 받아 금품을 모집하는 단체에 무상 또는 유상으로 공급하는 재화 또는 용역에 대해서는 부가가치세를 면제한다.
ㅁ. 수입신고한 물품으로서 수입신고 수리 전에 변질된 것에 대해서는 관세가 경감되는 비율만큼 부가가치세를 면제한다.

① ㄱ, ㄴ
② ㄱ, ㅁ
③ ㄴ, ㄹ
④ ㄱ, ㄷ, ㅁ
⑤ ㄴ, ㄷ, ㄹ

33 일반과세자 (주)A의 2024년 제2기 예정신고기간(2024.7.1.~2024.9.30.) 세금계산서 및 신용카드매출전표 수취내역이다. 2024년 제2기 예정신고기간의 매입세액공제액으로 옳은 것은?

(1) 세금계산서 수취내역

일자	내역	공급가액	부가가치세
7.10.	원재료 구입	110,000,000원*	11,000,000원
7.12.	거래처 접대용 물품 구입	10,000,000원	1,000,000원
7.15.	생산직 직원들의 작업복 구입	20,000,000원	2,000,000원
8.10.	건물 구입**	500,000,000원	50,000,000원
	건물 철거비용**	30,000,000원	3,000,000원

*실제 공급가액은 100,000,000원이나 착오로 110,000,000원으로 기재됨
**토지와 건물을 일괄 구입 후 토지만 사용하기 위해 건물을 철거함

(2) 신용카드매출전표(부가가치세 구분표시) 수취내역

일자	내역	공급대가
9.10.	직원 추석선물(과세재화) 구입*	2,200,000원

*2024년 신규로 사업을 시작한 간이과세자로부터 구입함

① 12,000,000원
② 12,200,000원
③ 63,000,000원
④ 63,200,000원
⑤ 65,200,000원

34 일반과세자로 음식점업을 운영하는 거주자 갑의 2024년 제1기 부가가치세 관련 자료이다. 2024년 제1기 부가가치세 확정신고를 하는 경우 차가감납부세액(지방소비세 차감 전)으로 옳은 것은?

(1) 2024년 제1기 공급 및 대손 자료
① 2024년 제1기 공급가액은 600,000,000원이며, 이 중 신용카드매출전표 발행금액은 440,000,000원(부가가치세 포함)임
② 거래처에 대여한 3,300,000원이 회생계획인가결정에 따라 2024년 2월 1일 회수불능으로 판명됨
③ 2023년 제1기에 대손세액공제를 받은 외상매출금 중 4,400,000원(부가가치세 포함)이 2024년 6월 20일 회수됨
(2) 2024년 제1기 매입 자료
① 과세재화 : 200,000,000원(공급가액)
② 국산 면세농산물 : 54,000,000원
(3) 기타 자료
① 2024년 제1기 예정고지세액 : 10,000,000원
② 음식점업의 의제매입세액 공제율은 8/108이며, 공제대상액은 한도 내 금액임
③ 2023년 제1기 공급가액은 500,000,000원이고, 2023년 제2기 공급가액은 700,000,000원임
④ 세금계산서 및 계산서는 적법하게 수취・발급하였으며, 전자신고방법에 의하여 부가가치세를 확정신고함

① 20,370,000원
② 20,670,000원
③ 22,270,000원
④ 26,090,000원
⑤ 26,390,000원

35 「부가가치세법」상 세금계산서에 관한 설명이다. 옳지 않은 것은?

① 전자세금계산서 의무발행 사업자가 전자세금계산서를 공급시기인 10월 25일 발행하고, 전자세금계산서 발급명세를 다음달 25일 국세청장에게 전송한 경우에도 매출처별세금계산서합계표를 제출하여야 한다.

② 위탁판매에 있어서 위탁판매자가 직접 재화를 인도하는 때에는 위탁자가 세금계산서를 발급할 수 있다. 이 경우 수탁자의 등록번호를 덧붙여 적어야 한다.

③ 공급대가 20만원인 거래에 대하여 매입자발행세금계산서를 발행하려는 자는 해당 재화 또는 용역의 공급시기가 속하는 과세기간의 종료일부터 6개월 이내에 자기의 관할 세무서장에게 거래사실 확인을 신청해야 한다.

④ 처음 공급한 재화가 환입된 경우 재화가 환입된 날을 작성일로 적고 비고란에 처음 세금계산서 작성일을 덧붙여 적은 후 붉은색 글씨로 쓰거나 음(陰)의 표시를 하여 수정세금계산서를 발급할 수 있다.

⑤ 수입되는 재화에 대하여는 세관장이 수입세금계산서를 수입하는 자에게 교부한다.

36 과세사업과 면세사업을 겸영하는 거주자 갑은 건물을 신축(공사기간 : 2024.4.1.~2024.11.30.)하여 과세사업과 면세사업에 공통으로 사용할 예정이다. 2024년 제2기 과세기간 신축건물의 매입세액공제액으로 옳은 것은?

(1) 건물 신축 관련 공통매입세액은 2024년 제1기 10,000,000원이고, 2024년 제2기 20,000,000원이다.
(2) 사업별 공급가액 및 사용면적 비율은 다음과 같다.

구분	공급가액		사용면적	
	과세	면세	과세	면세
2024년 제1기(예정비율)	40%	60%	50%	50%
2024년 제2기(실제비율)	45%	55%	53%	47%

(3) 2024년 제1기의 공통매입세액 안분은 정확하게 이루어졌다.

① 8,500,000원
② 9,500,000원
③ 10,900,000원
④ 13,500,000원
⑤ 15,900,000원

37 거주자 갑은 2024년 7월 1일 간이과세자에서 일반과세자로 전환되었다. 2024년 제2기 과세기간 재고매입세액으로 옳은 것은?

(1) 2024년 7월 1일 현재 보유자산 현황

구분	취득일	취득가액(공급대가)	시가
상품	2024.6.1.	1,100,000원	2,000,000원
기계장치	2024.1.1.	확인안됨	55,000,000원
화물자동차	2023.9.1.	22,000,000원	11,000,000원
건물	2021.3.1.	110,000,000원	88,000,000원

(2) 업종별 부가가치율 : 20%

① 4,894,500원
② 6,709,500원
③ 7,039,500원
④ 8,057,000원
⑤ 16,894,500원

38 거주자 갑의 증여 관련 자료이다. 증여재산가액으로 옳은 것은?

(1) 갑은 2024년 7월 1일 거주자인 아들에게 지정지역 외에 소재한 토지 X를 증여하였다.
(2) 토지 X의 증여일 현재 개별공시지가는 150,000,000원이고, 2024년 5월 1일 유사한 토지 Y의 매매가액은 250,000,000원이며, 2024년 8월 1일 토지 X의 감정가액은 200,000,000원이다.
(3) 증여일 현재 토지 X에는 금융기관 차입금 180,000,000원을 담보하기 위한 저당권 234,000,000원이 설정되어 있다.

① 180,000,000원
② 200,000,000원
③ 225,000,000원
④ 234,000,000원
⑤ 250,000,000원

39 「상속세 및 증여세법」상 상속재산에 관한 설명이다. 옳은 것은?

① 피상속인에게 귀속되는 재산적 가치가 있는 사실상의 모든 권리는 상속재산이나, 피상속인의 일신에 전속하는 것으로서 피상속인의 사망으로 인하여 소멸되는 것은 제외한다.

② 손해보험계약자가 피상속인이 아닌 경우 피상속인이 실질적으로 보험료를 납부하였더라도 피상속인의 사망으로 인하여 받는 보험금은 상속재산으로 보지 아니한다.

③ 피상속인이 신탁한 재산은 상속재산으로 보며, 수익자의 증여재산가액으로 하는 신탁의 이익을 받을 권리의 가액도 상속재산으로 본다.

④ 피상속인의 사망으로 인하여 「국민연금법」에 따라 지급되는 반환일시금은 상속재산으로 본다.

⑤ 제사를 주재하는 상속인이 상속받은 족보와 제구에 대하여는 재산가액 합계액 2억원을 한도로 상속세를 부과하지 아니한다.

40 「지방세법」상 재산세에 관한 설명이다. 옳지 않은 것은?

① 재산세의 과세대상이 되는 토지는 「공간정보의 구축 및 관리 등에 관한 법률」에 따라 지적공부의 등록대상이 되는 토지와 그 밖에 사용되고 있는 사실상의 토지이다.

② 재산세 과세기준일 현재 소유권의 귀속이 분명하지 아니하여 사실상의 소유자를 확인할 수 없는 경우에는 그 사용자가 재산세를 납부할 의무가 있다.

③ 1세대 1주택에 대한 주택 세율 특례 적용을 위하여 1세대 1주택 해당여부를 판단할 때 「신탁법」에 따라 신탁된 주택은 위탁자의 주택 수에 가산한다.

④ 지방자치단체가 1년 이상 공용 또는 공공용으로 사용하는 재산으로서 소유권의 유상이전을 약정하고 그 재산을 취득하기 전에 미리 사용하는 경우에는 재산세를 부과하지 아니한다.

⑤ 지방자치단체의 장은 재산세의 납부세액이 250만원을 초과하는 경우에는 납부할 세액의 일부를 납부기한이 지난 날부터 2개월 이내에 분할납부하게 할 수 있다.

02 2022년 제57회 기출문제

※ 각 문제의 보기 중에서 물음에 가장 합당한 답을 고르시오.
(주어진 자료 이외의 다른 사항은 고려하지 않으며, 조세부담 최소화를 가정할 것)

01 **「국세기본법」상 국세부과 및 세법적용의 원칙에 관한 설명이다. 옳은 것은?**

① 사업자등록의 명의자와는 별도로 사실상의 사업자가 있는 경우에는 법적 형식이 경제적 실질에 우선하므로 사업자등록의 명의자를 납세의무자로 하여 세법을 적용한다.

② 납세의무자가 세법에 따라 장부를 갖추어 기록하고 있으나 장부의 기록에 일부 누락된 것이 있을 때에는 당해 납세의무자의 과세표준 전체에 대해서 정부가 조사한 사실에 따라 결정할 수 있다.

③ 세법을 해석·적용할 때에는 과세의 형평과 해당 세법의 목적에 비추어 국가의 과세권이 침해되지 아니하도록 하여야 한다.

④ 세무공무원이 국세의 과세표준을 조사·결정할 때에는 세법에 특별한 규정이 있는 경우에도 해당 납세의무자가 계속하여 적용하고 있는 기업회계의 기준 또는 관행으로서 일반적으로 공정·타당하다고 인정되는 것은 존중하여야 한다.

⑤ 세법의 해석이나 국세행정의 관행이 일반적으로 납세자에게 받아들여진 후에는 그 해석이나 관행에 의한 행위 또는 계산은 정당한 것으로 보며, 새로운 해석이나 관행에 의하여 소급하여 과세되지 아니한다.

02 「국세기본법」상 납세의무의 승계 및 연대납세의무에 관한 설명이다. 옳지 않은 것은?

① 상속이 개시된 때에 그 상속인은 피상속인에게 부과되거나 그 피상속인이 납부할 국세 및 강제징수비를 상속으로 받은 재산의 한도에서 납부할 의무를 진다.

② 법인이 합병한 경우 합병 후 존속하는 법인은 합병으로 소멸된 법인에 부과되거나 그 법인이 납부할 국세 및 강제징수비를 합병으로 승계된 재산가액을 한도로 납부할 의무를 진다.

③ 법인이 분할 또는 분할합병한 후 소멸하는 경우 분할신설법인과 분할합병의 상대방 법인은 분할법인에 부과되거나 분할법인이 납부하여야 할 국세 및 강제징수비에 대하여 분할로 승계된 재산가액을 한도로 연대하여 납부할 의무가 있다.

④ 공유물, 공동사업 또는 그 공동사업에 속하는 재산과 관계되는 국세 및 강제징수비는 공유자 또는 공동사업자가 연대하여 납부할 의무를 진다.

⑤ 법인이 「채무자 회생 및 파산에 관한 법률」에 따라 신회사를 설립하는 경우 기존의 법인에 부과되거나 납세의무가 성립한 국세 및 강제징수비는 신회사가 연대하여 납부할 의무를 진다.

03 「국세기본법」상 국세의 우선권에 관한 설명이다. 옳지 않은 것은?

① 과세표준과 세액의 신고에 따라 납세의무가 확정되는 국세의 경우 신고한 해당 세액의 법정기일은 법정신고납부기한의 다음 날이다.

② 강제집행에 따라 재산을 매각할 때 그 매각금액 중에서 국세 및 강제징수비를 징수하는 경우, 그 강제집행에 든 비용은 국세 및 강제징수비에 우선하여 변제된다.

③ 국세의 법정기일 전에 전세권이 설정된 재산을 매각하여 그 매각금액에서 해당 국세를 징수하는 경우, 그 전세권에 의하여 담보된 채권은 국세 및 강제징수비보다 우선하여 변제된다.

④ 국세 강제징수에 따라 납세자의 재산을 압류한 경우에 다른 국세 및 강제징수비의 교부청구가 있으면, 압류와 관계되는 국세 및 강제징수비는 교부청구된 다른 국세 및 강제징수비보다 우선하여 징수한다.

⑤ 납세담보물을 매각하였을 때에는 그 국세 및 강제징수비는 매각대금 중에서 다른 국세 및 강제징수비와 지방세에 우선하여 징수한다.

04 「국세기본법」상 납세의무의 성립, 확정 및 소멸에 관한 설명이다. 옳지 않은 것은?

① 법인세의 납세의무 성립시기는 과세기간이 끝나는 때이다. 다만, 청산소득에 대한 법인세의 납세의무 성립시기는 그 법인이 해산을 하는 때이다.

② 납세의무자가 소득세의 과세표준과 세액의 신고를 하지 아니한 경우에는 정부가 과세표준과 세액을 결정하는 때에 그 결정에 따라 납세의무가 확정된다.

③ 과세표준신고서를 법정신고기한까지 제출한 자의 부가가치세 수정신고는 당초 신고에 따라 확정된 세액에 관한 「국세기본법」 또는 세법에서 규정하는 권리·의무관계에 영향을 미치지 아니한다.

④ 국세에 대한 경정청구는 당초 확정된 과세표준과 세액을 감액하여 확정하는 효력을 가진다.

⑤ 국세를 부과할 수 있는 기간에 국세가 부과되지 아니하고 그 기간이 끝나면 해당 국세의 납세의무는 소멸한다.

05 「국세기본법」상 가산세에 관한 설명이다. 옳지 않은 것은?

① 가산세는 「국세기본법」 및 세법에서 규정하는 의무의 성실한 이행을 확보하기 위하여 세법에 따라 산출한 세액에 가산하여 징수하는 금액을 말한다.

② 가산세는 납부할 세액에 가산하거나 환급받을 세액에서 공제한다.

③ 가산세는 해당 의무가 규정된 세법의 해당 국세의 세목으로 한다. 다만, 해당 국세를 감면하는 경우에는 가산세는 그 감면 대상에 포함시키지 아니하는 것으로 한다.

④ 납세자가 의무를 이행하지 아니한 데에 정당한 사유가 있는 경우에 해당 가산세는 부과되지 아니한다.

⑤ 과세표준신고서를 법정신고기한까지 제출한 자가 법정신고기한이 지난 후 1개월 이내에 수정신고한 경우에는 과소신고·초과환급신고가산세가 부과되지 아니한다.

06 「소득세법」상 납세의무에 관한 설명이다. 옳지 않은 것은?

① 수익자가 특별히 정하여지지 아니한 신탁의 경우 그 신탁재산에 귀속되는 소득은 위탁자에게 귀속되는 것으로 본다.

② 공동으로 소유한 자산에 대한 양도소득금액을 계산하는 경우에는 해당 자산을 공동으로 소유하는 각 거주자가 납세의무를 진다.

③ 거주자가 특수관계인에게 자산을 증여한 후 그 자산을 증여받은 자가 그 증여일부터 10년 이내에 다시 타인에게 양도하여 증여자가 자산을 직접 양도한 것으로 보는 경우, 그 양도소득에 대해서는 증여자와 증여받은 자가 연대하여 납세의무를 진다.

④ 원천징수되는 소득으로서 종합소득 과세표준에 합산되지 아니하는 소득이 있는 자는 그 원천징수되는 소득세에 대해서 납세의무를 진다.

⑤ 공동사업에 대한 소득금액을 계산할 때 특수관계인의 소득금액이 주된 공동사업자에게 합산과세되는 경우, 그 합산과세되는 소득금액에 대해서는 주된 공동사업자의 특수관계인은 주된 공동사업자와 연대하여 한도 없이 납세의무를 진다.

07 「소득세법」상 소득금액계산의 특례에 관한 설명이다. 옳지 않은 것은?

① 직계존비속에게 주택을 무상으로 사용하게 하고 직계존비속이 그 주택에 실제 거주하는 경우는 부당행위계산부인 대상이 아니다.

② 거주자가 채권을 내국법인에게 매도하는 경우에는 당해 거주자가 자신의 보유기간 이자등 상당액을 이자소득으로 보아 소득세를 원천징수하여야 한다.

③ 피상속인의 소득금액에 대한 소득세로서 상속인에게 과세할 것과 상속인의 소득금액에 대한 소득세는 구분하여 계산하여야 한다.

④ 부동산임대업(주거용 건물 임대업은 제외)에서 발생하는 결손금은 종합소득 과세표준을 계산할 때 다른 소득금액에서 공제하지 않는다.

⑤ 종합소득 과세표준 확정신고 후 예금 또는 신탁계약의 중도 해지로 이미 지난 과세기간에 속하는 이자소득금액이 감액된 경우, 그 중도 해지일이 속하는 과세기간의 종합소득금액에 포함된 이자소득금액에서 그 감액된 이자소득금액을 뺄 수 있다.

08 거주자 갑(금융업을 영위하지 않음)의 2024년 이자소득 관련 자료이다. 소득세가 과세되는 이자소득 합계액으로 옳은 것은? 단, 제시된 금액은 원천징수세액을 차감하기 전 금액이다.

> (1) 환매조건부 채권의 매매차익 : 5,000,000원
> (2) 2020년 5월 1일에 저축성 보험에 가입하여 2024년 5월 1일에 보험금을 만기 환급받았으며, 그 내역은 다음과 같다.
> ① 보험금 : 10,000,000원
> ② 납입보험료 : 8,000,000원
> ③ 보험계약기간 중 보험계약에 의해 받은 배당금 : 1,000,000원
> (3) 비영업대금의 이익 : 2,000,000원
> (4) 계약의 위약에 따른 손해배상금 법정이자 : 500,000원
> (5) 「공익신탁법」에 따른 공익신탁의 이익 : 1,200,000원

① 8,000,000원
② 9,000,000원
③ 10,000,000원
④ 10,500,000원
⑤ 11,200,000원

09 거주자 갑의 2024년 기타소득 관련 자료이다. 원천징수 대상 기타소득금액으로 옳은 것은? 단, 제시된 금액은 원천징수세액을 차감하기 전 금액이며, 기타소득의 실제 필요경비는 확인되지 않는다.

> (1) 계약금이 위약금으로 대체된 경우의 위약금 : 4,000,000원
> (2) 고용관계 없이 받은 일시적인 외부 강연료 : 3,000,000원
> (3) 배임수재로 받은 금품 : 6,000,000원
> (4) 상표권을 대여하고 대가로 받은 금품 : 1,000,000원
> (5) 주택입주 지체상금 : 2,000,000원
> (6) 슬롯머신 당첨금품 : 1,500,000원

① 1,200,000원
② 1,600,000원
③ 2,000,000원
④ 2,400,000원
⑤ 6,000,000원

10 **거주자 갑(41세 남성이며 일용근로자 아님)의 2024년 근로소득 및 소득공제 관련 자료이다. 종합소득 과세표준으로 옳은 것은?**

(1) 근로소득 및 보험료 납부 내역
① 기본급 및 상여금 : 65,000,000원
② 여비(실비변상정도의 금액) : 1,200,000원
③ 국민연금보험료 본인부담분 : 3,000,000원(회사가 대신 부담)
④ 국민건강보험료 본인부담분 : 4,000,000원

(2) 부양가족 현황
① 배우자(41세) : 국내은행 예금이자 10,000,000원이 있음
② 아들(11세) : 장애인이며, 소득 없음

(3) 근로소득공제

총급여액	근로소득공제
4,500만원 초과 1억원 이하	1,200만원 + (총급여액 − 4,500만원) × 5%

① 38,500,000원
② 41,350,000원
③ 42,490,000원
④ 42,850,000원
⑤ 44,350,000원

11 **「소득세법」 및 「조세특례제한법」상 소득공제 및 세액공제에 관한 설명이다. 옳지 않은 것은?**

① 종합소득이 있는 거주자는 해당 과세기간에 출산한 공제대상자녀(첫째)가 있는 경우 연 30만원의 자녀세액공제를 받을 수 있다.
② 근로소득이 있는 거주자는 기본공제대상자인 직계비속의 대학원 교육비를 지출한 경우 교육비세액공제를 받을 수 없다.
③ 자녀장려금은 자녀세액공제와 중복하여 적용할 수 없다.
④ 근로소득이 있는 거주자는 형제자매의 신용카드등 사용금액을 그 거주자의 신용카드등 소득공제금액에 포함시킬 수 있다.
⑤ 사업소득(제조업)만 있는 거주자는 기부금세액공제를 받을 수 없다.

12 거주자 갑의 2024년 연금소득 관련 자료이다. 연금소득금액으로 옳은 것은?

(1) 갑은 2024년에 「국민연금법」에 따라 연금 45,000,000원(원천징수세액을 차감하기 전 금액임)을 수령하였다.

(2) 국민연금보험료 납입 내역

구분	연금보험료 납입 누계액	환산소득 누계액	연금보험료 납입월수
2001.12.31. 이전 납입기간	80,000,000원	100,000,000원	50개월
2002.1.1. 이후 납입기간	240,000,000원*	380,000,000원	200개월

*전액 연금보험료 소득공제를 받음

(3) 연금소득공제

총연금액	연금소득공제
1,400만원 초과	630만원 + (총연금액 − 1,400만원) × 10%

① 25,475,000원
② 27,162,500원
③ 27,500,000원
④ 33,750,000원
⑤ 35,625,000원

13 거주자 갑의 2024년 의료비 관련 자료이다. 의료비세액공제액으로 옳은 것은?

(1) 기본공제대상자를 위해 지출한 의료비 내역

구분	나이	금액	내역
본인	40세	600,000원	시력보정용 안경 구입비
배우자	38세	10,000,000원	난임시술비*
		2,000,000원	건강진단비
모친	63세	1,000,000원	건강증진용 보약 구입비
		1,500,000원	보청기 구입비
부친	70세	9,000,000원**	수술비 및 입원비

*「모자보건법」에 따른 보조생식술에 소요된 비용임

**보험회사로부터 실손의료보험금 5,000,000원을 지급받음

(2) 갑(일용근로자 아님)의 총급여액은 120,000,000원이다.

① 3,660,000원
② 3,675,000원
③ 3,810,000원
④ 4,410,000원
⑤ 4,425,000원

14 「소득세법」상 중간예납에 관한 설명이다. **옳지 않은** 것은?

① 토지 등 매매차익 예정신고·납부를 한 부동산매매업자는 중간예납의무가 없다.
② 분리과세 주택임대소득만이 있는 거주자는 중간예납의무가 없다.
③ 중간예납의무가 있는 거주자는 중간예납추계액이 중간예납기준액의 30%에 미달하는 경우, 중간예납추계액을 중간예납세액으로 하여 납세지 관할 세무서장에게 신고할 수 있다.
④ 중간예납세액이 50만원 미만인 경우에는 해당 소득세를 징수하지 아니한다.
⑤ 중간예납세액이 1천만원을 초과하는 자는 그 납부할 세액의 일부를 납부기한이 지난 후 2개월 이내에 분할납부할 수 있다.

15 거주자 갑이 양도한 주택(등기된 국내 소재 주택임) 관련 자료이다. 주택 양도로 인한 양도차익으로 옳은 것은?

(1) 주택의 취득 및 양도 관련 자료

구분	거래일자	실지거래가액	기준시가
양도	2024.8.8.	500,000,000원	400,000,000원
취득	1991.7.7.	불분명*	100,000,000원

*취득 당시의 매매사례가액과 감정가액도 확인되지 않음

(2) 거래 증명서류로 확인되는 추가 지출 내역

내역	금액
자본적 지출*	120,000,000원
양도 시 부동산 중개수수료	10,000,000원

*주택의 리모델링을 위해 지출한 비용임

(3) 주택의 필요경비 개산공제 : 취득 당시 기준시가의 3%

① 170,000,000원
② 270,000,000원
③ 297,000,000원
④ 370,000,000원
⑤ 372,000,000원

16 「법인세법」상 사업연도와 납세지에 관한 설명이다. <u>옳지 않은</u> 것은?

① 사업연도를 변경하려는 법인은 그 법인의 직전 사업연도 종료일부터 3개월 이내에 납세지 관할 세무서장에게 이를 신고하여야 한다.

② 국내사업장이 없는 외국법인으로서 국내원천 부동산소득이 있는 법인은 따로 사업연도를 정하여 그 소득이 최초로 발생하게 된 날부터 1개월 이내에 납세지 관할 세무서장에게 사업연도를 신고하여야 한다.

③ 내국법인이 사업연도 중에 「상법」의 규정에 따라 조직변경을 한 경우에는 그 사업연도 개시일부터 조직변경일까지의 기간과 조직변경일의 다음 날부터 그 사업연도 종료일까지의 기간을 각각 1사업연도로 본다.

④ 원천징수의무자가 거주자로서 사업장이 없는 경우에는 그 거주자의 주소지 또는 거소지를 원천징수한 법인세의 납세지로 한다.

⑤ 법인은 납세지가 변경된 경우에는 그 변경된 날부터 15일 이내에 변경 후의 납세지 관할 세무서장에게 이를 신고하여야 한다.

17 영리내국법인 (주)A가 수행한 회계처리에 대한 세무조정 중 그 소득의 귀속자에게 추가적인 납세의무가 발생하지 <u>않는</u> 것은?

① 퇴직한 임원에게 정관에 정해진 금액을 초과하여 퇴직금을 지급하고 손익계산서에 비용으로 계상하였다.

② 채권자의 주소 및 성명을 확인할 수 없는 차입금에 대한 이자를 지급하고(원천징수하지 않음) 손익계산서에 비용으로 계상하였다.

③ 임직원이 아닌 개인주주가 업무와 관련 없이 사용하고 있는 건물에 대한 임차료를 지출하고 손익계산서에 비용으로 계상하였다.

④ 추계로 과세표준을 결정할 때 대표자에 대한 상여로 처분하여 발생한 소득세를 대납하고 그 대납한 금액을 손익계산서에 비용으로 계상하였다.

⑤ 임원에게 「법인세법」상 손금한도를 초과하는 상여금을 지급하고 손익계산서에 비용으로 계상하였다.

18 **제조업을 영위하는 영리내국법인 (주)A의 자료이다. (주)B의 유상감자로 인한 (주)A의 제24기(2024.1.1.~2024.12.31.) 의제배당금액으로 옳은 것은? 단, 전기의 세무조정은 정확하게 이루어졌고, 수입배당금 익금불산입 규정은 고려하지 아니한다.**

(1) 2021년 6월 1일에 (주)A는 (주)B의 주식 10,000주(1주당 액면가액 5,000원)를 1주당 14,000원에 취득하였다.
(2) (주)B의 잉여금 자본전입으로 (주)A가 수령한 무상주의 내역은 다음과 같다.

수령일자	주식수	무상주의 재원
2023.5.1.	6,000주	주식발행초과금*
2023.11.30.	2,000주	자기주식소각이익**

*채무의 출자전환 시 발생한 채무면제이익이 아님
**소각 당시(2021.7.1.) 시가가 취득가액을 초과함

(3) 2024년 9월 1일에 (주)B가 유상감자를 실시함에 따라 (주)A는 10,000주를 반환하고, 1주당 18,000원을 감자대가로 수령하였다.

① 80,000,000원
② 100,000,000원
③ 130,000,000원
④ 152,000,000원
⑤ 180,000,000원

19 **「독점규제 및 공정거래에 관한 법률」에 따른 지주회사인 (주)A의 제24기(2024.1.1.~2024.12.31.) 자료이다. 수입배당금 익금불산입액으로 옳은 것은?**

(1) (주)A는 2024년 3월 1일에 제조업을 영위하는 비상장 영리내국법인(벤처기업 아님) (주)B와 (주)C로부터 배당금 40,000,000원을 수령하고 이를 수익으로 계상하였다.

구분	현금배당금*	주식가액**	지분율	주식취득일
(주)B	35,000,000원	350,000,000원	70%	2022.1.1.
(주)C	5,000,000원	600,000,000원	45%	2023.11.30.

*배당기준일 : 2023년 12월 31일, 배당결의일 : 2024년 2월 14일
**(주)A가 보유한 주식의 「법인세법」상 장부가액이며, 제24기 중 주식수 및 장부가액의 변동은 없음

(2) (주)A의 제24기 손익계산서상 이자비용은 50,000,000원이고, 제24기말 현재 재무상태표상 자산총액은 5,000,000,000원이다.
(3) (주)B와 (주)C는 지급배당에 대한 소득공제, 「조세특례제한법」상 감면규정 및 동업기업과세특례를 적용받지 않는다.
(4) 수입배당금액 익금불산입률

출자비율	20% 미만	20% 이상 50% 미만	50% 이상
익금불산입률	30%	80%	100%

① 4,000,000원
② 28,350,000원
③ 29,150,000원
④ 31,500,000원
⑤ 35,550,000원

20 제조업을 영위하는 영리내국법인 (주)A의 제24기(2024.1.1.~2024.12.31.) 자료이다. 외화자산 및 외화부채 관련 세무조정이 제24기 각 사업연도 소득금액에 미치는 순영향으로 옳은 것은? 단, 전기의 세무조정은 정확하게 이루어졌다.

(1) (주)A는 화폐성 외화자산 및 외화부채에 대하여 사업연도 종료일 현재의 매매기준율로 평가하는 방법을 관할 세무서장에게 신고하였으나, 제23기와 제24기에 외화환산손익을 결산서에 계상하지 않았다.

(2) (주)A는 2023년 7월 1일에 외국은행으로부터 $10,000를 차입하였으며, 2024년 6월 30일에 전액 상환하였다. 상환 시 (주)A는 다음과 같이 회계처리하였다.

(차) 외화차입금	12,500,000	(대) 현금	12,000,000
		외환차익	500,000

(3) (주)A는 2024년 9월 1일에 제품을 수출하고 그 대금 $20,000를 수령하였다. 동 수출대금은 당기말 현재 외화예금 계좌에 보유 중이다.

(4) 일자별로 적용할 매매기준율은 다음과 같다.

2023.7.1.	2023.12.31.	2024.6.30.	2024.9.1.	2024.12.31.
1,250원/$	1,300원/$	1,200원/$	1,280원/$	1,320원/$

① (−)300,000원
② (+)300,000원
③ (+)500,000원
④ (+)800,000원
⑤ (+)1,300,000원

21 제조업을 영위하는 영리내국법인 (주)A의 제3기(2024.1.1.~2024.12.31.) 자료이다. 제3기말 기계장치의 세무상 미상각잔액으로 옳은 것은?

(1) (주)A는 제2기부터 창업중소기업 등에 대한 세액감면을 받고 있는 기업이다.

(2) 기계장치(2023.7.1. 취득)의 감가상각비와 관련하여 결산서에 반영된 내역은 다음과 같다.

취득원가	제3기말 감가상각누계액	제3기 감가상각비
500,000,000원	75,000,000원	50,000,000원

(3) 당기 중 기계장치에 대한 수선비(자본적 지출이며 주기적 수선에 해당하지 않음) 22,000,000원을 손익계산서에 비용으로 계상하였다.

(4) (주)A는 기계장치 취득 시 내용연수 및 감가상각방법을 신고하지 않았고, 기준내용연수(10년)에 대한 상각률은 정액법 0.100, 정률법 0.259이다.

① 62,729,750원
② 316,822,250원
③ 322,520,250원
④ 401,975,000원
⑤ 435,250,000원

22 「법인세법」상 손익의 귀속시기에 관한 설명이다. 옳지 않은 것은?

① 중소기업이 수행하는 계약기간 1년 미만인 건설용역의 제공으로 인한 수익은 그 목적물의 인도일이 속하는 사업연도의 익금에 산입할 수 있다.

② 중소기업인 법인이 장기할부조건으로 자산을 판매한 경우에는 그 장기할부조건에 따라 각 사업연도에 회수하였거나 회수할 금액을 해당 사업연도의 익금에 산입할 수 있다.

③ 법인이 결산을 확정함에 있어서 차입일부터 이자지급일이 1년을 초과하는 특수관계인과의 거래에 따른 기간경과분 미지급이자를 해당 사업연도의 손비로 계상한 경우에는 그 계상한 사업연도의 손금으로 한다.

④ 법인이 사채를 발행한 경우에 상환할 사채금액의 합계액에서 사채발행가액의 합계액을 공제한 금액은 기업회계기준에 의한 사채할인발행차금의 상각방법에 따라 이를 손금에 산입한다.

⑤ 금융보험업을 영위하는 법인이 결산을 확정함에 있어서 이미 경과한 기간에 대응하는 보험료를 해당 사업연도의 수익으로 계상한 경우에는 그 계상한 사업연도의 익금으로 한다.

23 제조업을 영위하는 영리내국법인 (주)A(중소기업)의 제24기(2024.1.1.~2024.12.31.) 자료이다. 기업업무추진비 한도초과액으로 옳은 것은? 단, 기업업무추진비 해당액은 적격증명서류를 수취하였다.

(1) 장부상 매출액은 15,000,000,000원으로 이 중 특수관계인에 대한 매출액은 3,000,000,000원이다.

(2) 손익계산서상 판매비와관리비 중 기업업무추진비로 비용처리한 금액은 90,000,000원으로 다음의 금액이 포함되어 있다.

① 전기에 접대가 이루어졌으나 당기 지급시점에 비용처리한 금액 : 5,000,000원

② 「국민체육진흥법」에 따른 체육활동의 관람을 위한 입장권 구입비 : 20,000,000원

③ 직원이 조직한 단체(법인)에 복리시설비를 지출한 금액 : 4,000,000원

④ 거래처에 접대 목적으로 증정한 제품(원가 8,000,000원, 시가 10,000,000원)에 대해 다음과 같이 회계처리하였다.

(차) 접대비	9,000,000	(대) 제품	8,000,000
		부가가치세예수금	1,000,000

(3) 수입금액에 관한 적용률

수입금액	적용률
100억원 이하	수입금액 × 0.3%
100억원 초과 500억원 이하	3,000만원 + (수입금액 − 100억원) × 0.2%

① 2,280,000원
② 6,280,000원
③ 16,400,000원
④ 21,400,000원
⑤ 84,720,000원

24 제조업을 영위하는 영리내국법인 (주)A의 제24기(2024.1.1.~2024.12.31.) 자료이다. 대손금 및 대손충당금 관련 세무조정이 제24기 각 사업연도 소득금액에 미치는 순영향으로 옳은 것은? 단, 전기의 세무조정은 정확하게 이루어졌다.

(1) 전기말 유보잔액 내역

내 역	금 액
대손충당금 한도초과액	6,000,000원
외상매출금 대손부인액	15,000,000원*

*이 중 10,000,000원은 당기에 소멸시효가 완성됨

(2) 당기 중 대손충당금 상계 내역

내 역	금 액
대여금*	8,000,000원
외상매출금	40,000,000원**

*특수관계인(영리내국법인)에 대한 업무무관가지급금으로서 「법인세법」상 대손사유를 충족함

**이 중 20,000,000원은 「법인세법」상 대손사유를 충족하였으나, 나머지는 「법인세법」상 대손사유를 충족하지 못함

(3) 「법인세법」상 대손충당금 설정대상 채권잔액(세무상 장부가액)

구 분	금 액
전기말	2,000,000,000원
당기말	2,500,000,000원

(4) 재무상태표상 당기말 대손충당금 잔액은 50,000,000원이다.

① (+)12,500,000원
② (+)16,500,000원
③ (+)24,500,000원
④ (+)30,500,000원
⑤ (+)37,000,000원

25 **건설업을 영위하는 영리내국법인 (주)A의 제24기(2024.1.1.~2024.12.31.) 자료이다. 사택 임대 및 건설용역 제공과 관련된 세무조정이 제24기 각 사업연도 소득금액에 미치는 순영향으로 옳은 것은?**

(1) 사택 임대
① (주)A는 출자임원(소액주주 아님)인 갑에게 사택을 임대(임대기간 : 2023.1.1.~2025.12.31.)하고 보증금 100,000,000원을 임대개시일에 수령하였으며, 약정에 의해 수령한 연간 임대료 총액 2,000,000원을 손익계산서상 수익으로 계상하였다.
② 사택 제공에 대한 임대료의 시가는 불분명하나 사택의 시가는 400,000,000원으로 확인된다.
③ 기획재정부령으로 정하는 정기예금이자율은 3%로 가정한다.

(2) 건설용역 제공
① (주)A는 특수관계인인 (주)B에게 건설용역(계약기간 : 2024.3.1.~2024.10.31.)을 제공하고 받은 용역대가 240,000,000원을 매출로 계상하였으며, 해당 용역의 원가 200,000,000원을 매출원가로 계상하였다.
② 동 건설용역의 시가는 불분명하며, (주)A가 당기 중 특수관계인이 아닌 자에게 제공한 유사용역의 매출액은 500,000,000원, 매출원가는 400,000,000원이다.

① 0원
② (+)1,000,000원
③ (+)7,000,000원
④ (+)11,000,000원
⑤ (+)17,000,000원

26 **제조업을 영위하는 영리내국법인 (주)A의 제24기(2024.1.1.~2024.12.31.) 자료이다. 외국납부세액공제액으로 옳은 것은? 단, (주)A는 외국납부세액에 대하여 세액공제방법을 적용한다.**

(1) 국내원천 소득금액은 292,000,000원이다.

(2) B국에 소재하는 외국자회사로부터의 수입배당금 내역(해외자회사 배당금은 수입배당금 익금불산입 규정이 적용되지 않는 배당금이라고 가정)

지분율	수입배당금	직접외국납부세액
40%	100,000,000원	10,000,000원

① 배당기준일은 2023년 12월 31일이며, (주)A는 자회사의 주식을 2023년 3월 1일에 취득하여 계속 보유하고 있다.

② 직접외국납부세액은 수입배당금에 대한 B국의 원천징수세액이며, 수입배당금은 직접외국납부세액을 차감하기 전의 금액이다.

③ 자회사의 해당 사업연도 소득금액은 270,000,000원, 법인세액은 20,000,000원이다.

(3) 각 사업연도 소득에 대한 법인세율

과세표준	세 율
2억원 이하	과세표준 × 9%
2억원 초과 200억원 이하	1,800만원 + (과세표준 − 2억원) × 19%

① 8,000,000원
② 10,000,000원
③ 12,500,000원
④ 15,120,000원
⑤ 18,000,000원

27 법인세 과세표준의 계산에 관한 설명이다. 옳은 것은?

① 내국법인의 각 사업연도 소득에 대한 법인세의 과세표준을 계산할 때 공제되지 아니한 소득공제액은 해당 사업연도의 다음 사업연도 이후로 이월하여 공제할 수 있다.

② 「자산유동화에 관한 법률」에 따른 유동화전문회사가 배당가능이익의 90% 이상을 배당한 경우 그 금액은 해당 배당을 결의한 날이 속하는 사업연도의 소득금액에서 공제한다.

③ 내국법인의 각 사업연도 소득에 대한 법인세의 과세표준은 각 사업연도 소득의 범위에서 비과세소득, 이월결손금 및 소득공제액을 차례로 공제한 금액으로 한다.

④ 법인세의 과세표준과 세액을 추계결정하는 경우에는 이월결손금 공제규정을 적용하지 아니하며, 과세표준과 세액을 추계결정함에 따라 공제되지 못한 이월결손금은 그 후의 사업연도 과세표준을 계산할 때 공제할 수 없다.

⑤ 「채무자 회생 및 파산에 관한 법률」에 따라 법원이 인가결정한 회생계획을 이행 중인 법인의 공제대상 이월결손금은 각 사업연도 소득금액의 100%를 한도로 공제한다.

28 「법인세법」상 적격합병에 관한 설명이다. 옳지 않은 것은?

① 합병등기일 현재 1년 이상 사업을 계속하던 내국법인 간의 합병이어야 한다는 것은 적격합병의 요건 중 하나이다.

② 피합병법인의 주주등이 합병으로 인하여 받은 합병대가의 전액이 합병법인의 주식등이어야 한다는 것은 적격합병의 요건 중 하나이다.

③ 합병법인이 합병등기일이 속하는 사업연도의 종료일까지 피합병법인으로부터 승계받은 사업을 계속하여야 한다는 것은 적격합병의 요건 중 하나이다.

④ 피합병법인의 합병으로 발생하는 양도손익을 계산할 때 적격합병의 경우에는 피합병법인이 합병법인으로부터 받은 양도가액을 피합병법인의 합병등기일 현재의 순자산 장부가액으로 보아 양도손익이 없는 것으로 할 수 있다.

⑤ 적격합병을 한 합병법인은 피합병법인의 자산을 장부가액으로 양도받은 것으로 한다.

29 「법인세법」상 법인세 납세의무에 관한 설명이다. 옳은 것은?

① 청산소득에 대한 법인세를 계산할 때 각 사업연도 소득에 대한 법인세율과 동일한 세율을 적용한다.

② 비영리내국법인이 주식 또는 출자지분을 양도함에 따라 생기는 수입에 대하여는 각 사업연도 소득에 대한 법인세가 과세되지 아니한다.

③ 청산소득에 대한 법인세의 납부의무가 있는 내국법인은 해산등기일이 속하는 달의 말일부터 3개월 이내에 청산소득에 대한 법인세의 과세표준과 세액을 신고하여야 한다.

④ 비영리내국법인은 원천징수된 비영업대금의 이익에 대하여는 각 사업연도 소득에 대한 법인세 과세표준 신고를 하지 않을 수 있다.

⑤ 건축 장소는 국내에 2년간 존속하더라도 외국법인의 국내사업장에 포함되지 아니한다.

30 「부가가치세법」상 과세대상에 관한 설명이다. 옳은 것은?

① 외국 선박에 의하여 공해(公海)에서 잡힌 수산물을 국내로 반입하는 거래는 과세대상이 아니다.

② 사업자가 아닌 개인이 중고자동차를 사업자에게 판매하는 거래는 과세대상이지만, 사업자가 아닌 개인이 소형승용차를 외국으로부터 수입하는 거래는 과세대상이 아니다.

③ 사업자가 사업을 위하여 「재난 및 안전관리 기본법」의 적용을 받아 특별재난지역에 물품을 증여하는 경우는 과세대상이 아니다.

④ 사업자가 「민사집행법」에 따른 경매로 재화를 공급하는 경우는 과세대상이지만, 「국세징수법」에 따른 공매로 재화를 공급하는 경우는 과세대상이 아니다.

⑤ 사업자가 주요자재를 전혀 부담하지 아니하고 인도받은 재화를 단순히 가공만 해 주는 경우는 과세대상이 아니다.

31 「부가가치세법」상 사업장 및 사업자등록에 관한 설명이다. <u>옳지 않은</u> 것은?

① 무인자동판매기를 통하여 재화·용역을 공급하는 사업의 경우에는 그 사업에 관한 업무를 총괄하는 장소 외의 장소를 추가로 사업장으로 등록할 수 없다.

② 법인의 경우에는 지점을 주된 사업장으로 하여 주사업장 총괄 납부를 신청할 수 있다.

③ 공급시기가 속하는 과세기간이 끝난 후 20일 이내에 사업자등록을 신청한 경우에는 사업개시일 이전 기간의 매입세액은 공제하지 않는다.

④ 사업자가 사업장을 설치하지 않고 사업자등록도 하지 아니한 경우에는 과세표준 및 세액을 결정하거나 경정할 당시 사업자의 주소 또는 거소를 사업장으로 한다.

⑤ 사업자 단위 과세 사업자는 각 사업장을 대신하여 그 사업자의 본점 또는 주사무소의 소재지를 부가가치세의 납세지로 한다.

32 (주)A의 부가가치세 관련 자료이다. 2024년 제1기 예정신고 시 부가가치세 과세표준으로 옳은 것은? 단, (주)A는 주사업장 총괄 납부 사업자나 사업자 단위 과세 사업자가 아니며, 제시된 금액은 부가가치세를 포함하지 않은 금액이다.

> (1) 2024년 1월 5일에 상품을 거래처에 인도하였다. 판매대금 중 10,000,000원은 인도일에 수령하였고, 나머지는 2월 5일부터 매월 5일에 5,000,000원씩 8회에 걸쳐 분할하여 수령하기로 약정하였다. 판매대금 50,000,000원에는 할부이자 상당액인 500,000원이 포함되어 있다.
> (2) 2024년 2월 8일에 상품(취득가액 10,000,000원)을 판매하기 위하여 직매장으로 반출(반출가액 12,000,000원)하였다.
> (3) 2024년 4월 8일에 거래처에 인도할 예정인 상품의 판매대금 3,000,000원에 대한 세금계산서를 2024년 3월 27일에 발급하고, 2024년 4월 1일에 당해 판매대금 전액을 회수하였다.

① 20,000,000원
② 39,500,000원
③ 62,500,000원
④ 63,000,000원
⑤ 65,000,000원

33 「부가가치세법」상 영세율에 관한 설명이다. 옳지 않은 것은?

① 사업자가 국내사업장이 없는 외국법인에게 공급한 컨테이너 수리용역은 대금수취 방법에 관계없이 영세율 대상이다.

② 사업자가 내국신용장에 의해 공급하는 재화(금지금은 제외)는 영세율 대상이며 세금계산서를 발급할 의무가 있다.

③ 사업자가 자기의 명의와 계산으로 내국물품을 외국으로 유상반출하는 경우는 영세율 대상이며 세금계산서를 발급할 의무가 없다.

④ 사업자가 국외에서 공급하는 용역은 대금수취 방법에 관계없이 영세율 대상이다.

⑤ 사업자가 항공기에 의하여 여객이나 화물을 국내에서 국외로 수송하는 외국항행용역은 영세율 대상이다.

34 부동산임대업을 영위하는 (주)A의 자료이다. 2024년 제1기 확정신고 시 부가가치세 과세표준으로 옳은 것은? 단, 제시된 금액은 부가가치세를 포함하지 않은 금액이다.

(1) (주)A의 임대건물(단층임)은 도시지역 안에 위치하고 있으며, 갑과 을에게 모두 2024년 4월 1일부터 3년간 다음과 같이 임대하고 있다.

구분	월임대료*	임대보증금	용도	면적	
				건물	부수토지
갑	1,000,000원	21,900,000원	주택	30m^2	750m^2
을	2,000,000원	43,800,000원	상가	30m^2	

*월임대료는 매월말 수령하기로 약정함

(2) 2024년 제1기 과세기간 종료일 현재 계약기간 1년의 정기예금이자율은 2.9%로 가정한다.

(3) 2024년 제1기 과세기간 종료일 현재 건물의 기준시가는 100,000,000원, 토지의 기준시가는 400,000,000원이다.

① 4,437,936원
② 4,622,850원
③ 5,362,506원
④ 6,533,628원
⑤ 7,831,609원

35 과세사업과 면세사업을 겸영하는 (주)A의 자료이다. 2024년 제1기 부가가치세 확정신고 시 납부세액 재계산으로 인하여 납부세액에 가산할 금액으로 옳은 것은? 단, 제시된 금액은 부가가치세를 포함하지 않은 금액이다.

(1) (주)A는 2023년 4월 15일에 과세사업과 면세사업에 공통으로 사용하기 위하여 건물을 300,000,000원에 구입하고, 매입세액은 공급가액 비율로 안분하여 공제하였다.
(2) 과세사업과 면세사업의 공급가액비율

구분	과세사업	면세사업
2023년 제1기	60%	40%
2023년 제2기	56%	44%
2024년 제1기	50%	50%

① 1,500,000원
② 1,530,000원
③ 1,620,000원
④ 2,550,000원
⑤ 2,700,000원

36 음식점업(과세유흥장소 아님)을 영위하는 개인사업자 갑의 부가가치세 관련 자료이다. ㉠ 간이과세자로 보는 경우 2024년 차가감납부세액과 ㉡ 일반과세자로 보는 경우 2024년 제2기 납부(환급)세액으로 옳은 것은? 단, 세액은 지방소비세를 포함한 것으로 한다.

(1) 2024년 7월 1일부터 2024년 12월 31일까지의 공급대가는 63,800,000원이며, 이는 신용카드매출전표 발급분 55,000,000원을 포함한 것이다.
(2) 매입 내역

구분	내역	금액*
계산서수취분	면세농산물 구입	5,450,000원
세금계산서수취분	기타 조리용품 구입	11,000,000원
	식당 인테리어 공사	41,800,000원

*부가가치세가 포함된 금액임

(3) 음식점업의 업종별 부가가치율은 15%이고, 의제매입세액 공제율은 9/109이며, 의제매입세액 공제한도는 고려하지 않는다.
(4) 2024년 예정부과기간의 고지세액은 없었고, 전자신고방법에 의하여 신고하지 않았다.

	㉠ 간이과세자 차가감납부세액	㉡ 일반과세자 납부(환급)세액
①	0원	550,000원
②	0원	1,000,000원
③	70,000원	(−)550,000원
④	(−)475,000원	1,000,000원
⑤	(−)925,000원	(−)165,000원

37 「부가가치세법」상 납세절차에 관한 설명이다. 옳은 것은?

① 비거주자 또는 외국법인으로부터 국내에서 용역 또는 권리를 공급받아 매입세액을 공제받고 과세사업에 사용하는 자는 대리납부의무가 있다.

② 사업자가 조기환급신고를 한 경우에 관할 세무서장은 조기환급기간에 대한 환급세액을 조기환급기간이 끝난 날부터 15일 이내에 사업자에게 환급하여야 한다.

③ 과세표준과 납부세액을 추계결정하는 경우에는 그 기재내용이 분명한 세금계산서를 발급받아 관할 세무서장에게 제출하더라도 매입세액을 공제할 수 없다.

④ 예정신고・납부 시 신용카드매출전표 발급등에 대한 세액공제 및 전자세금계산서 발급・전송에 대한 세액공제는 적용하고 가산세는 적용하지 않는다.

⑤ 일반과세자인 개인사업자는 예정신고기간에 대하여 예정신고함을 원칙으로 하지만, 해당 과세기간 개시일 현재 일반과세자로 변경된 경우에는 관할 세무서장이 납부고지한다.

38 「상속세 및 증여세법」상 증여세에 관한 설명이다. <u>옳지 않은</u> 것은?

① 수증자가 거주자(본점이나 주된 사무소의 소재지가 국내에 있는 비영리법인을 포함)인 경우에는 증여세 과세대상이 되는 모든 증여재산에 대하여 증여세를 납부할 의무가 있다.

② 수증자가 비거주자인 경우에는 증여재산의 소재지를 관할하는 세무서장 등이 증여세를 과세한다.

③ 해당 증여일 전 10년 이내에 동일인으로부터 받은 증여재산가액을 합친 금액이 1천만원 이상인 경우에는 그 가액을 증여세 과세가액에 가산한다.

④ 명의신탁재산의 증여의제 규정에 따라 재산을 증여한 것으로 보는 경우에는 실제소유자가 해당 재산에 대하여 증여세를 납부할 의무가 있다.

⑤ 수증자가 증여재산(금전은 제외)을 당사자 간의 합의에 따라 증여세 과세표준 신고기한까지 증여자에게 반환하는 경우(반환하기 전에 과세표준과 세액을 결정받은 경우는 제외)에는 처음부터 증여가 없었던 것으로 본다.

39 2024년 5월 2일에 사망한 거주자 갑의 상속세 관련 자료이다. 상속세 과세가액으로 옳은 것은?

(1) 상속재산 내역

구분	금액	비고
주택	1,500,000,000원	–
생명보험금	505,000,000원	갑이 계약자로서 보험료를 전액 납입함
반환일시금	100,000,000원	「국민연금법」에 따라 사망으로 인하여 지급됨

(2) 사망 당시 갑의 공과금과 채무는 없고, 장례비용은 확인되지 않는다.

(3) 갑은 2022년 5월 2일에 상속인인 아들에게 토지(증여 당시 가액 300,000,000원)를 증여하였고, 당해 자산의 상속개시 당시의 가액은 400,000,000원이다.

① 2,000,000,000원
② 2,005,000,000원
③ 2,100,000,000원
④ 2,300,000,000원
⑤ 2,505,000,000원

40 「지방세법」상 취득세에 관한 설명이다. 옳지 않은 것은?

① 토지의 지목을 사실상 변경함으로써 그 가액이 증가한 경우에는 취득으로 본다.
② 외국정부 및 주한국제기구의 취득에 대해서는 취득세를 부과하지 아니한다. 다만, 대한민국 정부기관의 취득에 대하여 과세하는 외국정부의 취득에 대해서는 취득세를 부과한다.
③ 취득세의 과세표준은 취득 당시의 가액으로 한다. 다만, 연부로 취득하는 경우에는 연부금액으로 한다.
④ 지방자치단체의 장은 취득세의 세율을 조정할 수 없다.
⑤ 취득세 과세물건을 유상으로 취득한 자는 그 취득한 날로부터 60일 이내에 그 과세표준에 세율을 적용하여 산출한 세액을 신고하고 납부하여야 한다.

03 2021년 제56회 기출문제

※ 각 문제의 보기 중에서 물음에 가장 합당한 답을 고르시오.
(주어진 자료 이외의 다른 사항은 고려하지 않으며, 조세부담 최소화를 가정할 것)

01 「국세기본법」상 납세의무의 성립시기에 관한 설명이다. <u>옳지 않은</u> 것은?

① 납세조합이 징수하는 소득세 : 과세기간이 끝나는 때

② 수입물품에 대한 개별소비세 : 세관장에게 수입신고하는 때

③ 청산소득에 대한 법인세 : 그 법인이 해산하는 때

④ 법정신고기한까지 소득세의 과세표준 신고를 하지 아니한 경우의 무신고가산세 : 법정신고기한이 경과하는 때

⑤ 수시부과하여 징수하는 국세 : 수시부과할 사유가 발생한 때

02 「국세기본법」상 국세의 우선에 관한 설명이다. <u>옳지 않은</u> 것은?

① 파산 절차에 따라 재산을 매각할 때 그 매각금액 중에서 국세 및 강제징수비를 징수하는 경우 그 파산 절차에 든 비용은 국세 및 강제징수비에 우선한다.

② 법정기일 전에 전세권이 설정된 재산을 매각하여 그 매각금액에서 국세를 징수하는 경우 그 전세금은 국세 및 강제징수비에 우선한다.

③ 세무서장은 납세자가 제3자와 짜고 거짓으로 재산에 저당권 설정 계약 및 등기를 하여 그 재산의 매각금액으로 국세를 징수하기 곤란하다고 인정할 때에는 그 행위의 취소를 법원에 청구할 수 있다.

④ 법정기일 전에 저당권이 설정된 재산을 매각하여 그 매각금액에서 해당 재산에 대하여 부과된 종합부동산세를 징수하는 경우 그 저당권에 의하여 담보된 채권은 그 종합부동산세 및 강제징수비에 우선한다.

⑤ 국세의 납세담보물을 매각한 경우 그 납세담보물을 지방세 체납처분에 의하여 압류한 경우에도 그 국세 및 강제징수비는 매각대금 중에서 지방세에 우선하여 징수한다.

03 「국세기본법」상 국세환급금에 관한 설명이다. 옳지 않은 것은?

① 세무서장이 납세자의 환급청구를 촉구하기 위하여 납세자에게 환급청구의 안내·통지를 하면 국세환급금에 관한 권리의 소멸시효는 중단된다.

② 명의대여자에 대한 과세를 취소하고 실질귀속자를 납세의무자로 하여 과세하는 경우 명의대여자 대신 실질귀속자가 납부한 것으로 확인된 금액은 실질귀속자의 기납부세액으로 먼저 공제하고 남은 금액이 있으면 실질귀속자에게 환급한다.

③ 납세자가 「상속세 및 증여세법」에 따라 상속세를 물납한 후 그 부과의 전부를 취소하는 경정 결정에 따라 환급하는 경우 해당 물납재산이 임대 중인 때에는 금전으로 환급하여야 한다.

④ 세무서장은 국세환급금에 관한 권리의 양도 요구가 있는 경우 양도인 또는 양수인이 납부할 국세 및 강제징수비가 있으면 그 국세 및 강제징수비에 충당하고 남은 금액에 대해서는 양도의 요구에 지체 없이 따라야 한다.

⑤ 국세환급금으로 결정한 금액을 국세 및 강제징수비에 충당하는 경우 체납된 국세 및 강제징수비에 우선 충당하나, 납세자가 납부고지에 의하여 납부하는 국세에 충당하는 것을 동의한 때에는 납부고지에 의하여 납부하는 국세에 우선 충당한다.

04 「국세기본법」상 국세심사에 관한 설명이다. 옳지 않은 것은?

① 국세청장은 심사청구에 대한 결정을 할 때 심사청구를 한 처분 외의 처분에 대하여도 그 처분의 전부 또는 일부를 취소 또는 변경하는 결정을 할 수 있다.

② 심사청구인이 법정요건을 모두 갖추어 국선대리인을 선정하여 줄 것을 재결청에 신청하면 재결청은 지체 없이 국선대리인을 선정하고 그 결과를 신청을 받은 날부터 5일 이내에 심사청구인과 국선대리인에게 각각 통지하여야 한다.

③ 국세청장은 국세심사위원회의 의결이 법령에 명백히 위반된다고 판단하는 경우 구체적인 사유를 적어 서면으로 국세심사위원회로 하여금 한 차례에 한정하여 다시 심의할 것을 요청할 수 있다.

④ 심판청구를 제기한 후 같은 날 심사청구를 제기한 경우 그 심사청구를 각하하는 결정을 한다.

⑤ 심사청구는 해당 처분이 있음을 안 날(처분의 통지를 받은 때에는 그 받은 날)부터 90일 이내에 제기하여야 하고, 심사청구에 대한 결정은 심사청구를 받은 날부터 90일 이내에 하여야 한다.

05 「국세기본법」상 같은 세목 및 같은 과세기간에 대하여 세무조사를 다시 할 수 있는 사유가 아닌 것은?

① 조세탈루의 혐의를 인정할 만한 명백한 자료가 있는 경우
② 국세환급금의 결정을 위한 확인조사를 하는 경우
③ 2개 이상의 과세기간과 관련하여 잘못이 있는 경우
④ 과세관청 외의 기관이 직무상 목적을 위해 작성하거나 취득해 과세관청에 제공한 자료의 처리를 위해 조사하는 경우
⑤ 성실도를 분석한 결과 불성실 혐의가 있는 경우

06 「소득세법」상 원천징수에 관한 설명이다. 옳지 않은 것은?

① 외국법인이 발행한 채권에서 발생하는 이자소득을 거주자에게 지급하는 경우 국내에서 그 지급을 대리하거나 그 지급 권한을 위임 또는 위탁받은 자가 그 소득에 대한 소득세를 원천징수하여야 한다.
② 주식의 소각으로 인한 의제배당에 대해서는 주식의 소각을 결정한 날에 그 소득을 지급한 것으로 보아 소득세를 원천징수한다.
③ 근로소득을 지급하여야 할 원천징수의무자가 1월부터 11월까지의 근로소득을 해당 과세기간의 12월 31일까지 지급하지 아니한 경우 그 근로소득을 12월 31일에 지급한 것으로 보아 소득세를 원천징수한다.
④ 발생 후 지급되지 아니함으로써 소득세가 원천징수되지 아니한 근로소득이 종합소득에 합산되어 종합소득에 대한 소득세가 과세된 경우 그 근로소득을 지급할 때에는 소득세를 원천징수하지 아니한다.
⑤ 계약의 위약으로 인하여 계약금이 위약금으로 대체되는 경우 대체되는 시점에 소득세를 원천징수하여야 한다.

07 「소득세법」상 필요경비에 관한 설명이다. 옳지 않은 것은?

① 사업자가 유형자산의 멸실로 인하여 보험금을 지급받아 그 멸실한 유형자산을 대체하여 같은 종류의 자산을 취득한 경우 해당 자산의 가액 중 그 자산의 취득에 사용된 보험차익 상당액을 보험금을 받은 날이 속하는 과세기간의 소득금액을 계산할 때 필요경비에 산입할 수 있다.

② 지급일 현재 주민등록표등본에 의하여 그 거주사실이 확인된 채권자가 차입금을 변제받은 후 소재불명이 된 경우 그 차입금의 이자는 사업소득금액을 계산할 때 필요경비에 산입하지 아니한다.

③ 반출하였으나 판매하지 아니한 제품에 대한 개별소비세 미납액(제품가액에 그 세액 상당액을 더하지 않음)은 사업소득금액을 계산할 때 필요경비에 산입하지 아니한다.

④ 기타소득으로 과세되는 골동품의 양도로 거주자가 받은 금액이 1억원 이하인 경우 받은 금액의 100분의 90을 필요경비로 하며, 실제 소요된 필요경비가 이를 초과하면 그 초과하는 금액도 필요경비에 산입한다.

⑤ 「한국마사회법」에 따른 승마투표권의 구매자가 받는 환급금에 대하여는 그 구매자가 구입한 적중된 투표권의 단위투표금액을 필요경비로 한다.

08 (주)A(중소기업)에 근무하는 영업사원인 거주자 갑(일용근로자 아님)의 2024년 귀속 근로소득 내역이다. 비과세 합계액과 총급여액으로 옳은 것은?

(1) 급여 : 40,000,000원
(2) 식사를 제공받고 별도로 받은 식대 : 2,400,000원(월 200,000원씩 수령)
(3) 「발명진흥법」에 따라 사용자로부터 받은 직무발명보상금 : 10,000,000원
(4) 주택 취득에 소요되는 자금을 무상제공 받음으로써 얻은 이익 : 5,000,000원
(5) (주)A가 갑을 수익자로 하는 단체순수보장성보험의 보험료로 지급한 금액 : 1,000,000원
(6) 갑이 자기차량을 업무수행에 이용하고 실제여비 대신 회사의 규정에 따라 지급받은 자가운전보조금 : 2,000,000원(10개월간 월 200,000원씩 수령)
(7) 시간외 근무수당 : 2,000,000원

	비과세 합계액	총급여액
①	14,700,000원	47,700,000원
②	12,700,000원	43,000,000원
③	13,900,000원	47,300,000원
④	18,000,000원	48,500,000원
⑤	18,000,000원	43,000,000원

09 「소득세법」상 기타소득에 관한 설명이다. <u>옳지 않은</u> 것은?

① 공무원이 국가 또는 지방자치단체로부터 공무 수행과 관련하여 받는 상금과 부상은 비과세 기타소득이다.

② 「공익사업을 위한 토지 등의 취득 및 보상에 관한 법률」에 따른 공익사업 관련 지역권의 설정 대가는 기타소득이다.

③ 법령에 따른 위원회의 보수를 받지 아니하는 위원이 받는 수당은 비과세 기타소득이다.

④ 뇌물, 알선수재 및 배임수재에 의하여 받는 금품은 기타소득이다.

⑤ 퇴직 전에 부여받은 주식매수선택권을 퇴직 후에 행사함으로써 얻는 이익은 기타소득이다.

10 거주자 갑의 2024년 종합소득공제 관련 자료이다. 갑의 종합소득공제 중 인적공제액으로 옳은 것은?

(1) 본인 및 부양가족 현황

구분	나이	소득
본인(남성)	41세	총급여액 50,000,000원
부친	83세	공무원연금 수령액 30,000,000원
모친	78세	소득없음
아들	10세	소득없음

(2) 배우자(41세, 소득없음)와 2024년 7월 1일 법적으로 이혼하였다.
(3) 부친은 연금보험료 소득공제를 받지 않았다.
(4) 모친은 항시 치료를 요하는 중증환자인 장애인이다.

① 8,500,000원
② 9,500,000원
③ 10,000,000원
④ 11,000,000원
⑤ 12,500,000원

11

거주자 갑의 2024년 귀속 종합소득 관련 자료이다. 사업소득에서 발생한 결손금 공제 후 갑의 종합소득금액으로 옳은 것은?

> (1) 제조업에서 발생한 사업소득 자료
> ① 총수입금액 : 300,000,000원
> ② 필요경비 : 390,000,000원
> (2) 사업소득 필요경비에는 대표자 갑의 인건비 30,000,000원과 사업에 종사하고 있는 갑의 딸 인건비 10,000,000원이 포함되어 있다.
> (3) 사업소득 이외의 각 소득금액(결손금 공제 전)
> ① 근로소득금액 : 40,000,000원
> ② 기타소득금액 : 30,000,000원

① 0원
② 10,000,000원
③ 20,000,000원
④ 40,000,000원
⑤ 70,000,000원

12

「소득세법」상 세액공제에 관한 설명이다. 옳지 않은 것은?

① 비치·기록한 장부에 의하여 신고하여야 할 소득금액의 20% 이상을 누락하여 신고한 경우 기장세액공제를 적용하지 않는다.

② 외국납부세액공제의 한도를 초과하는 외국소득세액은 해당 과세기간의 다음 과세기간부터 10년 이내에 끝나는 과세기간에 이월하여 공제받을 수 있으며, 이월공제기간 내에 공제받지 못한 외국소득세액은 소멸한다.

③ 외국납부세액공제의 대상이 되는 외국소득세액에는 외국정부에 의하여 과세된 개인 소득세 및 이와 유사한 세목으로 수입금액을 과세표준으로 하여 과세된 세액이 포함된다.

④ 사업자가 해당 과세기간에 재해로 인한 자산상실비율이 20% 이상에 해당하여 납세가 곤란하다고 인정되는 경우 재해손실세액공제를 적용할 수 있다.

⑤ 재해손실세액공제를 적용할 때 장부가 소실 또는 분실되어 장부가액을 알 수 없는 경우 재해발생의 비율은 납세지 관할 세무서장이 조사확인한 재해발생일 현재의 가액에 의하여 계산한다.

13 거주자 갑의 2024년 귀속 금융소득 관련 자료이다. 갑의 종합소득금액에 합산될 금융소득금액으로 옳은 것은? 금융소득에 대한 원천징수는 적법하게 이루어졌으며, 모든 금액은 원천징수세액을 차감하기 전의 금액이다.

> (1) 직장공제회 탈퇴로 받은 반환금 : 20,000,000원(납입공제료 10,000,000원)
> (2) 투융자집합투자기구 투자자로부터 받는 배당소득 : 3,000,000원
> (3) 출자공동사업자 배당 : 5,000,000원
> (4) 국내은행 정기예금이자 : 10,000,000원
> (5) 외국법인으로부터 받은 현금배당(국내에서 원천징수되지 않음) : 15,000,000원
> (6) 주권상장법인으로부터 받은 현금배당 : 20,000,000원

① 47,200,000원
② 50,000,000원
③ 52,000,000원
④ 55,200,000원
⑤ 62,200,000원

14 근로소득만 있는 거주자 갑(일용근로자 아님)이 2024년 중 지출한 교육비 관련 자료이다. 갑의 교육비 세액공제액으로 옳은 것은?

> (1) 본인(50세)의 대학원 등록금 4,000,000원을 납부하였다.
> (2) 아들(22세, 소득없음)의 대학 등록금 10,000,000원을 납부하였으며, 회사로부터 아들의 대학 등록금에 대하여 학자금 2,000,000원을 지급받았다.
> (3) 딸(16세, 소득없음)의 중학교 교과서 대금 100,000원과 교복구입비 300,000원을 지출하였다.
> (4) 모친(75세, 소득없음)의 평생교육기관 교육비로 500,000원을 지출하였다.
> (5) 아들, 딸, 모친은 갑과 생계를 같이하고 있다.

① 1,710,000원
② 1,860,000원
③ 2,010,000원
④ 2,085,000원
⑤ 2,160,000원

15 거주자 갑이 양도한 주택 관련 자료이다. 갑의 양도소득금액으로 옳은 것은?

(1) 거래 증명서류로 확인되는 취득 및 양도에 관한 자료

구분	계약금(계약일자)	잔금(잔금일자)	취득 및 양도가액
취득	50,000,000원 (2017.2.2.)	450,000,000원 (2017.5.5.)	500,000,000원
양도	100,000,000원 (2024.3.3.)	1,400,000,000원 (2024.4.4.)	1,500,000,000원

(2) 거래 증명서류로 확인되는 추가 지출 자료

내역	금액
취득시 부동산중개수수료	2,000,000원
취득세	5,000,000원
보유 중 납부한 재산세	1,000,000원
양도시 부동산중개수수료	3,000,000원

(3) 갑은 2019년 6월 6일부터 양도 시까지 양도한 주택에서 거주하였다.

(4) 갑과 세대원은 양도한 주택의 취득 시부터 양도 시까지 다른 주택을 보유하지 않았으며, 1세대 1주택 비과세 요건을 충족한다.

(5) 1세대 1주택의 장기보유특별공제율은 3년 이상 보유한 주택의 보유기간에 대하여 연간 4%(40% 한도)와 2년 이상 거주한 주택의 거주기간에 대하여 연간 4%(40% 한도)이다.

① 125,480,000원
② 129,340,000원
③ 118,800,000원
④ 129,520,000원
⑤ 129,820,000원

16 「법인세법」상 법인과세 신탁재산에 관한 설명이다. 옳지 않은 것은?

① 법인과세 신탁재산의 법인세 납세지는 그 법인과세 수탁자의 납세지로 한다.

② 하나의 법인과세 신탁재산에 「신탁법」에 따라 둘 이상의 수탁자가 있는 경우에는 수탁자 중 신탁사무를 주로 처리하는 수탁자로 신고한 자가 법인과세 신탁재산에 귀속되는 소득에 대하여 법인세를 납부하여야 한다.

③ 수탁자의 변경에 따라 수탁자가 그 법인과세 신탁재산에 대한 자산과 부채를 변경되는 수탁자에게 이전하는 경우 수탁자 변경일 현재의 공정가액을 그 자산과 부채의 이전가액으로 보고 장부가액과의 차이를 이전에 따른 손익으로 과세한다.

④ 지급한 배당에 대하여 소득공제를 적용받는 법인과세 신탁재산으로부터 받은 수입배당금에 대하여는 내국법인 수입배당금액의 익금불산입 규정을 적용하지 않는다.

⑤ 법인과세 신탁재산은 설립일로부터 2개월 이내에 법인설립신고서를 납세지 관할 세무서장에게 신고하여야 한다.

17 「법인세법」상 세무조정 및 소득처분에 관한 설명이다. 옳지 않은 것은?

① 자기주식 소각에 따라 발생한 감자차익 300,000원을 손익계산서상 수익으로 회계처리한 경우, 익금불산입 300,000원(기타)으로 처리하여야 한다.

② 법률에 의하지 아니하고 유형자산을 재평가하여 발생한 재평가이익 1,000,000원을 기타포괄손익으로 회계처리한 경우, 익금산입 1,000,000원(기타), 익금불산입 1,000,000원(△유보)으로 처리하여야 한다.

③ 공정가치측정 금융자산의 평가이익 800,000원을 기타포괄손익으로 회계처리한 경우, 익금산입 800,000원(기타), 익금불산입 800,000원(△유보)으로 처리하여야 한다.

④ 이익잉여금의 자본전입에 따른 무상주 수령액 1,500,000원(이 중 수입배당금 익금불산입 금액은 450,000원임)을 장부상 회계처리 하지 않은 경우, 익금산입 1,500,000원(유보), 익금불산입 450,000원(기타)으로 처리하여야 한다.

⑤ 법인의 채무 6,000,000원을 출자전환하면서 교부한 주식(액면가액 3,500,000원, 시가 4,000,000원)에 대해 채무감소액과 액면가액의 차액 2,500,000원을 손익계산서상 채무조정이익으로 회계처리한 경우, 익금산입 500,000원(기타), 익금불산입 500,000원(△유보)으로 처리하여야 한다.

18 영리내국법인 (주)A의 제24기(2024.1.1.~2024.12.31.) 자료이다. 각 사업연도 소득금액으로 옳은 것은? 전기까지 회계처리 및 세무조정은 정확하게 이루어졌다.

내용	금액
(1) 손익계산서상 당기순이익	1,500,000원
(2) 비용으로 처리된 업무무관자산 관리비	700,000원
(3) 비용으로 처리된 원재료 연지급수입이자	400,000원
(4) 수익으로 처리된 법인세환급액(전기 납부분)	500,000원
(5) 수익으로 처리된 법인세환급액에 대한 환급금이자	10,000원
(6) 자산으로 처리된 특수관계인으로부터 고가매입한 토지의 시가초과 상당액	200,000원
(7) 기부금 한도초과이월액 중 당기 손금산입액	100,000원
(8) 이월공제가능 기간 이내의 이월결손금	300,000원

① 1,190,000원
② 1,290,000원
③ 1,390,000원
④ 1,590,000원
⑤ 1,990,000원

19 제조업을 영위하는 영리내국법인 (주)A의 제24기(2024.1.1.~2024.12.31.) 자료이다. 의제배당 및 수입배당금 관련 세무조정이 각 사업연도 소득금액에 미치는 순영향으로 옳은 것은?

(1) (주)A는 (주)B가 잉여금 자본전입(결의일 : 2024.3.3.)으로 액면발행한 무상주 중 10%를 지분비율에 따라 수령하였으며 무상증자의 재원은 다음과 같다.

구분	금액
자기주식처분이익	2,200,000원
주식의 포괄적 교환차익	2,000,000원
재평가적립금*	1,500,000원

*토지분(재평가세 1% 과세분) 4,000,000원과 건물분(재평가세 3% 과세분) 1,000,000원으로 구성되어 있으며, 이 중 30%를 자본전입함.

(2) (주)B가 보유한 자기주식은 없다.

(3) (주)A는 당기에 차입금과 지급이자가 없고, 수입배당금 익금불산입율은 30%이며 수입배당금 익금불산입 요건을 충족한다.

① 102,000원
② 111,000원
③ 175,000원
④ 238,000원
⑤ 259,000원

20 「법인세법」상 손금에 관한 설명이다. 옳지 않은 것은?

① 특정인에게 광고선전 목적으로 기증한 물품(개당 3만원 이하는 제외)의 구입비용으로 연간 5만원 이내의 금액은 손금에 산입한다.

② 법인이 다른 법인과 출자에 의해 공동으로 사업을 운영하는 경우 발생하는 공동경비 중 출자비율에 따른 분담금액을 초과하는 금액은 손금에 산입하지 아니한다.

③ 법인이 영리내국법인으로부터 건당 3만원(부가가치세 포함)을 초과하는 용역을 공급받고 그 대가를 지급하는 경우 법정증명서류 이외의 증명서류를 수취하면 손금에 산입하지 아니한다.

④ 제조업을 영위하는 법인이 보유한 개별소비세 과세대상인 승용자동차의 수선비에 대한 부가가치세 매입세액은 손금에 산입한다.

⑤ 법인이 「노동조합 및 노동관계조정법」을 위반하여 노조전임자에게 지급한 급여는 손금에 산입하지 아니한다.

21 제조업을 영위하는 영리내국법인 (주)A(사회적 기업 아님)의 제24기(2024.1.1.~2024.12.31.) 기부금 관련 자료이다. 일반기부금의 한도초과액으로 옳은 것은?

(1) 손익계산서상 당기순이익 : 19,000,000원

(2) 기부금 관련 세무조정사항을 제외한 세무조정 내역

① 익금산입 · 손금불산입 : 10,000,000원

② 손금산입 · 익금불산입 : 12,000,000원

(3) 손익계산서상 기부금 내역(전액 현금지급)

내역	금액
천재지변으로 인한 이재민 구호금품	3,000,000원
무료로 이용가능한 아동복지시설 기부금	2,000,000원

(4) 당기 중 특수관계 없는 공익법인(일반기부금 대상)에 양도한 토지(장부가액 40,000,000원)의 내역

① 양도가액 : 50,000,000원

② 양도당시 시가 : 80,000,000원

(5) 제21기(2021.1.1.~2021.12.31.)에 발생한 결손금으로서 이후 과세표준을 계산할 때 공제되지 아니한 금액 : 24,000,000원

(6) (주)A는 과세표준 계산시 각 사업연도 소득금액의 80%까지 이월결손금 공제를 할 수 있는 법인이다.

① 200,000원
② 360,000원
③ 2,800,000원
④ 7,720,000원
⑤ 7,800,000원

22 「법인세법」상 지급이자 손금불산입에 관한 설명이다. 옳지 않은 것은?

① 채권자의 능력 및 자산상태로 보아 금전을 대여한 것으로 인정할 수 없는 차입금에 대한 이자는 손금에 산입하지 아니한다.

② 사업용 유형자산의 건설에 소요된 것이 분명한 특정차입금에 대한 지급이자는 건설이 준공된 날까지 이를 자본적 지출로 하여 그 원본에 가산한다. 다만, 특정차입금의 일시예금에서 생기는 수입이자는 원본에 가산하는 자본적 지출금액에서 차감한다.

③ 업무무관자산등에 대한 지급이자 손금불산입액을 계산할 때 업무무관자산의 취득가액에는 특수관계인으로부터 시가를 초과하여 취득한 금액을 포함한다.

④ 업무무관자산등에 대한 지급이자 손금불산입액을 계산할 때 중소기업에 근무하는 지배주주가 아닌 직원에 대한 주택구입 또는 전세자금의 대여액은 특수관계인 가지급금에 포함하지 아니한다.

⑤ 사업용 유형자산의 건설에 소요된 것이 분명한 특정차입금의 연체로 인하여 생긴 이자를 원본에 가산한 경우 그 가산한 금액과 원본에 가산한 금액에 대한 지급이자는 해당 사업연도의 자본적 지출로 한다.

23 제조업을 영위하는 영리내국법인 (주)A의 제24기(2024.1.1.~2024.12.31.) 자료이다. 재고자산 평가 관련 세무조정이 제24기 각 사업연도 소득금액에 미치는 순영향으로 옳은 것은?

구분	장부상 평가액	선입선출법	총평균법	후입선출법
제품	3,000,000원	3,200,000원	3,000,000원	2,700,000원
재공품	3,600,000원	3,900,000원	3,700,000원	3,400,000원
원재료	4,250,000원	4,500,000원	4,250,000원	4,100,000원

(1) 회사는 제품 평가방법을 선입선출법으로 신고하였으나, 제품 평가방법의 변경신고를 하지 않고 총평균법으로 평가하였다.

(2) 재공품은 신고된 평가방법인 선입선출법으로 평가하였으나, 계산착오로 인하여 300,000원을 과소계상하였다.

(3) 원재료에 대한 평가방법은 신고하지 않았으며, 전기 말 「자본금과 적립금 조정명세서(을)」에 원재료 평가감 100,000원(유보)이 있다.

① (+)850,000원
② (+)750,000원
③ (+)650,000원
④ (−)650,000원
⑤ (−)850,000원

24 「법인세법」상 고유목적사업준비금에 관한 설명이다. 옳은 것은?

① 고유목적사업준비금을 손금에 산입한 비영리내국법인이 사업에 관한 모든 권리와 의무를 다른 비영리내국법인에 포괄적으로 양도하고 해산하는 경우 해산등기일 현재의 고유목적사업준비금 잔액은 그 다른 비영리내국법인이 승계할 수 있다.

② 손금에 산입한 고유목적사업준비금의 잔액이 있는 비영리내국법인이 고유목적사업을 일부라도 폐지한 경우 그 잔액은 해당 사유가 발생한 날이 속하는 사업연도의 소득금액을 계산할 때 익금에 산입한다.

③ 고유목적사업준비금을 손금에 산입한 사업연도의 종료일 이후 10년이 되는 날까지 고유목적사업에 일부만 사용한 경우 미사용 잔액을 익금에 산입한다.

④ 법인으로 보는 단체가 거주자로 변경된 경우 손금에 산입한 고유목적사업준비금 잔액을 익금에 산입하고 그 잔액에 대한 이자상당액을 법인세에 더하여 납부하여야 한다.

⑤ 고유목적사업준비금은 「소득세법」상 이자소득금액 및 배당소득금액에 100분의 50을 곱하여 산출한 금액을 한도로 손금에 산입한다.

25 제조업을 영위하는 영리내국법인 (주)A의 제24기(2024.1.1.~2024.12.31.) 자료이다. 퇴직급여충당금 및 퇴직연금충당금 관련 세무조정이 제24기 각 사업연도 소득금액에 미치는 순영향으로 옳은 것은?

(1) (주)A는 금융회사에 확정급여형 퇴직연금을 위탁운용하고 있다. 퇴직연금운용자산의 당기 말 계정잔액은 60,000,000원이고, 퇴직연금운용자산 당기 증가액 50,000,000원은 추가납입한 것이며 당기 감소액은 20,000,000원이다.

(2) 당기 퇴직급여충당금 계정의 증감내역은 다음과 같다.

퇴직급여충당금 (단위 : 원)

당기감소	20,000,000	기초잔액	50,000,000
기말잔액	60,000,000	당기증가	30,000,000

(3) 퇴직급여충당금 기초잔액에는 48,000,000원의 손금부인액이 포함되어 있으며, 당기 증가액은 (주)B와의 합병(합병등기일 : 2024.4.5.)으로 인하여 퇴직급여충당금(손금부인액 29,000,000원 포함)을 승계한 것이다.

(4) 당기 중 직원이 현실적으로 퇴직함에 따라 퇴직연금운용자산에서 20,000,000원을 지급하고, 퇴직급여충당금과 상계하였다.

(5) (주)A는 신고조정에 의하여 퇴직연금충당금을 손금산입하고 있으며, 세무상 기초잔액은 30,000,000원(△유보)이다.

(6) 당기 말 퇴직급여추계액은 일시퇴직기준 66,000,000원, 보험수리적기준 60,000,000원이다.

① (−)11,000,000원
② (−)21,000,000원
③ (−)30,000,000원
④ (−)50,000,000원
⑤ (−)61,000,000원

26 **제조업을 영위하는 영리내국법인 (주)A의 제24기(2024.1.1.~2024.12.31.) 자료이다. 국고보조금 및 일시상각충당금 관련 세무조정이 제24기 각 사업연도 소득금액에 미치는 순영향으로 옳은 것은?**

(1) 2024년 1월 1일 「보조금 관리에 관한 법률」에 따른 국고보조금 50,000,000원을 수령하고 건물을 취득하여 사업에 사용하기 시작하였다. 이에 따른 회계처리는 다음과 같다.

(차)	현금	50,000,000	(대) 영업외수익	50,000,000
	건물	100,000,000	현금	100,000,000

(2) 2024년 4월 1일 「보조금 관리에 관한 법률」에 따른 국고보조금 20,000,000원을 수령하고 기계장치를 80,000,000원에 취득하여 사업에 사용하기 시작하였다. (주)A는 국고보조금을 기계장치에서 차감하는 형식으로 회계처리하였다.

(3) 건물은 정액법(신고내용연수 10년, 잔존가치 없음)으로 상각하며, 기계장치도 정액법(신고내용연수 5년, 잔존가치 없음)으로 상각한다. (주)A는 기계장치 관련 국고보조금을 감가상각비와 상계처리하고 있다(상각부인액 및 시인부족액 없음).

(4) (주)A는 건물 및 기계장치와 관련하여 일시상각충당금을 신고조정에 의해 손금산입하였다.

① (−)5,000,000원
② (−)15,000,000원
③ (−)20,000,000원
④ (−)45,000,000원
⑤ (−)65,000,000원

27 제조업을 영위하는 영리내국법인 (주)A의 제24기(2024.1.1.~2024.12.31.) 자료이다. 토지 및 가지급금 관련 세무조정(지급이자 손금불산입은 제외)이 제24기 각 사업연도 소득금액에 미치는 순영향으로 옳은 것은? 단, 전기의 세무조정은 정확하게 이루어졌다.

(1) (주)A는 공장을 증축하기 위하여 특수관계인 갑이 소유한 토지를 2023년 5월 6일에 30,000,000원(시가 20,000,000원)에 취득하고 다음과 같이 회계처리하였다.

(차) 토지	30,000,000	(대) 현금	15,000,000
		미지급금	15,000,000

(주)A는 당기에 토지 취득 미지급금을 전액 지급하고, 미지급금 감소로 회계처리하였다.

(2) (주)A는 특수관계인 을에게 2023년 9월에 20,000,000원을 업무와 무관하게 대여(이자율 약정 없음)하였고, 당기 말 현재 회수하지 아니하였으며, 이자수익으로 계상한 금액은 없다.

(3) (주)A의 당기 말 현재 차입금과 지급이자의 내역은 다음과 같다. 차입금은 모두 은행(특수관계인 아님)으로부터 차입하였다.

차입일	연 이자율	지급이자	차입금
2023.8.1.	5%	10,000,000원	200,000,000원
2023.6.1.	10%	30,000,000원	300,000,000원

(4) (주)A는 금전대차거래의 시가를 신고하지 아니하였고, 당좌대출이자율은 연 9%로 가정한다.

① (+)1,800,000원
② (+)1,600,000원
③ (+)400,000원
④ (−)8,200,000원
⑤ (−)8,400,000원

28 법인세 과세표준 및 세액의 계산에 관한 설명이다. 옳지 않은 것은?

① 「공익신탁법」에 따른 공익신탁의 신탁재산에서 생기는 소득은 각 사업연도 소득에 대한 법인세를 과세하지 않는다.
② 「조세특례제한법」에 의한 비과세소득을 적용받고자 하는 법인은 납세지 관할 세무서장에게 신청하여야 한다.
③ 재해손실세액공제를 적용받고자 하는 법인은 재해손실세액공제신청서를 납세지 관할 세무서장에게 제출하여야 한다.
④ 국외사업장이 여러 국가에 있는 경우 외국납부세액 공제액의 공제한도금액은 국가별로 구분하여 각각 계산한다.
⑤ 결손금의 일부는 이월공제받고 일부는 소급공제받은 경우 결손금의 감소에 따른 과다환급세액을 계산할 때 이월공제받은 결손금이 먼저 감소된 것으로 본다.

29 **제조업을 영위하는 영리내국법인 (주)A(중소기업)의 제24기(2024.1.1.~2024.12.31.) 자료이다. 차감납부할 법인세액으로 옳은 것은? 단, (주)A는 외국납부세액에 대하여 세액공제방법을 적용하며, 해외자회사로부터 받은 배당금이 수입배당금 익금불산입 규정이 적용되지 않는 배당금이라고 가정한다.**

(1) 제24기 과세표준은 260,000,000원(국내 및 국외원천소득 포함)이며, 최저한세 대상인 「조세특례제한법」상 손금산입액 20,000,000원이 반영된 금액이다.
(2) 제24기에 외국 자회사B로부터 배당금 2,000,000원(원천징수세액 262,500원이 차감된 금액임)을 받아 배당금수익으로 회계처리하였다. 익금산입된 자회사B에 대한 간접외국납부세액은 500,000원이며, 외국납부세액공제 요건을 충족하는 것으로 가정한다.
(3) 세무상 이월결손금 및 중간예납세액은 없다.
(4) 각 사업연도 소득에 대한 법인세율은 다음과 같으며, 중소기업의 최저한세율은 7%이다.

과세표준	세율
2억원 이하	과세표준의 9%
2억원 초과 200억원 이하	1,800만원 + 2억원을 초과하는 금액의 19%

① 8,560,000원
② 19,260,000원
③ 24,375,000원
④ 28,300,000원
⑤ 29,087,625원

30 **「부가가치세법」상 과세거래에 관한 설명이다. <u>옳지 않은</u> 것은?**

① 신탁의 종료로 인하여 수탁자로부터 위탁자에게 신탁재산을 이전하는 경우 재화의 공급으로 보지 아니한다.
② 사업자가 자기의 사업과 관련하여 사업장 내에서 사용인에게 음식을 무상으로 제공하는 경우 용역의 공급으로 보지 아니한다.
③ 사업자가 대가의 전부를 자기적립마일리지로만 결제받고 재화를 인도하는 경우 재화의 공급으로 본다.
④ 사업자 단위 과세 사업자가 자기의 사업과 관련하여 생산 또는 취득한 재화를 판매할 목적으로 자기의 다른 사업장에 반출하는 경우 재화의 공급으로 보지 아니한다.
⑤ 사업자가 내국신용장에 의해 재화를 공급받아 영세율을 적용받은 재화를 자기의 면세사업을 위하여 직접 사용하거나 소비하는 경우 재화의 공급으로 본다.

31 2024년 제1기(2024.1.1.~2024.6.30.) 부가가치세 관련 자료이다. (주)A와 (주)B의 부가가치세 과세표준에 포함될 재화의 공급가액을 모두 합한 것으로 옳은 것은? 단, 제시된 금액은 부가가치세를 포함하지 않은 금액이다.

(1) (주)A는 과세사업과 면세사업에 공통으로 사용하던 차량과 비품을 다음과 같이 매각하였다.

① 매각내역

구분	취득일	취득가액	매각일	공급가액
차량	2023.3.1.	40,000,000원	2024.4.1.	20,000,000원
비품	2023.8.1.	1,000,000원	2024.5.1.	400,000원

② 과세사업과 면세사업의 공급가액비율

구분	2023년 제1기	2023년 제2기	2024년 제1기
과세사업	53%	50%	60%
면세사업	47%	50%	40%

(2) 과세사업자인 (주)B는 2024년 4월 10일에 토지와 건물을 500,000,000원에 다음과 같이 함께 양도하고 그 대금을 모두 수령하였다. 토지와 건물에 대한 감정가액은 없다. 또한 사업자가 구분한 실지거래가액을 인정할 만한 사유에 해당하지 않는다.

구분	실지거래가액	공급계약일 현재	
		장부가액	기준시가
토지	300,000,000원	200,000,000원	160,000,000원
건물	200,000,000원	200,000,000원	240,000,000원

① 210,200,000원
② 210,400,000원
③ 260,000,000원
④ 310,200,000원
⑤ 310,400,000원

32 부가가치세 공급가액에 관한 설명이다. 옳지 않은 것은? 단, 아래 재화는 모두 부가가치세 과세대상이다.

① 사업자가 시가 1,000,000원인 재화A를 판매하고 제3자 적립마일리지 300,000원(제3자와 마일리지 결제액을 보전받지 않기로 약정함에 따라 제3자로부터 보전받은 금액은 없음)과 현금 700,000원을 결제받았다. 이 경우 재화A의 공급가액은 700,000원이다.

② 사업자가 특수관계인이 아닌 자에게 재화B(시가 1,000,000원)를 공급하고 재화C(시가 900,000원)를 대가로 받았다. 이 경우 재화B의 공급가액은 1,000,000원이다.

③ 사업자가 재화D를 3월 20일(기준환율 : 1,100원/$)에 인도하고 4월 20일(기준환율 : 1,050원/$)에 $1,000를 대금으로 수령하였다. 이 경우 재화D의 공급가액은 1,100,000원이다.

④ 사업자가 재화E를 시가인 1,000,000원에 외상으로 판매하고 거래 상대방에 대한 판매장려금 지급액 300,000원을 차감한 나머지 금액 700,000원을 약정된 상환일에 수령하였다. 이 경우 재화E의 공급가액은 1,000,000원이다.

⑤ 사업자가 시가 1,000,000원인 재화F를 매출에누리 100,000원을 차감한 900,000원에 외상판매하였다. 이 경우 재화F의 공급가액은 900,000원이다.

33 다음의 거래에 대한 각 사업자의 「부가가치세법」상 처리를 설명한 것으로 옳은 것은?

> (1) (주)A는 2023년 11월 1일에 (주)B에게 제품을 11,000,000원(부가가치세 포함)에 판매하고 약속어음을 받았다.
> (2) (주)B가 발행한 약속어음이 부도가 발생함에 따라 (주)A는 2024년 1월 20일에 금융회사에서 부도확인을 받았다. (주)A는 (주)B의 재산에 대하여 저당권을 설정하고 있지 않다.
> (3) (주)A는 대손처리한 (주)B에 대한 채권 중 5,500,000원(부가가치세 포함)을 2025년 3월 10일에 (주)B로부터 회수하였다.

① (주)A는 2024년 제1기 부가가치세 확정신고시 1,000,000원을 대손세액공제 받을 수 있다.

② (주)A는 2024년 제2기 부가가치세 예정신고시 1,000,000원을 대손세액공제 받을 수 있다.

③ (주)A는 2025년 제1기 부가가치세 예정신고시 과세표준에 5,000,000원을 더한다.

④ (주)B는 2024년 제1기 부가가치세 확정신고시 1,000,000원을 매입세액에서 뺀다.

⑤ (주)B는 2025년 제1기 부가가치세 확정신고시 500,000원을 매입세액에 더한다.

34 과세사업과 면세사업을 겸영하는 (주)A의 자료이다. 2024년 제1기 부가가치세 확정신고시 매입세액공제액으로 옳은 것은? 단, 모든 거래에 대한 세금계산서 및 계산서는 적법하게 발급받았다.

(1) 2024년 4월 1일부터 6월 30일까지의 매입세액

구분	과세사업분	면세사업분	공통매입분
원재료	50,000,000원	30,000,000원	–
비품	10,000,000원	5,000,000원	2,000,000원*
기계장치	–	–	10,000,000원**

*2024년 4월 20일 과세사업과 면세사업에 공통으로 사용하기 위하여 비품을 구입하였으며, 실지 귀속을 구분할 수 없다. 비품을 사업에 사용하던 중 2024년 6월 30일 16,500,000원(부가가치세 포함)에 매각하였다.

**2024년 5월 20일 과세사업과 면세사업에 공통으로 사용하기 위하여 기계장치를 구입하였으며, 실지 귀속을 구분할 수 없다.

(2) 면세사업에만 사용하던 차량(트럭)을 2024년 4월 15일부터 과세사업과 면세사업에 함께 사용하기 시작하였다. 동 차량은 2022년 12월 10일에 44,000,000원(부가가치세 포함)에 구입하였다.

(3) 과세사업과 면세사업의 공급가액비율

구분	2023년 제2기	2024년 제1기
과세사업	70%	80%
면세사업	30%	20%

① 67,200,000원
② 67,400,000원
③ 70,100,000원
④ 70,200,000원
⑤ 70,400,000원

35 돈가스제조업(과세사업)을 영위하는 (주)A(중소기업)의 2024년 제1기 예정신고기간(2024.1.1.~2024.3.31.)의 부가가치세 관련 자료이다. 2024년 제1기 예정신고시 의제매입세액 공제액으로 옳은 것은? 단, 제시된 금액은 부가가치세를 포함하지 않은 금액이며, 모든 거래에 대한 세금계산서 및 계산서는 적법하게 발급받았다.

(1) 매입내역

구분	취득가액	비고
돼지고기	26,000,000원	-
밀가루	22,100,000원	수입산으로 관세의 과세가격은 20,800,000원, 관세는 1,300,000원임.
소금	10,920,000원	운송사업자에게 지급한 매입운임 520,000원이 포함된 금액임.
치즈	5,200,000원	-
김치	3,900,000원	-

(2) 매입한 돼지고기 중 30%는 다른 사업자에게 그대로 판매하였으며, 60%는 돈가스제조에 사용하였고, 10%는 예정신고기간 종료일 현재 재고로 남아 있다.

(3) 매입한 밀가루, 소금 및 치즈는 모두 돈가스제조에 사용하였으며, 김치는 모두 종업원에게 사내식당 반찬으로 제공하였다.

(4) 중소기업의 의제매입세액 공제율은 4/104이며, 의제매입세액 공제한도는 고려하지 않는다.

① 1,800,000원
② 1,900,000원
③ 1,950,000원
④ 2,000,000원
⑤ 2,100,000원

36 「부가가치세법」상 매입세액공제에 관한 설명이다. 옳지 않은 것은?

① 법인사업자로부터 전자세금계산서를 발급받았으나 그 전자세금계산서가 국세청장에게 전송되지 아니한 경우 발급한 사실이 확인되더라도 매입세액을 공제할 수 없다.

② 재화의 공급시기 이후에 발급받은 세금계산서로서 해당 공급시기가 속하는 과세기간에 대한 확정신고기한까지 발급받은 경우 매입세액을 공제할 수 있다.

③ 사업자가 일반과세자로부터 재화를 공급받고 부가가치세액이 별도로 구분되는 신용카드매출전표를 발급받은 경우 법정요건을 모두 갖추면 매입세액을 공제할 수 있다.

④ 재화의 공급시기 전에 세금계산서를 발급받았더라도 재화의 공급시기가 그 세금계산서의 발급일부터 6개월 이내에 도래하고 해당 거래사실이 확인되어 납세지 관할 세무서장이 경정하는 경우 매입세액을 공제할 수 있다.

⑤ 재화의 공급시기가 속하는 과세기간에 대한 확정신고기한이 지난 후 세금계산서를 발급받았더라도 그 세금계산서의 발급일이 확정신고기한 다음 날부터 1년 이내이고 과세표준수정신고서와 함께 세금계산서를 제출하는 경우 매입세액을 공제할 수 있다.

37 「부가가치세법」상 과세사업자에 관한 설명이다. 옳은 것은?

① 일반과세자 중 모든 법인사업자는 예정신고기간이 끝난 후 25일 이내에 각 예정신고기간에 대한 과세표준과 납부세액 또는 환급세액을 납세지 관할 세무서장에게 신고하여야 한다.
② 모든 일반과세자는 세금계산서를 발급하여야 하며, 영수증을 발급할 수 없다.
③ 일반과세자만 영세율을 적용받을 수 있으며, 간이과세자는 영세율을 적용받을 수 없다.
④ 납세지 관할 세무서장은 일반과세자가 예정신고기간에 대한 환급세액을 예정신고기한까지 신고하면 조기환급 대상이 아닌 경우에도 예정신고기한이 지난 후 15일 이내에 부가가치세를 환급하여야 한다.
⑤ 일반과세자만 대손세액공제를 적용받을 수 있으며, 간이과세자는 대손세액공제를 적용받을 수 없다.

38 「상속세 및 증여세법」상 증여세 비과세 및 과세가액불산입에 관한 설명이다. 옳지 않은 것은?

① 국가나 지방자치단체로부터 증여받은 재산의 가액에 대해서는 증여세를 부과하지 아니한다.
② 항시 치료를 요하는 중증환자인 장애인을 수익자로 하는 보험의 보험금은 전액 비과세한다.
③ 국가 또는 지방자치단체가 증여받은 재산의 가액에 대해서는 증여세를 부과하지 아니한다.
④ 설립근거 법령의 변경으로 비영리법인이 해산되어 해당 법인의 재산과 권리·의무를 다른 비영리법인이 승계받은 경우 승계받은 해당 재산의 가액에 대해서는 증여세를 부과하지 아니한다.
⑤ 「공익신탁법」에 따른 공익신탁으로서 종교·자선·학술 또는 그 밖의 공익을 목적으로 하는 신탁을 통하여 공익법인에 출연하는 재산의 가액은 증여세 과세가액에 산입하지 아니한다.

39 거주자 갑(2024년 5월 2일 사망)의 상속세 관련 자료이다. 상속세 과세표준으로 옳은 것은?

(1) 상속재산 내역은 다음과 같다.

구분	회사채*	아파트**
갑의 취득가액	1,000,000,000원	2,500,000,000원

*거래소에 상장된 회사채이며, 금융재산상속공제 대상이다.
**동거주택상속공제 요건을 충족하며 취득가액과 시가가 동일하다.

(2) 상속재산 중 회사채의 상속개시일 이전 2개월간 공표된 매일의 최종시세가액 평균액은 1,300,000,000원이며, 상속개시일 이전 최근일의 최종시세가액은 1,200,000,000원이다.

(3) 장례비용으로 봉안시설사용료 9,000,000원과 기타 장례비용 4,000,000원이 지급되었다. 봉안시설사용료는 적법한 증빙에 의해 확인되나 기타 장례비용은 증빙이 없다.

(4) 갑의 동거가족으로 배우자(60세), 아들(40세), 아들의 배우자(42세)가 있으며, 배우자상속재산분할신고를 하지 아니하였다.

① 1,690,000,000원
② 1,990,000,000원
③ 1,995,000,000원
④ 2,190,000,000원
⑤ 2,495,000,000원

40 「지방세법」상 납세지에 관한 설명이다. 옳지 않은 것은?

① 차량의 「자동차관리법」에 따른 등록지와 사용본거지가 다른 경우 등록지를 취득세의 납세지로 한다.
② 선박 등기에 대한 등록면허세의 납세지는 선적항 소재지이다.
③ 수입판매업자가 보세구역으로부터 반출한 담배에 대한 담배소비세의 납세지는 담배가 판매된 소매인의 영업장 소재지이다.
④ 주민세 사업소분의 납세지는 과세기준일 현재 각 사업소 소재지이다.
⑤ 주택에 대한 재산세의 납세지는 주택의 소재지이다.

04 2020년 제55회 기출문제

※ 각 문제의 보기 중에서 물음에 가장 합당한 답을 고르시오.
(주어진 자료 이외의 다른 사항은 고려하지 않으며, 조세부담 최소화를 가정할 것)

01 「국세기본법」상 납세의무자에 관한 설명이다. 옳지 않은 것은?

① 납세의무자란 세법에 따라 국세를 납부할 의무가 있는 자를 말하며 국세를 징수하여 납부할 의무가 있는 자도 포함한다.

② 제2차 납세의무자란 납세자가 납세의무를 이행할 수 없는 경우에 납세자를 갈음하여 납세의무를 지는 자를 말한다.

③ 납세의 고지에 관한 서류는 연대납세의무자 모두에게 각각 송달하여야 한다.

④ 세무공무원이 국세의 과세표준을 조사·결정할 때에는 해당 납세의무자가 계속하여 적용하고 있는 기업회계의 기준 또는 관행으로서 일반적으로 공정·타당하다고 인정되는 것은 존중하여야 하나 세법에 특별한 규정이 있는 것은 그러하지 아니하다.

⑤ 제2차 납세의무자로서 납부통지서를 받은 자가 세법에 따른 처분으로 인하여 권리나 이익을 침해당하게 될 이해관계인에 해당하는 경우 위법 또는 부당한 처분을 받은 자의 처분에 대하여 불복청구를 할 수 있다.

02 「국세기본법」상 국세와 다른 채권의 관계에 관한 설명이다. 옳은 것은?

① 경매절차에 따라 재산을 매각할 때 그 매각금액 중에서 국세를 징수하는 경우 국세는 경매절차에 든 비용에 우선하여 징수한다.

② 납세조합으로부터 징수하는 소득세를 납세의무의 확정일 전에 저당권이 설정된 재산을 매각하여 그 매각금액에서 징수하는 경우 그 소득세는 저당권에 의하여 담보된 채권에 우선하여 징수한다.

③ 국세 강제징수에 따라 납세자의 재산을 압류한 경우 다른 국세 및 강제징수비 또는 지방세의 교부청구가 있으면 압류와 관계되는 국세 및 강제징수비는 교부청구된 다른 국세 및 강제징수비 또는 지방세보다 우선하여 징수한다.

④ 강제집행절차에 의하여 경락된 재산을 양수한 자는 양도일 이전에 양도인의 납세의무가 확정된 국세 및 체납처분비를 양도인의 재산으로 충당하여도 부족할 경우 제2차 납세의무를 진다.

⑤ 납세자가 국세 및 강제징수비를 체납한 경우에 그 국세의 법정기일 전에 담보의 목적이 된 그 납세자의 양도담보재산으로써 국세 및 강제징수비를 징수할 수 있다.

03 「국세기본법」상 가산세에 관한 설명이다. 옳은 것은?

① 가산세는 해당 의무가 규정된 세법의 해당 국세의 세목으로 하며, 해당 국세를 감면하는 경우에는 가산세도 그 감면대상에 포함한다.

② 납세의무자가 법정신고기한까지 「종합부동산세법」에 따른 과세표준 신고를 하지 아니한 경우 무신고가산세를 부과한다.

③ 신고 당시 소유권에 대한 소송으로 상속재산으로 확정되지 아니하여 상속세 과세표준을 과소신고한 경우 과소신고가산세를 부과한다.

④ 「부가가치세법」에 따른 사업자가 아닌 자가 부가가치세액을 환급받은 경우는 납부지연가산세의 적용대상에 해당하지 아니한다.

⑤ 법령에 따른 세법해석에 관한 질의・회신 등에 따라 신고・납부하였으나 이후 다른 과세처분을 하는 경우 가산세를 부과하지 아니한다.

04 「국세기본법」상 조세구제제도에 관한 설명이다. 옳지 않은 것은?

① 「조세범 처벌절차법」에 따른 통고처분에 대하여는 심사 또는 심판을 청구할 수 없다.

② 세법에 따라 국세청장이 하여야 할 처분에 대하여는 이의신청을 할 수 없다.

③ 심사청구는 세법에 특별한 규정이 있는 것을 제외하고는 해당 처분의 집행에 영향을 미치지 아니하므로 심사청구인이 심각한 재해를 입은 경우에만 집행정지를 결정할 수 있다.

④ 심사청구 또는 심판청구에 대한 재조사 결정에 따른 처분청의 처분에 대한 행정소송은 심사청구 또는 심판청구와 그에 대한 결정을 거치지 아니하고 제기할 수 있다.

⑤ 과세전적부심사 청구인은 법령에서 정한 요건을 갖추어 국선대리인을 선정하여 줄 것을 신청할 수 있다.

05 「국세기본법」상 세무조사에 관한 설명이다. 옳지 않은 것은?

① 세무공무원은 적정하고 공평한 과세를 실현하기 위하여 필요한 최소한의 범위에서 세무조사를 하여야 하며, 세무조사는 「조세범 처벌절차법」에 따른 조세범칙조사를 포함한다.

② 국세환급금의 결정을 위한 확인조사를 하는 경우에는 같은 세목 및 같은 과세기간에 대하여 재조사를 할 수 있다.

③ 세무공무원은 세무조사의 중지기간 중에는 납세자에 대하여 국세의 과세표준과 세액을 결정 또는 경정하기 위한 질문을 하거나 장부 등의 검사·조사 또는 그 제출을 요구할 수 없다.

④ 세무조사는 납세자의 사업과 관련하여 세법에 따라 신고·납부의무가 있는 세목을 통합하여 실시하는 것을 원칙으로 한다.

⑤ 세무공무원은 납세자가 납세관리인을 정하지 아니하고 국내에 주소 또는 거소를 두지 아니한 경우에도 세무조사결과를 통지하여야 한다.

06 「법인세법」상 납세의무에 관한 설명이다. 옳지 않은 것은?

① 사업의 실질적 관리장소가 국내에 있지 아니하면서 본점 또는 주사무소가 외국에 있고, 구성원이 유한책임사원으로만 구성된 단체는 외국법인으로 본다.

② 지방자치단체조합은 보유하고 있던 비사업용 토지를 양도하는 경우 토지등 양도소득에 대한 법인세 납세의무가 없다.

③ 비영리내국법인의 각 사업연도 소득은 세법상 수익사업에서 생기는 소득으로 한정한다.

④ 비영리외국법인은 청산소득에 대한 법인세 납세의무가 없으나, 비영리내국법인은 청산소득에 대한 법인세 납세의무가 있다.

⑤ 연결납세방식을 적용받으려는 내국법인과 연결가능자법인(모회사가 90%이상 지배하는 자법인)은 최초의 연결사업연도 개시일부터 10일 이내에 연결납세방식 적용 신청서를 해당 내국법인의 납세지 관할 세무서장을 경유하여 관할지방국세청장에게 제출하여야 한다.

07 **「법인세법」상 소득처분에 관한 설명이다. 옳지 않은 것은?**

① 익금에 산입한 금액 중 사외로 유출된 것이 분명하나 그 처분이 배당, 상여, 기타사외유출에 해당하지 않는 경우 기타소득으로 처분한다.

② 익금에 산입한 금액이 사외에 유출되지 아니한 경우 유보 또는 기타로 처분한다.

③ 익금에 산입한 금액 중 그 귀속이 불분명하여 대표자에게 상여로 처분한 경우 당해 법인이 그 처분에 따른 소득세 등을 대납하고 이를 손비로 계상함에 따라 익금에 산입한 금액은 기타사외유출로 처분한다.

④ 천재지변으로 장부나 그 밖의 증명서류가 멸실되어 법인세 과세표준을 추계결정하는 경우 그 추계에 의한 과세표준과 결산서상 당기순이익과의 차액(법인세상당액을 공제하지 아니한 금액)을 기타사외유출로 처분한다.

⑤ 익금에 산입한 금액 중 사외로 유출되어 그 귀속자가 당해 법인의 주주이면서 임원인 경우 그 출자임원에 대한 배당으로 처분한다.

08 **다음의 자료를 이용하여 영리내국법인 (주)A의 제24기 사업연도(2024.1.1.~2024.12.31.) 자본금과 적립금조정명세서(을)에 기재될 기말잔액의 합계 금액을 계산한 것으로 옳은 것은? 단, 전기까지 회계처리 및 세무조정은 정확하게 이루어졌다.**

내용	금액
(1) 자본금과 적립금조정명세서(을) 기초잔액 합계(당기 중 추인된 항목은 없음)	500,000원
(2) 손익계산서상 당기순이익	1,300,000원
(3) 비용으로 처리된 대주주가 부담해야 할 유류비	200,000원
(4) 비용으로 처리된 사업용 공장건물에 대한 재산세	200,000원
(5) 비용으로 처리된 공정가치측정 금융자산 평가손실	200,000원
(6) 비용으로 처리된 기업업무추진비 중 건당 3만원 초과 법정증명서류 미수취분	200,000원
(7) 사업연도 종료일 현재 회계처리가 누락된 외상매출금	200,000원
(8) 자본잉여금으로 처리된 자기주식처분이익	200,000원
(9) 기타포괄손익으로 처리된 공정가치측정 금융자산 평가이익	200,000원

① 500,000원
② 700,000원
③ 900,000원
④ 1,100,000원
⑤ 1,300,000원

09 「법인세법」상 익금 및 익금불산입에 관한 설명이다. 옳지 않은 것은?

① 법인세 과세표준을 추계결정하는 법인은 임대보증금에 대한 간주임대료를 익금에 산입하되, 주택임대보증금에 대한 간주임대료는 익금에 산입하지 아니한다.

② 법인이 특수관계인인 개인으로부터 유가증권을 시가보다 낮은 가액으로 매입하는 경우 시가와 그 매입가액의 차액을 익금에 산입한다.

③ 법인의 각 사업에서 생기는 사업수입금액은 익금에 산입하되, 기업회계기준에 의한 매출에누리금액 및 매출할인금액은 산입하지 아니한다.

④ 영리내국법인 (주)A가 자기주식을 소각하여 생긴 이익을 소각일로부터 2년 이내에 자본에 전입함에 따라 (주)A의 주주인 영리내국법인 (주)B가 수령하는 무상주는 의제배당으로 익금에 산입한다.

⑤ 법인이 과오납한 법인세에 대한 환급금과 그 환급금에 대한 이자를 수령한 경우 그 금액은 익금에 산입하지 아니한다.

10 다음의 자료를 이용하여 지주회사가 아닌 영리내국법인 (주)A의 제24기 사업연도(2024.1.1.~2024.12.31.) 수입배당금 익금불산입액을 계산한 것으로 옳은 것은?

(1) (주)A는 2024년 3월 중 비상장 영리내국법인 (주)B, (주)C, (주)D로부터 수입배당금 15,000,000원을 수령하여 수익으로 계상하였다.

배당지급법인	현금 배당금*	「법인세법」상 장부가액**	지분율**	주식 취득일
(주)B	6,000,000원	300,000,000원	60%	2022년 8월 1일
(주)C	6,000,000원	600,000,000원	60%	2023년 11월 15일
(주)D	3,000,000원	600,000,000원	40%	2023년 9월 15일

*배당기준일 : 2023년 12월 31일, 배당결의일 : 2024년 2월 20일

**주식 취득이후 주식수, 장부가액, 지분율의 변동은 없음

(2) (주)B, (주)C, (주)D는 지급배당에 대한 소득공제와 「조세특례제한법」상 감면규정 및 동업기업과세특례를 적용받지 않는다.

(3) (주)A의 2024년 12월 31일 현재 재무상태표상 자산총액은 5,000,000,000원이다.

(4) (주)A의 제24기 손익계산서상 이자비용은 30,000,000원이다. 해당 이자비용 중 15,000,000원은 채권자가 불분명한 사채의 이자비용이다.

(5) 수입배당금액의 익금불산입률은 다음과 같다.

구분	익금불산입률
출자비율이 20% 미만인 경우	30%
출자비율이 20% 이상 50%미만인 경우	80%
출자비율이 50% 이상	100%

① 5,010,000원
② 3,300,000원
③ 3,120,000원
④ 6,060,000원
⑤ 2,100,000원

11 **다음의 자료를 이용하여 제조업을 영위하는 중소기업인 영리내국법인 (주)A의 제24기 사업연도 (2024.1.1.~2024.12.31.) 기업업무추진비 한도초과액을 계산한 것으로 옳은 것은? 단, 자료에 별도 언급이 없는 한 기업업무추진비 해당액은 적격증명서류를 수취하였고, 전기까지 세무조정은 정확하게 이루어졌다.**

(1) 손익계산서상 매출액은 12,000,000,000원이며, 이 중 특수관계인에 대한 매출액은 4,000,000,000원이다.
(2) 손익계산서상 판매비와관리비 중 기업업무추진비로 비용처리한 금액은 54,000,000원이다.
(3) (주)A가 거래처에 접대 목적으로 증정한 원가 5,000,000원, 시가 10,000,000원 상당의 제품에 대해 다음과 같이 회계처리하였다.

(차)	매출원가	6,000,000	(대) 제품	5,000,000
			부가가치세예수금	1,000,000

(4) 손익계산서상 복리후생비에는 (주)A의 직원들이 조직한 단체(법인 아님)에 지출한 복리시설비 4,000,000원이 포함되어 있다.
(5) 제24기 중 (주)A가 지출한 경조사비와 문화기업업무추진비, 전통시장기업문화접대비는 없다.
(6) 수입금액에 관한 적용률

수입금액	적용률
100억원 이하	1천분의 3
100억원 초과 500억원 이하	3천만원 + 100억원을 초과하는 금액의 1천분의 2

① 0원
② 2,000,000원
③ 4,000,000원
④ 8,000,000원
⑤ 16,000,000원

12 제조업을 영위하는 영리내국법인 (주)A(일반기업회계기준 적용기업)의 제24기(2024.1.1.~2024.12.31.) 감가상각 관련 자료이다. 감가상각과 관련하여 세무조정금액으로 옳은 것은?

(1) 제24기의 감가상각비 조정을 위한 자료는 다음과 같다.

(단위 : 원)

구분	취득원가*	기말감가상각누계액*	기초상각부인누계액	당기 감가상각비*
건물	900,000,000	435,000,000	4,000,000	30,000,000
기계장치	400,000,000	280,000,000	20,000,000	25,000,000

*회계장부상 수치임

(2) 기준내용연수 및 상각률

구분	기준내용연수	상각률	
		정액법	정률법
건물	20년	0.050	0.140
기계장치	10년	0.100	0.259

(3) (주)A는 내용연수 및 감가상각방법을 신고하지 않았다.

(4) 당기 중 건물에 대한 자본적 지출 24,000,000원과 기계장치에 대한 자본적 지출 10,000,000원을 손익계산서상 수선비로 처리하였다.

	건물	기계장치
①	손금불산입 19,000,000원	손금불산입 3,850,000원
②	손금산입 4,000,000원	손금산입 3,850,000원
③	손금산입 4,000,000원	손금불산입 10,325,000원
④	손금불산입 19,000,000원	손금산입 10,325,000원
⑤	손금산입 4,000,000원	손금산입 10,325,000원

13 「법인세법」상 손익귀속시기에 대한 설명이다. 옳지 않은 것은?

① 금융보험업 이외의 법인이 원천징수되는 이자로서 이미 경과한 기간에 대응하는 이자를 해당 사업연도의 수익으로 계상한 경우 그 계상한 사업연도의 익금으로 본다.

② 중소기업이 수행하는 계약기간 1년 미만인 건설용역의 제공으로 인한 수익은 그 목적물의 인도일이 속하는 사업연도에 익금에 산입할 수 있다.

③ 세법에 따라 영수증을 작성·교부할 수 있는 사업을 영위하는 법인이 금전등록기를 설치·사용하는 경우 그 수입하는 물품대금과 용역대가의 귀속사업연도는 그 금액이 실제로 수입된 사업연도로 할 수 있다.

④ 중소기업의 경우 장기할부매출에 대하여 결산상 회계처리에 관계없이 장기할부조건에 따라 각 사업연도에 회수하였거나 회수할 금액과 이에 대응하는 비용을 각각 해당 사업연도의 익금과 손금에 산입할 수 있다.

⑤ 결산을 확정함에 있어 이미 경과한 기간에 대응하는 임대료 상당액과 이에 대응하는 비용을 당해 사업연도의 수익과 손비로 계상한 경우 이를 각각 당해 사업연도의 익금과 손금으로 한다.

14 제조업을 영위하는 영리내국법인 (주)A의 제24기(2024.1.1.~2024.12.31.) 차입금 및 업무무관자산 관련 자료이다. 「법인세법」상 손금불산입으로 세무조정하는 지급이자 중에서 기타사외유출로 소득처분되는 금액으로 옳은 것은? 단, 2024년은 366일이다.

(1) 포괄손익계산서상 지급이자의 내역

구분	이자율	이자비용	차입금적수
사채이자*	20%	3,000,000원	5,490,000,000원
은행차입금	10%	10,000,000원	36,600,000,000원

*채권자불분명사채이자로 동 이자와 관련하여 원천징수하여 납부한 세액은 1,485,000원이다.

(2) 재무상태표상 전기에 특수관계인으로부터 취득하여 보유하고 있는 업무무관자산(취득가액 : 20,000,000원, 취득당시 시가 : 12,000,000원)에 대한 전기세무조정은 정확하게 이루어졌고 취득 이후 변동내역은 없다.

(3) 재무상태표상 대여금 5,000,000원(적수 : 1,830,000,000원)은 업무와 관련이 없는 특수관계인에 대한 것이다.

① 1,260,000원
② 2,500,000원
③ 2,960,000원
④ 3,985,000원
⑤ 5,500,000원

15 제조업을 영위하는 영리내국법인 (주)A의 제24기(2024.1.1.~2024.12.31.) 대손금 및 대손충당금 관련 자료이다. (주)A의 대손금 및 대손충당금 관련 세무조정이 제24기 각 사업연도 소득금액에 미치는 영향으로 옳은 것은?

(1) 제24기 대손충당금 계정

대손충당금

차변	금액	대변	금액
당기상계액	5,000,000원*	기초잔액	15,000,000원
기말잔액	30,000,000원	당기설정액	20,000,000원

*당기상계액 중 2,000,000원은 법령상 대손요건을 충족하지 못한 외상매출금임

(2) 전기말 자본금과 적립금조정명세서(을) 중 유보 잔액내역

과목 또는 사항	기말잔액
대손충당금 한도초과액	3,000,000원
외상매출금(대손부인액)*	7,000,000원
대여금(대손부인액)	10,000,000원

*회수 노력에도 불구하고 회수하지 못하여 당기 중 「상법」상 소멸시효가 완성됨

(3) 제24기말 재무상태표상 채권내역

구분	금액	비고
대여금	50,000,000원	특수관계인이 아닌 자에 대한 금전소비대차계약으로 인한 것임
미수금	300,000,000원	
매출채권	500,000,000원	
계	850,000,000원	

(4) 대손실적률은 1.5%로 가정한다.

① (−)10,000,000원
② (−)9,070,000원
③ (+)9,070,000원
④ (+)10,000,000원
⑤ (+)19,070,000원

16 **「법인세법」상 특수관계인 간 부당행위계산의 부인과 관련된 설명이다. 옳지 않은 것은?**

① 주식 등 및 가상자산을 제외한 자산의 시가가 불분명한 경우 감정평가업자의 감정가액이 있으면 그 가액을 적용하며, 감정한 가액이 2 이상인 경우에는 감정가액의 평균액을 적용한다.

② 금전의 대여 또는 차용의 경우 해당 법인이 법인세 과세표준신고와 함께 기획재정부령이 정하는 당좌대출이자율을 선택한 경우 선택한 사업연도와 이후 2개 사업연도는 당좌대출이자율을 시가로 한다.

③ 기계를 임대하고 임대료를 계산할 때 당해 자산의 시가에서 그 자산의 제공과 관련하여 받은 보증금을 차감한 금액에 정기예금이자율을 곱하여 산출한 금액을 시가로 한다.

④ 출연금을 대신 부담한 경우 부당행위계산 부인의 규정은 그 행위 당시를 기준으로 하여 당해 법인과 특수관계인 간의 거래에 대하여 적용한다.

⑤ 건물을 시가보다 높은 가격으로 매입하는 경우 시가와 거래가액의 차액이 3억원 이상이거나 시가의 100분의 5에 상당하는 금액 이상인 경우에 한하여 부당행위계산 부인의 규정을 적용한다.

17 **제조업을 영위하는 영리내국법인 (주)A(중소기업)의 제24기(2024.1.1.~2024.12.31.) 각 사업연도 소득에 대한 법인세 환급과 관련된 자료이다. 법인세 환급 후 결손금 경정으로 징수되는 법인세액(이자상당액은 고려하지 말 것)으로 옳은 것은?**

(1) 제23기(2023.1.1.~2023.12.31.) 법인세 관련 내역

법인세 과세표준	산출세액	공제·감면세액	가산세액
350,000,000원	46,500,000원	30,000,000원	3,000,000원

(2) 당기에 결손금 100,000,000원이 발생하여 이중 80,000,000원을 소급공제신청하고 이에 대한 법인세를 환급받았다.

(3) 법인세 환급 이후 제24기에 대한 법인세 과세표준과 세액의 경정으로 인해 당초의 결손금 100,000,000원이 70,000,000원으로 감소하였다.

(4) 제23기 사업연도까지 발생한 결손금은 없었다.

(5) (주)A는 결손금소급공제에 필요한 모든 조건을 충족하고 있다.

(6) 제23기의 각 사업연도 소득에 대한 법인세율은 다음과 같다.

과세표준	세율
2억원 이하	과세표준의 100분의 9
2억원 초과 200억원 이하	1800만원+2억원을 초과하는 금액의 100분의 19

① 1,900,000원
② 5,000,000원
③ 6,000,000원
④ 10,000,000원
⑤ 15,000,000원

18 제조업을 영위하는 영리내국법인 (주)A의 제24기(2024.1.1.~2024.12.31.)에 발생한 화재와 관련된 자료이다. 재해손실세액공제액으로 옳은 것은?

(1) 사업용 자산의 화재내역

구분	화재 전 장부가액	재해상실가액	화재 후 장부가액
건물	250,000,000원	250,000,000원	–
토지	500,000,000원	–	500,000,000원
기계장치	150,000,000원	50,000,000원	100,000,000원
계	900,000,000원	300,000,000원	600,000,000원

(2) 건물은 화재보험에 가입되어 있어 보험금 250,000,000원을 수령하였다.

(3) 재해발생일 현재 미납법인세액은 200,000,000원이다.

(4) 당기 사업연도의 법인세 관련 자료는 다음과 같다.

법인세 산출세액	공제·감면세액	가산세액
150,000,000원	25,000,000원*	5,000,000원**

*「조세특례제한법」상 투자세액공제액임

**무신고가산세 해당액임

① 93,750,000원
② 150,000,000원
③ 232,500,000원
④ 243,750,000원
⑤ 247,500,000원

19 「법인세법」상 영리내국법인의 각 사업연도 소득에 대한 법인세 과세표준 및 세액의 계산과 신고 및 납부에 대한 설명이다. 옳지 않은 것은?

① 성실신고확인대상 내국법인이 성실신고확인서를 제출하는 경우 사업연도 종료일이 속하는 달의 말일부터 4개월 이내에 법인세 과세표준과 세액을 신고하여야 한다.

② 납부할 중간예납세액이 1,500만원인 경우 750만원을 납부기한이 지난 날부터 1개월 이내에 분납할 수 있다.

③ 외부조정대상법인이 외부조정계산서를 첨부하지 아니하는 경우 신고를 하지 않은 것으로 보고 무신고가산세를 적용한다.

④ 신고를 하지 아니하고 본점을 이전하여 법인세를 포탈할 우려가 있다고 인정되는 경우에는 납세지 관할 세무서장이 수시로 그 법인에 대한 법인세를 부과할 수 있다.

⑤ 천재지변으로 장부나 그 밖의 증명서류가 멸실되어 법인세 과세표준과 세액을 추계하는 경우에도 외국납부세액공제를 받을 수 있다.

20 「소득세법」상 납세의무에 관한 설명이다. 옳지 않은 것은?

① 비거주자는 원천징수한 소득세를 납부할 의무를 진다.

② 「국세기본법」상 법인으로 보는 단체 외의 법인 아닌 단체가 국내에 주사무소를 둔 경우 구성원 간 이익의 분배비율이 정하여져 있지 않고 사실상 구성원별로 이익이 분배되지 않는 것으로 확인되면 1거주자로 본다.

③ 거주자가 특수관계인에게 자산을 증여한 후 그 자산을 증여받은 자가 그 증여일부터 10년 이내에 다시 타인에게 양도하여 증여자가 그 자산을 직접 양도한 것으로 보는 경우 그 양도소득에 대해서는 증여자가 납세의무를 지며 증여받은 자는 납세의무를 지지 아니한다.

④ 신탁재산에 귀속되는 소득은 그 신탁의 이익을 받을 수익자(수익자가 사망하는 경우에는 그 상속인)에게 귀속되는 것으로 본다.

⑤ 공동으로 소유한 자산에 대한 양도소득금액을 계산하는 경우 해당 자산을 공동으로 소유하는 각 거주자가 납세의무를 진다.

21 「소득세법」상 거주자와 비거주자에 관한 설명이다. 옳지 않은 것은?

① 비거주자로서 국내원천소득이 있는 개인은 소득세를 납부할 의무를 진다.

② 거주자가 국내 주소의 국외 이전을 위하여 출국하는 경우 출국하는 날의 다음 날에 비거주자로 된다.

③ 내국법인의 국외사업장에 파견된 직원은 거주자로 본다.

④ 비거주자의 국내원천 퇴직소득이란 비거주자가 국내에서 제공하는 근로의 대가로 받는 퇴직소득을 말한다.

⑤ 비거주자에 대하여 종합과세하는 경우 종합소득공제는 본인 및 배우자에 대한 인적공제만 적용되고 특별소득공제는 적용되지 않는다.

22 거주자 갑의 2024년 귀속 금융소득에 대한 자료이다. 갑의 종합소득금액에 합산되는 배당소득금액으로 옳은 것은? 단, 소득에 대한 원천징수는 적법하게 이루어졌으며, 모든 금액은 국내에서 지급받았고 원천징수세액을 차감하기 전의 금액이다.

> (1) A증권사로부터 「상법」에 따른 파생결합사채의 이익 10,000,000원을 지급받았다.
> (2) B은행으로부터 「조세특례제한법」상 요건을 충족하는 개인종합자산관리계좌에서 발생하는 배당소득 5,000,000원을 지급받았다.
> (3) (주)C(비상장 내국법인)로부터 자기주식처분이익의 자본전입에 따른 무상주 20,000주(주당 액면가액 1,000원)를 지급받았다.
> (4) (주)D(코넥스시장 상장법인)로부터 현금배당 3,000,000원을 지급받았다.

① 33,000,000원
② 34,300,000원
③ 35,530,000원
④ 38,000,000원
⑤ 42,180,000원

23 거주자 갑의 2024년 상가부동산 임대업에 대한 자료이다. 갑의 2024년 사업소득 총수입금액으로 옳은 것은? 단, 갑은 상가부동산임대업만을 영위하고 있으며, 임대업 사업소득에 대하여 장부를 기장하여 비치하고 있다. 2024년은 366일이다.

> (1) 임대기간 : 2023년 5월 1일~2025년 4월 30일
> (2) 월임대료 : 2,000,000원
> (3) 임대보증금 : 500,000,000원
> (4) 상가부동산 취득가액 : 토지 100,000,000원, 건물 300,000,000원
> (5) 월관리비수입 : 500,000원
> (6) 2024년 임대보증금 운용수익 : 수입배당금 500,000원, 수입이자 300,000원, 신주인수권처분이익 200,000원
> (7) 금융회사 등의 정기예금이자율을 고려하여 기획재정부령이 정하는 이자율 : 연 2% 가정

① 33,000,000원
② 33,200,000원
③ 35,600,000원
④ 39,200,000원
⑤ 41,600,000원

24 **벤처기업이 아닌 중소기업 (주)A에 종업원(일용근로자 아님)으로 근무하는 거주자 갑의 2024년 근로소득 관련 자료이다. 갑의 2024년 근로소득 총급여액으로 옳은 것은?**

> (1) 급여 : 24,000,000원
> (2) 상여금 : 10,000,000원
> (3) 식사대 : 3,000,000원(월 250,000원×12개월)
> - 갑은 식사대 이외에 별도로 식사를 제공받지 않음
>
> (4) 자녀보육수당(6세) : 2,400,000원(월 200,000원×12개월)
> (5) (주)A가 납부한 단체환급부보장성보험의 보험료 : 1,200,000원(월 100,000원×12개월)
> - 갑의 배우자가 보험의 수익자임
>
> (6) (주)A의 사택을 무상제공 받음으로써 얻는 이익 : 5,000,000원
> (7) (주)A로부터 부여받은 주식매수선택권 행사이익(행사일 2024년 10월 5일) : 20,000,000원

① 43,200,000원
② 55,100,000원
③ 56,300,000원
④ 57,100,000원
⑤ 59,100,000원

25 **「소득세법」상 공동사업장 및 출자공동사업자에 관한 설명이다. 옳은 것은?**

① 공동사업자간 특수관계가 없는 경우 공동사업에서 발생한 소득금액은 공동사업을 경영하는 각 거주자간에 손익분배비율에 의하여 분배되었거나 분배될 소득금액에 따라 각 공동사업자별로 분배한다.
② 공동사업에서 발생한 채무에 대하여 무한책임을 부담하기로 약정한 자는 출자공동사업자에 해당한다.
③ 공동사업장의 해당 공동사업을 경영하는 각 거주자는 자신의 주소지 관할 세무서장에게 사업자등록을 해야 한다.
④ 출자공동사업자의 배당소득 수입시기는 그 배당을 지급받는 날이다.
⑤ 출자공동사업자의 배당소득 원천징수세율은 14%이다.

26 근로소득만 있는 거주자 갑(40세)의 2024년 종합소득세 세액공제 관련 자료이다. 갑의 2024년 자녀세액공제액과 연금계좌세액공제액의 합계액으로 옳은 것은?

> (1) 갑의 근로소득 총급여액 : 30,000,000원
> (2) 갑의 기본공제대상자에 해당하는 자녀 나이 : 6세, 8세, 10세
> – 갑은 「조세특례제한법」상 자녀장려금 적용대상자가 아니며, 2024년에 입양 신고한 자녀는 없음
> (3) 갑의 연금계좌 신규납입액
> ① 연금저축계좌 : 3,000,000원
> ② 퇴직연금계좌 : 2,000,000원
> (4) 갑의 연금계좌 신규납입액 중 소득세가 원천징수되지 않은 퇴직소득 등 과세가 이연된 소득이나 다른 연금계좌로 계약을 이전함으로써 납입한 금액은 없다.

① 600,000원
② 750,000원
③ 900,000원
④ 1,050,000원
⑤ 1,150,000원

27 소득세 성실신고확인제도에 관한 설명이다. 옳지 않은 것은?

① 성실신고확인대상사업자로서 성실신고확인서를 제출한 자가 법령상 의료비를 지출한 경우 의료비세액공제를 적용받을 수 있다.
② 성실신고확인대상사업자가 성실신고확인서를 제출하는 경우에는 종합소득과세표준 확정신고를 그 과세기간의 다음 연도 5월 1일부터 6월 30일까지 하여야 한다.
③ 세무사가 성실신고확인대상사업자에 해당하는 경우에는 자신의 사업소득금액의 적정성에 대하여 해당 세무사가 성실신고확인서를 작성·제출해서는 아니 된다.
④ 납세지 관할 세무서장은 성실신고확인서에 미비한 사항이 있을 때에는 그 보정을 요구할 수 있다.
⑤ 제조업을 영위하는 사업자의 해당 과세기간의 수입금액의 합계액이 5억원인 경우 성실신고확인대상사업자에 해당한다.

28 다음의 자료를 이용하여 내국법인 (주)A에서 경리부장으로 2020년 7월 1일부터 2024년 9월 30일까지 근무하고 퇴직한 거주자 갑의 퇴직소득산출세액을 계산한 것으로 옳은 것은?

(1) 갑은 (주)A에서 퇴직하면서 퇴직급여 30,000,000원을 수령하였으며, 퇴직공로금으로 5,000,000원을 별도 수령하였다.
(2) 근속연수공제 : 근속연수가 5년 이하인 경우 100만원×근속연수
(3) 환산급여공제

환산급여	공제액
800만원 초과 7,000만원 이하	800만원+800만원 초과분의 60%
7,000만원 초과 1억원 이하	4,520만원+7,000만원 초과분의 55%

(4) 기본세율

과세표준	세율
1,400만원 이하	과세표준의 6%
1,400만원 초과 5,000만원 이하	84만원+1,400만원 초과액의 15%
5,000만원 초과 8,800만원 이하	624만원+5,000만원 초과액의 24%

① 612,000원
② 1,060,000원
③ 1,020,000원
④ 1,081,250원
⑤ 1,586,500원

29 다음의 자료를 이용하여 거주자 갑의 2024년 양도소득세 양도차익을 계산한 것으로 옳은 것은?

(1) 갑은 2024년 9월 15일 보유하고 있던 주택을 1,600,000,000원에 특수관계인이 아닌 자에게 양도하였다.
(2) 갑은 해당 주택을 2019년 6월 15일에 특수관계인이 아닌 자로부터 660,000,000원에 취득하였다.
(3) 갑은 해당 주택에 대한 자본적 지출로 40,000,000원, 부동산 중개수수료로 5,000,000원을 지출하였으며, 지출 사실은 금융거래 증명서류에 의하여 확인된다.
(4) 갑은 해당 주택의 양도 시 1세대 1주택 비과세 요건을 충족하였다.

① 120,000,000원
② 223,750,000원
③ 283,750,000원
④ 495,000,000원
⑤ 535,000,000원

30 「부가가치세법」상 공급시기에 관한 설명이다. 옳지 않은 것은?

① 사업자가 재화의 공급시기가 되기 전에 세금계산서를 발급하고, 그 세금계산서 발급일로부터 7일 이내에 대가를 받으면 해당 대가를 받은 때를 재화의 공급시기로 본다.

② 사업자가 재화의 공급시기가 되기 전에 재화에 대한 대가의 전부 또는 일부를 받고, 그 받은 대가에 대하여 세금계산서를 발급하면 그 세금계산서를 발급하는 때를 그 재화의 공급시기로 본다.

③ 사업자가 폐업 전에 공급한 재화의 공급시기가 폐업일 이후에 도래하는 경우에는 그 폐업일을 공급시기로 본다.

④ 사업자가 장기할부판매로 재화를 공급하는 경우 공급시기가 되기 전에 세금계산서를 발급하면 그 발급한 때를 그 재화의 공급시기로 본다.

⑤ 재화의 공급으로 보는 가공의 경우 가공된 재화를 인도하는 때를 공급시기로 본다.

31 부동산 임대업을 영위하는 (주)갑은 겸용주택A(도시지역 내 소재)를 을에게 일괄 임대하고 있으며, 그 내역은 다음과 같다. (주)갑의 2024년 제2기 예정신고기간의 겸용주택A에 대한 부가가치세 과세표준으로 옳은 것은? 단, 제시된 금액은 부가가치세를 포함하지 아니한 금액이다.

(1) 건물(단층) 및 토지 면적

구분	건물	토지
주택	200m^2	2,500m^2
상가	200m^2	

(2) 임대기간 : 2024년 9월 1일~2026년 8월 31일

(3) 임대조건 : 월임대료 3,000,000원(매월 말 지급), 임대보증금 없음

(4) 2024년 9월 30일 현재 감정가액 및 기준시가

구분	감정가액	기준시가
토지	480,000,000원	200,000,000원
건물	320,000,000원	200,000,000원

① 1,320,000원
② 1,350,000원
③ 1,500,000원
④ 1,650,000원
⑤ 1,680,000원

32 일반과세자로 제조업을 영위하는 개인사업자 갑은 2024년 10월 30일 폐업하였다. 폐업 시 사업장의 잔존 재화가 다음과 같을 때 2024년 제2기 동 재화에 대한 부가가치세 과세표준으로 옳은 것은? 단, 제시된 금액은 부가가치세를 포함하지 아니한 금액이다.

(1) 잔존 재화 내역

구분	취득일	취득원가	시가
제품	2024년 9월 1일	10,000,000원	9,000,000원
건물	2022년 12월 1일	85,000,000원	88,000,000원
소형승용차	2024년 1월 1일	30,000,000원	25,000,000원

(2) 추가자료

- 제품은 취득 시 매입세액공제를 받았으며, 폐업일 현재 일부가 파손되어 시가가 취득원가에 미달한다.
- 건물은 취득 시 매입세액공제를 받았으며, 다음과 같이 회계처리하였다.

(차) 건물	85,000,000	(대) 장기미지급금	100,000,000
현재가치할인차금	15,000,000		

- 소형승용차의 취득원가는 매입가액을 의미하며 취득 시 매입세액공제는 받지 못하였다.

① 77,000,000원
② 78,000,000원
③ 89,000,000원
④ 90,000,000원
⑤ 112,400,000원

33 부가가치세 영세율에 관한 설명이다. <u>옳지 않은</u> 것은?

① 사업자가 부가가치세를 별도로 적은 세금계산서를 발급하여 수출업자와 직접도급계약에 의한 수출재화 임가공용역을 제공한 경우 영세율을 적용한다.
② 간이과세자는 과세사업자에 해당하므로 영세율을 적용받을 수 있다.
③ 외국항행사업자가 자기의 사업에 부수하여 자기의 승객만이 전용하는 호텔에 투숙하게 하는 용역을 제공하는 것은 영세율 적용대상이다.
④ 농민 또는 임업에 종사하는 자에게 공급하는 일정한 농업용・축산업용 또는 임업용 기자재는 영세율 적용대상이다.
⑤ 영세율을 적용할 때 사업자가 비거주자 또는 외국법인이면 그 해당 국가에서 대한민국의 거주자 또는 내국법인에 대하여 동일하게 면세하는 경우에만 영세율을 적용한다.

34 「부가가치세법」상 세금계산서에 관한 설명이다. <u>옳지 않은</u> 것은?

① 자기생산・취득재화가 공급의제되는 경우 세금계산서 발급의무가 없으나, 판매목적 타사업장 반출로서 공급의제되는 경우에는 세금계산서를 발급하여야 한다.

② 부동산임대용역 중 간주임대료에 해당하는 부분에 대하여는 세금계산서를 발급하지 않는다.

③ 내국신용장에 의하여 영세율이 적용되는 재화의 공급은 세금계산서 발급의무가 있다.

④ 2023년 공급가액이 과세 0.4억원, 면세 0.4억원이며 사업장이 하나인 개인사업자가 2024년 제2기 과세기간에 세금계산서를 발급하려면 전자세금계산서를 발급하여야 한다.

⑤ 세금계산서를 발급한 후 계약의 해제로 재화가 공급되지 않아 수정세금계산서를 작성하고자 하는 경우 그 작성일에는 처음 세금계산서 작성일을 기입한다.

35 과세사업과 면세사업을 겸영하는 제조업자 (주)갑의 2024년 자료이다. 공통매입세액 정산과 납부・환급세액 재계산 규정을 고려한 (주)갑의 2024년 제2기 확정신고시 부가가치세 납부세액으로 옳은 것은? 단, 제시된 금액은 부가가치세를 포함하지 아니한 금액이며, 2024년 제2기 예정신고까지의 부가가치세 신고・납부는 정확하게 이루어졌다.

(1) 공급가액의 내역

기간	과세	면세
1월~3월	50,000,000원	50,000,000원
4월~6월	30,000,000원	70,000,000원
7월~9월	49,000,000원	51,000,000원
10월~12월	51,000,000원	49,000,000원

(2) 매입세액의 내역

기간	과세	면세	공통
1월~3월	2,500,000원	3,000,000원	2,000,000원*
4월~6월	2,200,000원	3,300,000원	–
7월~9월	2,500,000원	3,500,000원	1,000,000원**
10월~12월	3,500,000원	2,500,000원	–

*2024년 2월 1일에 과세사업과 면세사업에 공통으로 사용하기 위하여 기계장치를 20,000,000원에 구입하였으며 실지귀속은 알 수 없다.

**2024년 9월 1일에 과세사업과 면세사업에 공통으로 사용하기 위하여 운반용 트럭을 10,000,000원에 구입하였으며 실지귀속은 알 수 없다.

① 1,430,000원
② 1,435,000원
③ 1,440,000원
④ 1,442,500원
⑤ 1,450,000원

36 일반과세자로 제조업을 영위하는 (주)갑의 2024년 제2기 매입거래이다. (주)갑의 2024년 제2기 매입세액공제액으로 옳은 것은?

> (1) 공급가액 9,000,000원의 원재료를 구입하고 착오로 공급가액 10,000,000원의 세금계산서를 수령하였으나 기타의 기재사항으로 보아 그 거래사실과 금액이 동일 과세기간에 확인되었다.
> (2) 업무용소형승용차의 대여료를 지급하고 공급가액 2,000,000원의 세금계산서를 수령하였다.
> (3) 종업원 식대를 지급하고 간이과세자(직전연도 공급대가 합계액이 4,800만원 미만인 사업자에 해당)로부터 공급대가 1,320,000원의 신용카드매출전표를 수령하였다.
> (4) 직원 사택의 수리비를 지급하고 공급가액 4,000,000원의 세금계산서를 수령하였다.
> (5) 관세의 과세가격이 10,000,000원인 원재료를 수입하였는데, 이에 대한 관세는 800,000원이며 세관장이 발행한 수입세금계산서를 수령하였다. 관세와 부가가치세를 제외한 세금은 없다.

① 2,100,000원
② 2,280,000원
③ 2,300,000원
④ 2,380,000원
⑤ 2,500,000원

37 일반과세자로 음식점을 운영하는 개인사업자 갑의 2024년 제2기 부가가치세 관련 자료이다. 갑의 2024년 제2기 확정신고시 납부세액과 차가감납부세액(지방소비세 차감 전)으로 옳은 것은?

> (1) 공급가액 : 450,000,000원
> − 공급가액 중 350,000,000원에 대하여는 신용카드매출전표 385,000,000원(부가가치세 포함)을 발행함
> (2) 세금계산서 수령 매입세액 : 10,000,000원(기업업무추진비 관련 매입세액 500,000원 포함)
> (3) 거래처의 부도로 대손처리한 받을어음 내역*
>
> | 대손금액(부가가치세 포함) | 부도발생일 | 공급일 |
> |---|---|---|
> | 2,200,000원 | 2024년 6월 1일 | 2023년 1월 1일 |
>
> *대손세액공제신고서와 대손사실을 증명하는 서류를 제출함
> (4) 의제매입세액 : 2,000,000원(한도 내 금액)
> (5) 2024년 제1기 신용카드매출전표 발행세액공제액 : 500,000원
> (6) 중간예납고지액과 가산세는 없으며, 전자신고 방식에 의하여 확정신고함
> (7) 갑의 2023년 공급가액 합계액 : 900,000,000원

	납부세액	차가감납부세액(지방소비세 차감 전)
①	33,200,000원	27,790,000원
②	33,200,000원	27,800,000원
③	33,300,000원	27,790,000원
④	33,300,000원	28,285,000원
⑤	33,300,000원	29,740,000원

38 「상속세 및 증여세법」상 상속공제에 관한 설명이다. 옳은 것은?

① 비거주자의 사망으로 상속이 개시되는 경우에는 기초공제를 적용하지 아니한다.
② 상속이 개시되는 법인세 사업연도의 직전 3개 사업연도 매출액의 평균금액이 5,000억원 이상인 기업은 가업상속공제 대상에서 제외한다.
③ 거주자의 사망으로 그 배우자가 실제 상속받은 금액이 없는 경우 배우자상속공제를 적용하지 아니한다.
④ 피상속인의 배우자가 단독으로 상속받는 경우 기초공제와 그 밖의 인적공제에 따른 공제액을 합친 금액과 5억원 중 큰 금액으로 공제받을 수 있다.
⑤ 거주자의 사망으로 상속이 개시되는 경우로서 상속개시일 현재 상속재산가액 중 순금융재산의 가액이 1억원을 초과하면 1억원을 공제한다.

39 거주자 갑의 2024년 비상장주식 양수 및 양도 관련 자료이다. 갑의 2024년 증여세 증여재산가액의 합계액으로 옳은 것은?

(1) 2024년 2월 12일 어머니로부터 시가 500,000,000원의 주식을 300,000,000원에 양수하였다.
(2) 2024년 3월 23일 친구(갑의 특수관계인 아님)로부터 시가 700,000,000원의 주식을 거래의 관행상 정당한 사유 없이 500,000,000원에 양수하였다.
(3) 2024년 5월 15일 할아버지에게 시가 200,000,000원의 주식을 400,000,000원에 양도하였다.
(4) 비상장주식의 시가는 「상속세 및 증여세법」에 따라 평가한 금액이며, 양수대가를 지급하고 양도대가를 지급받은 사실이 명백히 입증된다.

① 130,000,000원
② 160,000,000원
③ 190,000,000원
④ 250,000,000원
⑤ 280,000,000원

40 「지방세법」상 취득세의 납세의무자에 관한 설명이다. 옳지 않은 것은?

① 외국인 소유의 취득세 과세대상 기계장비를 국내의 대여시설 이용자에게 대여하기 위하여 임차하여 수입하는 경우 수입하는 자가 취득세 납세의무를 진다.
② 「선박법」에 따른 등록을 하지 아니한 경우라도 선박제조사가 주문을 받아 건조하는 선박을 원시취득하는 경우 취득세 납세의무를 진다.
③ 「주택법」에 따른 주택조합이 해당 조합원용으로 취득하는 조합주택용 부동산은 그 조합원이 취득세 납세의무를 진다.
④ 권리의 이전에 등기가 필요한 부동산을 배우자 간 서로 교환한 경우 유상으로 취득한 것으로 본다.
⑤ 증여자가 배우자 또는 직계존비속이 아닌 경우로서 부동산을 부담부 증여하는 경우 그 채무액에 상당하는 부분은 부동산을 유상으로 취득하는 것으로 본다.

05 2019년 제54회 기출문제

※ 각 문제의 보기 중에서 물음에 가장 합당한 답을 고르시오.
(주어진 자료 이외의 다른 사항은 고려하지 않으며, 조세부담 최소화를 가정할 것)

01 「국세기본법」상 국세부과 및 세법적용의 원칙에 관한 설명이다. 옳지 않은 것은?

① 둘 이상의 행위 또는 거래를 거치는 방법으로 세법의 혜택을 부당하게 받기 위한 것으로 인정되는 경우에는 각각의 행위 또는 거래를 기준으로 세법을 적용하여 과세한다.

② 세무공무원이 국세의 과세표준을 조사·결정할 때에는 세법에 특별한 규정이 없으면 납세의무자가 계속하여 적용하고 있는 기업회계의 기준 또는 관행으로서 일반적으로 공정·타당하다고 인정되는 것은 존중하여야 한다.

③ 세법을 해석·적용할 때에는 과세의 형평과 해당 조항의 합목적성에 비추어 납세자의 재산권이 부당하게 침해되지 않도록 하여야 한다.

④ 납세의무자가 세법에 따라 장부를 갖추어 기록하고 있는 경우에는 해당 국세 과세표준의 조사와 결정은 그 장부와 이에 관계되는 증거자료에 의하여야 한다.

⑤ 세무공무원이 재량으로 직무를 수행할 때에는 과세의 형평과 해당 세법의 목적에 비추어 일반적으로 적당하다고 인정되는 한계를 엄수하여야 한다.

02 「국세기본법」상 납세의무의 성립·확정 및 소멸에 관한 설명이다. 옳지 않은 것은?

① 원천징수하는 소득세 또는 법인세는 소득금액 또는 수입금액을 지급하는 때에 납세의무가 성립하며, 동시에 특별한 절차 없이 납세의무가 확정된다.

② 세법에 따라 확정된 세액을 증가시키는 경정은 당초 확정된 세액에 관한 「국세기본법」 또는 세법에서 규정하는 권리·의무관계에 영향을 미치지 아니한다.

③ 「국제조세조정에 관한 법률」에 의한 국제거래 중 국외 제공 용역거래에서 발생한 부정행위로 법인세를 포탈하거나 환급·공제받은 경우, 그 법인세를 부과할 수 있는 날부터 10년이 지나면 부과할 수 없다.

④ 5억원 이상인 국세(가산세 제외)의 징수를 목적으로 하는 국가의 권리는 10년 동안 행사하지 않으면 소멸시효가 완성된다.

⑤ 국세징수권의 소멸시효는 납세고지, 독촉, 교부청구 및 압류의 사유로 중단된다.

03 「국세기본법」상 국세우선권에 관한 설명이다. 옳지 않은 것은?

① 공과금의 강제징수를 할 때 그 강제징수금액 중에서 국세 및 강제징수비를 징수하는 경우, 그 공과금 및 강제징수비는 국세 및 강제징수비보다 우선하여 징수된다.

② 납세담보물을 매각하였을 때에는 압류 순서에 관계없이 그 담보된 국세 및 강제징수비는 매각대금 중에서 다른 국세 및 강제징수비와 지방세에 우선하여 징수한다.

③ 소득세의 법정기일 전에 「주택임대차보호법」에 따른 대항요건과 확정일자를 갖춘 사실이 증명되는 재산을 매각할 때 그 매각금액 중에서 소득세를 징수하는 경우, 그 확정일자를 갖춘 임대차계약서상의 보증금은 소득세보다 우선 변제된다.

④ 사용자의 재산을 매각할 때 그 매각금액 중에서 국세를 징수하는 경우에 「근로기준법」상 최종 3월분 임금채권은 법정기일에 관계없이 국세에 우선하여 변제된다.

⑤ 세무서장은 납세자가 제3자와 짜고 거짓으로 재산에 저당권을 설정함으로써 그 재산의 매각금액으로 국세를 징수하기가 곤란하다고 인정할 때에는 그 행위의 취소를 법원에 청구할 수 있다.

04 「국세기본법」상 국세환급금에 관한 설명이다. 옳지 않은 것은?

① 국세환급금을 충당할 경우에는 체납된 국세와 강제징수비에 우선 충당하여야 하나, 납세자가 세법에 따라 자진납부하는 국세에 충당하는 것을 동의한 경우에는 해당 국세에 우선 충당하여야 한다.

② 국세환급금 중 국세 또는 강제징수비에 충당한 후 남은 금액이 10만원 이하이고, 지급결정을 한 날부터 1년 이내에 환급이 이루어지지 아니하는 경우에는 납세고지에 의하여 납부하는 국세에 충당할 수 있다.

③ 체납된 국세 및 강제징수비에 국세환급금의 충당이 있는 경우, 체납된 국세 및 강제징수비와 국세환급금은 체납된 국세의 법정납부기한과 국세환급금 발생일 중 늦은 때로 소급하여 대등액에 관하여 소멸한 것으로 본다.

④ 국세환급금 중 국세 및 강제징수비에 충당한 후 남은 금액은 국세환급금의 결정을 한 날부터 30일 내에 납세자에게 지급하여야 한다.

⑤ 납세자가 상속세를 물납한 후 그 부과의 전부 또는 일부를 취소하거나 감액하는 경정결정에 따라 환급하는 경우에 해당 물납재산의 성질상 분할하여 환급하는 것이 곤란한 경우 금전으로 환급하여야 한다.

05 「국세기본법」상 과세전적부심사에 관한 설명이다. 옳지 않은 것은?

① 세무서장은 세무조사에서 확인된 것으로 조사대상자 외의 자에 대한 과세자료 및 현지 확인조사에 따라 세무서장이 과세하는 경우에는 미리 납세자에게 그 내용을 서면으로 통지하여야 한다.

② 세무서장에게 과세전적부심사를 청구할 수 있는 자가 법령과 관련하여 국세청장의 유권해석 변경이 필요한 경우 국세청장에게 과세전적부심사를 청구할 수 있다.

③ 세무조사 결과 통지 및 과세예고통지를 하는 날부터 국세부과 제척기간의 만료일까지의 기간이 3개월 이하인 경우에는 과세전적부심사를 청구할 수 없다.

④ 과세전적부심사 청구를 받은 세무서장은 국세심사위원회의 심사를 거쳐 결정을 하고 그 결과를 청구를 받은 날부터 30일 이내에 청구인에게 통지하여야 한다.

⑤ 과세예고통지를 받은 자가 과세전적부심사를 청구하지 아니하고 통지를 한 세무서장에게 통지받은 내용에 대하여 과세표준 및 세액을 조기에 결정해 줄 것을 신청한 경우, 해당 세무서장은 신청받은 내용을 검토하여 2개월 이내에 결정하여야 한다.

06 「법인세법」상 사업연도와 납세지에 관한 설명이다. 옳지 않은 것은?

① 내국법인이 사업연도 중에 「상법」의 규정에 따라 조직변경을 한 경우에는 조직변경 전의 사업연도가 계속되는 것으로 본다.

② 내국법인이 사업연도 중에 연결납세방식을 적용받는 경우에는 그 사업연도 개시일부터 연결사업연도 개시일 전날까지의 기간을 1사업연도로 본다.

③ 사업연도를 변경하려는 법인은 그 법인의 직전 사업연도 종료일부터 3개월 이내에 사업연도변경신고서를 납세지 관할세무서장에게 제출하여 이를 신고하여야 한다.

④ 둘 이상의 국내사업장이 있는 외국법인의 경우 주된 사업장의 소재지를 납세지로 한다.

⑤ 납세지 관할세무서장은 내국법인의 본점 소재지가 등기된 주소와 동일하지 아니한 경우 납세지를 지정할 수 있다.

07 다음의 자료를 이용하여 영리내국법인 (주)A의 제24기 사업연도(2024.1.1.~2024.12.31.) 소득금액조정합계표상 가산조정금액과 차감조정금액의 차이금액을 계산하면 얼마인가? 전기까지 회계처리 및 세무조정은 적정하게 이루어졌다.

내용	금액
(1) 손익계산서상 당기순이익	1,500,000원
(2) 비용으로 처리된 기업업무추진비 중 한도초과액	300,000원
(3) 비용으로 처리된 교통사고벌과금	400,000원
(4) 비용으로 처리된 기부금 중 한도초과액	500,000원
(5) 수익으로 처리된 재산세환급액(전기 납부분)	600,000원
(6) 수익으로 처리된 재산세환급액에 대한 환급금이자	50,000원
(7) 자본조정으로 처리된 자기주식처분이익	2,000,000원
(8) 기타포괄손익누계액으로 처리된 공정가치측정 금융자산 평가이익	1,800,000원
(9) 이월공제가능 기간 이내의 이월결손금	1,300,000원

① 2,650,000원
② 3,150,000원
③ 3,350,000원
④ 4,650,000원
⑤ 6,450,000원

08 제조업을 영위하는 영리내국법인 (주)A의 제24기 사업연도(2024.1.1.~2024.12.31.) 세무조정 및 소득처분에 관한 내용이다. 옳지 않은 것은? 전기까지 세무조정은 적정하게 이루어졌다.

① 상업적 실질이 없는 교환으로 취득한 자산(공정가치 700,000원)의 취득원가를 제공한 자산의 장부가액(500,000원)으로 회계처리한 부분에 대해 200,000원을 익금산입 · 유보로 조정하였다.

② 전기 초 2년분 임차료 500,000원을 지급하고 장부상 전액 비용으로 처리 후 당기 말 250,000원을 (차)임차료비용과 (대)잡이익으로 회계처리한 부분에 대해 익금불산입 · △유보로 조정하였다.

③ 직원에게 이익처분으로 지급한 상여금 1,500,000원을 손금산입 · 기타로 조정하였다.

④ 유형자산의 임의평가이익 2,000,000원을 재무상태표상 자산과 기타포괄손익누계액의 증가로 회계처리한 부분에 대해 손금산입 · △유보와 손금불산입 · 기타로 각각 조정하였다.

⑤ 비용으로 처리된 징벌적 목적의 손해배상금 중 실제발생이 분명한 손해액을 초과하여 지급한 금액 1,000,000원에 대하여 손금불산입 · 기타사외유출로 조정하였다.

09 **제조업을 영위하는 영리내국법인 (주)A(중소기업)의 제24기 사업연도(2024.1.1.~2024.12.31.) 기업업무추진비 관련 자료이다. 기업업무추진비 한도초과액을 계산하면 얼마인가? 기업업무추진비 해당액은 적격증명서류를 수취하였고, 전기까지 세무조정은 적정하게 이루어졌다.**

(1) 장부상 매출액은 15,000,000,000원으로 이 중 특수관계인에 대한 매출액은 8,000,000,000원이며, 일반매출액은 7,000,000,000원이다. 매출액과 관련된 내용은 다음과 같다.
① 일반매출에 대한 매출할인 50,000,000원이 매출액에서 차감되어 있다.
② 일반매출에 「부가가치세법」상 간주공급에 해당하는 금액 300,000,000원이 포함되어 있다.

(2) 손익계산서상 판매비와관리비 중 기업업무추진비로 비용처리한 금액은 70,000,000원으로 다음의 금액이 포함되어 있다.
① 전기에 접대가 이루어졌으나 당기 지급시점에 비용처리한 금액 : 4,000,000원
② 문화기업업무추진비 : 10,000,000원
③ 전통시장기업업무추진비 : 3,000,000원

(3) 직원이 조직한 단체(법인)에 복리시설비를 지출하고 영업외비용으로 처리한 금액 : 6,000,000원

(4) 수입금액에 관한 적용률

수입금액	적용률
100억원 이하	1천분의 3
100억원 초과 500억원 이하	3천만원 + 100억원을 초과하는 금액의 1만분의 20

① 840,000원
② 970,000원
③ 10,840,000원
④ 13,470,000원
⑤ 17,700,000원

10 영리내국법인 (주)A(중소기업)의 제24기 사업연도(2024.1.1.~2024.12.31.) 세무조정 관련 자료이다. 기부금 관련 세무조정이 각사업연도소득금액에 미치는 영향은 얼마인가?

(1) 손익계산서상 법인세비용차감전순이익 : 20,000,000원

(2) 기부금 관련 세무조정사항을 제외한 기타의 모든 세무조정 내역은 다음과 같다.

① 익금산입·손금불산입 : 12,000,000원

② 손금산입·익금불산입 : 15,000,000원

(3) 손익계산서상 기부금 내역(전액 현금지급)

내역	금액
국립대학병원 연구비	3,000,000원
대표이사 대학동창회 기부금	2,000,000원

(4) 당기 중 국가로부터 정당한 사유없이 현금으로 구입한 토지 : 취득가액 70,000,000원, 취득시 시가 50,000,000원

(5) 제20기(2020.1.1.~2020.12.31.)에 발생한 결손금으로서 이후 과세표준을 계산할 때 공제되지 아니한 금액 : 10,000,000원

① (−)6,500,000원
② (−)5,000,000원
③ (−)1,000,000원
④ (+)2,000,000원
⑤ (+)4,000,000원

11 「법인세법」상 자산·부채의 평가 및 손익의 귀속시기에 관한 설명이다. 옳지 않은 것은?

① 법인이 사채를 발행하는 경우 사채할인발행차금은 기업회계기준에 의한 상각방법에 따라 이를 손금에 산입한다.

② 중소기업인 법인이 장기할부조건으로 자산을 판매한 경우 그 장기할부조건에 따라 각 사업연도에 회수하였거나 회수할 금액과 이에 대응하는 비용을 각각 해당 사업연도의 익금과 손금에 산입할 수 있다.

③ 주권상장법인이 발행한 주식으로 그 발행법인이 부도가 발생한 경우 사업연도 종료일 현재 시가로 평가한 가액으로 장부가액을 감액할 수 있다. 이 경우 주식 발행법인별로 보유주식 총액을 시가로 평가한 가액이 1천원 이하인 경우에는 1천원을 시가로 한다.

④ 제조업을 영위하는 법인이 보유하는 화폐성외화자산·부채의 평가방법을 관할세무서장에게 신고하여 적용하기 이전 사업연도의 경우 사업연도 종료일 현재의 매매기준율로 평가하여야 한다.

⑤ 자산을 장기할부조건으로 취득하여 발생한 채무를 기업회계기준에 따라 현재가치로 평가하여 현재가치할인차금을 계상한 경우 현재가치할인차금은 자산의 취득원가에 포함하지 않는다.

12 영리내국법인 (주)갑의 제24기 사업연도(2024.1.1.~2024.12.31.) 기계장치에 관한 자료이다. 제24기 사업연도부터 감가상각방법을 정률법에서 정액법으로 변경할 경우 제24기 기계장치의 감가상각범위액은 얼마인가?

(1) 취득일자 : 2022년 1월 1일
(2) 재무상태표상 취득원가 : 100,000,000원
(3) 전기말 감가상각누계액 : 55,000,000원
(4) 전기말 감가상각비 부인누계액 : 2,196,880원
(5) 기계장치 신고 내용연수 : 8년
(6) 내용연수에 따른 상각률

내용연수	정액법	정률법
6년	0.166	0.394
8년	0.125	0.313

(7) (주)갑은 한국채택국제회계기준을 적용하지 않으며, 감가상각방법의 변경은 적법하게 이루어졌다.

① 5,899,610원
② 7,470,000원
③ 7,834,682원
④ 12,500,000원
⑤ 16,600,000원

13 영리내국법인 (주)갑의 제24기 사업연도(2024.1.1.~2024.12.31.) 사용수익기부자산과 관련된 자료이다. 동 자산에 대한 세무조정이 제24기 각사업연도소득금액에 미치는 순영향은 얼마인가?

(1) (주)갑은 건물(장부가 80,000,000원, 시가 100,000,000원)을 2024년 7월 1일 준공하여 동 일자로 지방자치단체에 기부하고 향후 10년간 무상 사용하기로 하였다. 이에 따른 회계처리는 다음과 같다.

(차)	사용수익기부자산	100,000,000원	(대) 건물	80,000,000원
			유형자산처분이익	20,000,000원

(2) 제24기 사용수익기부자산에 대하여 10,000,000원의 감가상각비를 계상하였다.
(3) (주)갑은 한국채택국제회계기준을 적용하지 않는다.

① (−)14,000,000원
② (+)14,000,000원
③ (−)16,000,000원
④ (+)16,000,000원
⑤ (−)18,000,000원

14 **영리내국법인 (주)갑의 제24기 사업연도(2024.1.1.~2024.12.31.) 확정급여형 퇴직연금충당금과 관련된 자료이다. 제24기 세무조정 완료 후 세무상 기말 퇴직연금충당금 잔액은 얼마인가?**

(1) 장부상 퇴직급여충당금 계정은 다음과 같으며 기초 잔액에는 손금부인액 15,000,000원이 포함되어 있다.

퇴직급여충당금

당기감소	10,000,000원	기초잔액	30,000,000원
기말잔액	20,000,000원	당기증가	0원

(2) 장부상 퇴직연금운용자산 계정은 다음과 같다.

퇴직연금운용자산

기초잔액	100,000,000원	당기지급	10,000,000원
추가예치	20,000,000원	기말잔액	110,000,000원

(3) 당기중 직원의 현실적 퇴직으로 퇴직연금운용자산에서 10,000,000원을 지급하고, 퇴직연금운용자산과 퇴직급여충당금을 감소시켰다.

(4) (주)갑은 신고조정에 의하여 퇴직연금충당금을 설정하고 있으며, 세무상 기초잔액은 99,000,000원(△유보)이다.

(5) 당기말 일시퇴직기준 추계액은 110,000,000원, 보험수리기준 추계액은 120,000,000원이다.

① 95,000,000원
② 105,000,000원
③ 109,000,000원
④ 110,000,000원
⑤ 120,000,000원

15 **「법인세법」상 신고조정 대손사유에 해당하는 것은?**

① 「채무자 회생 및 파산에 관한 법률」에 따른 회생계획인가의 결정에 따라 회수불능으로 확정된 채권
② 중소벤처기업부장관이 정한 대손기준에 해당한다고 인정한 중소기업창업투자회사의 창업자에 대한 채권
③ 채무자의 사업 폐지로 인하여 회수할 수 없는 채권
④ 부도발생일부터 6개월 이상 지난 중소기업의 외상매출금
⑤ 금융감독원장으로부터 대손금으로 승인받은 금융회사의 채권

16 **「법인세법」상 과세표준의 계산에 관한 설명이다. 옳은 것은?**

① 각사업연도소득금액에서 비과세소득, 소득공제, 이월결손금의 순서로 차감하여 과세표준을 계산한다.
② 천재지변 등으로 장부나 그 밖의 증명서류가 멸실되어 과세표준과 세액을 추계결정하는 경우 결손금이월공제가 적용된다.
③ 법인은 합병시 승계한 이월결손금을 자산수증이익 및 채무면제이익으로 보전할 수 있다.
④ 중소기업이 전기 사업연도에 대한 법인세 과세표준과 세액을 신고기한 내에 신고하고, 당기 사업연도에 대한 법인세 과세표준과 세액은 기한 후 신고한 경우 결손금소급공제를 받을 수 있다.
⑤ 결손금소급공제 한도인 직전 사업연도 법인세액에는 가산세를 포함하며 토지 등 양도소득에 대한 법인세는 제외한다.

17 **영리내국법인 (주)갑의 제24기 사업연도(2024.1.1.~2024.12.31.) 외국납부세액 관련 자료이다. (주)갑이 외국납부세액공제를 적용할 경우 제24기 법인세 산출세액에서 공제할 외국납부세액공제액은 얼마인가?**

> (1) 외국자회사 : A법인 (외국에서 사업을 영위함)
> (2) 투자지분 : 의결권 있는 주식의 40% (2022.1.1. 취득 후 지분율 변동 없음)
> (3) A법인으로부터의 배당금은 1,000,000원(원천징수세액 100,000원 포함)이며 다음과 같이 회계처리하였다.(해당 배당금은 수입배당금 익금불산입 규정이 적용되지 않는 수입배당금이라고 가정)
> (차) 현금 900,000원 (대) 영업외수익 900,000원
> (4) A법인의 해당 사업연도 소득금액 : 3,000,000원
> (5) A법인의 해당 사업연도 법인세 : 500,000원
> (6) (주)갑의 법인세비용차감전순이익은 100,000,000원이며, 이월결손금은 없다.

① 100,000원
② 108,000원
③ 200,000원
④ 266,666원
⑤ 300,000원

18 **영리내국법인 (주)갑(중소기업)의 제24기 사업연도(2024.1.1.~2024.12.31.) 법인세 관련 자료이다. 최저한세 적용 후 제24기 산출세액에서 차감되는 「조세특례제한법」상 세액공제액은 모두 얼마인가?**

> (1) 각사업연도소득금액 : 198,000,000원
> (2) 위 금액에는 「조세특례제한법」상 손금산입 항목 5,000,000원이 신고조정으로 손금에 포함되어 있다.
> (3) 연구·인력개발비에 대한 세액공제 : 2,000,000원
> (4) 근로소득을 증대시킨 기업에 대한 세액공제(최저한세 대상) : 7,800,000원
> (5) 외국납부세액공제 : 1,000,000원
> (6) 최저한세 적용시 조세특례의 배제는 경정시 배제순서를 따른다.

① 4,360,000원
② 5,360,000원
③ 6,800,000원
④ 6,360,000원
⑤ 9,800,000원

19 「법인세법」상 중간예납에 관한 설명이다. 옳은 것은?

① 해당 중간예납기간의 법인세액을 기준으로 중간예납세액을 계산할 경우 중간예납기간의 수시부과세액은 차감하지 않는다.

② 내국법인이 납부하여야 할 중간예납세액의 일부를 납부하지 아니한 경우 납부지연가산세는 적용되지 않는다.

③ 직전 사업연도의 중소기업으로서 직전 사업연도의 산출세액을 기준으로 하는 방법에 따라 계산한 중간예납세액이 50만원 미만인 내국법인은 중간예납세액을 납부할 의무가 없다.

④ 합병이나 분할에 의한 신설 내국법인은 최초사업연도의 기간이 6개월을 초과하더라도 최초사업연도에 대한 중간예납의무가 없다.

⑤ 중간예납의무자는 중간예납기간이 지난 날부터 3개월 이내에 중간예납세액을 신고·납부하여야 한다.

20 「소득세법」상 거주자 및 납세지에 관한 설명이다. <u>옳지 않은</u> 것은?

① 거주자가 주소를 국외로 이전하여 비거주자가 되는 경우의 과세기간은 1월 1일부터 출국한 날까지로 한다.

② 국내에 거주하는 개인이 계속하여 183일 이상 국내에 거주할 것을 통상 필요로 하는 직업을 가진 경우에는 국내에 주소를 가진 것으로 본다.

③ 내국법인이 발행주식총수의 100분의 50 이상을 직접 출자한 해외현지법인에 파견된 직원은 거주자로 본다.

④ 비거주자의 소득세 납세지는 국내사업장이 둘 이상 있는 경우 주된 국내사업장의 소재지로 하고, 국내사업장이 없는 경우에는 국내원천소득이 발생하는 장소로 한다.

⑤ 거주자는 납세지가 변경된 경우 변경된 날부터 15일 이내에 그 변경 후의 납세지 관할세무서장에게 신고하여야 한다.

21 거주자 갑의 2024년 이자 및 배당소득에 대한 자료이다. 거주자 갑의 2024년 원천징수세액과 종합소득금액 중 금융소득금액은 각각 얼마인가? 조건부 종합과세 대상 금융소득에 대한 원천징수는 적법하게 이루어졌으며, 모든 금액은 원천징수세액을 차감하기 전의 금액이다.

구분		조건부 종합과세	무조건 종합과세
이자소득		15,000,000원 비영업대금의 이익 5,000,000원이 포함되었으며, 나머지는 정기예금이자임.	5,000,000원 비영업대금의 이익으로 원천징수되지 않음.
배당소득	Gross-up 대상	7,000,000원 내국법인으로부터 받은 배당소득임.	
	Gross-up 비대상	3,000,000원 집합투자기구로부터의 이익으로 비상장주식 매매차익으로 구성됨.	6,000,000원 외국법인으로부터의 배당으로 국내에서 원천징수되지 않음.

	원천징수세액	종합소득금액 중 금융소득금액
①	4,050,000원	31,770,000원
②	3,500,000원	31,770,000원
③	4,050,000원	36,700,000원
④	3,500,000원	36,770,000원
⑤	4,820,000원	36,770,000원

22 다음 자료를 이용하여 도매업을 영위하는 거주자 갑(복식부기의무자가 아님)의 2024년 사업소득금액을 계산하면 얼마인가?

(1) 손익계산서상 소득세비용차감전순이익 : 51,000,000원

(2) 손익계산서에 계상된 주요 수익항목

① 2024년 8월 17일 발송한 위탁상품 매출액 2,000,000원(원가 1,200,000원) : 발송시 원가에 대한 회계처리는 하지 않았으며, 수탁자는 동 상품을 2025년 1월 10일에 판매함.

② 2024년 11월 21일 판매장건물 처분으로 인한 유형자산처분이익 5,000,000원

(3) 손익계산서에 계상된 주요 비용항목

① 2024년 11월 21일 처분된 판매장건물의 감가상각비 1,000,000원 : 세무상 상각범위액은 800,000원이며, 전기말 상각부인액은 500,000원임.

② 2024년 12월 14일 시설개체를 위한 생산설비 일부인 기계장치A의 폐기처분으로 인한 유형자산처분손실 2,000,000원 : 기계장치A의 감가상각비는 600,000원이고, 세무상 상각범위액은 400,000원이며, 전기말 상각부인액은 300,000원임.

① 44,900,000원
② 44,700,000원
③ 44,400,000원
④ 44,100,000원
⑤ 43,900,000원

23 거주자 갑의 2024년 근로소득 관련 자료이다. 거주자 갑은 (주)A에 회계담당자로 근무하던 중 2024년 7월 1일에 (주)B로 이직하였다. 2024년 거주자 갑의 근로소득금액은 얼마인가?

(1) (주)A로부터 수령한 금액(2024.1.1.~2024.6.30.)
- 급여 : 12,000,000원
- 상여금 : 2,000,000원
- 잉여금처분에 의한 성과배분상여금 : 5,000,000원(잉여금처분결의일 2023.12.20.)
- 식대 : 1,200,000원(월 200,000원×6개월, 식사는 제공받지 않음)
- 숙직비 : 200,000원(1일당 실비상당액 20,000원×10일)

(2) (주)B로부터 수령한 금액(2024.7.1.~2024.12.31.)
- 급여 : 15,000,000원
- 식대 : 900,000원(월 150,000원×6개월, 식사를 제공받음)
- 회사규정에 따른 자가운전보조금 : 1,200,000원(월 200,000원×6개월, 자가차량을 업무수행에 이용하나 여비를 수령하지 않음)
- 건강검진보조금 : 500,000원
- 추석명절격려금 : 3,000,000원
- 자녀학비보조금 : 3,000,000원

(3) 근로소득공제액

총급여액	근로소득공제액
500만원 이하	총급여액×70%
500만원 초과 1,500만원 이하	350만원+(총급여액−500만원)×40%
1,500만원 초과 4,500만원 이하	750만원+(총급여액−1,500만원)×15%

① 20,650,000원
② 22,715,000원
③ 25,265,000원
④ 25,690,000원
⑤ 25,860,000원

24 거주자 갑의 양도소득세 계산에 관한 설명이다. 옳지 않은 것은? 각 지문은 독립적인 상황이다.

구분	토지 X	토지 Y
거래가액	15억원	6억원
시가	8억원	10억원

① 거주자 갑이 임원으로 근무하는 영리내국법인 (주)A에 토지 X를 처분하고 (주)A는 부당행위계산부인 규정에 따라 7억원을 거주자 갑에게 상여 처분하였다면, 해당 토지의 양도소득 계산시 적용할 양도가액은 15억원이다.

② 거주자 갑이 특수관계가 없는 개인인 거주자 을에게 토지 X를 처분하고 거주자 갑에게 증여재산가액 4억원에 대한 증여세가 과세되었다면, 해당 토지의 양도소득 계산시 적용할 양도가액은 11억원이다.

③ 거주자 갑이 임원으로 근무하는 영리내국법인 (주)B로부터 토지 Y를 취득하고 취득 당시 (주)B가 부당행위계산부인 규정에 따라 4억원을 거주자 갑에게 상여 처분하였다면, 이후 해당 토지의 양도소득 계산시 적용할 취득가액은 10억원이다.

④ 거주자 갑이 특수관계가 없는 개인인 거주자 을로부터 토지 Y를 취득하고 취득 당시 거주자 갑에게 증여재산가액 1억원에 대한 증여세가 과세되었다면, 이후 해당 토지의 양도소득 계산시 적용할 취득가액은 7억원이다.

⑤ 거주자 갑이 4촌인 거주자 병에게 토지 Y를 양도한 경우, 양도소득 계산시 적용할 양도가액은 10억원이다.

25 (주)A에 근무하는 거주자 갑의 2024년 소득내역의 일부이다. 거주자 갑의 종합소득금액 중 기타소득금액은 얼마인가? 기타소득을 제외한 거주자 갑의 종합소득에 대한 한계세율은 15%이다.

내용	금액	실제 필요경비
(1) 공익사업과 관련하여 지역권을 설정하고 받은 대가	2,000,000원	1,000,000원
(2) 대학에 한 학기(4개월) 출강하고 받은 시간강사료	2,500,000원	–
(3) B신문에 기고하고 받은 원고료	500,000원	–
(4) 산업재산권의 양도로 인해 수령한 대가	3,500,000원	1,500,000원
(5) 퇴직한 전 회사로부터 수령한 직무발명보상금	4,000,000원	–
(6) 공익법인이 주최하는 발명경진대회에서 입상하여 받은 상금	3,000,000원	–
(7) 「법인세법」에 의해 기타소득으로 처분된 금액	1,000,000원	–

① 0원
② 2,600,000원
③ 3,800,000원
④ 4,000,000원
⑤ 5,100,000원

26 「소득세법」상 소득금액 및 세액의 계산과 관련된 설명이다. 옳지 않은 것은?

① 공동사업자가 과세표준확정신고를 할 때에는 과세표준확정신고서와 함께 당해 공동사업장에서 발생한 소득과 그 외의 소득을 구분한 계산서를 제출하여야 한다.

② 공동사업장에서 발생한 소득금액에 대하여 원천징수된 세액은 각 공동사업자의 손익분배비율에 따라 배분한다.

③ 직계존비속에게 주택을 무상으로 사용하게 하고 직계존비속이 해당 주택에 실제 거주하는 경우, 부당행위계산부인 규정을 적용하여 임대료의 시가에 해당하는 금액에 대하여 소득세를 과세한다.

④ 결손금소급공제 환급요건을 갖춘 자가 환급을 받으려면 과세표준확정신고기한까지 납세지 관할세무서장에게 환급을 신청하여야 하며, 환급신청을 받은 납세지 관할세무서장은 지체없이 환급세액을 결정하여 「국세기본법」에 따라 환급하여야 한다.

⑤ 이월결손금을 공제할 때 종합과세되는 금융소득 중 원천징수세율을 적용받는 부분은 이월결손금의 공제대상에서 제외하며, 그 금융소득 중 기본세율을 적용받는 부분에 대해서는 사업자가 그 소득금액의 범위에서 공제 여부 및 공제금액을 결정할 수 있다.

27 거주자 갑의 2024년 자료이다. 갑의 종합소득공제액은 얼마인가?

(1) 본인 및 부양가족 현황은 다음과 같다.

관계	연령	소득
본인(여성)	38세	총급여액 60,000,000원
배우자	40세	「고용보험법」에 따라 수령한 육아휴직급여 6,000,000원
부친	72세	일시적 강연으로 수령한 금액 8,000,000원
모친	67세	수도권 밖의 읍·면 지역에서 전통주를 제조함으로써 발생한 소득금액 8,000,000원
장남	16세	소득 없음
장녀(장애인)	5세	소득 없음

(2) 국민건강보험료 및 노인장기요양보험료 본인부담분 600,000원과 국민연금보험료 본인부담분 1,500,000원을 납부하였다.

(3) 부친과 모친은 주거형편상 별거하고 있으며, 장남은 기숙사 생활로 별거하고 있다.

① 7,500,000원
② 8,100,000원
③ 10,100,000원
④ 11,600,000원
⑤ 13,100,000원

28 거주자 갑의 2024년 자료이다. 갑의 의료비 세액공제액은 얼마인가?

> (1) 갑의 총급여액 : 50,000,000원
> (2) 갑이 본인과 부양가족을 위하여 지출한 의료비는 다음과 같다.
> ① 본인(40세) : 본인 시력보정용 안경구입비 900,000원
> ② 배우자(36세) : 보조생식술에 소요된 난임시술비 4,000,000원
> ③ 부친(69세, 장애인) : 장애인 보장구 구입비 1,500,000원
> ④ 모친(64세) : 질병치료 목적으로 구입한 한약비 1,000,000원
> (3) 모친은 국내은행으로부터 수령한 이자소득금액 3,000,000원이 있으며, 그 외 부양가족은 소득이 없다.

① 750,000원
② 825,000원
③ 1,425,000원
④ 1,085,000원
⑤ 1,100,000원

29 「소득세법」상 거주자의 종합소득 및 퇴직소득에 대한 신고, 납부 및 징수에 관한 설명이다. <u>옳지 않은</u> 것은?

① 국내에서 거주자에게 퇴직소득을 지급하는 내국법인은 그 거주자에 대한 소득세를 원천징수하여 그 징수일이 속하는 달의 다음 달 10일까지 납부하여야 한다.
② 근로소득 및 퇴직소득만 있는 거주자는 해당 소득에 대하여 과세표준확정신고를 하지 아니할 수 있다.
③ 원천징수대상 소득으로서 발생 후 지급되지 아니함으로써 원천징수되지 아니한 소득이 종합소득에 합산되어 종합소득에 대한 소득세가 과세된 경우에는 그 소득을 지급할 때 소득세를 원천징수하고 이미 납부된 소득세는 환급하여야 한다.
④ 복식부기의무자가 재무상태표, 손익계산서, 합계잔액시산표 및 조정계산서를 제출하지 않은 경우에는 종합소득 과세표준확정신고를 하지 않은 것으로 본다.
⑤ 종합소득 과세표준확정신고를 하여야 할 자가 그 신고를 하지 않은 경우에는 납세지 관할세무서장 또는 지방국세청장이 해당 거주자의 과세표준과 세액을 결정한다.

30 **공기정화기 임대 및 판매 사업을 영위하는 (주)M의 2024년 제1기 예정신고기간 자료이다. 2024년 제1기 예정신고시 부가가치세 과세표준은 얼마인가? 제시된 자료의 금액에는 부가가치세가 포함되지 아니하였다.**

(1) 2024년 1월 5일 : 시가 50,000,000원의 재화를 공급하고, 대금은 매출할인 1,000,000원을 차감한 현금 49,000,000원을 받았으며, 1개월 뒤 판매실적에 따라 시가 2,000,000원의 판매용 상품을 판매장려금품으로 지급하였다.
(2) 2024년 2월 16일 : 특수관계인이 아닌 자에게 사무실 일부를 6개월간 임대해 주고 현금 6,000,000원을 받았다. 이 임대용역의 시가는 9,000,000원이다.
(3) 2024년 2월 25일 : 시가 10,000,000원의 재화를 공급하고 현금 6,000,000원, 과거에 (주)M이 적립해 준 마일리지 1,000,000원 및 Y통신사 마일리지 3,000,000원을 받았다. 회사는 이 거래에 대하여 Y통신사로부터 현금 2,000,000원을 1개월 후에 보전 받았으며, 회사와 Y통신사는 특수관계인이 아니다.
(4) 2024년 3월 23일 : 특수관계인에게 공기정화기 임대용역을 12개월간 무상으로 공급하였다. 이 용역의 시가는 12,000,000원이다.
(5) 2024년 3월 25일 : 시가 40,000,000원인 회사 사무실 건물 및 시가 30,000,000원인 부수토지를 양도하고, 그 대가로 시가 73,000,000원의 공기정화기를 받았다.

① 99,000,000원
② 101,000,000원
③ 102,000,000원
④ 103,000,000원
⑤ 133,000,000원

31 「부가가치세법」상 세금계산서 및 가산세에 관한 설명이다. <u>옳지 않은</u> 것은?

① 관할세무서장은 개인사업자가 전자세금계산서 의무발급자에 해당하는 경우, 전자세금계산서를 발급하여야 하는 기간 1개월 전까지 그 사실을 해당 개인사업자에게 통지하여야 한다.

② 전자세금계산서 의무발급 사업자가 전자세금계산서를 발급하였을 때에는 전자세금계산서 발급일의 다음 날까지 전자세금계산서 발급명세를 국세청장에게 전송하여야 한다.

③ 전자세금계산서를 발급하고 전자세금계산서 발급명세를 해당 재화의 공급시기가 속하는 과세기간 마지막 날의 다음 달 11일까지 국세청장에게 전송한 경우에는 해당 확정신고시 매출처별 세금계산서합계표를 제출하지 아니할 수 있다.

④ 전자세금계산서 의무발급 사업자가 세금계산서의 발급시기가 지난 후 해당 재화 또는 용역의 공급시기가 속하는 과세기간에 대한 확정신고 기한까지 세금계산서를 발급하지 아니한 경우에는 그 공급가액의 1%의 가산세가 적용된다.

⑤ 전자세금계산서를 발급한 사업자가 국세청장에게 전자세금계산서 발급명세를 전송한 경우에는 세금계산서를 5년간 보존해야 하는 의무가 면제된다.

32 「부가가치세법」상 면세에 관한 설명이다. <u>옳지 않은</u> 것은?

① 시내버스에 의한 여객운송용역은 면세대상이지만, 시외우등고속버스에 의한 여객운송용역은 과세대상이다.

② 국민주택규모 이하 주택의 임대용역은 면세대상이지만, 국민주택규모를 초과하는 주택의 임대용역은 과세대상이다.

③ 약사가 제공하는 의약품의 조제용역은 면세대상이지만, 약사가 조제하지 않고 단순히 판매하는 의약품은 과세대상이다.

④ 도서의 공급은 면세대상이지만, 도서에 게재되는 광고의 공급은 과세대상이다.

⑤ 면세재화의 공급이 영세율 적용 대상인 경우에는 면세의 포기를 신고하고 과세 사업자등록을 하여 영세율을 적용받을 수 있다.

33 「부가가치세법」상 납세지와 사업자등록에 관한 설명이다. 옳지 않은 것은?

① 사업장이 둘 이상인 사업자가 사업자 단위로 사업자등록을 한 경우에는 각 사업장을 대신하여 그 사업자의 본점 또는 주사무소 소재지를 부가가치세 납세지로 한다.

② 사업자 단위로 등록한 사업자의 세금계산서 발급・수취 의무와 부가가치세 신고・납부 의무는 본점 또는 주사무소에서 사업자 단위로 이행한다.

③ 국내사업장이 없어 사업자등록을 하지 아니한 비거주자가 국내에 전자적 용역을 공급하는 경우에는 간편사업자등록을 하여야 한다.

④ 주사업장 총괄납부 사업자의 세금계산서 발급・수취 의무는 각 사업장 단위로 이행하지만, 부가가치세 신고・납부 의무는 주사업장에서만 이행한다.

⑤ 법인의 경우에는 지점을 주된 사업장으로 하여 주사업장 총괄 납부를 신청할 수 있다.

34 다음은 과세사업과 면세사업을 겸영하는 (주)L의 2024년 제1기 부가가치세 과세기간의 매입세액 및 관련 거래내역이다. 2024년 제1기 부가가치세 매입세액공제액을 계산하면 얼마인가?

(1) 매입세액 내역

구분	과세사업분	면세사업분	공통분
원자재구입	60,000,000원	50,000,000원	40,000,000원
사무용 비품구입	30,000,000원	20,000,000원	10,000,000원

(2) 2024년 6월 20일에 면세사업에 사용하던 기계를 과세사업으로 옮겨서 과세사업에만 사용하였다. 이 기계는 2023년 7월 7일에 700,000,000원(매입세액 70,000,000원)에 구입하였다.

(3) 회사 공급가액의 비율

구분	2023년 제2기	2024년 제1기
과세사업	60%	70%
면세사업	40%	30%

① 125,000,000원　② 140,500,000원
③ 156,500,000원　④ 161,750,000원
⑤ 177,500,000원

35 양계 후 생닭으로 판매하는 축산회사 (주)H의 2024년 3월 3일 회사 사옥 및 부수토지 양도 관련 자료이다. 2024년 제1기 예정신고시 부동산 양도에 따른 부가가치세 과세표준은 얼마인가? 제시된 자료의 금액에는 부가가치세가 포함되지 아니하였다.

(1) 건물의 구입시부터 1층(100m^2)은 K은행 점포 임대에 사용하고 있으며, 2층부터 5층(총 400m^2)은 (주)H가 사무실로 사용하고 있다. 부수토지의 면적은 300m^{2}이다.

(2) 건물과 부수토지를 100,000,000원에 양도하였다. 양도가액 중 건물가액과 토지가액의 구분은 불분명하다.

(3) 양도한 부동산의 가액

구분	취득가액	기준시가	감정평가액
건물	30,000,000원	35,000,000원	40,000,000원
부수토지	20,000,000원	35,000,000원	60,000,000원
계	50,000,000원	70,000,000원	100,000,000원

(4) 건물 취득시 발생한 매입세액 중 공제가능액은 사용면적비율에 따라 계산되었으며, 감정평가는 2024년 2월 2일에 감정평가업자에 의해 시행되었다.

(5) 회사 공급가액의 비율

구분	2023년 제2기	2024년 제1기
생닭판매	60%	70%
부동산 임대수익	40%	30%

① 8,000,000원
② 10,000,000원
③ 16,000,000원
④ 40,000,000원
⑤ 0원

36 맞춤양복 제조업을 경영하는 간이과세자(직전 연도 공급대가의 합계액이 4,800만원 미만임) 갑의 2024년 과세기간 부가가치세 관련 자료이다. 부가가치세 차가감납부세액(지방소비세 포함)은 얼마인가?

(1) 양복 매출액

내역	공급대가	합계
신용카드매출전표 발행분	12,000,000원	60,000,000원
현금영수증 발행분	10,000,000원	
금전등록기 계산서 발행분	38,000,000원	

(2) 일반과세자로부터 원자재 매입액

내역	공급가액	매입세액
세금계산서 수취분	20,000,000원	2,000,000원
신용카드매출전표 수취분	10,000,000원	1,000,000원

(3) 양복 제조에 사용하던 재봉틀을 1,000,000원(부가가치세 포함)에 매각하고 금전등록기 계산서를 발급하였으며, 새 재봉틀을 2,200,000원(부가가치세 포함)에 구입하고 세금계산서를 수취하였다.

(4) 2024년 예정부과기간의 납부세액은 없으며, 모든 매입거래에 대하여 매입처별세금계산서합계표 또는 신용카드매출전표등 수령명세서를 제출하였다.

(5) 제조업의 업종별 부가가치율은 20%이며, 전자신고세액공제는 고려하지 않는다.

① 774,000원
② 758,000원
③ 914,000원
④ 1,024,000원
⑤ 0원

37 「부가가치세법」상 일반과세자의 부가가치세 신고와 환급에 관한 설명이다. 옳지 않은 것은?

① 2024년 제1기 확정신고시에는 2024년 1월 1일부터 2024년 6월 30일까지의 과세기간에 대한 과세표준과 납부세액 중 예정신고 또는 조기환급신고시 이미 신고한 부분을 제외한 부분을 2024년 7월 25일까지 신고하여야 한다.

② 2024년 제1기 과세기간에 대한 환급세액을 2024년 7월 15일에 신고한 경우, 조기환급이 아니면 2024년 7월 25일이 지난 후 30일 이내에 환급하여야 한다.

③ 예정신고기간에 대한 환급세액은 조기환급의 경우를 제외하고는 바로 환급되지 않으며, 확정신고시 납부세액에서 차감한다.

④ 2024년 1월에 사업용 기계를 취득하여 2024년 2월 25일에 조기환급 신고를 한 경우, 2024년 2월 25일이 지난 후 15일 이내에 환급하여야 한다.

⑤ 관할세무서장의 경정에 따라 2024년 9월 9일 환급세액이 발생한 경우, 2024년 9월 9일이 지난 후 30일 이내에 환급하여야 한다.

38 「상속세 및 증여세법」에 관한 설명이다. 옳지 않은 것은?

① 거주자의 사망으로 외국에 있는 상속재산에 대하여 부과된 외국납부세액에 상당하는 금액은 상속세 산출세액에서 공제된다.

② 납세지 관할세무서장은 상속세 납부세액이 2천만원을 초과하는 때에는 납세의무자의 신청을 받아 연부연납을 허가할 수 있다.

③ 거주자의 사망으로 상속이 개시되어 배우자가 상속인에 포함되는 경우 배우자상속공제액은 최소 5억원과 최대 30억원의 범위 내에서 결정된다.

④ 거주자의 사망으로 인하여 배우자 단독으로 상속 받는 경우로서 기초공제와 그 밖의 인적공제에 따른 공제액을 합친 금액이 5억원 미만이면 일괄공제 5억원을 공제받을 수 있다.

⑤ 상속개시일 전 1년 이내에 피상속인이 부담한 채무금액이 2억원 이상인 경우로서 용도가 객관적으로 명백하지 아니한 경우에는 이를 상속받은 것으로 추정한다.

39 거주자 갑의 2024년 증여 관련 다음 자료를 이용하여 대출금 및 토지의 증여세 과세가액을 계산하면 각각 얼마인가? 거주자 갑은 성년이다.

(1) 거주자 갑은 2024년 1월 1일 어머니로부터 450,000,000원을 20개월 후 상환하기로 하고 대출받았다. 1년간 대출이자(이자율 연 1%)를 어머니에게 지급하였으며, 법정이자율은 연 4.6%이다.
(2) 거주자 갑은 2024년 8월 1일 할머니로부터 5필지의 토지(시가 250,000,000원)를 대가없이 증여받았다가 이 중 1필지의 토지(시가 50,000,000원)를 2024년 9월 15일 할머니에게 반환하였고, 1필지의 토지(시가 40,000,000원)를 2024년 10월 28일, 그리고 다른 1필지의 토지(시가 25,000,000원)를 2024년 12월 20일 할머니에게 반환하였다.
(3) 2024년 8월 1일부터 토지의 시가 변동은 없는 것으로 가정한다.

	대출금에 대한 증여세 과세가액	토지에 대한 증여세 과세가액
①	20,700,000원	250,000,000원
②	20,700,000원	200,000,000원
③	20,700,000원	160,000,000원
④	16,200,000원	200,000,000원
⑤	16,200,000원	160,000,000원

40 「지방세법」에 관한 설명이다. **옳지 않은** 것은?

① 과세기준일 현재 상속이 개시된 자동차로서 사실상의 소유자 명의로 이전등록을 하지 아니한 경우에는 상속지분이 가장 높은 자가 자동차 소유에 대한 자동차세 납세의무를 진다.
② 「전통 소싸움경기에 관한 법률」에 따른 소싸움 사업을 하는 자는 레저세를 납부할 의무가 있다.
③ 원자력을 이용하여 발전을 하는 자는 지역자원시설세 납세의무를 진다.
④ 국가 및 지방자치단체가 자기를 위하여 받는 등록에 대하여는 등록면허세를 부과하지 아니한다.
⑤ 대한민국 정부기관의 재산에 대하여 과세하는 외국정부의 재산에 대하여는 재산세를 부과하지 아니한다.

06 2018년 제53회 기출문제

※ 각 문제의 보기 중에서 물음에 가장 합당한 답을 고르시오.
(주어진 자료 이외의 다른 사항은 고려하지 않으며, 조세부담 최소화를 가정할 것)

01 **「국세기본법」에 관한 설명으로 옳은 것은?**

① 무신고가산세 및 과소신고·초과환급신고 가산세의 납세의무 성립시기는 가산할 국세의 납세의무가 확정되는 때이다.

② 원천징수하는 소득세·법인세는 소득금액 또는 수입금액을 지급하는 달의 말일에 납세의무의 성립과 확정이 이루어진다.

③ 10억원의 국세에 대한 징수권은 이를 행사할 수 있는 때부터 5년동안 행사하지 않으면 소멸시효가 완성된다.

④ 사기로 법인세를 포탈한 경우 그 법인세의 납세의무가 성립한 날부터 15년의 기간이 끝난 날 이후에는 부과할 수 없다.

⑤ 세법에 따라 당초 확정된 세액을 증가시키는 경정은 당초 확정된 세액에 관한 국세기본법 또는 세법에서 규정하는 권리·의무관계에 영향을 미치지 아니한다.

02 **국세 납세의무에 관한 설명으로 옳지 않은 것은?**

① 법인이 합병한 경우 합병 후 존속하는 법인은 합병으로 소멸된 법인에 부과되거나 그 법인이 납부할 국세와 강제징수비를 납부할 의무를 진다.

② 피상속인에게 한 처분 또는 절차는 상속으로 인한 납세의무를 승계하는 상속인이나 상속재산관리인에 대해서도 효력이 있다.

③ 사업소득이 발생하는 「소득세법」에 따른 공동사업의 소득금액에 대해서는 공동사업자가 연대하여 소득세 납세의무를 진다.

④ 납세담보로서 금전을 제공한 자는 그 금전으로 담보한 국세와 강제징수비를 납부할 수 있다.

⑤ 사업양수인은 사업양도일 이전에 양도인의 납세의무가 성립되었으나 사업양도일까지 확정되지 않은 국세와 강제징수비에 대하여 제2차 납세의무를 지지 아니한다.

03 **「국세기본법」상 과세와 환급에 관한 설명으로 옳지 않은 것은?**

① 과세표준신고서는 신고(전자신고 제외) 당시 해당 국세의 납세지를 관할하는 세무서장에게 제출하여야 하나, 관할세무서장 외의 세무서장에게 제출된 경우에도 그 신고의 효력에는 영향이 없다.

② 세무서장이 국세환급금으로 결정한 금액을 세법에 따라 자진납부하는 국세에 충당시 납세자가 그 충당에 동의하는 경우에 한하여 충당할 수 있다.

③ 결정 또는 경정의 청구를 받은 세무서장은 그 청구를 받은 날부터 2개월 이내에 과세표준 및 세액을 결정 또는 경정하거나 결정 또는 경정하여야 할 이유가 없다는 뜻을 그 청구를 한 자에게 통지하여야 한다.

④ 납세자가 상속세를 물납한 후 그 부과의 일부를 감액하는 경정 결정에 따라 환급하는 경우에는 해당 물납재산으로 환급하여야 하며, 이 경우 국세환급가산금을 포함하여 지급한다.

⑤ 납세자의 국세환급금과 국세환급가산금에 관한 권리는 행사할 수 있는 때부터 5년간 행사하지 아니하면 소멸시효가 완성된다.

04 **증여세 관할세무서장이 갑의 토지(A)를 압류하여 2024년 12월 10일 180,000,000원에 매각하고 강제징수비 10,000,000원이 발생한 경우 다음 자료를 이용하여 부가가치세로 징수할 수 있는 금액을 계산한 것으로 옳은 것은?**

(1) 증여세 : 50,000,000원
(갑은 토지(A)를 2022년 6월 1일에 증여받고 증여세를 신고・납부하지 않았으며, 관할세무서장은 갑에게 2023년 6월 5일에 증여세 납세고지서를 발송하였으나 갑은 이를 체납함)
(2) 대한은행 대출금 : 60,000,000원
(2024년 7월 5일 토지(A)에 저당권이 설정됨)
(3) 갑의 사업체에 종사하는 근로자들의 임금채권
- 최종 3월분 임금채권 : 10,000,000원
- 기타 임금채권 : 20,000,000원
(4) 부가가치세 : 100,000,000원
(2024년 7월 15일에 신고하였으나 납부하지 못함)
(5) 부가가치세 관할세무서장은 토지(A) 매각대금에 대해 증여세관할세무서장에게 부가가치세의 교부를 청구함

① 0원
② 30,000,000원
③ 50,000,000원
④ 90,000,000원
⑤ 100,000,000원

05 「국세기본법」상 국세불복에 관한 설명으로 옳지 않은 것은?

① 청구기한까지 우편으로 제출한 심사청구서가 청구기간을 지나서 도달한 경우에는 그 기간의 만료일에 적법한 청구를 한 것으로 본다.

② 이의신청, 심사청구 또는 심판청구는 세법에 특별한 규정이 있는 것을 제외하고는 해당 처분의 집행에 효력을 미치지 아니하나, 해당 재결청이 필요하다고 인정할 때에는 그 처분의 집행을 중지하게 하거나 중지할 수 있다.

③ 조세심판관회의는 심판청구에 대한 결정을 할 때 심판청구를 한 처분 외의 처분에 대해서는 그 처분의 전부 또는 일부를 취소 또는 변경하거나 새로운 처분의 결정을 하지 못한다.

④ 담당 조세심판원은 필요하다고 인정하면 여러 개의 심판사항을 병합하거나 병합된 심판사항을 여러 개의 심판사항으로 분리할 수 있다.

⑤ 심사청구 또는 심판청구에 대한 재조사 결정에 따른 처분청의 처분에 대해서는 심사청구 또는 심판청구를 거치지 않을 경우 행정소송을 제기할 수 없다.

06 다음 자료를 이용하여 영리내국법인인 (주)A의 제24기 사업연도(2024.1.1.~2024.12.31.) (주)B 주식에 대한 의제배당금액을 계산한 것으로 옳은 것은? 단, 수입배당금액의 익금불산입은 고려하지 않는다.

(1) 2021년 5월 1일에 (주)A는 내국법인 (주)B의 주식 11,000주(주당액면가액 : 5,000원)를 시가인 주당 20,000원에 취득하였다.

(2) (주)A가 제23기에 (주)B의 잉여금 자본전입으로 인해 수령한 무상주 4,000주의 내역은 다음과 같다.

자본전입결의일	무상주	잉여금 자본전입의 재원
2023년 7월 1일	3,000주	「자산재평가법」에 따른 건물의 재평가적립금
2023년 9월 1일	1,000주	자기주식처분이익

(3) 2024년 2월 1일(감자결의일)에 (주)B가 유상감자를 실시함에 따라 (주)A는 보유주식 2,000주를 반환하고, 주당 20,000원의 현금을 감자대가로 수령하였다.

(4) (주)B가 보유한 자기주식은 없다.

① 40,000,000원
② 35,000,000원
③ 21,250,000원
④ 10,000,000원
⑤ 2,500,000원

07 **다음의 제조업을 영위하는 영리내국법인 (주)A(한국채택국제회계기준을 적용하지 않으며, 중소기업이 아님)의 제24기 사업연도(2024.1.1.~2024.12.31.) 업무용승용차(B)의 세무조정을 위한 자료이다. 제24기말 업무용승용차(B)와 관련된 유보잔액을 계산한 것으로 옳은 것은?**

(1) 2024년 1월 1일에 임원 전용 업무용승용차(B)*를 120,000,000원에 취득하여 사업에 사용하기 시작하였다.
　*「개별소비세법」 제1조 제2항 제3호에 해당하는 승용자동차로 제24기 전체기간 동안 업무전용자동차보험에 가입함

(2) 제24기 손익계산서상 업무용승용차(B) 관련비용

구분	금액
감가상각비	20,000,000원
유류비, 보험료, 자동차세, 통행료	4,000,000원
합계	24,000,000원

(3) 회사는 운행기록 등을 작성・비치하였으며, 운행기록 등에 따라 확인되는 업무용승용차(B)의 업무사용비율은 90%이다.

(4) 해당 사업연도의 상시근로자 수는 10명이다.

(5) 회사의 세무조정은 적정하게 이루어진 것으로 가정한다.

① (−)4,000,000원　② 9,600,000원
③ 10,000,000원　④ 12,400,000원
⑤ 13,600,000원

08 **다음은 제조업을 영위하는 영리내국법인 (주)A의 제24기 사업연도(2024.1.1.~2024.12.31.) 회계처리 내역이다. 제24기 각 사업연도의 소득금액 계산을 위하여 세무조정이 필요한 경우가 아닌 것은?**

① 환경미화의 목적으로 여러 사람이 볼 수 있는 복도에 항상 전시하기 위해 미술품 1점을 2천만원에 취득하고, 그 취득가액을 손익계산서상 복리후생비로 계상하였다.
② 채무 1억원을 출자전환함에 따라 주식(액면가액 5천만원, 시가 7천만원)을 발행하고, 발행가액과 액면가액의 차액인 5천만원을 주식발행초과금(자본)으로 회계처리하였다.
③ 당기 중 공구를 1천만원에 취득하여 사업에 사용하고, 당해 자산의 취득가액을 손익계산서상 수선비로 계상하였다.
④ 해당 법인의 발행주식총수의 1%를 보유한 출자임원이 업무와 관련 없이 사용하고 있는 사택의 유지관리비 5백만원을 손익계산서상 수선비로 계상하였다
⑤ 단기금융자산을 1억원에 매입하고, 당해 자산의 취득과 직접 관련되는 거래원가 1천만원을 포함한 1억 1천만원을 장부상 취득가액으로 회계처리하였다.

09 **지주회사가 아닌 영리내국법인 (주)A의 제24기 사업연도(2024.1.1.~2024.12.31.) 수입배당금 익금불산입액을 계산한 것으로 옳은 것은?**

(1) 회사는 비상장 영리내국법인 (주)갑과 (주)을로부터 수입배당금 11,000,000원을 수령하여 수익으로 계상하였다.

배당지급 법인	현금 배당금	보유주식 취득가액*	지분율	주식취득일
(주)갑	10,000,000원**	10억 (적수는 3,660억원)	30%	2023년 9월 5일
(주)을	1,000,000원**	20억 (적수는 7,320억원)	40%	2023년 6월 5일

*「법인세법」상 장부가액으로 제24기 중 보유주식변동은 없음

**배당기준일 : 2023년 12월 31일, 배당결의일 : 2024년 1월 20일

(2) (주)갑과 (주)을은 지급배당에 대한 소득공제와 「조세특례제한법」상 감면규정 및 동업기업과세특례를 적용받지 않는다.

(3) (주)A의 2024년 12월 31일 현재 재무상태표상의 자산총액은 100억원(적수는 36,600억원)이다.

(4) 제24기 손익계산서상 이자비용의 구성내역은 다음과 같다.

구분	이자비용	이자율
회사채 이자	12,000,000원	10%
연지급수입의 지급이자	5,000,000원	1%
은행차입금 이자***	20,000,000원	10%
합계	37,000,000원	

***제24기말 현재 건설 중인 본사건물의 건설에 소요된 것이 분명한 특정차입금 이자

(5) 지분율 20%이상 50%미만 수입배당금 익금불산입률 : 80%

① 7,040,000원
② 8,150,000원
③ 7,800,000원
④ 7,700,000원
⑤ 7,150,000원

10 「법인세법」상 영리내국법인의 기업업무추진비, 기부금 및 지급이자에 관한 설명으로 옳은 것은?

① 기업업무추진비를 신용카드로 결제한 경우 실제로 접대행위를 한 사업연도가 아니라 대금청구일이 속하는 사업연도를 손금의 귀속시기로 한다.

② 기부금 한도는 기업회계기준에 따라 계산한 매출액에 일정률을 곱해 산출하며, 기업업무추진비 한도는 해당 사업연도의 소득금액에 일정률을 곱해 산출한다.

③ 채권자가 불분명한 사채이자 1,000,000원(소득세 등으로 원천징수된 금액 495,000원 포함)을 비용으로 계상한 경우, 1,000,000원을 손금불산입하고, 전액 대표자에 대한 상여로 소득처분한다.

④ 지진으로 생긴 이재민을 위해 장부가액 3억원, 시가 5억원인 상품을 기부한 경우 해당 현물기부금의 가액은 3억원으로 한다.

⑤ 비중소기업의 직원에게 주택자금을 대여하고 적정이자를 수령하였다면 업무무관자산으로 보지 않으므로 업무무관자산 등에 대한 지급이자의 손금불산입 규정이 적용되지 아니한다.

11 「법인세법」상 손금에 관한 설명으로 옳은 것은?

① 법인이 출자임원(지배주주와 특수관계에 있는 자)에게 지급한 여비 또는 교육훈련비는 업무와 관련된 지출이라 하더라도 전액 손금불산입한다.

② 회수할 수 없는 부가가치세 매출세액미수금은 「부가가치세법」에 따라 대손세액공제를 받은 것에 한정하여 손금으로 인정한다.

③ 비출자공동사업자가 지출한 공동광고선전비는 비출자공동사업자 사이의 약정에 따른 분담비율과 매출액 비율 중 해당 법인이 선택한 기준에 따라 분담하며, 이를 초과하는 분담금액은 손금에 산입하지 아니한다

④ 간이과세자(직전연도 공급대가가 4,800만원 미만인 사업자에 해당)로부터 부가가치세가 과세되는 재화를 공급받고 「부가가치세법」 제36조 제1항의 규정에 의한 영수증을 교부받은 거래분에 포함된 매입세액으로서 매입세액공제대상이 아닌 금액은 손금으로 인정된다.

⑤ 업무와 관련하여 발생한 교통사고 벌과금은 손금으로 인정된다.

12 **제조업을 영위하는 영리내국법인 (주)A(한국채택국제회계기준을 적용하지 않으며, 중소기업 아님)의 제24기 사업연도(2024.1.1.~2024.12.31.) 「법인세법」상 자산·부채의 평가 및 유형자산의 감가상각에 관한 설명으로 옳은 것은?**

① (주)A가 2024년 3월 1일에 파산한 (주)C의 주식을 2024년 12월 31일 현재 시가로 감액하고, 그 감액한 금액을 당해 사업연도의 손금으로 계상한 경우 (주)A와 (주)C가 「법인세법」상 특수관계가 아니어야 (주)C 주식의 장부가액을 감액할 수 있다.

② 회사가 보유한 모든 외화자산·부채는 취득일 또는 발생일 현재의 매매기준율 등으로 평가하는 방법과 사업연도 종료일 현재의 매매기준율 등으로 평가하는 방법 중 납세지 관할세무서장에게 신고한 방법에 따라 평가해야 한다.

③ (주)A에게 적용되는 기계장치의 기준내용연수가 5년일 때 기준내용연수의 100분의 50이상이 경과된 기계장치를 다른 법인으로부터 취득한 경우 당해 중고자산의 내용연수는 2년과 5년의 범위에서 선택하여 납세지 관할세무서장에게 신고한 연수로 할 수 있다.

④ 2024년 7월 2일에 취득 즉시 사업에 사용한 기계장치에 대한 상각범위액은 7월 2일부터 12월 31일까지 월수에 따라 계산한다. 이때 월수는 역에 따라 계산하되 1월 미만의 일수는 없는 것으로 한다.

⑤ 제24기부터 「법인세법」상 재고자산의 평가방법을 선입선출법(적법하게 신고)에서 총평균법으로 변경할 경우, 회사는 재고자산 등 평가방법변경신고서를 2025년 3월 31일까지 납세지 관할세무서장에게 제출해야 한다.

13 **다음은 제조업을 영위하는 영리내국법인 (주)A(중소기업이 아니며, 사회적 기업에 해당하지 않음)의 제24기 사업연도(2024.1.1.~2024.12.31.) 기부금 세무조정을 위한 자료이다. 제24기의 일반기부금 한도초과액을 계산한 것으로 옳은 것은?**

(1) (주)A의 제24기 손익계산서상 당기순이익과 법인세비용은 각각 100,000,000원과 10,000,000원이다.
(2) 제24기 손익계산서에 계상된 기부금의 내역은 다음과 같다.
가. 국방헌금 : 5,000,000원
나. 「사회복지사업법」에 의한 비영리 사회복지법인의 고유목적사업비로 지출한 기부금 : 12,000,000원
(3) 2024년 4월 1일에 지방자치단체(「법인세법」상 특수관계인에 해당하지 않음)로부터 시가 100,000,000원인 토지를 정당한 사유 없이 150,000,000원에 고가 매입*하고, 장부에 매입가액을 토지의 취득가액으로 계상하였다.
*「기부금품의 모집 및 사용에 관한 법률」의 적용을 받지 아니하며, 매입가액과 정상가액의 차액은 실질적으로 증여한 것으로 인정됨.
(4) 제22기 사업연도에 발생한 세무상 결손금으로서 그 후의 각 사업연도의 과세표준을 계산할 때 공제되지 아니한 금액 7,000,000원이 있다.
(5) 제23기 사업연도에서 이월된 특례기부금 손금산입한도액 초과금액 10,000,000원이 있다.

① 500,000원
② 1,500,000원
③ 2,500,000원
④ 2,800,000원
⑤ 3,500,000원

14 **다음은 제조업을 영위하는 영리내국법인 (주)A(한국채택국제회계기준을 적용하지 않으며, 중소기업 아님)의 제24기 사업연도(2024.1.1.~2024.12.31.) 기계장치(B)의 감가상각비 관련 자료이다. 제24기말 기계장치(B)의 「법인세법」상 장부가액으로 옳은 것은?**

> (1) 2022년 1월 1일에 기계장치(B)를 시가인 300,000,000원에 취득하여 사업에 사용하기 시작하였으며, 동 금액을 장부상 취득가액으로 계상하였다.
> (2) 2023년 7월 1일에 자본적지출에 해당하는 수선비 2,000,000원을 기계장치(B)의 취득원가에 가산하였다.
> (3) 2023년 12월 31일 현재 재무상태표상 기계장치(B)의 감가상각누계액은 280,000,000원이다.
> (4) 기계장치(B)의 제24기초 상각부인액누계는 5,600,000원이다.
> (5) 기계장치(B)와 관련하여 제24기에 22,000,000원을 손익계산서상 감가상각비로 계상하였다.
> (6) 회사는 기계장치의 감가상각방법을 신고하지 아니하였으며, 정액법 상각률은 0.5, 정률법 상각률은 0.7로 가정한다.
> (7) 회사의 세무조정은 적정하게 이루어진 것으로 가정하고, 주어진 자료 이외의 다른 사항은 고려하지 않는다.

① 30,280,000원
② 15,100,000원
③ 4,080,000원
④ 2,680,000원
⑤ 1,000원

15 **「법인세법」상 가지급금 인정이자에 관한 설명으로 <u>옳지 않은</u> 것은?**

① 직원에 대한 월정급여액의 범위 안에서 일시적인 급료의 가불금은 가지급금 인정이자 계산대상 가지급금으로 보지 아니한다.

② 특수관계인이 아닌 자로부터 차입한 금액이 없는 경우에는 기획재정부령으로 정하는 당좌대출이자율을 적용하여 가직급금 인정이자를 계산한다.

③ 익금산입액의 귀속이 불분명하여 대표자에게 상여처분한 금액에 대한 소득세를 법인이 대납하고 이를 가지급금으로 계상한 금액(특수관계가 소멸될 때까지의 기간에 상당하는 금액에 한함)은 가지급금 인정이자 계산대상 가지급금으로 보지 아니한다.

④ 법인이 과세표준 신고와 함께 기획재정부령으로 정하는 바에 따라 당좌대출이자율을 시가로 선택하는 경우 선택한 사업연도에 한해 기획재정부령으로 정하는 당좌대출이자율을 시가로 하여 가지급금인정이자를 계산한다.

⑤ 국외에 자본을 투자한 내국법인이 해당 국외투자법인 종사자의 여비를 대신하여 부담하고 이를 가지급금으로 계상한 금액(그 금액을 실지로 환부받을 때까지의 기간에 상당하는 금액에 한함)은 가지급금 인정이자 계산대상 가지급금으로 보지 아니한다.

16

다음은 제조업을 영위하는 영리내국법인 (주)A(중소기업 아님)의 제24기 사업연도(2024.1.1.~2024.12.31.) 대손금 및 대손충당금 관련 자료이다. 제24기의 재무상태표상의 대손충당금 기말잔액으로 옳은 것은?

(1) 제24기말 재무상태표상 대손충당금 계정의 내역은 다음과 같다.

대손충당금 (단위 : 원)

당기상계액	5,000,000	기초잔액	2,000,000
기말잔액	?	당기설정액	?

(2) 당기상계액은 매출채권으로 계상되어 있던 어음 2매(각 거래처별 발행금액 : 2,500,000원)가 부도발생일로부터 6개월 이상 경과하여 결산서상 대손충당금과 상계한 것이다.

(3) 제23기말 현재 대손부인액(전액 미수금임)은 3,000,000원이고 그 중 1,000,000원은 당기 중 「상법」에 의한 소멸시효가 완성되었다.

(4) 제24기말 재무상태표상 대손충당금 설정대상 채권은 매출채권 500,000,000원, 미수금 100,000,000원이다.

(5) 제24기말 세무상 대손충당금 한도초과액은 4,667,000원이다.

(6) 제24기의 대손실적률은 1%이며, 모든 세무조정은 적정하게 이루어졌고, 조세부담 최소화를 가정한다.

① 10,686,020원
② 10,687,020원
③ 10,688,020원
④ 11,688,020원
⑤ 11,689,020원

17

다음은 제조업을 영위하는 영리내국법인 (주)A(중소기업 아님)의 제24기 사업연도(2024.1.1.~2024.12.31.) 사택 제공 관련 자료이다. 「법인세법」상 부당행위계산부인과 관련한 세무조정이 제24기 각 사업연도의 소득금액에 미친 순영향으로 옳은 것은?

(1) (주)A는 출자임원(소액주주 아님) B씨에게 제23기부터 사택을 제공하고 있다. 사택의 시가는 200,000,000원이며 B씨로부터 보증금 40,000,000원을 수령하였고, 임대료로 매월말 200,000원을 수령하고 동 임대료를 임대료수익으로 계상하였다.

(2) (주)A는 출자임원(소액주주 아님) C씨에게 제22기부터 사택을 제공하고 있다. 사택의 시가는 120,000,000원이며 C씨로부터 임대료로 매월말 240,000원을 수령하고 동 임대료를 임대료 수익으로 계상하였다.

(3) 사택의 제공에 대한 임대료의 시가는 불분명하며, 감정평가법인이 감정한 가액 및 「상속세 및 증여세법」에 의한 보충적 평가방법에 의한 임대료를 적용할 수 없다.

(4) 기획재정부령으로 정하는 1년 만기 정기예금이자율은 5%이며, 주어진 자료 이외의 다른 사항은 고려하지 않는다.

① (+)600,000원
② (+)720,000원
③ (+)800,000원
④ (+)820,000원
⑤ (+)900,000원

18 「법인세법」상 세액공제에 관한 설명으로 옳은 것은?

① 과세표준신고기한이 경과되지 아니한 법인세에서 재해손실세액공제를 받고자 하는 내국법인은 그 신고기한내에 세액공제신청을 하여야 한다. 다만, 재해발생일부터 신고기한까지의 기간이 3월 미만인 경우에는 재해발생일부터 3월내에 신청하여야 한다.

② 재해손실세액공제 대상이 되는 법인세에는 재해발생일이 속하는 사업연도의 소득에 대한 법인세와 재해발생일 현재 부과된 법인세로서 미납된 법인세가 포함되며, 재해발생일 현재 부과되지 아니한 법인세는 공제대상에 포함되지 않는다.

③ 국외사업장이 2개 이상의 국가에 있는 경우에도 외국납부세액공제의 한도액은 국가별로 구분하지 않고 계산한다.

④ 외국정부에 납부하였거나 납부할 외국법인세액이 외국납부세액공제한도를 초과하는 경우 그 초과하는 금액은 해당 사업연도의 다음 사업연도 개시일부터 15년 이내에 끝나는 각 사업연도에 이월하여 그 이월된 사업연도의 공제한도 범위에서 공제받을 수 있다.

⑤ 내국법인이 사실과 다른 회계처리로 인하여 경정을 받음으로써 각 사업연도의 법인세에서 과다 납부한 세액을 공제하는 경우 그 공제하는 금액은 과다 납부한 세액의 100분의 50을 한도로 하며, 공제 후 남아 있는 과다 납부한 세액은 이후 사업연도에 이월하여 공제한다.

19 다음은 비영리내국법인 A(「사회복지사업법」에 따른 사회복지법인임)의 제24기 사업연도(2024.1.1.~2024.12.31.) 고유목적사업과 수익사업에 관련된 자료이다. 고유목적사업준비금의 최대 손금산입범위액으로 옳은 것은?

(1) 제24기 A의 고유목적사업에서 발생한 소득은 300,000,000원이다.

(2) 제24기 A의 고유목적사업 이외의 수익사업소득(고유목적사업준비금 및 특례기부금을 손금산입하기 전의 소득금액)내역은 다음과 같다.

구분	금액
이자소득*	80,000,000원
배당소득**	20,000,000원
사업소득***	90,000,000원

*이자소득은 정기예금이자이다.

**배당소득은 내국법인(주)B로부터 받은 배당으로 「상속세 및 증여세법」 제16조 또는 동법 제48조에 따라 상속세 과세가액 또는 증여세 과세가액에 산입되거나 증여세가 부과되는 주식으로부터 발생하는 것이 아니다.

***사업소득은 부동산임대업에서 발생하였다.

(3) 제22기에 발생한 세무상 결손금으로서 그 후의 각 사업연도의 과세표준을 계산할 때 공제되지 아니한 금액 10,000,000원이 있다.

(4) 조세부담 최소화를 가정한다.

① 124,000,000원
② 140,000,000원
③ 164,000,000원
④ 180,000,000원
⑤ 196,000,000원

20 거주자 갑의 2024년 국내발생 소득에 대한 자료가 다음과 같을 때 갑의 이자소득금액을 계산한 것으로 옳은 것은? 단, 원천징수는 모두 적법하게 이루어졌다.

(1) 2024년 5월 31일에 지급받은 저축성보험의 만기보험금 : 100,000,000원(3년 전 납입하기 시작하였으며, 총 납입보험료는 88,000,000원임)
(2) 계약의 해약으로 받은 배상금(계약금이 배상금으로 대체됨) : 25,000,000원
(3) 내국법인이 2023년 3월 1일에 발행한 채권을 발행일에 취득한 후 만기 전에 2024년 2월 1일에 중도 매도함에 따른 매매차익 : 40,000,000원(보유기간의 이자상당액 10,000,000원 포함)
(4) 「공익신탁법」에 따른 학술관련 공익신탁으로 받은 이자 : 3,000,000원
(5) 2024년초에 대여한 비영업대금의 원금 40,000,000원과 그에 대하여 발생한 이자 4,000,000원 중 채무자의 파산으로 인하여 2024년 11월 1일에 42,000,000원만 회수하고, 나머지 채권은 과세표준확정신고 전에 회수 불능사유가 발생하여 회수할 수 없는 것으로 확정됨

① 24,000,000원
② 29,000,000원
③ 32,000,000원
④ 34,000,000원
⑤ 64,000,000원

21 다음 중 기타소득으로 과세되는 것이 <u>아닌</u> 것은?

① 저작자가 저작권의 양도 또는 사용의 대가로 받는 금품
② 노동조합의 전임자가 「노동조합 및 노동관계조정법」을 위반하여 사용자로부터 지급받는 급여
③ 퇴직 전에 부여받은 주식매수선택권을 퇴직 후에 행사하거나 고용관계 없이 주식매수선택권을 부여받아 이를 행사함으로써 얻는 이익
④ 「발명진흥법」에 따라 종업권 또는 대학의 교직원이 퇴직한 후에 지급받는 직무발명보상금으로서 비과세한도를 초과하는 소득
⑤ 유실물의 습득 또는 매장물의 발견으로 인하여 보상금을 받거나 새로 소유권을 취득하는 경우 그 보상금 또는 자산

22 다음은 국내에서 2021년에 사업을 개시한 거주자 갑의 2024년 귀속 사업소득에 대한 자료이다. 갑의 2024년 사업소득금액을 계산한 것으로 옳은 것은?

(1) 2024년 손익계산서

		(단위 : 원)
Ⅰ. 매출액		600,000,000
Ⅱ. 매출원가		380,000,000
Ⅲ. 매출총이익		220,000,000
Ⅳ. 판매비와 관리비		
1. 급여	42,000,000	
2. 기업업무추진비	40,000,000	
3. 보험료	4,500,000	86,500,000
Ⅴ. 영업이익		133,500,000
Ⅵ. 영업외수익		
1. 배당금수익	6,000,000	6,000,000
Ⅶ. 영업외비용		0
Ⅷ. 소득세차감전순이익		139,500,000
Ⅸ. 소득세비용		15,000,000
Ⅹ. 당기순이익		124,500,000

(2) 추가자료

① 제조업(중소기업)을 영위하고 있으며, 사업장은 1개이다.

② 대통령령으로 정하는 특수관계인과의 거래에서 발생한 매출액은 없다.

③ 급여는 대표자인 갑의 급여 20,000,000원, 같은 사업장의 경리로 근무하는 을(갑의 아들)의 급여 15,000,000원, 일용근로자의 급여 7,000,000원으로 구성되어 있다.

④ 기업업무추진비는 모두 업무용 사용분으로 적격증빙서류를 수취한 것이다.

⑤ 보험료는 갑에 대한 국민건강보험료 2,000,000원과 을에 대한 국민건강보험료 및 고용보험료의 사용자 부담분 2,500,000원의 합계이다.

⑥ 배당금수익은 대표자 갑이 국내기업으로부터 받은 현금배당금이다.

⑦ 소득세비용은 소득세와 개인지방소득세의 합계액이며 이월결손금은 없다.

⑧ 기업업무추진비 한도를 계산하기 위한 수입금액에 관한 적용률은 다음과 같다.

수입금액	적용률
100억원 이하	1만분의 30

① 143,800,000원
② 156,300,000원
③ 155,700,000원
④ 174,300,000원
⑤ 188,500,000원

23 다음은 2023년 1월 1일에 (주)A에 입사한 생산직근로자(공장에서 금속용접 업무 담당)인 거주자 갑의 2024년 급여 내역이다. 갑의 2024년 귀속 총급여액을 계산한 것으로 옳은 것은? 단, 갑의 직전 과세기간(2023년)의 총급여액은 24,000,000원이다.

(1) 급여 : 12,000,000원(월 1,000,000원×12개월)
(2) 상여금 : 4,000,000원(부정기적인 수령임)
(3) 자가운전보조금 : 3,000,000원(월 250,000원×12개월)
 - 갑 소유의 차량을 업무수행에 이용하고 시내출장 등에 소요된 실제여비를 지급받는 대신에 그 소요경비를 회사의 사규에 의한 지급기준에 따라 받는 금액임
(4) 작업복 : 150,000원
 - 작업에 필요하여 지급받은 작업복의 금액임
(5) 식사대 : 1,200,000원(월 100,000원×12개월)
 - 회사는 무상으로 중식을 제공하며 이와 별도로 지급된 식사대임.
(6) 자녀보육수당 : 3,600,000원(월 300,000원×12개월)
 - 5세인 자녀 보육과 관련된 수당임
(7) 연장근로수당 : 1,500,000원
 - 「근로기준법」에 따른 연장근로로 인해 통상임금에 더한 지급액임

① 18,000,000원
② 19,000,000원
③ 20,500,000원
④ 21,400,000원
⑤ 21,850,000원

24 「소득세법」상 소득금액계산의 특례에 관한 설명으로 옳은 것은?

① 거주자 1인과 특수관계인이 공동사업자에 포함되어 있는 경우로서 손익분배비율을 거짓으로 정하는 등의 사유가 있는 경우에는 손익분배비율에 따른 소득분배규정에 따라 소득금액을 산정한다.
② 대통령령으로 정하는 중소기업을 영위하는 거주자는 사업소득에서 결손금이 발생되는 경우 종합소득금액이 있더라도 여기에서 이를 공제하는 대신 직전 과세기간으로 소급공제하여 직전 과세기간의 사업소득에 부과된 소득세액을 한도로 환급신청할 수 있다.
③ 거주자가 채권을 내국법인에게 매도하는 경우에는 채권을 매도하는 거주자가 자신의 보유기간 이자 등 상당액을 이자소득으로 보아 소득세를 원천징수한다.
④ 사업소득에서 발생한 결손금은 그 과세기간의 종합소득과세표준을 계산할 때 이자소득금액, 배당소득금액, 근로소득금액, 연금소득금액, 기타소득금액에서 순서대로 공제한다.
⑤ 공동사업합산과세 규정에 따라 특수관계인의 소득금액이 주된 공동사업자에게 합산과세되는 경우, 그 합산과세되는 소득금액에 대하여 주된 공동사업자의 특수관계인은 자신의 손익분배비율에 해당하는 그의 소득금액을 한도로 주된 공동사업장와 연대하여 납세의무를 진다.

25 연금소득 및 퇴직소득에 관한 설명으로 옳지 않은 것은?

① 공적연금 관련법에 따라 받는 일시금은 퇴직소득으로 과세된다.

② 종업원이 임원이 된 경우 퇴직급여를 실제로 받지 아니한 경우는 퇴직으로 보지 않을 수 있다.

③ 퇴직소득이 퇴직일 현재 연금계좌에 있거나 연금계좌로 지급되는 경우 또는 퇴직하여 지급받은 날부터 60일 이내에 연금계좌에 입금되는 경우에 해당 퇴직소득으로 인한 소득세는 연금외수령시 비과세가 적용된다.

④ 연금계좌세액공제를 받은 연금계좌 납입액과 연금계좌의 운용실적에 따라 증가된 금액을 그 소득의 성격에 불구하고 연금외 수령하면 기타소득으로 과세한다.

⑤ 국내에서 거주자나 비거주자에게 연금소득을 지급하는 자는 그 거주자나 비거주자에 대한 소득세를 원천징수하여 그 징수일이 속하는 달의 다음 달 10일까지 납부하여야 한다.

26 다음은 거주자 갑의 2024년 종합소득에 대한 자료이다. 갑의 2024년 종합소득 산출세액을 계산한 것으로 옳은 것은? 단, 원천징수는 모두 적법하게 이루어졌으며, 모든 금액은 원천징수세액을 차감하기 전 금액이다.

(1) 과세대상 소득금액

가. 상장 내국법인으로부터 받은 현금배당* 15,000,000원

*법인단계에서 법인세가 과세된 이익을 재원으로 이루어진 배당임

나. 국내은행의 정기예금으로부터 받은 이자 15,000,000원

다. 비영업대금으로 인한 이익 10,000,000원

라. 사업소득금액 20,000,000원

(2) 종합소득공제 5,000,000원

(3) 세율

종합소득과세표준	기본세율
1,400만원 이하	과세표준×6%
1,400만원 초과 5,000만원 이하	84만원+1,400만원 초과금액×15%
5,000만원 초과 8,800만원 이하	624만원+5,000만원 초과금액×24%

① 8,620,000원

② 7,690,000원

③ 7,217,500원

④ 5,635,000원

⑤ 4,720,000원

27 종합소득의 신고, 납부 및 징수에 관한 설명으로 옳지 않은 것은?

① 「부가가치세법」상 면세사업만을 영위하는 사업자는 사업장 현황신고를 하여야 한다.

② 과세표준확정신고를 하여야 할 거주자가 출국하는 경우에는 출국일이 속하는 과세기간의 과세표준을 출국일 전일까지 신고하여야 한다.

③ 종합소득의 납부할 세액이 1천만원을 초과하는 경우에는 납부기한이 지난 후 2개월 이내에 분할납부할 수 있다.

④ 해당 과세기간의 상시고용인원이 20명 이하인 원천징수의무자(금융・보험업자는 제외)로서 원천징수 관할세무서장의 승인을 받거나 국세청장의 지정을 받은 자는 원천징수세액을 그 징수일이 속하는 분기의 마지막 달의 다음 달 10일까지 납부할 수 있다.

⑤ 부동산매매업자는 토지 또는 건물의 매매차익과 그 세액을 매매일이 속하는 달의 말일부터 2개월이 되는 날까지 납세지 관할세무서장에게 신고하여야 한다.

28 근로소득이 있는 거주자 갑(여성)의 다음 자료를 바탕으로 2024년 종합소득공제 중 인적공제액을 계산한 것으로 옳은 것은?

(1) 본인 및 부양가족 현황

관계	연령	소득	비고
본인	40세	근로소득금액 28,000,000원	
부친	72세	없음	2024년 10월 31일 사망
모친	70세	기타소득금액 4,000,000원	
남편	44세	총급여액 4,500,000원	
아들	6세	없음	
동생	38세	없음	장애인

(2) 본인과 부양가족은 주민등록표의 동거가족으로서 해당 과세기간 동안 동일한 주소에서 생계를 같이 하고 있다.

(3) 조세부담 최소화를 가정한다.

① 9,000,000원
② 9,500,000원
③ 10,500,000원
④ 11,000,000원
⑤ 12,500,000원

29 **거주자 갑은 2021년 6월 5일에 국내 토지를 시가 800,000,000에 취득하고 즉시 등기를 하였다. 이후 갑은 A은행에서 해당 토지를 담보로 300,000,000원을 차입하였다. 2024년 9월 8일에 거주자 을(갑과 특수관계 없음)은 A은행 차입금 300,000,000원을 인수하는 조건으로 갑으로부터 해당 토지를 증여받았다. 다음의 추가적인 자료를 바탕으로 갑의 2024년 양도소득금액을 계산한 것으로 옳은 것은?**

(1) 갑의 증여 당시 토지의 시가 : 1,500,000,000원
(2) 토지와 관련한 자본적 지출액 : 24,000,000원(적격 증빙서류 수취 · 보관함)
(3) 장기보유특별공제율 : 6%
(4) 2024년 갑의 양도소득 과세거래는 상기 토지 외에는 없었다.
(5) 을의 차입금 인수사실은 객관적으로 입증되고 을이 차입금 및 이자를 상환할 능력이 있다고 가정한다.

① 42,500,000원
② 114,500,000원
③ 116,500,000원
④ 119,180,000원
⑤ 127,088,000원

30 **「부가가치세법」상 과세대상으로 옳은 것은?**

① 사업자가 상속재산인 사업용 건물을 「상속세 및 증여세법」에 따라 물납한 경우
② 소매업을 운영하는 사업자가 외국의 소매업자로부터 구입한 운동화를 우리나라의 보세구역으로 반입한 경우
③ 골프장 경영자가 골프장 이용자로부터 일정기간 거치 후 반환하지 아니하는 입회금을 받은 경우
④ 선주와 화주와의 계약에 따라 화주가 조기선적을 하고 선주로부터 조출료를 받은 경우
⑤ 장난감대여업을 운영하는 사업자가 대여한 장난감의 망실에 대하여 변상금을 받은 경우

31 건물 1채를 소유하고 부동산임대업을 영위하는 일반과세자인 개인사업자 갑이 2024년 제1기 확정신고를 할 때 부가가치세 과세표준을 계산한 것으로 옳은 것은? 단, 아래에 제시된 금액들은 부가가치세를 포함하지 아니한 금액이며, 원 단위 미만은 절사한다.

(1) 갑은 보유건물을 2024년 4월 1일부터 2025년 3월 31일까지 을에게 임대하는 계약을 체결하였고, 임대건물은 단층이며 도시지역 내에 있다.

가. 상가의 임대면적은 $40m^2$이고, 주택의 임대면적은 $50m^2$이며, 건물의 부수토지는 $750m^2$이다.

나. 보증금은 91,250,000원, 월임대료는 1,500,000원, 월관리비는 300,000원이며 월임대료 및 월관리비(공공요금 등의 징수대행이 아님)는 매월말에 수령하기로 약정되어 있다.

다. 2024년 제1기 확정신고기간 종료일 현재 계약기간 1년의 정기예금이자율은 2.9%로 가정한다.

(2) 2024년 제1기 확정신고기간 종료일 현재 건물의 기준시가는 100,000,000원이며 토지의 기준시가는 400,000,000원이다.

① 1,571,040원
② 1,938,543원
③ 2,478,720원
④ 3,098,400원
⑤ 3,614,800원

32 「부가가치세법」상 면세와 영세율에 관한 설명으로 옳은 것은?

① 국내사업장에서 계약하고 대가를 수령한 위탁판매수출(물품 등을 무환으로 수출하여 해당 물품이 판매된 범위에서 대금을 결제하는 계약에 의한 수출)을 하고 판매대금을 외화로 수령하는 경우에는 영세율을 적용하지 아니한다.
② 내국신용장에 의해 공급되는 재화(금지금은 제외)는 공급받는 자인 비거주자가 지정하는 사업자에게 인도하는 경우에만 영세율을 적용한다.
③ 외국에서 수입한 관상용 거북이는 면세대상 재화이다.
④ 법인이 물적 시설 없이 근로자를 고용하여 작곡용역을 공급한 후 대가를 받는 용역은 면세대상이다.
⑤ 국내에서 국내사업장이 없는 외국법인에게 상품 중개를 하고 용역대금을 외국환은행에서 원화로 받은 경우에는 영세율을 적용한다.

33 다음 자료를 이용하여 컴퓨터부품 제조업을 영위하는 일반과세자인 (주)K가 2024년 제1기 예정신고를 할 때 부가가치세 과세표준을 계산한 것으로 옳은 것은? 단, (주)K는 주사업장총괄납부 및 사업자단위 과세제도를 적용받는 사업자가 아니고 제시된 자료의 금액에는 부가가치세가 포함되지 아니하였다.

(1) 2024년 1월 4일 : (주)B에게 제품을 인도하고 판매대금 2,000,000원은 (주)K의 상품권(2023년 12월 25일에 판매한 것임)으로 받았다.

(2) 2024년 1월 25일 : 업무에 사용하던 승용차(매입시 매입세액불공제)를 임원에게 무상으로 이전하였다.(2023년 2월 15일 취득시 취득가액 20,000,000원, 이전 당시 장부가액 8,000,000원)

(3) 2024년 2월 5일 : 미국의 거래처인 (주)C와 2024년 1월 20일에 제품 수출 계약을 체결하였고, 2024년 2월 5일에 선적하였다. 수출대금 50,000달러 중 계약금으로 수령한 30,000달러를 2024년 1월 25일에 환가하였고, 잔금 20,000달러는 2024년 4월 10일에 회수하였다.

일자	구분	기준환율
2024년 1월 20일	수출계약체결일	900원/달러
2024년 1월 25일	환가일	950원/달러
2024년 2월 5일	선적일	1,000원/달러
2024년 3월 31일	예정신고기간 종료일	1,100원/달러
2024년 4월 10일	잔금회수일	1,050원/달러

(4) 2024년 2월 15일 : (주)D에게 제품을 17,000,000원에 판매하고 인도하였으며, 대금은 2024년 5월 15일에 받기로 하였다.

(5) 2024년 3월 3일 : 제품을 판매할 목적으로 직매장으로 반출하였다.
(취득가액은 5,000,000원, 취득가액에 일정액을 가산한 내부규정에 의한 반출가액은 6,000,000원, 반출시 시가는 7,000,000원)

(6) 2024년 3월 20일 : 지방자치단체에 무상으로 제품을 협찬하였다.
(원가 2,000,000원, 시가 : 2,500,000원)

① 73,500,000원
② 74,500,000원
③ 75,000,000원
④ 83,500,000원
⑤ 86,000,000원

34 「부가가치세법」상 매입세액공제 및 납부세액에 관한 설명으로 옳은 것은?

① 건축물이 있는 토지를 취득하여 그 건축물을 철거하고 토지만 사용하는 경우에 철거한 건축물의 취득 및 철거 비용과 관련된 매입세액은 공제하지 아니한다.

② 면세농산물을 공급받아 과세재화와 면세재화를 공급하는 사업자(일반과세자)가 당기 중에 매입하였으나 사용하지 않은 면세농산물은 의제매입세액공제를 적용하지 아니한다.

③ 일반과세자가 간이과세를 적용받게 되면 일반과세자인 경우에 공제받지 못한 매입세액을 추가적으로 공제하기 위하여 간이과세자의 납부세액에서 차감한다.

④ 2024년 6월 25일에 사업을 개시하고 2024년 7월 15일 사업자등록 신청을 한 도매업자가 2024년 6월 28일에 매입한 상품에 대한 매입세액은 공제받을 수 없다.

⑤ 과세사업에만 사용하던 감가상각대상 재화를 면세사업에만 사용하게 된 경우에는 불공제되는 매입세액을 계산하여 납부세액에 가산한다.

35 「부가가치세법」상 세금계산서에 관한 설명으로 옳은 것은?

① 위탁에 의하여 재화를 공급하는 위탁판매의 경우에는 수탁자가 수탁자의 명의로 세금계산서를 발급하며, 이 경우 위탁자의 등록번호를 덧붙여 적어야 한다.

② 공급시기가 2024년 8월 25일인 재화의 공급대가를 2024년 7월 25일에 수령한 경우 2024년 7월 20일자로 세금계산서를 발급할 수 있다.

③ 세금계산서 교부의무가 있는 일반과세자로부터 재화를 공급받은 간이과세자는 공급하는 자가 세금계산서를 발급하지 아니한 경우 매입자발행 세금계산서를 발급할 수 없다.

④ 사업자는 15일 단위로 거래처별 공급가액을 합하여 그 기간이 속하는 달의 말일을 작성연월일로 하여 세금계산서를 발급할 수 있다.

⑤ 미용업을 영위하는 일반과세자가 미용용역을 제공하는 경우에 세금계산서 발급의무가 면제되지만 공급받는 자가 사업자등록증을 제시하고 세금계산서 발급을 요구하는 경우에는 세금계산서를 발급할 수 있다.

36 과세재화와 면세재화를 모두 판매하는 일반과세자인 소매업자 (주)D의 2024년 4월 1일부터 6월 30일에 대한 제1기 확정신고시 납부세액 및 환급세액 재계산 규정을 고려한 부가가치세 납부세액을 계산한 것으로 옳은 것은? 단, 제시된 금액은 부가가치세를 포함하지 아니한 것이며, 2024년 제1기 확정신고 이전의 모든 신고・납부는 적법하게 이루어졌다.

(1) 2023년 7월 10일에 과세사업과 면세사업에 공통으로 사용하기 위한 비품(A)를 30,000,000원에 구입하였고 실지귀속을 알 수 없다.

(2) 2024년 5월 20일에 과세사업과 면세사업에 공통으로 사용하기 위한 비품(B)를 10,000,000원에 구입하였고 실지귀속을 알 수 없다.

(3) 공급가액의 내역

구분	과세	면세
2023년 7월~9월	30,000,000원	70,000,000원
2023년 10월~12월	45,000,000원	55,000,000원
2024년 1월~3월	30,000,000원	50,000,000원
2024년 4월~6월	60,000,000원	40,000,000원

(4) 매입세액의 내역

구분	과세	면세	공통
2023년 7월~9월	3,000,000원	4,000,000원	3,000,000원*
2023년 10월~12월	1,500,000원	2,000,000원	
2024년 1월~3월	1,800,000원	1,200,000원	
2024년 4월~6월	4,000,000원	3,000,000원	1,000,000원**

*비품(A)에 대한 공통매입세액임

**비품(B)에 대한 공통매입세액임

① 1,625,000원
② 1,493,750원
③ 1,218,750원
④ 1,108,750원
⑤ 1,050,000원

37 「부가가치세법」상 세액공제 및 신고·납부에 관한 설명으로 옳은 것은?

① 간이과세자가 부가가치세가 과세되는 재화·용역을 공급하고 신용카드매출전표를 발급한 경우에는 그 발급금액에 2.6%의 공제율을 곱하여 계산한 금액을 공제한다.

② 일반과세자 중 사업장을 기준으로 직전 사업연도 공급가액 합계액이 10억원 이하인 영수증 발급대상 개인사업자가 부가가치세가 과세되는 재화·용역을 공급하고 신용카드매출전표를 발급한 경우에는 한도 없이 그 발급금액의 일정률을 공제한다

③ 국내사업장이 없는 외국법인으로부터 재화를 공급받은 면세사업자는 그 대가를 지급하는 때에 부가가치세를 징수하여야 한다.

④ (주)A가 생산한 제품인 보온병을 직원에게 기념품으로 무상 지급하고 세금계산서를 발급하지 아니한 경우에도 세금계산서 불성실 가산세가 적용되지 아니한다.

⑤ 국내사업장이 없는 비거주자로부터 용역의 공급을 받는 자는 공급받은 용역의 과세사업 사용여부에 관계없이 부가가치세를 징수하여 납부하여야 한다.

38 「상속세 및 증여세법」에 관한 설명으로 옳은 것은?

① 상속개시일 전 10년 이내에 피상속인이 상속인에게 증여한 재산가액은 상속세 과세가액에 가산하며 상속개시일 현재의 가액으로 평가한다.

② 국가나 지방자치단체에 유증한 재산에 대해서는 상속세를 부과하지 아니한다.

③ 「정당법」에 따른 정당에 유증을 한 재산에 대해서는 상속세를 부과한다.

④ 수증자가 비거주자인 경우 또는 수증자의 주소 및 거소가 분명하지 아니한 경우에도 수증자의 주소지를 관할하는 세무서장이 증여세를 과세한다.

⑤ 증여재산을 증여세 과세표준 신고기한이 지난 후 5개월 이내에 증여자에게 반환하거나 증여자에게 다시 증여하는 경우에는 그 반환하거나 다시 증여하는 것에 대해서는 증여세를 부과하지 아니한다.

39 거주자 갑은 2024년 4월에 교통사고로 사망하였다. 다음 자료를 이용하여 상속세 부담을 가장 낮출 수 있는 경우의 과세표준을 계산한 것으로 옳은 것은?

(1) 상속재산의 평가내역은 다음과 같다.

구분	상속개시일 현재의 시가
주택*	2,000,000,000원

*「상속세 및 증여세법」상 동거주택상속공제의 요건을 충족한다.

(2) 갑의 동거가족은 다음과 같다(배우자는 없음).

대상	연령	비고
모친	70세	기대여명 20년, 장애인임
장남	21세	
장녀	9세	

(3) 갑의 사망일부터 장례일까지 장례비 5,000,000원이 발생하였다(봉안시설이용료 및 자연장지사용관련 비용은 발생하지 않았음).

(4) 주어진 자료 이외에는 고려하지 않는다.

① 400,000,000원
② 545,000,000원
③ 745,000,000원
④ 995,000,000원
⑤ 1,000,000,000원

40 「지방세법」에 관한 설명으로 옳은 것은?

① 부동산을 취득한 경우 취득세의 납세지는 부동산 취득자의 주소지이므로 부동산 소재지와 취득자의 주소지가 다른 경우에는 취득자의 주소지가 납세지이다.
② 지방소비세의 과세대상은 「소득세법」을 준용한다.
③ 지방자치단체의 장은 해당 지방자치단체의 관할 구역에 있는 부동산에 대하여 어떠한 경우에도 재산세의 물납을 허가할 수 없다.
④ 토지에 대한 재산세의 납기는 매년 5월 16일부터 5월 31일까지이다.
⑤ 재산세의 징수는 보통징수의 방법에 의하며 고지서 1매당 세액이 2,000원 미만인 때에는 재산세를 징수하지 아니한다.

07 2017년 제52회 기출문제

※ 각 문제의 보기 중에서 물음에 가장 합당한 답을 고르시오.
(주어진 자료 이외의 다른 사항은 고려하지 않으며, 조세부담 최소화를 가정할 것)

01 「국세기본법」은 세법에 우선하여 적용하는 것이 원칙이나 일부 규정에 대한 특례규정을 세법에서 두고 있는 경우에는 그 세법에서 정하는 바에 따른다. 이에 해당하지 않는 것은?

① 국세환급금의 충당과 환급
② 국세부과의 제척기간
③ 국세부과의 원칙
④ 경정 등의 청구
⑤ 연대납세의무

02 「국세기본법」에 관한 설명으로 옳지 않은 것은?

① 국외에 있는 상속재산을 상속인이 취득하면서 사기나 그 밖의 부정한 행위로 상속세를 포탈한 경우, 상속인이 사망하였더라도 해당 재산의 상속이 있음을 안 날부터 1년 이내에 상속세를 부과할 수 있다.
② 종합부동산세는 부과과세제도가 원칙이지만, 납세의무자가 신고하는 경우 그 신고하는 때 납세의무가 확정된다.
③ 부담부증여에 따라 증여세와 함께 과세되는 양도소득세에 대해서는 조세조약에 따라 상호합의절차가 진행중인 경우가 아니라면 증여세와 동일한 제척기간을 적용한다.
④ 세법에 따라 당초 확정된 세액을 감소시키는 경정은 그 경정으로 감소되는 세액 외의 세액에 관한 「국세기본법」 또는 세법에서 규정하는 권리・의무관계에 영향을 미치지 아니한다.
⑤ 5억원 이상의 국세(가산세 제외)에 대한 징수권은 이를 행사할 수 있는 때부터 10년 동안 행사하지 아니하면 소멸시효가 완성된다.

03 「국세기본법」상 조세불복제도에 관한 설명으로 옳은 것을 모두 묶은 것은?

ㄱ. 「조세범 처벌절차법」에 따른 통고처분은 「국세기본법」에 따른 불복을 할 수 없다.
ㄴ. 심사청구의 재결청은 그 청구에 대한 결정기간이 지나도 결정을 하지 못하였을 때에는 심사청구인은 결정의 통지를 받기 전이라도 그 결정기간이 지난 날부터 행정소송 제기를 할 수 있다는 내용을 서면으로 지체없이 그 청구인에게 통지하여야 한다.
ㄷ. 이의신청, 심사청구 또는 심판청구는 세법에 특별한 규정이 있는 것을 제외하고는 해당 처분의 집행에 효력을 미치지 아니한다. 다만, 해당 재결청이 필요하다고 인정할 때에는 그 처분의 집행을 중지하게 하거나 중지할 수 있다.
ㄹ. 조세심판관회의는 담당 조세심판관 과반수 이상의 출석으로 개의하고, 출석조세심판관 과반수의 찬성으로 의결한다.

① ㄱ, ㄴ
② ㄱ, ㄷ
③ ㄱ, ㄴ, ㄷ
④ ㄴ, ㄷ, ㄹ
⑤ ㄱ, ㄴ, ㄷ, ㄹ

04 「국세기본법」상 납세자의 권리에 관한 설명으로 옳지 않은 것은?

① 세무조사 결과통지 및 과세예고통지를 하는 날부터 국세부과 제척기간의 만료일까지의 기간이 6개월이 남은 경우에는 과세전적부심사를 청구할 수 없다.
② 거래상대방에 대한 조사가 필요한 경우 세무공무원은 같은 세목 및 같은 과세기간에 대하여 재조사를 실시할 수 있다.
③ 세무조사는 특정한 세목만을 조사할 필요가 있는 등 대통령령으로 정하는 경우를 제외하고는 납세자의 사업과 관련하여 세법에 따라 신고·납부의무가 있는 세목을 통합하여 실시하는 것을 원칙으로 한다.
④ 세무공무원은 법에 따라 세무조사의 범위를 확대하는 경우 그 사유와 범위를 납세자에게 문서로 통지하여야 한다.
⑤ 세무공무원은 사업자등록증을 발급하는 경우 납세자권리헌장의 내용이 수록된 문서를 납세자에게 내주어야 한다.

05 「법인세법」상 사업연도와 납세지에 관한 설명으로 옳지 않은 것은?

① 법령이나 정관 등에 사업연도에 관한 규정이 없는 내국법인은 따로 사업연도를 정하여 납세지 관할세무서장에게 신고하여야 한다.

② 법령에 따라 사업연도가 정하여지는 법인이 관련 법령의 개정에 따라 사업연도가 변경된 경우에는 사업연도의 변경신고를 하지 아니한 경우에도 그 법령의 개정내용과 같이 사업연도가 변경된 것으로 본다.

③ 내국법인의 법인세 납세지는 그 법인의 등기부에 따른 본점이나 주사무소의 소재지로 한다. 다만, 법인으로 보는 단체의 경우에는 당해 단체가 신고하는 장소로 하고 신고가 없는 경우 관할세무서장이 정하는 장소로 한다.

④ 내국법인이 사업연도 중에 연결납세방식을 적용받는 경우 그 사업연도 개시일부터 연결사업연도 개시일의 전날까지의 기간을 1사업연도로 본다.

⑤ 관할지방국세청장이나 국세청장이 납세지를 지정하는 경우 그 법인의 당해 사업연도 종료일로부터 45일 이내에 지정통지를 하여야 한다.

06 「법인세법」상 당해 과세기간의 세무조정 및 소득처분에 관한 설명으로 옳지 않은 것은? 단, 전기 이전 세무조정은 모두 정상적으로 이루어졌다.

① 장부상 자기주식처분이익 500,000원을 손익계산서상 수익으로 회계처리한 경우 세무조정은 없다.

② 「보험업법」에 따른 유형자산・무형자산의 평가로 재평가이익 3,000,000원을 장부상 자본항목으로 회계처리한 경우, 익금산입 3,000,000원(유보), 익금불산입 3,000,000원(기타)으로 처리하여야 한다.

③ 당기에 특수관계자인 개인으로부터 500,000원(취득당시 시가 800,000원)에 취득하고 지급액을 장부상 취득원가로 회계처리한 유가증권을 당기말 시가(400,000원)로 평가하면서 평가손실(100,000원)을 기타포괄손익으로 회계처리한 경우, 익금산입 400,000원(유보), 익금불산입 100,000원(기타)으로 처리하여야 한다.

④ 전기에 토지를 취득하면서 장부상 비용처리한 취득세 중 당기에 1,000,000원이 과오납금으로 환급되면서 환급금 이자 25,000원을 함께 받고 모두 잡이익으로 회계처리한 경우, 익금불산입 1,000,000원(△유보), 익금불산입 25,000원(기타)으로 처리하여야 한다.

⑤ 회사의 비출자 임원인 특수관계인으로부터 토지를 10,000,000원에 매입(시가 6,000,000원)하고 지급금액을 취득원가로 회계처리한 경우, 손금산입 4,000,000원(△유보), 손금불산입 4,000,000원(상여)으로 처리하여야 한다.

07 「법인세법」상 자산·부채의 평가에 관한 설명으로 옳지 않은 것은?

① 기업회계에 따른 상업적 실질이 결여되어 있는 자산 간의 교환으로 취득한 자산의 취득원가는 교환으로 인하여 취득한 자산의 취득 당시의 시가로 한다.

② 유형자산의 취득과 함께 국·공채를 매입하는 경우 기업회계기준에 따라 그 국·공채의 매입가액과 현재가치의 차액을 당해 유형자산의 취득가액으로 계상한 금액은 유형자산의 취득가액에 포함한다.

③ 상품매매업을 영위하는 법인이 보유하는 화폐성 외화자산·부채에 대한 평가방법을 사업연도 종료일 현재의 매매기준율로 신고하면 이후에는 변경할 수 없으며 신고된 평가방법을 계속하여 적용하여야 한다.

④ 제조업을 영위하는 법인이 기한 내에 신고한 재고자산 평가방법 외의 방법으로 평가한 경우, 납세지 관할세무서장은 회사가 신고한 평가방법에 의하여 평가한 가액과 선입선출법에 의하여 평가한 가액 중 큰 금액으로 재고자산을 평가한다.

⑤ 자산을 장기할부조건 등으로 취득하는 경우 발생한 채무를 기업회계기준에서 정하는 바에 따라 현재가치로 평가하여 현재가치할인차금으로 계상한 경우 해당 현재가치할인차금을 취득가액에 포함하지 않는다.

08 제조업을 영위하는 영리내국법인(중소기업) (주)A의 제24기(2024.1.1.~2024.12.31.) 기업업무추진비 관련 자료는 다음과 같다. 전기까지 세무조정은 적정하게 이루어졌다고 가정할 경우 기업업무추진비와 관련된 세무조정 과정에서 기타사외유출로 처분되는 합계액으로 옳은 것은? 단, 별도의 언급이 없는 한 모든 기업업무추진비는 건당 사용금액 30,000원을 초과하고 적격증명서류를 수취하였으며, 경조사비와 문화기업업무추진비, 전통시장기업업무추진비는 없는 것으로 한다.

(1) 장부상 매출액은 35,000,000,000원으로 이 중 특수관계인 매출분은 12,000,000,000원이다. 매출액과 관련된 내용은 다음과 같다.
  가. 일반매출에 대한 매출할인 100,000,000원 및 매출에누리 40,000,000원을 영업외비용으로 회계처리하였다.
  나. 전기에 수탁자가 판매한 위탁매출액 500,000,000원(일반매출분)에 대하여 전기에 회계처리하지 않고 당기에 판매대금을 회수하면서 전액 손익계산서상 매출로 회계처리 하였다.
  다. 일반매출과 관련하여 영업외수익에 계상된 부산물 매각대금은 140,000,000원이다.

(2) 손익계산서상 기업업무추진비계정으로 비용처리한 금액은 100,000,000원으로 다음의 금액이 포함되어 있다.
  가. 업무와 관련하여 사용되었으나 증빙누락분 : 2,000,000원
  나. 업무와 관련하여 사용된 개인명의신용카드사용액 : 4,000,000원

(3) 당해연도에 접대가 이루어졌으나 결제하지 못하고 장부에 계상하지 않은 금액 5,000,000원이 있다.

(4) 수입금액에 관한 적용률은 다음과 같다.

수입금액	적용률
100억원 초과 500억원 이하	3천만원 + 100억원을 초과하는 금액의 1만분의 20

① 5,600,000원　　② 6,600,000원
③ 7,600,000원　　④ 8,600,000원
⑤ 9,600,000원

09 다음은 제조업을 영위하는 영리내국법인 (주)A의 제24기 사업연도(2024.1.1.~2024.12.31.)의 세무조정관련 사항이며, 제시된 자료 이외의 추가사항은 없다. 전기의 세무조정은 적정하게 이루어졌으며 법인세부담 최소화를 가정할 경우, 소득금액조정합계표와 자본금과 적립금 조정명세서(을)에 영향을 미치는 금액을 각각 순액으로 표시한 것으로 옳은 것은?

가. 무상으로 받은 자산의 가액을 장부상 자산수증이익으로 처리한 금액 : 4,500,000원(수증자산의 시가 5,500,000원)
나. 부가가치세 매출세액을 장부상 수익 처리한 금액 : 500,000원
다. 잉여금처분 결의일이 속하는 당기 귀속 배당수입금액으로 당기말까지 해당 금액을 수령하지 못하여 장부상 회계처리하지 않은 금액 : 2,000,000원(수입배당금 익금불산입 적용조건을 만족하며 익금불산입률은 30%임)
라. 당기 이익처분으로 임원(5,000,000원)과 직원(3,000,000원)에게 사전 서면약정에 의해 각각 지급한 성과배분 상여금액
마. 특례기부금 한도초과액 : 1,000,000원
바. 전기에 업무용 토지에 대한 재산세를 납부하면서 자본적지출로 처리한 금액 중 당기에 환급되어 장부상 잡수익으로 처리한 금액 : 300,000원

	소득금액조정합계표	자본금과 적립금 조정명세서(을)
①	(−)2,100,000원	(−)500,000원
②	(−)1,800,000원	800,000원
③	1,900,000원	2,500,000원
④	1,900,000원	2,800,000원
⑤	800,000원	2,500,000원

10 **다음은 제조업을 영위하는 영리내국법인 (주)A(중소기업에 해당하며, 사회적기업은 아님)의 제24기 사업연도(2024.1.1.~2024.12.31.) 기부금 세무조정을 위한 자료이다. 제24의 각 사업연도의 소득금액을 계산한 것으로 옳은 것은?**

(1) 제24기 손익계산서상 법인세비용차감전순이익 : 100,000,000원

(2) 손익계산서상 기부금 내역

내역	금액
「고등교육법」에 의한 학교의 장이 추천하는 개인에게 지출한 장학금	5,000,000원
천재지변으로 생긴 이재민을 위한 구호물품*	6,000,000원
「사립학교법」에 따른 사립학교에 시설비로 지출한 기부금	2,000,000원

*자사 제품을 기부한 것으로 동 제품의 장부가액은 6,000,000원, 시가는 20,000,000원임.

(3) 영업자가 조직한 법인인 단체에 지급한 일반회비 23,000,000원을 손익계산서상 세금과공과로 계상하였다.

(4) 제21기(2021.1.1.~2021.12.31.)에 발생한 결손금으로서 그 후의 각 사업연도의 과세표준을 계산할 때 공제되지 아니한 금액 : 90,000,000원

(5) 제21기 특례기부금 손금산입한도액 초과금액 : 9,000,000원

(6) 위 자료 이외의 추가적인 세무조정은 없다.

① 100,350,000원
② 109,350,000원
③ 112,500,000원
④ 113,400,000원
⑤ 115,650,000원

11 **제조업을 영위하는 영리내국법인 (주)A(중소기업 아님)의 제24기(2024.1.1.~2024.12.31.) 손익의 귀속사업연도에 관한 설명으로 옳은 것은?**

① 「자본시장과 금융투자업에 관한 법률」에 따른 증권시장에서 동법에 의한 증권시장업무규정에 따라 보통거래방식의 유가증권 매매로 인한 익금과 손금의 귀속사업연도는 매매계약을 체결한 날이 속하는 사업연도로 한다.

② 장기할부조건으로 자산을 판매하고 인도기준으로 회계처리한 경우, 그 장기할부조건에 따라 각 사업연도에 회수하였거나 회수할 금액과 이에 대응하는 비용을 신고조정에 의하여 해당 사업연도의 익금과 손금에 산입할 수 있다.

③ 약정에 의한 지급기일이 2024.12.15.인 매출할인금액을 2025.1.15.에 지급한 경우 그 매출할인금액은 제25기의 매출액에서 차감한다.

④ 이미 경과한 기간에 대응하는 이자 300,000원을 제24기의 비용으로 계상한 경우 그 이자는 「법인세법」에 따라 원천징수되는 이자에 해당하지 않는 경우에만 제24기의 손금으로 한다.

⑤ 임대료 12,000,000원(임대계약기간 : 2024.10.1.~2025.9.30.)을 2024.10.1. 선불로 받는 조건으로 임대계약을 체결하고, 그 임대료를 제24기의 수익으로 계상하지 않은 경우 제24기의 「법인세법」상 임대료수익은 3,000,000원이다.

12 다음은 제조업을 영위하는 영리내국법인 (주)K가 제24기 사업연도(2024.1.1.~2024.12.31.)말 현재 보유하고 있는 주식과 관련한 자료이다. 이들에 대하여 필요한 세무조정을 완료한 후, 이를 반영한 개별 주식의 「법인세법」상 주식가액을 계산한 것으로 옳은 것은? 단, 법인세부담 최소화를 가정하고, 주어진 자료 이외의 다른 사항은 고려하지 않는다.

구분	제24기말 재무상태표상 장부가액	장부가액에 대한 세부내역
(주)A의 주식	25,000,000원	2024.5.4. 시가 10,000,000원인 주식을 정당한 사유 없이 특수관계인 외의 자로부터 15,000,000원에 매입하였고, 2024.12.31.의 시가인 25,000,000원으로 평가하였다.
(주)B의 주식	5,000,000원	2024.2.5. 시가 5,000,000원에 주식을 매입하고, 장부에 매입가액으로 계상하였다. 2024.10.25. (주)B가 이익준비금의 일부를 자본전입함에 따라 무상주 200주(1주당 액면가액 5,000원, 발행가액 6,000원)를 수령한 후 기업회계기준에 따라 회계처리하였다.
(주)C의 주식	1,250,000원	2024.5.4. 시가 1,250,000원에 주식을 매입하고, 장부에 매입가액으로 계상하였다. 2024.7.5. (주)C가 파산하였으며, 사업연도종료일 현재 (주)C 주식의 시가는 500원이나 이에 대해서는 회계처리하지 않았다.

	(주)A의 주식	(주)B의 주식	(주)C의 주식
①	10,000,000원	6,000,000원	500원
②	10,000,000원	6,200,000원	1,000원
③	13,000,000원	6,000,000원	1,000원
④	13,000,000원	6,200,000원	1,250,000원
⑤	13,000,000원	6,000,000원	1,250,000원

13 다음은 제조업을 영위하는 영리내국법인 (주)A(한국채택국제회계기준 적용하지 않음, 중소기업 아님)의 제23기(2023.1.1.~2023.12.31.)와 제24기(2024.1.1.~2024.12.31.) 건물의 감가상각과 관련된 자료이다. 제24기말 유보잔액으로 옳은 것은?

(1) 본점용 건물을 2023.4.2.에 시가인 1,000,000,000원에 매입하고 장부에 매입가액으로 계상하였다. 동 건물은 매입일부터 사업에 사용하였다.
(2) 제23기에 동 건물의 취득세로 2,500,000원을 지출하고 손익계산서상 세금과공과로 계상하였다.
(3) 제24기에 동 건물에 대한 자본적 지출액(주기적인 수선을 위한 지출 아님) 50,000,000원을 손익계산서상 수선비로 계상하였다.
(4) 동 건물과 관련하여 제23기와 제24기에 각각 100,000,000원을 손익계산서상 감가상각비로 계상하였다.
(5) 건물의 감가상각방법은 신고하지 않았다(정액법 상각률은 0.1, 정률법 상각률은 0.2로 가정함).
(6) 법인세부담 최소화를 가정하고, 주어진 자료 이외의 다른 사항은 고려하지 않는다.

① 0원
② 47,000,000원
③ 70,000,000원
④ 72,062,500원
⑤ 72,312,500원

14 **다음은 제조업을 영위하는 영리내국법인 (주)A(중소기업 아님)의 제24기 사업연도(2024.1.1.~2024.12.31.)의 대손금 및 대손충당금 관련 자료이다. 대손금 및 대손충당금 관련 세무조정이 제24기 각 사업연도의 소득금액에 미친 순영향으로 옳은 것은?**

(1) 제24기말 재무상태표상 채권 잔액 : 1,000,000,000원(이 중에는 2024.5.30. 「상법」에 따른 소멸시효가 완성된 회수 불가능한 외상매출금 50,000,000원이 포함되어 있음)

(2) 제24기 재무상태표상 대손충당금 내역

대손충당금 (단위 : 원)

당기상계액	7,000,000*	기초잔액	10,000,000
		상각채권 추심	2,000,000**
기말잔액	20,000,000	당기설정액	15,000,000

*부도발생일부터 6개월이 지난 외상매출금으로서 부도발생일 이전의 것.

**제23기에 대손부인된 채권(미수금)이 2024.6.20.에 회수된 것임.

(3) 제23기 자본금과 적립금 조정명세서(을)의 기말 잔액

과목 또는 사항	기말잔액
미수금 대손부인액	2,000,000원***
대손충당금 한도초과액	1,500,000원

***2024.6.20.에 회수되었음.

(4) 제24기의 대손실적률은 0.8%이며, 모든 세무조정은 적정하게 이루어졌고, 법인세부담 최소화를 가정한다.

① (−)34,000,000원
② (−)34,070,000원
③ (−)36,000,000원
④ (−)36,070,000원
⑤ (−)43,000,000원

15 「법인세법」상 합병 및 분할 등 특례 규정에 관한 설명으로 옳은 것은?

① 「법인세법」상 요건을 모두 갖춘 적격합병에 해당하여 피합병법인이 합병으로 인한 양도손익이 없는 것으로 한 경우 합병법인은 피합병법인의 자산을 합병등기일 현재의 시가로 양도받은 것으로 한다.

② 내국법인이 발행주식총수 또는 출자총액을 소유하고 있는 다른 법인을 합병하거나 그 다른 법인에 합병되는 경우에는 합병에 따른 양도손익이 없는 것으로 할 수 있다.

③ 「법인세법」상 요건을 모두 갖춘 적격합병의 경우에는 합병법인의 합병등기일 현재 이월결손금은 합병법인의 각 사업연도의 과세표준을 계산할 때 피합병법인으로부터 승계받은 사업에서 발생한 소득금액의 범위에서 공제할 수 있다.

④ 「법인세법」상 요건을 모두 갖춘 적격합병의 경우에만 합병법인이 피합병법인의 대손충당금 관련 세무조정사항을 승계할 수 있다.

⑤ 적격합병에 해당하기 위해서는 합병법인이 합병등기일이 속하는 사업연도의 다음 사업연도 개시일부터 5년이 되는 날까지 피합병법인으로부터 승계받은 사업을 계속해야 한다.

16 「법인세법」상 부당행위계산의 부인에 관한 설명으로 옳은 것은?

① 주권상장법인이 발행주식총수의 100분의 10의 범위에서 「상법」에 따라 부여한 주식매수선택권의 행사로 주식을 시가보다 낮은 가액으로 양도한 경우에는 조세의 부담을 부당하게 감소시킨 것으로 보지 아니한다.

② 임원에게 주택자금을 무상으로 대여한 경우에는 부당행위계산의 부인 규정이 적용되지 아니한다.

③ 토지의 시가가 불분명한 경우로 「감정평가 및 감정평가사에 관한 법률」에 의한 감정평가법인이 감정한 가액이 2 이상인 경우에는 그 중 가장 큰 금액으로 평가한다.

④ 금전, 그 밖의 자산 또는 용역을 무상 또는 시가보다 낮은 이율·요율이나 임대료로 대부하거나 제공한 경우에는 시가와 거래가액의 차액에 관계없이 부당행위계산의 부인 규정을 적용한다.

⑤ 특수관계인에 대한 금전 대여의 경우 대여기간이 5년을 초과하는 대여금이 있으면 해당 대여금에 한정하여 가중평균차입이자율을 시가로 한다.

17 **제조업을 영위하는 영리내국법인 (주)A(2011.1.1.부터 중소기업임)의 제24기 사업연도(2024.1.1.~2024.12.31.)의 법인세 신고 관련 자료이다. (주)A의 제24기 차감납부할 법인세액을 계산한 것으로 옳은 것은?**

(1) 각 사업연도의 소득금액 : 100,000,000원

(2) 이월결손금의 내역

발생사업연도	발생액
제22기(2022.1.1.~2022.12.31.)	85,000,000원*

*이 중 5,000,000원이 2023.5.20. 채무면제이익으로 충당됨.

(3) 통합투자세액공제액 : 100,000원

(4) 외국납부세액공제액 : 200,000원

(5) 중간예납세액 : 50,000원

(6) 토지 등 양도소득에 대한 법인세액, 미환류소득에 대한 법인세액, 가산세, 추징세액은 없다.

(7) 중소기업의 최저한세율 : 7%

(8) (주)A는 유동화거래를 목적으로 설립된 법인이 아니며, 회생계획, 기업개선계획, 경영정상화계획을 이행 중에 있지 않다.

(9) 법인세부담 최소화를 가정하며, 주어진 자료 이외의 다른 사항은 고려하지 않는다.

① 750,000원
② 1,150,000원
③ 1,250,000원
④ 1,350,000원
⑤ 1,450,000원

18 **「법인세법」상 영리내국법인의 각 사업연도의 소득에 대한 법인세 과세표준 및 세액의 계산과 신고 및 납부에 관한 설명으로 <u>옳지 않은</u> 것은?**

① 「조세특례제한법」상 중소기업의 경우 납부할 세액이 1천만원을 초과하면 납부기한이 지난 날부터 2개월 이내에 분납할 수 있다.

② 외국정부에 납부하였거나 납부할 외국법인세액이 공제한도를 초과하는 경우 그 초과하는 금액은 다음 사업연도로 이월하여 공제받을 수 없다.

③ 미환류소득에 대한 법인세는 각 사업연도 종료일 현재 「독점규제 및 공정거래에 관한 법률」에 따른 상호출자제한기업집단에 속하는 내국법인에 대해서만 과세한다.

④ 법인세의 과세표준과 세액을 납세지 관할 세무서장에게 신고할 때 기업회계기준을 준용하여 작성한 개별 내국법인의 재무상태표・포괄손익계산서 및 이익잉여금처분계산서(또는 결손금처리계산서)를 신고서에 첨부하지 아니하면 「법인세법」에 따른 신고로 보지 아니한다.

⑤ 「조세특례제한법」상 중소기업이 아닌 내국법인은 결손금 소급 공제에 따른 환급을 적용받을 수 없다.

19 「소득세법」상 납세의무자와 납세지에 관한 설명으로 옳지 않은 것은?

① 해당 과세기간 종료일 10년 전부터 국내에 주소나 거소를 둔 기간의 합계가 5년 이하인 외국인 거주자(동업기업의 동업자 아님)에게는 과세대상 소득 중 국외원천소득의 경우 국내에서 지급되거나 국내로 송금된 소득에 대해서만 과세한다.

② 국외에서 근무하는 공무원은 거주자로 본다.

③ 피상속인의 소득금액에 대해서 과세하는 경우에는 그 상속인이 납세의무를 진다.

④ 납세지 지정사유가 소멸한 경우 국세청장 또는 관할 지방국세청장은 납세의무자가 요청하는 경우에 한하여 납세지의 지정을 취소할 수 있다.

⑤ 국내에 거소를 둔 기간이 1과세기간 동안 183일 이상인 경우에는 국내에 183일 이상 거소를 둔 것으로 본다.

20 사업자가 아닌 거주자 갑의 2024년 금융소득에 대한 자료가 다음과 같을 때, 이자소득금액과 배당소득금액으로 종합소득금액에 합산되는 총 금액으로 옳은 것은? 단, 자료에 언급된 것 이외에는 모두 적법하게 원천징수되었다.

(1) 거주자 갑이 비상장 내국법인으로부터 수취한 무상주에 대한 설명은 다음과 같다.

가. 자기주식처분이익(자기주식처분일 2022.9.30.)을 자본전입(자본전입일 2024.10.25.)함에 따른 무상주 10,000주(주당 액면가 500원)를 (주)A로부터 수취하였다.

나. 주식발행초과금의 자본전입(자본전입일 2024.3.31.)에 따른 무상주 20,000주(주당 액면가 500원)를 (주)B로부터 수취하였다.

다. 자기주식소각이익(주식소각일 2022.8.30., 소각당시 시가 : 주당 800원, 취득가액 : 주당 850원)의 자본전입(자본전입일 2024.6.10.)에 따른 무상주 5,000주(주당 액면가 500원)를 (주)C로부터 수취하였다.

(2) 주권상장 내국법인 (주)D(고배당기업 아님)로부터 8,000,000원의 현금배당을 수취하였다.

(3) 장기채권에 투자하여 이자 3,000,000원을 지급받았다(2014.1.1.에 발행한 채권으로 약정기간은 20년이며, 동 채권으로부터 지급받은 당해연도의 이자에 대해서 거주자 갑이 따로 분리과세를 신청하지 않았다).

(4) 2024년 초에 지인에게 자금을 대여해 주고 이자 6,000,000원을 지급받았다(동 이자에 대해서는 원천징수가 되지 않았다).

① 15,995,000원

② 21,665,000원

③ 22,220,000원

④ 24,500,000원

⑤ 24,950,000원

21 다음은 거주자 갑의 2024년도 부동산 임대자료이다. 다른 사업소득이 없다고 가정할 때 거주자 갑의 2024년 사업소득금액을 계산한 것으로 옳은 것은? 단, 갑은 사업소득에 대하여 장부를 비치·기장하고 있으며, 정기예금이자율은 연 3%로 가정한다.

> (1) 임대대상 자산 : 상가건물
> (2) 임대기간 : 2023.8.1.~2025.7.31.
> (3) 취득가액 : 200,000,000원(토지가액 100,000,000원 포함)
> (4) 임대보증금 : 300,000,000원
> (5) 월임대료 : 1,000,000원(매달 말일에 받기로 약정하였음)
> (6) 관리비수입 : 6,000,000원(2024년 지급받은 총액이며, 이 중 전기요금과 수도요금을 징수대행하는 명목으로 지급받은 2,000,000원이 포함되어 있음)
> (7) 상가건물의 부속토지를 임대기간 동안 상가건물 임차인의 영업에 사용하게 하는 대가로 임대기간 시작일인 2023.8.1.에 5,000,000원을 전액 수령하였다.
> (8) 임대보증금 운용수익 : 정기예금이자 2,000,000원, 수입배당금 1,000,000원, 유가증권처분이익 500,000원

① 18,500,000원
② 20,500,000원
③ 21,000,000원
④ 21,500,000원
⑤ 24,000,000원

22 다음은 국내 상장법인의 인사과 대리로 근무하고 있는 거주자 갑의 2024년도 연간 급여와 관련된 명세내역이다. 근로소득 총급여액으로 옳은 것은?

> (1) 기본급 : 48,000,000원(비과세소득 제외)
> (2) 식사대 : 3,000,000원(월 250,000원×12개월)
> - 현물식사를 별도로 제공받지 않음
> (3) 자가운전보조금 : 3,600,000원(월 300,000원×12개월)
> - 갑의 소유차량을 업무수행에 이용하고 실제 여비를 받는 대신에 회사의 지급기준에 따라 수령한 금액임
> (4) 이익잉여금처분에 의한 성과배분상여금의 내역
>
> | 대상 사업연도 | 잉여금처분 결의일 | 지급일 | 금액 |
> |---|---|---|---|
> | 2023.1.1.~2023.12.31. | 2024.2.25. | 2024.3.22. | 5,000,000원 |
> | 2024.1.1.~2024.12.31. | 2025.2.19. | 2025.2.24. | 9,000,000원 |
>
> (5) 6세이하 자녀의 보육수당 : 3,600,000원(월 300,000원×12개월)
> (6) 「근로기준법」에 따른 연장근로와 야간근로로 인하여 받은 수당 : 3,000,000원
> (7) 회사가 보유하고 있는 사택을 무상으로 제공받음으로 인해 얻은 이익 : 6,000,000원

① 56,600,000원
② 58,400,000원
③ 59,000,000원
④ 60,200,000원
⑤ 63,000,000원

23 다음은 거주자 갑의 국민연금과 관련된 자료이다. 이를 이용하여 거주자 갑의 2024년 과세대상 총 연금액을 계산한 것으로 옳은 것은?

(1) 거주자 갑(나이 60세)은 2024년에 「국민연금법」에 의한 연금으로 18,000,000원을 수령하였다.
(2) 거주자 갑이 국민연금에 납입한 연금보험료 누계액과 환산소득의 누계액은 다음과 같다.

구 분	납입한 연금보험료 누계액	환산소득의 누계액
2001.12.31. 까지	45,000,000원	600,000,000원
2002.1.1. 이후	75,000,000원	900,000,000원

(3) 과세기준일인 2002.1.1. 이후 납입한 연금보험료 누계액 75,000,000원 중 납입한 과세기간에 연금보험료 소득공제를 받은 금액의 누계액은 70,000,000원*이다.
*관할세무서장으로부터 연금보험료 소득공제확인서를 발급받고 원천징수의무자에게 제출하여 확인받음.

① 0원
② 1,750,000원
③ 2,200,000원
④ 5,800,000원
⑤ 6,250,000원

24 「소득세법」상 소득금액계산의 특례에 관한 다음의 설명으로 옳은 것을 모두 묶은 것은?

ㄱ. 출자공동사업자의 배당소득, 사업소득, 기타소득, 양도소득은 부당행위계산 부인의 대상이 된다.
ㄴ. 사업소득금액을 계산할 때 해당 과세기간에 결손금이 발생하고 이월결손금이 있는 경우에는 이월결손금을 먼저 소득금액에서 공제한다.
ㄷ. 공동사업자가 과세표준확정신고를 할 때에는 과세표준확정신고서와 함께 당해 공동사업장에서 발생한 소득과 그 외의 소득을 구분한 계산서를 제출하여야 한다.
ㄹ. 공동사업합산과세 규정에 따라 특수관계인의 소득금액이 주된 공동사업자에게 합산과세되는 경우, 주된 공동사업자의 특수관계인은 그 합산과세되는 소득금액 전체에 대하여 주된 공동사업자와 연대하여 납세의무를 진다.

① ㄱ, ㄴ
② ㄴ, ㄷ
③ ㄱ, ㄷ
④ ㄱ, ㄴ, ㄷ
⑤ ㄱ, ㄷ, ㄹ

25 다음은 근로자(일용근로자 아님)인 거주자 갑의 2024년 교육비와 관련된 자료이다. 거주자 갑의 교육비 세액공제액으로 옳은 것은? 단, 갑을 제외한 다른 사람의 소득은 없으며, 세부담 최소화를 가정한다.

지출대상	연령	교육비 명세	금액	비고
본인(갑)	46세	대학 등록금	4,000,000원	총급여액 80,000,000원 (다른 종합소득 없음)
배우자	42세	대학원 등록금	8,200,000원	
장녀	14세	중학교에서 구입한 교과서대금	200,000원	
		방과후 학교 수업료 및 특별활동비	1,900,000원	
		교복구입비용	650,000원	
		대학입학전형료 및 수능응시료	100,000원	
		사설 영어학원 수강료	1,400,000원	
장남	5세	유치원 교육비	2,500,000원	
		관련법률에 의한 체육시설 수강료	1,200,000원	주당 2회 실시하는 과정

① 1,290,000원
② 1,455,000원
③ 1,545,000원
④ 1,890,000원
⑤ 2,790,000원

26 다음 중 「소득세법」에 따라 양도소득세가 과세되는 경우는?

① 거주자 A는 이혼위자료로 배우자에게 본인 명의의 토지를 이전하였다.
② 거주자 B(사업자)는 사업용으로 사용하던 기계장치를 처분하였다.
③ 거주자 C는 골프회원권을 채권자에게 양도담보로 제공하였다.
④ 거주자 D는 건설업을 영위하고 있으며, 주택을 신축하여 판매하였다.
⑤ 거주자 E는 자녀에게 본인 소유의 토지를 무상으로 이전하였다.

27 다음은 거주자 갑이 양도한 1세대 1주택에 해당하는 주택에 관한 자료이다. 거주자 갑이 양도한 주택의 양도소득금액으로 옳은 것은? 단, 세부담을 최소화하는 방향으로 필요경비를 선택한다.

(1) 확인되는 취득 및 양도에 관한 자료

구분	일자	실지거래가액(시가)	기준시가
취득	2019.6.5.	미확인	450,000,000원
양도	2024.9.8.	1,600,000,000원	900,000,000원

(2) 2021.11.9.에 위 주택에 대해 자본적 지출 40,000,000원을 지급하였다.

(3) 양도당시 계약서 작성, 부동산 중개수수료 등으로 10,000,000원을 지출하였다.

(4) 동 주택에 대한 장기보유특별공제율은 보유기간별 공제율과 거주기간별 공제율 각각 20%씩를 적용한다.

(5) 위의 주택은 등기된 자산이며, 해당 과세기간에 동 주택 외의 다른 양도소득세 과세거래는 없었다.

① 111,500,000원
② 114,000,000원
③ 114,500,000원
④ 117,600,000원
⑤ 117,975,000원

28 거주자의 종합소득에 대한 신고, 납부 및 징수와 관련된 다음의 설명 중 옳지 않은 것은?

① 무신고가산세와 장부의 기록·보관 불성실 가산세가 동시에 적용되는 경우에는 그 중 가산세액이 큰 가산세만을 적용한다.

② 해당 과세기간의 개시일 현재 사업자가 아닌 자로서 그 과세기간 중 신규로 사업을 개시한 자는 해당 과세기간에 대한 중간예납 의무가 없다.

③ 납세지 관할 세무서장 또는 지방국세청장은 과세표준확정신고를 하여야 할 자가 그 신고를 하지 아니한 경우에는 해당 거주자의 해당 과세기간 과세표준과 세액을 결정한다.

④ 납세지 관할 세무서장 또는 지방국세청장은 거주자가 조세를 포탈할 우려가 있다고 인정되는 상당한 이유가 있는 경우에는 수시로 그 거주자에 대한 소득세를 부과할 수 있다.

⑤ 간편장부사업자 이외의 사업자가 복식부기에 따라 기장한 경우에는 기장세액공제를 받으며, 기장하지 않은 경우에는 장부의 기록·보관 불성실 가산세가 적용된다.

29 「부가가치세법」상 재화와 용역의 공급에 관한 설명으로 옳은 것은?

① 사업장이 둘 이상인 사업자 단위 과세사업자가 자기의 사업과 관련하여 생산 또는 취득한 재화를 판매할 목적으로 자기의 다른 사업장에 반출하는 것은 재화의 공급으로 본다.

② 사업자가 매입세액공제를 받은 취득재화를 사업과 직접적인 관계없이 자기의 개인적인 목적으로 사용·소비한 것으로서 사업자가 그 대가를 받지 아니한 경우 재화의 공급으로 본다.

③ 전기, 가스, 열 등 관리할 수 있는 자연력은 재화로 보지 아니한다.

④ 주된 사업에 부수된 거래로 주된 사업과 관련하여 우연히 또는 일시적으로 공급되는 재화 또는 용역의 공급은 별도의 공급으로 보며, 과세 및 면세 여부 등도 주된 사업과 별도로 판단하여야 한다.

⑤ 질권, 저당권 또는 양도담보의 목적이라고 하더라도 동산, 부동산 및 부동산상의 권리를 제공하는 것은 재화의 공급으로 본다.

30 의료보건 용역을 제공하는 개인사업자 갑은 2024.10.2. 사업을 개시하였다. 다음은 갑의 2024년 제2기 부가가치세 확정신고와 관련된 사항이다. 갑이 2024년 제2기 확정신고할 때 납부하여야 할 부가가치세(지방소비세를 포함한 금액임)로 옳은 것은? 단, 가산세와 세액공제는 고려하지 않으며 아래에 제시된 금액들은 부가가치세를 포함하지 아니한 것이다.

(1) 2024.10.2.~2024.12.31.까지의 공급가액은 다음과 같다.

구분	금액
미용 관련 시술*	192,000,000원
질병치료 관련 시술	8,000,000원

*미용 관련 시술은 부가가치세 과세대상 거래에 해당된다.

(2) 2024.10.3. 병원운영을 위해 상가건물을 100,000,000원에 구입하였다.

(3) 2024.10.8. 미용시술에 사용할 의료용기계를 25,000,000원에 구입하였고, 같은 날 병원운영을 위해 침대 등 비품을 5,000,000원에 구입하였다.

(4) 2024.10.10. 질병치료 목적에 사용하기 위한 의약품을 2,000,000원에 구입하였다.

(5) 업무목적으로 사용할 승용차(개별소비세 과세대상)를 30,000,000원에 구입하였다.

(6) 모든 매입거래는 전자세금계산서를 수취하였으며, 병원운영목적으로 구입한 재화는 미용 및 질병치료에 공통으로 사용된다.

① 3,200,000원
② 3,740,000원
③ 6,200,000원
④ 6,620,000원
⑤ 6,800,000원

31 「부가가치세법」상 납세의무에 관한 설명으로 옳은 것은?

① 과세사업자인 내국법인이 국내사업장이 없는 외국법인으로부터 매입세액공제대상인 용역을 국내에서 제공받아 과세사업에 사용하는 경우 용역을 제공받은 내국법인은 대리납부의무를 부담하지 아니한다.

② 영세율적용대상 거래만 있는 사업자는 「부가가치세법」상 신고의무가 없다.

③ 과세의 대상이 되는 행위 또는 거래의 귀속이 명의일 뿐이고 사실상 귀속되는 자가 따로 있는 경우라 하더라도 명의자에 대하여 「부가가치세법」을 적용한다.

④ 국가 및 지방자치단체는 부가가치세 납세의무자가 될 수 없다.

⑤ 「여객자동차 운수사업법」에 따른 여객자동차 운수사업 중 관광용 전세버스 운송사업을 영위하는 내국법인은 부가가치세 납세의무를 부담하지 아니한다.

32 「부가가치세법」상 면세와 영세율에 관한 설명으로 <u>옳지 않은</u> 것은?

① 외국인도수출(수출대금을 국내에서 영수하지만 국내에서 통관되지 아니한 수출물품 등을 외국으로 인도하거나 제공하는 수출)로서 국내사업장에서 계약과 대가수령 등 거래가 이루어지는 것은 영세율을 적용하지 아니한다.

② 국내에 주소를 둔 거주자 갑이 국내 사업장이 없는 비거주자에게 법률자문(전문서비스)용역을 제공하는 경우 거래상대방의 해당 국가에서 우리나라의 거주자 또는 내국법인에 대하여 동일하게 면세하는 경우에만 영세율을 적용한다.

③ 면세의 포기를 신고한 사업자는 신고한 날부터 3년간 부가가치세를 면제받지 못한다.

④ 면세사업 등에 관련된 매입세액은 매출세액에서 공제하지 아니한다.

⑤ 규격단위로 포장하지 않고 판매하는 두부는 면세대상 재화이다.

33 「부가가치세법」상 공급시기에 관한 설명으로 옳지 않은 것은?

① 반환조건부 판매, 동의조건부 판매, 그 밖의 조건부 판매 및 기한부 판매의 경우에는 그 조건이 성취되거나 기한이 지나 판매가 확정되는 때를 공급시기로 본다.

② 현금판매의 경우 재화가 인도되거나 이용가능하게 되는 때를 공급시기로 본다.

③ 무인판매기를 이용하여 재화를 공급하는 경우 해당 사업자가 무인판매기에서 현금을 꺼내는 때를 재화의 공급시기로 본다.

④ 기획재정부령이 정하는 장기할부판매의 경우에는 대가의 각 부분을 받기로 한 때를 공급시기로 본다.

⑤ 재화의 수입시기는 당해 재화가 보세창고에 입고된 때로 한다.

34 **다음 자료를 이용하여 자동차 부품 제조업을 영위하고 있는 일반과세자인 (주)K의 제2기 예정신고기간 (2024.7.1.~2024.9.30.)에 대한 부가가치세 과세표준을 계산한 것으로 옳은 것은? 단, (주)K는 주사업장총괄납부 및 사업자 단위 과세제도를 적용받는 사업자가 아니다. 관련 매입세액은 모두 공제받았으며, 제시된 자료의 금액에는 부가가치세가 포함되지 아니하였다.**

(1) (주)K의 2024년 제2기 예정신고기간(2024.7.1.~2024.9.30.)의 공급가액은 470,000,000원이다. 이 금액에는 매출에누리와 환입액 20,000,000원이 차감되지 아니하였다.

(2) 다음 거래는 (1)의 공급가액에는 포함되어 있지 아니하다.

① 재고자산 중 일부가 진부화 되어 하치장에 반출하였다(시가 : 3,000,000원, 원가 : 1,700,000원).

② 대표이사가 업무용으로 사용하고 있는 승용차(개별소비세 과세대상)의 수리를 위해 재고자산을 사용하였다(시가 : 5,000,000원, 원가 : 2,000,000원).

③ 회사가 보유하고 있던 자기주식 200주(주당 취득원가 1,000원)를 주당 1,200원에 양도하였다.

④ 2024.8.6. 하청업체와의 협업을 위하여 하청업체에 기계장치를 무상으로 이전하였다(취득일 : 2023.9.5., 매입가액 : 12,000,000원, 이전 당시 장부가액 : 4,000,000원).

⑤ 주된 거래처에 신제품을 무상 제공하였다(시가 : 7,000,000원, 원가 : 4,000,000원).

(3) 상기 제시된 매출 및 기타거래 이외에 부가가치세 과세표준에 영향을 미치는 다른 거래는 없었다.

① 461,000,000원

② 462,000,000원

③ 463,000,000원

④ 468,000,000원

⑤ 471,000,000원

35 **「부가가치세법」상 간이과세에 관한 설명으로 옳지 않은 것은?**

① 2024년 1월 음식점을 개업한 개인사업자 A(타사업장 없음)는 사업자등록을 하면서 간이과세 적용신고서를 제출하였다. A는 매출금액에 관계없이 2024년은 간이과세자 규정을 적용받는다.

② 사업개시일부터 간이과세를 적용받고 있는 간이과세자 B는 2024년 과세기간에 대한 공급대가의 합계액이 4,300만원인 경우 2024년 부가가치세 납부세액의 납부의무를 면제받는다.

③ 2024년 납부의무가 면제되는 간이과세자 C는 2024년 부가가치세 23,000원을 납부하였다. 이 경우 관할 세무서장은 납부금액에 대한 환급의무를 지지 아니한다.

④ 과세사업만을 영위하는 간이과세자 D는 매입세액공제 대상 재화를 매입하면서 정상적인 세금계산서를 발급받아 당해 과세기간 신고를 하면서 매입처별 세금계산서합계표를 제출하였다. 이 경우 세금계산서 등을 발급받은 재화의 공급대가에 0.5%를 곱한 금액을 납부세액에서 공제한다.

⑤ 간이과세자 E의 2024년도 부가가치세 신고 과세표준은 해당 과세기간(2024.1.1.~2024.12.31.)의 공급대가의 합계액으로 한다.

36 **(주)A는 의류를 제작하여 판매를 하는 중소기업으로 일반과세자이다. 제2기 예정신고기간(2024.7.1.~2024.9.30.) 중에 공급받은 재화 및 용역의 거래내역이다. (주)A의 2024년 제2기 예정신고기간의 매입세액공제액으로 옳은 것은?**

(1) 국내거래처로부터 원단을 구입하고 공급가액 350,000,000원의 세금계산서를 수취하였다.
(2) 자매결연을 맺은 고아원에 보내기 위해 사업과 관련없이 장난감을 구입하면서 공급가액 8,000,000원의 신용카드매출전표를 수취하였다.
(3) 출자임원(소액주주 아님) 사택으로 사용하고 있는 (주)A 소유의 주택에 대한 유지비용을 지출하면서 공급가액 10,000,000원의 세금계산서를 수취하였다.
(4) 공급가액 30,000,000원(세금계산서 수취)에 구입한 재화를 거래처에 접대 목적으로 무상 이전하였다.
(5) 생산직 직원들의 작업복으로 사용할 목적으로 의류를 구입하고 공급가액 4,000,000원의 세금계산서를 수취하였다.
(6) 특별한 언급이 없는 한 세금계산서와 신용카드매출전표는 적법하게 발급 및 수취되었다고 가정한다.

① 35,000,000원
② 35,400,000원
③ 35,800,000원
④ 36,800,000원
⑤ 39,800,000원

37 「상속세 및 증여세법」상 상속세에 관한 설명으로 옳지 않은 것은?

① 상속개시일 현재 피상속인이 거주자인 경우 모든 상속재산에 대하여 상속세를 부과한다.

② 피상속인의 상속인이 그 배우자 단독인 경우 일괄공제를 적용받을 수 있다.

③ 피상속인이 신탁으로 인하여 타인으로부터 신탁의 이익을 받을권리를 소유하고 있는 경우에는 그 이익에 상당하는 가액을 상속재산에 포함한다.

④ 납세지 관할세무서장은 상속세 납부세액이 2천만원을 초과하는 경우 납세의무자의 신청을 받아 연부연납을 허가할 수 있다.

⑤ 전쟁이나 이에 준하는 공무의 수행 중 입은 부상 또는 질병으로 인한 사망으로 상속이 개시되는 경우에는 상속세를 부과하지 아니한다.

38 「상속세 및 증여세법」상 증여세에 관한 설명으로 옳지 않은 것은?

① 증여세의 과세대상이 되는 증여재산에 대하여 수증자에게 소득세가 부과되는 경우 증여세와 소득세 중 큰 금액을 부과한다.

② 수증자가 증여재산을 당사자 간의 합의에 따라 증여세과세표준 신고기한으로부터 6개월이 지난 후 증여자에게 반환하는 경우 당초의 증여 및 반환 모두에 대하여 증여세가 부과된다.

③ 친구로부터 받은 증여재산에 담보된 채무로서 수증자가 인수한 금액은 증여재산가액에서 차감한다.

④ 토지를 증여받아 증여세 납부의무가 있는 자는 증여받은 날이 속하는 달의 말일부터 3개월 이내에 증여세과세가액 및 과세표준을 납세지 관할세무서장에게 신고하여야 한다.

⑤ 미성년자가 직계존속으로부터 생애 처음 증여를 받는 경우 증여세 과세가액에서 공제하는 증여재산공제액(혼인증여재산공제액 제외)은 최대 2천만원이다.

39 다음 자료를 이용하여 거주자 갑(미성년자 아님)의 2024년도 귀속 증여세 산출세액을 계산한 것으로 옳은 것은?

(1) 2023.11.9. 친형(을)으로부터 받은 증여재산 : 10,000,000원
(2) 2024.2.9. 어머니로부터 받은 증여재산 : 60,000,000원
(3) 2024.2.9. 친조부로부터 받은 증여재산 : 90,000,000원
(4) 2024.2.9. 친형(을)으로부터 받은 증여재산 : 25,000,000원
(5) 증여재산은 모두 현금이며 상기 자료 이외 거주자 갑이 증여받은 사실이 없음
(6) 증여세율

과세표준	기본세율
1억원 이하	과세표준의 100분의 10
1억원 초과 5억원 이하	1천만원 + 1억원 초과하는 금액의 100분의 20

① 8,700,000원
② 12,500,000원
③ 14,300,000원
④ 15,000,000원
⑤ 16,800,000원

40 「지방세법」상 취득세에 관한 설명으로 옳지 않은 것은?

① 외국정부 및 주한국제기구의 취득에 대해서는 취득세를 부과하지 아니한다. 다만, 대한민국 정부기관의 취득에 대하여 과세하는 외국정부의 취득에 대해서는 취득세를 부과한다.
② 입목에 대한 취득세의 납세지는 입목 소재지로 한다.
③ 선박 양수 후 「선박법」에 따라 등기·등록 등을 하지 아니한 경우라도 사실상 취득한 경우 해당 선박의 양수인은 선박취득에 따른 취득세 납세의무를 진다. 다만, 주문을 받아 건조하는 선박은 승계취득인 경우에만 해당한다.
④ 기계장비의 종류를 변경하거나 토지의 지목을 사실상 변경함으로써 그 가액이 증가한 경우에는 취득으로 본다.
⑤ 개인이 유상으로 취득한 토지의 취득세 과세표준은 취득자가 신고한 가액으로 하며 그 신고가액이 시가표준액보다 적을 때에도 당해 신고가액을 과세표준으로 한다.

08 2016년 제51회 기출문제

※ 각 문제의 보기 중에서 물음에 가장 합당한 답을 고르시오.
(주어진 자료 이외의 다른 사항은 고려하지 않으며, 조세부담 최소화를 가정할 것)

01 **「국세기본법」상 납세의무의 성립과 확정 등에 관한 설명이다. <u>옳지 않은</u> 것은?**

① 「소득세법」에서 과세대상으로 정하는 소득이 있으면 해당 과세기간이 끝나는 때에 소득세 납세의무가 성립한다.

② 「상속세 및 증여세법」에서 과세대상으로 정하는 증여가 있으면 그 증여에 의하여 재산을 취득하는 때에 증여세 납세의무가 성립한다.

③ 소득세의 납세의무자가 과세표준 및 세액을 신고하지 아니한 경우에는 정부가 이를 결정하는 때에 납세의무가 확정된다.

④ 소득세는 납세의무자가 과세표준 및 세액을 정부에 신고하는 때에 그 납세의무가 확정되지만, 신고의 내용에 잘못이 있는 경우에는 정부가 새로이 확정시킬 수 있으나 정부가 스스로 확정한 세액을 다시 고칠 수 없다.

⑤ 납세의무자가 적법한 소득세 신고를 하였으나 현금이 없다는 이유로 이를 납부하지 아니한 경우, 납세지 관할 세무서장은 「국세징수법」에 따라 해당 세금을 징수한다.

02 납세자의 재산을 강제매각절차에 의하여 매각할 때 국세의 우선징수권에 관한 설명 중 옳은 것을 모두 묶은 것은? 단, 소액임차보증금채권 및 임금 관련 채권은 고려하지 아니한다.

ㄱ. 공과금의 강제징수를 할 때 그 강제징수금액 중에서 국세를 징수하는 경우 공과금의 강제징수비는 국세에 우선한다.
ㄴ. 국가의 조세채권은 공과금보다 우선한다.
ㄷ. 국가의 조세채권은 담보물권이 설정되어 있지 아니한 민사채권보다 그 민사채권의 발생시기에 관계없이 우선한다.
ㄹ. 국가의 결정에 의하여 납세의무가 확정되는 조세채권의 납세고지서가 저당권이 설정되어 있는 민사채권의 그 설정 등기일보다 먼저 발송된 경우 조세채권이 민사채권보다 우선한다.

① ㄴ
② ㄱ, ㄴ
③ ㄱ, ㄴ, ㄷ
④ ㄱ, ㄴ, ㄹ
⑤ ㄱ, ㄴ, ㄷ, ㄹ

03 「국세기본법」상 제2차 납세의무에 관한 설명이다. 옳지 않은 것은?

① 사업이 일체로서 동일성을 유지한 채 양도되는 경우 양수인이 부담하는 제2차 납세의무는 양수인이 양수한 재산의 가액을 한도로 한다.
② 법인(유가증권시장 · 코스닥시장에 주권이 상장된 법인은 제외)의 재산으로 그 법인의 세금을 충당하여도 부족한 경우 무한책임사원은 그 부족한 세금에 대하여 한도 없이 납세의무를 진다.
③ 과점주주가 법인의 조세채무에 관하여 자신의 고유재산으로 책임을 져야 하는 경우, 그 책임의 한도는 해당 과점주주가 실질적으로 권리를 행사하는 주식수를 발행주식 총수로 나눈 비율(의결권 없는 주식 제외)에 비례한다.
④ 법인이 무한책임사원의 조세채무에 대하여 부담하는 제2차 납세의무는 당해 법인의 순자산가액에 무한책임사원의 출자지분비율을 곱하여 산출한 금액을 한도로 한다.
⑤ 법인이 해산하여 청산하는 경우 그 법인에 부과된 세금을 다 내지 아니하고 잔여재산을 분배하였을 때에 해당 법인의 납세의무를 2차적으로 부담하는 자는 잔여재산의 분배업무를 처리한 청산인이 아니라 그 잔여재산을 가져간 출자자이다.

04 「국세기본법」상 납부의무의 소멸에 관한 설명 중 옳은 것을 모두 묶은 것은?

ㄱ. 납세의무자의 납세의무는 해당 납세의무자는 물론 연대납세의무자, 제2차 납세의무자, 납세보증인, 물적 납세의무자의 납부에 의하여 소멸하지만, 그 밖에 이해관계가 있는 제3자가 해당 납세의무자의 명의로 납부한 경우에는 소멸하지 아니한다.
ㄴ. 납세의무자가 자신의 물건이나 권리의 소유권을 국가에 이전하고 납세의무에서 벗어날 수 있게 하는 물납은 세법에서 정함이 없는 경우에도 인정된다.
ㄷ. 납세의무자 갑이 100만원의 증여세 납세고지서를 받았고 소득세 100만원을 돌려받을 권리가 있는 경우, 갑이 이러한 권리를 납세고지서상의 세금에 충당할 것을 청구하면 그 청구한 날에 해당 세금을 납부한 것으로 본다.
ㄹ. 납세의무자 을이 200만원의 부가가치세를 체납하였고 소득세 200만원을 돌려받을 권리가 있는 경우, 국가가 을에게 소득세 200만원을 돌려주지 아니하고 이를 을의 체납된 부가가치세 200만원에 충당하려면 을의 동의를 받아야 한다.

① ㄷ
② ㄹ
③ ㄱ, ㄴ
④ ㄱ, ㄷ
⑤ ㄷ, ㄹ

05 「국세기본법」상 수정신고 및 경정청구 등에 관한 설명이다. 옳지 않은 것은?

① 납세의무자 갑이 100만원의 소득세를 법에서 정한 기한까지 신고하였는데, 그 후 300만원으로 수정신고한 경우 세액이 300만원으로 확정된다.
② 납세의무자 을이 300만원의 소득세를 법에서 정한 기한이 지난 후 6개월 내에 신고한 경우 세액이 300만원으로 확정된다.
③ 납세의무자 병이 200만원의 소득세를 법에서 정한 기한까지 신고하였는데, 그 후 100만원으로 감액경정을 청구한 경우 그 청구만으로는 세액이 100만원으로 확정되지 아니한다.
④ 원래 신고하였어야 할 세액보다 더 많은 세액을 신고하여 감액경정을 청구하려면 법에서 정한 기한 내에 과세표준신고서를 제출한 자이거나 기한후 과세표준신고서를 제출한 자이어야 한다.
⑤ 납세의무자 정이 2023년 한 해 동안의 소득에 대하여 2024년 5월 20일에 500만원의 소득세를 신고·납부한 후 신고 내용에 계산 오류가 있어 감액경정을 청구하는 경우, 이 경정청구는 2029년 5월 31일까지 할 수 있다.

06 **지주회사가 아닌 영리내국법인인 (주)A의 제24기(2024.1.1.~2024.12.31.) 수입배당금 익금불산입액을 계산한 것으로 옳은 것은?**

(1) 비상장내국법인 (주)B로부터 수입배당금 39,000,000원(배당기준일 : 2023.12.31., 배당결의일 : 2024.2.20.)을 수령하여 수익계상하였다. (주)B 주식에 대한 취득 및 처분내역은 다음과 같으며, (주)B의 발행주식총수는 200,000주이다. (주)B는 지급배당에 대한 소득공제와 「조세특례제한법」상 감면규정 및 동업기업과세특례를 적용받지 않는다. 2024년도 중 보유주식변동은 없다.

일자	거래유형(주식수)	금액
2022.12.29.	매입(60,000주)	9억원
2023.10.13.	매입(10,000주)	2억원
2023.12.8.	처분(5,000주)	△1억원
2023.12.31.	총 보유주식수 65,000주	10억원

(2) (주)A의 제24기말 현재 재무상태표상 자산총액은 250억원이며, 손익계산서상 지급이자는 2억원이다. 이 지급이자에는 현재가치할인차금 상각액 10,000,000원이 포함되어 있다.

(3) 수입배당금액의 익금불산입률은 다음과 같다.

구분	익금불산입률
출자비율이 20% 미만인 경우	30%
출자비율이 20% 이상 50% 미만인 경우	80%
출자비율이 50% 이상인 경우	100%

① 18,019,000원
② 23,080,000원
③ 21,384,000원
④ 23,650,000원
⑤ 26,650,000원

07 **「법인세법」상 의제배당에 관한 설명으로 옳지 않은 것은?**

① 잉여금의 자본전입으로 인한 의제배당은 주주총회 또는 이사회에서 이를 결의한 날이 속하는 사업연도에 귀속한다.
② 법인이 자기주식을 보유한 상태에서 익금불산입 항목인 자본잉여금을 자본금에 전입함에 따라 그 법인 외의 주주가 지분비율이 증가한 경우 증가한 지분비율에 상당하는 주식의 가액은 배당으로 본다.
③ 자기주식처분이익을 자본금에 전입하는 경우 주주가 받은 무상주는 자기주식 취득 시기에 따라 의제배당 여부가 결정된다.
④ 자기주식 소각 당시의 시가가 취득가액을 초과한 경우로서 자기주식을 소각하여 생긴 이익을 소각일부터 4년이 지난 후 자본에 전입하여 주주가 받은 주식가액은 의제배당에 해당한다.
⑤ 해산한 법인의 주주가 그 법인의 해산으로 분배받은 잔여재산가액이 해당 주식을 취득하기 위하여 소요된 금액을 초과하는 금액은 배당으로 본다.

08 「법인세법」상 인건비의 손금산입에 관한 설명으로 옳은 것은?

① 법인이 임원에 대하여 퇴직 시까지 부담한 확정기여형 퇴직연금의 부담금은 전액 손금에 산입한다.
② 상근이 아닌 법인의 임원에게 지급하는 보수는 「법인세법」상 부당행위계산 부인에 해당하는 경우에도 손금에 산입한다.
③ 「파견근로자보호 등에 관한 법률」에 따른 파견근로자를 위하여 지출한 직장연예비와 직장회식비는 기업업무추진비로 본다.
④ 임원이 아닌 종업원에게 주주총회의 결의에 의한 급여지급기준을 초과하여 지급한 상여금은 전액 손금에 산입한다.
⑤ 내국법인이 임직원에게 이익처분에 의하여 지급하는 상여금으로 임원과 성과산정지표 및 그 목표, 성과의 측정 및 배분방법 등에 대하여 사전에 서면으로 약정하고 이에 따라 그 임직원에게 지급하는 성과배분상여금은 손금에 산입한다.

09 제조업을 영위하는 영리내국법인(중소기업 아님)인 (주)A의 제24기(2024.1.1.~2024.12.31.) 기업업무추진비 한도초과액을 계산한 것으로 옳은 것은?

(1) 기업회계기준에 따라 계산한 매출액은 600억원이며, 이 중 200억원은 「법인세법」상 특수관계인과의 거래에서 발생한 수입금액이다.
(2) 제24기에 지출한 기업업무추진비는 총 141,000,000원으로, 120,000,000원은 손익계산서상 매출원가에, 나머지 21,000,000원은 재무상태표상 재고자산에 포함되어 있다.
(3) 건당 3만원을 초과하는 기업업무추진비는 모두 신용카드(적격증명서류 수취분)로 결제되었으며, 문화기업업무추진비 및 전통시장기업업무추진비 해당액은 없다.
(4) 수입금액에 관한 적용률은 다음과 같다.

수입금액	적용률
100억원 이하	1만분의 30
100억원 초과 500억원 이하	3천만원 + 100억원을 초과하는 금액의 1만분의 20
500억원 초과	1억1천만원 + 500억원을 초과하는 금액의 1만분의 3

① 5,000,000원
② 16,700,000원
③ 24,700,000원
④ 25,000,000원
⑤ 36,700,000원

10 다음은 제조업을 영위하는 영리내국법인 (주)C(중소기업이 아님)의 제24기(2024.1.1.~2024.12.31.) 차입금 및 대여금 관련 자료이다. 「법인세법」상 손금불산입으로 세무조정해야 하는 지급이자 중에서 기타사외유출로 소득처분되어야 할 금액을 계산한 것으로 옳은 것은?

(1) 제24기 손익계산서상 이자비용의 내역은 다음과 같다.

구분	이자율	이자비용
사채*	30%	2,000,000원
은행차입금	5%	3,000,000원

*채권자 불분명 사채이자이며, 동 이자와 관련하여 원천징수하여 납부한 세액은 990,000원임

(2) 제24기말 재무상태표상 대여금의 내역은 다음과 같다.

내역	금액	비고
대표이사 가지급금	2,000,000원	귀속이 불분명하여 대표자상여로 처분한 금액에 대한 소득세를 법인이 납부한 금액
종업원 대여금	15,000,000원	직원의 자녀에 대한 학자금 대여액
	10,000,000원	직원에 대한 주택자금 대여액

(3) 당기 중 차입금 및 대여금의 변동은 없었다.

① 836,000원
② 1,136,000원
③ 1,490,000원
④ 2,186,000원
⑤ 2,500,000원

11 제조업을 영위하는 영리내국법인 (주)A의 제24기(2024.1.1.~2024.12.31.) 각사업연도소득에 대한 법인세 세무조정에 관한 설명으로 옳지 않은 것은?

① 이미 경과한 기간에 대한 원천징수대상 정기예금 미수이자 10만원을 이자수익으로 계상한 경우에는 이를 익금불산입한다.
② 특수관계가 없는 자에 대한 금전소비대차 거래에 대한 이자로서 이미 경과한 기간에 대한 미지급이자 20만원을 이자비용으로 계상한 경우에는 세무조정이 필요 없다.
③ 당기 중 파산한 B회사 주식(2024년 12월 31일 현재 시가 0원)의 장부가액 100만원을 전액 감액손실로 계상한 경우에는 1,000원을 손금불산입한다.
④ 장기할부조건으로 제품을 판매하고 발생한 장기매출채권을 기업회계기준에 따라 현재가치로 평가하여 현재가치할인차금을 계상한 경우에는 세무조정이 필요 없다.
⑤ 건물을 2024년 10월 1일부터 2년간 임대하고 2년치의 임대료 2,400만원을 임대만료일에 회수하기로 약정하여 당기 임대료수익을 계상하지 아니한 경우 세무조정이 필요 없다.

12 **다음은 제조업을 영위하는 비상장 영리내국법인(한국채택국제회계기준을 적용하지 않음)인 (주)A의 제23기(2023.1.1.~2023.12.31.)와 제24기(2024.1.1.~2024.12.31.) 감가상각비 관련 자료이다. (주)A가 기계장치에 대해 신고한 감가상각방법이 정률법일 때 제24기말 유보 잔액을 계산한 것으로 옳은 것은?**

> (1) 2023년 1월 1일에 신규 기계장치를 100,000,000원에 취득하여 사업에 사용하고 있다.
> (2) 손익계산서상 기계장치의 수선비 중 자본적 지출에 해당하는 금액은 제23기에 10,000,000원, 제24기에 1,000,000원이다.
> (3) 손익계산서상 기계장치의 감가상각비는 제23기에 20,000,000원, 제24기에 18,000,000원이다.
> (4) 정률법 상각률은 0.2이며, 모든 세무조정은 적정하게 이루어진 것으로 가정한다.

① 6,400,000원
② 8,000,000원
③ 8,400,000원
④ 9,200,000원
⑤ 10,000,000원

13 **「법인세법」상 자산의 취득가액에 관한 설명으로 옳지 않은 것은?**

① 적격물적분할에 따라 분할법인이 취득하는 주식의 세무상 취득가액은 물적분할한 순자산의 장부가액이다.
② 주식배당으로 A회사 주식 1,000주(1주당 발행가액 10,000원, 1주당 액면가액 5,000원)를 수령한 경우, 동 무상주의 세무상 취득가액은 1천만원이다.
③ 매입대금을 매월 1백만원씩 30회에 걸쳐 분할하여 지급하는 조건으로 기계장치를 취득하고 명목가액인 3천만원(현재가치 2천만원)을 장부상 취득원가로 계상한 경우, 동 기계장치의 세무상 취득가액은 3천만원이다.
④ 특수관계인인 개인으로부터 토지를 10억원(시가 12억원)에 매입하고 실제지급액인 10억원을 장부상 취득원가로 계상한 경우, 동 토지의 세무상 취득가액은 10억원이다.
⑤ 본사건물 신축을 위하여 10억원에 토지를 매입하고 동 토지의 취득을 위한 특정차입금 이자 1천만원을 장부상 이자비용으로 계상한 경우, 동 토지의 세무상 취득가액은 10억 1천만원이다.

14 **제조업을 영위하는 영리내국법인 (주)A(중소기업 아님)의 제24기(2024.1.1.~2024.12.31.) 대손충당금 손금산입 한도초과액을 계산한 것으로 옳은 것은?**

(1) (주)A의 제23기(2023.1.1.~2023.12.31.)와 제24기의 재무상태표상 채권 및 대손충당금 금액은 다음과 같다.

과목	기말잔액	
	제23기	제24기
매출채권 대손충당금	248,000,000원 (26,000,000원)	220,000,000원 (33,000,000원)

(2) 제24기 손익계산서상 대손상각비는 10,000,000원이다.

(3) 2024년 7월 20일에 채무자의 파산으로 회수가 불가능해 대손요건이 충족된 거래처 C에 대한 매출채권 3,000,000원을 결산서상 대손충당금과 상계하였다.

(4) 제23기 자본금과적립금조정명세서(을)의 기말 잔액은 다음과 같다.

과목 또는 사항	기말잔액
매출채권 대손부인액*	2,000,000원
대손충당금 한도초과액	10,000,000원

*거래처 D에 대한 매출채권으로 2024년 3월 23일에 「상법」에 따른 소멸시효가 완성됨

(5) 모든 세무조정은 적정하게 이루어졌다.

① 28,560,000원
② 28,600,000원
③ 30,780,000원
④ 30,800,000원
⑤ 31,240,000원

15 **「법인세법」상 충당금의 손금산입에 관한 설명으로 옳은 것은?**

① 법인이 기업회계기준에 따라 제품보증충당부채를 손금으로 계상한 때에는 일정한 한도 내에서 이를 손금에 산입한다.

② 동일인에 대하여 매출채권과 매입채무가 함께 있는 경우에는 당사자간 약정 유무와 관계없이 당해 매입채무를 상계하고 대손충당금을 계상한다.

③ 대손충당금을 손금에 산입한 내국법인이 합병한 경우 피합병법인의 대손충당금은 합병법인이 승계할 수 없다.

④ 내국법인이 건물의 화재로 인하여 보험금을 지급받아 그 지급받은 날이 속하는 사업연도에 토지의 취득에 사용한 경우, 토지의 취득에 사용된 보험차익에 상당하는 금액은 압축기장충당금 설정을 통해 손금산입이 가능하다.

⑤ 내국법인이 「보조금 관리에 관한 법률」에 따라 국고보조금을 지급받아 그 지급받은 날이 속하는 사업연도 종료일까지 사업용 기계장치의 취득에 사용한 경우, 일시상각충당금의 설정을 통한 손금산입이 가능하다.

16 **영리내국법인 (주)A(상호출자제한기업집단에 속하는 내국법인임)의 제24기(2024.1.1.~2024.12.31.) 미환류소득에 대한 법인세액을 계산한 것으로 옳은 것은? 단, (주)A는 투자제외방법으로 적정하게 신고하였다.**

> (1) 제23기에는 초과환류액 10억원이 발생하였다.
> (2) 제24기 미환류소득을 산정하기 위한 기업소득과 환류액 자료는 다음과 같다.
> ① 기업소득 자료 : 각사업연도소득금액 1,000억원, 기업소득 800억원(투자제외방법으로 산정된 금액)
> ② 환류액 자료 : 투자합계액 100억원, 상시근로자의 임금증가액 50억원(제24기의 상시근로자수가 23기의 상시근로자수보다 증가하지 않고, 청년정규직근로자 및 정규직전환근로자에 대한 임금증가액 없음), 배당합계액 120억원, 중소기업 협력 출연금 10억원(「대・중소기업 상생협력 촉진에 관한 법률」에 따른 협력중소기업에 대한 보증・대출지원 목적의 기술신용보증기금에 출연한 기금)
> (3) 제24기에는 차기환류적립금을 적립하지 않았다.

① 0원
② 2억원
③ 3억원
④ 5억원
⑤ 6억원

17 **다음은 제조업을 영위하는 영리내국법인 (주)A가 제24기(2024.1.1.~2024.12.31.)말에 해산하기로 결의한 후의 해산등기일 현재 재무상태 등에 관한 자료이다. (주)A의 청산소득금액을 계산한 것으로 옳은 것은?**

> (1) 제24기 해산등기일(2024.12.31.) 현재 재무상태표는 다음과 같다.

재무상태표			(단위 : 원)
토지	35,000,000*	차입금	35,000,000
건물	66,000,000*	자본금	50,000,000
기계장치	12,000,000*	자본잉여금	10,000,000
		이익잉여금	18,000,000
합계	113,000,000	합계	113,000,000

> *청산과정 중 토지는 40,000,000원, 건물은 70,000,000원, 기계장치는 15,000,000원으로 환가하여 차입금 상환 등에 사용되었다.
> (2) 제24기말 현재 세무상 이월결손금은 37,000,000원이다.
> (3) 합병이나 분할에 의한 해산이 아니며, (주)A는 「채무자의 회생 및 파산에 관한 법률」에 따른 회생계획인가 결정 또는 「기업구조조정촉진법」에 따른 경영정상화계획의 이행에 대한 약정을 체결한 법인이 아니다.

① 40,000,000원
② 41,800,000원
③ 42,200,000원
④ 53,800,000원
⑤ 55,200,000원

18 **「조세특례제한법」상의 중소기업인 (주)A의 제24기**(2024.1.1.~2024.12.31.) **각사업연도소득에 대한 법인세 과세표준과 세액 계산에 관한 설명으로 옳지 않은 것은?**

① 이월결손금공제는 각사업연도소득의 80%까지만 할 수 있다.

② 당기에 발생한 결손금에 대하여 소급공제를 신청한 경우, 환급가능액은 직전 사업연도의 소득에 대하여 과세된 법인세액(토지 등 양도소득에 대한 법인세액 제외)을 한도로 한다.

③ 천재지변으로 자산총액의 20% 이상을 상실하여 납세가 곤란하다고 인정되는 경우에는 재해손실세액공제를 적용 받을 수 있다.

④ 과세표준에 국외원천소득이 포함되어 있는 경우에는 국외원천소득에 대한 외국법인세액을 일정한도로 세액공제할 수 있다.

⑤ 사실과 다른 회계처리로 인하여 경정을 받은 경우에는 과다 납부한 세액을 환급하지 아니하고 그 경정일이 속하는 사업연도부터 각 사업연도의 법인세액에서 과다 납부한 세액을 그 과다 납부한 세액의 20%를 한도로 공제한다.

19 **비영리내국법인의 법인세 납세의무와 과세소득에 관한 설명으로 옳지 않은 것은?**

① 출자지분의 양도로 인하여 생기는 수입과 정기예금에서 발생한 이자소득은 수익사업에서 생기는 소득에 포함된다.

② 고유목적사업준비금을 손금으로 계상한 사업연도의 종료일 이후 5년이 되는 날까지 고유목적사업등에 사용하지 아니한 때에는 그 잔액을 익금에 산입한다.

③ 직전 사업연도 종료일 현재의 고유목적사업준비금의 잔액을 초과하여 해당 사업연도의 고유목적사업등에 지출한 금액은 그 사업연도에 계상할 고유목적사업준비금에서 지출한 것으로 본다.

④ 해당 법인의 고유목적사업 또는 특례기부금에 지출하기 위하여 고유목적사업준비금을 손금으로 계상한 경우에는 법정한도까지 이를 손금에 산입한다.

⑤ 토지·건물의 양도소득만 있는 경우 법인세 과세표준 신고를 하지 않고 「소득세법」을 준용하여 계산한 금액을 법인세로 납부할 수 있다.

20 「소득세법」상 납세의무에 관한 설명으로 옳지 않은 것은?

① 한국국적인 갑은 외교부 공무원으로 영국에서 국외근무하고 있으며, 영국에 거소를 둔 기간은 1년을 넘고 있다. 이 경우 갑은 국내·외 원천소득에 대하여 납세의무를 진다.

② 한국국적인 을은 외국법인 L.A. Ltd.에서 외국을 항행하는 선박 승무원으로 근무하며, 생계를 같이하는 가족과 함께 인천에 살고 있다. 이 경우 을은 국내·외 원천소득에 대하여 납세의무를 진다.

③ 미국국적인 A는 내국법인 (주)한국IT에 네트워크관련 기술자로 근무하고 있으며, 해당 과세기간 종료일 10년 전부터 서울에 주소나 거소를 둔 기간의 합계는 3년이다. 이 경우 A는 국내·외 원천소득에 대하여 납세의무를 진다.

④ 영국국적인 B가 2024년 5월 3일에 영국국적을 포기하고 한국국적을 취득하여 거주자로 된 경우에는 2024년 5월 2일까지는 국내원천소득에 대해서만 납세의무를 지고, 2024년 5월 3일부터는 국내·외 원천소득에 대하여 납세의무를 진다.

⑤ 미국국적인 C는 주한 미국대사관에 외교관으로 근무하고 있으며, 생계를 같이하는 가족(대한민국 국민이 아님)과 함께 서울에 살고 있다. 이 경우 C는 국내 원천소득에 대해서만 납세의무를 진다.

21 다음 자료에 의하여 거주자 갑의 2024년도 종합소득공제액을 계산한 것으로 옳은 것은?

(1) 본인 및 가족현황

가족	연령	소득현황	비고
본인(남성)	42세	총급여액 50,000,000원	–
배우자	39세	총급여액 4,000,000원	–
부친	72세	정기예금이자 20,000,000원	2024년 6월 10일 사망함
모친	68세	식량작물재배업소득 5,000,000원	–
장남	10세	소득없음	장애인
장녀	7세	소득없음	–

(2) 국민건강보험료 및 노인장기요양보험료 본인부담분 500,000원, 국민연금보험료 본인부담분 2,000,000원을 납부하였음.

(3) 부모는 주거형편상 본인과 별거하고 있음.

① 11,500,000원 ② 12,500,000원
③ 13,000,000원 ④ 14,500,000원
⑤ 16,000,000원

22 다음은 거주자 갑의 2024년도 보험료 및 의료비 지급내역이다. 거주자 갑의 보험료 및 의료비 관련 세액공제액을 두 가지 상황별로 각각 계산한 것으로 옳은 것은? 단, 각 상황은 상호 독립적이다.

(1) 부양가족은 배우자(35세, 소득없음), 부친(63세, 소득없음), 자녀(5세, 장애인, 소득없음)이며 모두 생계를 같이 하고 있다.

(2) 보험료 지급내역

대상	내역	지출액
본인	자동차보험료	400,000원
부친	상해보험료	600,000원
자녀	장애인전용상해보험료	1,000,000원

(3) 의료비 지급내역(의료비는 모두 국내지급분임)

대상	내역	지출액
본인	질병치료비	1,000,000원
배우자	난임시술비	2,500,000원
부친	건강진단비	1,000,000원

(4) 상황 구분

- 상황1 : 갑은 근로소득(총급여액 50,000,000원, 일용근로자 아님)만 있으며, 항목별 특별세액공제를 적용받는 경우
- 상황2 : 갑은 사업소득(사업소득금액 50,000,000원)만 있으며, 「조세특례제한법」상 성실사업자로서 의료비 등 공제를 적용받는 경우

	상황1	상황2
①	1,095,000원	120,000원
②	1,095,000원	825,000원
③	1,095,000원	720,000원
④	795,000원	120,000원
⑤	795,000원	525,000원

23 「소득세법」상 퇴직소득 과세에 관한 설명으로 옳지 않은 것은?

① 법인의 상근임원이 비상근임원이 되었지만 퇴직급여를 받지 아니한 경우 퇴직으로 보지 않을 수 있다.

② 임원의 2012년 1월 1일 이후 근무기간에 대한 퇴직소득금액(공적연금 관련법에 따라 받는 일시금 제외)이 퇴직소득 한도액을 초과하는 금액은 근로소득으로 본다.

③ 거주자가 국외원천의 퇴직소득금액이 있고 그 소득에 대하여 국외에 외국소득세액을 납부한 경우에는 법정한도 내에서 외국납부세액공제를 받을 수 있다.

④ 퇴직소득에 대하여 외국정부에 납부하였던 외국소득세액에 의한 외국납부세액공제의 한도초과액은 10년간 이월공제를 적용받을 수 있다.

⑤ 퇴직소득금액이 근속연수공제금액에 미달하는 경우에는 그 퇴직소득금액을 공제액으로 한다.

24 사업자가 아닌 거주자 갑의 2024년도 소득과 관련된 자료를 이용하여 소득세 원천징수세액을 계산한 것으로 옳은 것은? 단, 지방소득세는 고려하지 않는다.

(1) 2024년도의 소득과 관련된 내역은 다음과 같으며, 비과세되는 소득은 없다.

가. 2013년 6월 30일에 발행된 장기채권(상환기간 12년)의 이자와 할인액(분리과세를 신청함) : 2,000,000원

나. 주권상장법인 (주)A의 제23기(2023.1.1.~2023.12.31.)의 결산기 잉여금 처분결의(2024.3.2.)에 따라 금전으로 배분받은 금액 : 4,000,000원

다. 산업재산권을 양도하고 받은 대가 : 10,000,000원

(2) 위 소득의 실제 필요경비는 확인되지 아니하였다.

(3) 위의 모든 금액들은 원천징수세액을 차감하기 전의 금액이다.

① 1,360,000원
② 1,680,000원
③ 1,960,000원
④ 2,280,000원
⑤ 3,600,000원

25 제조업을 영위하는 개인사업자 갑(복식부기의무자)의 2024년도 사업소득금액을 계산한 것으로 옳은 것은?

(1) 손익계산서상 당기순이익 : 50,000,000원
(2) 손익계산서에 포함된 수익항목
  가. 거래상대방으로부터 받은 장려금 : 2,000,000원
  나. 사업과 관련이 없는 채무면제이익 : 1,000,000원
  다. 예금이자 수입 : 1,500,000원
(3) 손익계산서에 포함된 비용항목
  가. 소득세비용 : 2,500,000원
  나. 업무와 관련하여 지급한 손해배상금 : 3,000,000원(경과실로 타인의 권리를 침해한 경우에 해당함)
  다. 갑의 배우자(경리부서에 근무)에 대한 급여 : 2,000,000원
  라. 사무용 비품 처분손실 : 1,000,000원
(4) 가사용으로 소비하고 회계처리하지 않은 재고자산 : 취득원가 2,000,000원, 시가 3,500,000원

① 51,000,000원
② 51,500,000원
③ 53,500,000원
④ 54,500,000원
⑤ 55,500,000원

26 사업자인 거주자 갑의 2024년도 종합소득금액을 계산한 것으로 옳은 것은?

(1) 금융소득의 내역(원천징수 전의 금액)
  가. 정기예금이자 : 10,000,000원
  나. 비상장법인으로부터 받은 주식배당 : 20,000,000원
  다. 외국법인으로부터 받은 현금배당 : 3,000,000원(국내에서 원천징수되지 않았음)
(2) 사업소득의 총수입금액 100,000,000원, 필요경비 70,000,000원
(3) 기타소득인 특강료 20,000,000원(원천징수 전의 금액)

① 63,000,000원
② 64,430,000원
③ 67,000,000원
④ 72,300,000원
⑤ 75,000,000원

27 **국내 상장법인(중소기업 아님)의 직원으로 근무하는 거주자 갑의 「소득세법」상 2024년도 근로소득의 총급여액을 계산한 것으로 옳은 것은?**

> (1) 급여 : 24,000,000원(비과세소득 제외)
> (2) 「법인세법」에 의해 상여로 처분된 금액 : 6,000,000원
> - 근로제공 사업연도는 2024년이며, 결산확정일은 2025년 2월 3일임
> (3) 자가운전보조금(월 300,000원×12개월) : 3,600,000원
> - 갑의 소유차량을 업무수행에 이용하고 실제여비를 받는 대신에 지급기준에 따라 받은 금액임
> (4) 자녀학비보조금 : 2,000,000원
> (5) 배우자의 출산수당(월 200,000원×1개월) : 200,000원
> (6) 식사대(월 100,000원×12개월) : 1,200,000원
> - 현물식사를 별도로 제공받았음
> (7) 주택구입자금을 무상대여 받음으로써 얻은 이익 : 5,000,000원

① 33,500,000원
② 34,500,000원
③ 37,500,000원
④ 39,400,000원
⑤ 39,700,000원

28 **「소득세법」상 원천징수에 관한 설명으로 옳지 않은 것은?**

① 거주자가 내국법인이 발행한 채권의 이자를 지급받기 전에 발행법인에게 매도하는 경우 그 보유기간 이자상당액에 대하여는 원천징수의무자가 해당 발행법인이다.

② 반기별 납부를 승인받지 않은 원천징수의무자는 2024년 2월 26일에 원천징수한 소득세를 2024년 3월 10일까지 원천징수 관할 세무서 등에 납부하여야 한다.

③ 반기별 납부를 승인받은 원천징수의무자는 근로소득, 「법인세법」상 소득처분된 배당 및 기타소득에 대한 원천징수세액을 그 징수일이 속하는 반기의 마지막 달의 다음 달 10일까지 납부할 수 있다.

④ 잉여금의 처분에 따른 배당을 12월 1일에 결정하였고 다음연도 2월 말일까지 배당소득을 지급하지 아니한 경우, 다음연도 2월 말일에 그 배당소득을 지급한 것으로 보아 소득세를 원천징수한다.

⑤ 매월분의 공적연금소득에 대한 원천징수세율을 적용할 때에는 법령으로 정한 연금소득 간이세액표를 적용하여 원천징수한다.

29 **다음 자료를 이용한 거주자 갑의 2024년도 양도소득세 계산과정에서 양도차익을 계산한 것으로 옳은 것은?**

(1) 2020년 7월 1일에 특수관계인이 아닌 자로부터 토지(비과세 아님)를 750,000,000원(취득 당시 개별공시지가 500,000,000원)에 취득하면서 동시에 등기하고 당해 토지를 담보로 은행으로부터 300,000,000원을 대출받았다.
(2) 갑의 자녀인 거주자 을은 2024년 8월 16일에 위의 차입금 300,000,000원을 인수하는 조건으로 갑으로부터 당해 토지(증여 당시의 시가는 산정하기 어려우며 개별공시지가는 600,000,000원임)를 증여받았다. 이 차입금액 및 인수사실이 관련 증빙에 의하여 객관적으로 입증되며 을은 당해 차입금 및 이자를 상환할 능력이 있는 것으로 판단된다.
(3) 취득가액 이외의 필요경비 개산공제율 : 토지 3%
(4) 갑과 을은 양도소득세를 부당하게 감소시킬 의도가 없으며, 위의 토지 외의 다른 양도소득세 과세대상은 없다.

① 42,500,000원
② 48,250,000원
③ 50,000,000원
④ 55,250,000원
⑤ 55,500,000원

30 **2024년 1분기(2024.1.1.~2024.3.31.) 손익계산서에서 발췌한 다음 자료를 이용하여 과세사업만을 운영하는 (주)C의 2024년 제1기 예정신고기간(2024.1.1.~2024.3.31.)의 부가가치세 과세표준을 계산한 것으로 옳은 것은? 단, 제시된 금액은 부가가치세를 포함하지 아니한 것이며, 상품, 기계 및 비품에 대해서는 매입세액공제를 받았다.**

(1) 상품 매출은 100,000,000원이며, 이 금액은 매출에누리 1,000,000원, 매출할인 2,000,000원, 매출환입 3,000,000원이 차감된 금액이다.
(2) 매출시 일정비율로 적립한 마일리지로 결제되어 대금 유입이 없는 상품 판매 4,000,000원은 상품매출에 포함되어 있다.
(3) 용역 매출은 5,000,000원이며, 이 금액에는 임원에게 제공한 운송용역 500,000원(시가 1,000,000원)이 포함되어 있고, 주주에게 무상으로 제공한 시가 2,000,000원의 운송용역은 포함되어 있지 않다.
(4) 사용하던 기계의 처분으로 인한 유형자산처분손실 500,000원이 계상되어 있다. 동 기계(2023년 3월 3일에 5,000,000원에 취득)는 장부가액 4,000,000원인 상태에서 3,500,000원에 처분하였다.
(5) 사용하던 비품을 임원의 향우회에 기부하고 장부가액 1,600,000원을 기부금으로 처리하였다. 동 비품은 2023년 8월 8일에 2,000,000원에 구입하였다.

① 102,500,000원
② 103,500,000원
③ 104,500,000원
④ 105,500,000원
⑤ 106,500,000원

31 **다음 경우 중 부가가치세 과세대상이 아닌 것은?**

① 유류판매업을 운영하는 사업자가 매입세액이 공제된 판매용 휘발유를 영업활동을 위해 사용하는 개별소비세 과세대상 소형승용자동차에 주유한 경우

② 운전학원업을 운영하는 사업자가 매입세액이 공제되었으며 개별소비세 과세대상인 운전교습용 소형승용자동차를 임직원의 업무출장용으로 전용한 경우

③ 컴퓨터판매업을 운영하는 사업자가 폐업할 때, 자기의 과세사업과 관련하여 취득하였고 매입세액이 공제된 상품이 남아 있는 경우

④ 부동산임대업을 운영하는 사업자가 종업원에게 대가를 받지 아니하고 사업용 부동산의 일부에 대하여 임대용역을 제공하는 경우

⑤ 기계제조업을 운영하는 사업자가 대가를 받지 아니하고 상대방으로부터 인도받은 재화를 자재 부담 없이 단순히 가공만 해주는 경우

32 **다음 자료를 이용하여 과세사업자 (주)A의 2024년 제1기 예정신고기간(2024.1.1.~2024.3.31.)의 부가가치세 과세표준을 계산한 것으로 옳은 것은? 단, 아래에 제시된 금액들은 부가가치세를 포함하지 아니한 것이다.**

(1) 1월 30일 : 상품을 10,000,000원에 판매하였는데, 그 대금은 1월 말일부터 매월 말일에 1,000,000원씩 10회 받기로 하였다.
(2) 2월 10일 : 제품을 10,000,000원에 주문생산판매하기로 하였는데 그 대금은 ① 계약시 10%, ② 30% 완성시 40%, ③ 70% 완성시 30%, ④ 인도시 20%를 받기로 하였다. 3월 말일 현재 생산의 완성도는 30%이다.
(3) 2월 20일 : 사업용 부동산을 10,000,000원(건물가액 7,000,000원, 토지가액 3,000,000원)에 양도하기로 계약하였다. 대금은 2월 20일에 1,000,000원, 4월 20일에 4,000,000원, 6월 20일에 5,000,000원을 받기로 하였으며, 부동산은 6월 20일에 양도하기로 했다.
(4) 3월 10일 : 상품을 1,000,000원에 판매하기로 계약하고 계약금 200,000원을 수령하였으며, 수령한 대가에 대하여 세금계산서를 발급하였다. 상품은 4월 10일에 인도되었다.

① 14,900,000원
② 15,200,000원
③ 15,900,000원
④ 16,000,000원
⑤ 18,200,000원

33 「부가가치세법」상 세금계산서에 관한 설명이다. 옳지 않은 것은?

① 3월 25일 재화를 인도하고 6월 25일 대금을 수령하면서 6월 25일자로 세금계산서가 발행된 경우, 해당 세금계산서는 잘못된 세금계산서이므로 공급받는 자는 해당 세금계산서로 매입세액을 공제받을 수 없다.

② 3월 25일 재화를 인도하고 6월 25일 대금을 수령하면서 6월 25일자로 세금계산서를 발급하는 경우, 공급자는 공급가액의 1%에 해당하는 가산세를 납부세액에 더하거나 환급세액에서 뺀다.

③ 세금계산서 발급의무가 있는 사업자가 공급대가 10만원의 재화를 공급하고 세금계산서 발급 시기에 세금계산서를 발급하지 아니한 경우, 공급받은 자는 관할 세무서장의 확인을 받아 세금계산서를 발행할 수 있다.

④ 법인은 전자세금계산서를 발급하여야 하며, 전자세금계산서를 발급하였을 때에는 발급일의 다음 날까지 전자세금계산서 발급명세를 국세청장에게 전송하여야 한다.

⑤ 6월 25일에 재화를 공급하고 공급대가 1,000,000원의 전자세금계산서를 발행하였으나 공급한 재화가 10월 15일에 환입된 경우에는, 10월 15일자로 공급대가 △1,000,000원의 수정전자세금계산서를 발행하여 제2기 과세기간의 과세표준에 포함하여 신고한다.

34 부동산임대사업자 (주)B(일반과세자)는 다음의 임대용 부동산을 양도하였다. 부동산 양도에 따른 부가가치세 과세표준을 계산한 것으로 옳은 것은? 단, 아래에 제시된 금액들은 부가가치세를 포함하지 아니한 것이다.

(1) 건물의 1층은 상가, 2층은 사무실, 3층은 주택이며, 각 층의 면적은 각각 $40m^2$이다. 부수토지의 면적은 $400m^2$이며, 도시지역에 있다.

(2) 건물과 부수토지는 2024년 6월 6일에 200,000,000원을 받고 양도하였다. 양도가액 중 건물가액과 토지가액의 구분은 불분명하다.

(3) 양도한 부동산의 가액

(단위 : 원)

구 분	취득가액	장부가액	기준시가	감정평가액*
건물	60,000,000	40,000,000	64,000,000	54,000,000
부수토지	40,000,000	40,000,000	96,000,000	126,000,000
계	100,000,000	80,000,000	160,000,000	180,000,000

*감정평가는 2023년 9월 9일에 감정평가업자에 의해 시행되었다.

① 40,000,000원　② 60,000,000원

③ 80,000,000원　④ 53,333,333원

⑤ 156,666,666원

35 「부가가치세법」상 간이과세의 포기에 관한 설명이다. 옳지 않은 것은?

① 간이과세자가 간이과세를 포기하고 일반과세자에 관한 규정을 적용받으려는 경우 간이과세포기신고서를 납세지 관할 세무서장에게 제출하면 된다.

② 간이과세자가 간이과세포기신고서를 제출한 경우 제출일이 속하는 달의 다음달 1일부터 일반과세자에 관한 규정을 적용받게 된다.

③ 간이과세자는 간이과세를 포기하지 않으면 수출에 대하여 영세율을 적용받을 수 없다.

④ 간이과세포기신고서를 제출한 개인사업자는 일반과세자에 관한 규정을 적용받으려는 달의 1일부터 3년이 되는 날이 속하는 과세기간까지는 간이과세자에 관한 규정을 적용받지 못한다.

⑤ 간이과세포기신고서를 제출한 개인사업자가 3년이 지난 후 다시 간이과세를 적용받으려면 그 적용받으려는 과세기간 개시 10일 전까지 간이과세적용신고서를 관할 세무서장에게 제출하여야 한다.

36 **과세재화와 면세재화를 모두 판매하는 소매업자 (주)D의 2024년 제1기 예정신고기간**(2024.1.1.~2024.3.31.)**의 부가가치세 납부세액(또는 환급세액)을 계산한 것으로 옳은 것은? 단, 제시된 금액은 부가가치세를 포함하지 아니한 것이며, 모든 과세 매입거래에 대해서는 세금계산서를 발급받았다.**

(1) 1월 10일에 과세사업과 면세사업에 공통으로 사용하기 위한 건물과 부수토지를 100,000,000원(건물가액 60,000,000원, 토지가액 40,000,000원)에 구입하였다.

(2) 1월 20일에 과세사업과 면세사업에 공통으로 사용중인 배달용 트럭(2018년 1월 5일 구입가액 8,000,000원)을 3,000,000원에 매각하고, 같은 용도의 새 트럭을 10,000,000원에 구입하였다.

(3) 예정신고기간의 상품 매입액과 매출액은 다음과 같다.

구 분	매입액	매출액
과세상품	40,000,000원	60,000,000원
면세상품	40,000,000원	40,000,000원

(4) 2023년 제2기의 과세공급가액과 면세공급가액은 각각 49,500,000원, 40,500,000원이다.

① 환급세액 1,980,000원
② 환급세액 1,985,000원
③ 환급세액 2,020,000원
④ 환급세액 2,035,000원
⑤ 환급세액 4,035,000원

37 「부가가치세법」상 일반과세자의 가산세 계산으로 옳지 않은 것은?

① 2024년 3월 25일에 사업을 개시하고 2024년 6월 24일에 사업자등록을 신청한 경우에는 2024년 3월 25일부터 2024년 6월 23일까지의 공급가액에 1%를 곱한 금액

② 2024년 3월 25일에 타인의 명의로 사업자등록을 하여 사업을 하다가 2024년 4월 25일에 그 사실이 확인된 경우에는 2024년 3월 25일부터 2024년 4월 24일까지의 공급가액에 2%를 곱한 금액

③ 재화를 공급하고 실제로 재화를 공급하는 자가 아닌 자의 명의로 세금계산서를 발급한 경우에는 그 공급가액에 2%를 곱한 금액

④ 재화를 공급받고 실제로 재화를 공급하는 자가 아닌 자의 명의로 세금계산서를 발급받은 경우에는 그 공급가액에 2%를 곱한 금액

⑤ 재화를 공급받지 아니하고 세금계산서를 발급받은 경우에는 그 세금계산서에 적힌 공급가액에 3%를 곱한 금액

38 「상속세 및 증여세법」상 주식의 평가에 관한 설명이다. 옳은 것은?

① 상장 주식은 평가기준일 현재의 최종시세가액에 의한다.

② 사업개시 후 3년 미만인 비상장법인 주식의 시가를 산정하기 어려워 「상속세 및 증여세법」에서 규정하고 있는 보충적평가방법을 적용하는 경우 그 주식의 가액은 순자산가치만으로 평가한다.

③ 비상장주식의 1주당 순자산가치를 산정함에 있어서 해당 법인의 자산가액은 시가와 장부가액 중 적은 금액으로 한다.

④ 비상장주식의 1주당 순손익가치를 산정함에 있어서 최근 3년간의 순손익액의 가중평균액은 과거 순손익액과 장래의 추정이익 중 적은 금액을 기준으로 계산한다.

⑤ 최대주주의 주식에 대하여 할증평가를 하는 경우 할증비율은 최대주주의 지분율에 관계없이 30%가 적용된다.

39 다음의 자료를 이용하여 거주자 갑의 상속세 과세가액을 계산한 것으로 옳은 것은?

(1) 거주자 갑은 2024년 5월 1일에 사망하였다.
(2) 상속개시 당시 상속재산가액 : 1,000,000,000원
(3) 갑이 2023년 8월 1일에 상속인 외의 자에게 토지를 매각하고 받은 금액 : 500,000,000원(이 중 300,000,000원은 사용용도가 불분명함)
(4) 갑이 2019년 7월 1일에 상속인 외의 자인 친구 을에게 증여한 재산의 상속개시 당시 시가 : 300,000,000원(증여 당시 시가는 200,000,000원)
(5) 증빙에 의해 확인되는 장례비용 : 30,000,000원(봉안시설의 사용비용 5,000,000원 포함)

① 1,385,000,000원
② 1,470,000,000원
③ 1,485,000,000원
④ 1,585,000,000원
⑤ 1,615,000,000원

40 재산세에 관한 설명 중 옳은 것을 모두 묶은 것은?

ㄱ. 재산세는 토지, 건축물, 주택, 선박 및 항공기를 과세대상으로 한다.
ㄴ. 재산세의 과세대상이 공부상 등재 상황과 사실상 현황이 다른 경우에는 사실상의 현황에 의한다.
ㄷ. 재산세의 과세기준일은 매년 5월 1일이다.
ㄹ. 재산세의 징수는 신고납부의 방법으로 한다.

① ㄱ, ㄴ
② ㄴ, ㄷ
③ ㄷ, ㄹ
④ ㄱ, ㄷ
⑤ ㄴ, ㄹ

09 2015년 제50회 기출문제

※ 각 문제의 보기 중에서 물음에 가장 합당한 답을 고르시오.
(단, 주어진 자료 이외의 다른 사항은 고려하지 않음)

01 **「국세기본법」상 사업양수인의 제2차 납세의무에 관한 설명이다. <u>옳지 않은</u> 것은?**

① 사업이 양도·양수된 경우에 양도일 이전에 양도인의 납세의무가 확정된 당해 사업에 관한 국세와 강제징수비를 양도인의 재산으로 충당하여도 부족한 경우 사업의 양수인이 제2차 납세의무를 진다.

② 사업의 양도인이 사업용 부동산을 양도함으로써 납부하여야 할 양도소득세에 대하여는 그 양수인이 제2차 납세의무를 진다.

③ 사업양수인의 제2차 납세의무는 양수한 재산의 가액을 한도로 한다.

④ 사업의 양수인이란 사업장별로 그 사업에 관한 모든 권리(미수금에 관한 것 제외)와 모든 의무(미지급금에 관한 것 제외)를 포괄적으로 승계한 자를 말한다.

⑤ 둘 이상의 사업장 중 하나의 사업장을 양수한 자의 제2차 납세의무는 양수한 사업장과 관계되는 국세와 강제징수비에 대해서만 진다.

02 「국세기본법」상 가산세에 관한 설명이다. 옳지 않은 것은?

① 가산세란 세법에서 규정하는 의무의 성실한 이행을 확보하기 위하여 세법에 따라 산출한 세액에 가산하여 징수하는 금액을 말한다.
② 가산세는 해당 의무가 규정된 세법의 해당 국세의 세목으로 한다.
③ 본세가 감면되면 가산세도 감면된다.
④ 납세자가 의무를 이행하지 아니한 데 대한 정당한 사유가 있는 때에는 해당 가산세를 부과하지 아니한다.
⑤ 세법에서 규정하는 의무를 고의적으로 위반한 경우에는 가산세 한도규정을 적용하지 아니한다.

03 「국세기본법」상 경정 등 청구에 관한 설명이다. 옳은 것은?

① 최초의 신고·결정 또는 경정을 할 때 과세표준 및 세액의 계산근거가 된 거래 또는 행위 등의 효력과 관계되는 계약이 그 계약의 성립 후 발생한 부득이한 사유로 취소된 경우 후발적 사유에 해당한다.
② 국세(종합부동산세 제외)의 과세표준 및 세액의 결정을 받은 자는 과세표준신고서를 법정신고기한까지 제출하지 않은 경우에도 감액경정청구를 제기할 수 있다.
③ 국세의 과세표준 및 세액의 결정을 받은 자는 후발적 사유에 의한 경정청구를 제기하지 못한다.
④ 개별세법에서는 후발적 사유를 이유로 한 경정청구의 특례를 규정하고 있지 아니하다.
⑤ 과세표준신고서를 법정신고기한까지 제출한 자 또는 기한후과세표준신고서를 제출한 자가 증액결정 또는 경정을 받지 아니하고 제기하는 감액경정청구기한은 법정신고기한이 지난 후 3년이다.

04 「국세기본법」상 부과권의 제척기간에 관한 설명이다. 옳은 것은?

① 부담부 증여에 따라 증여세와 함께 양도소득세가 과세되는 경우 증여세의 제척기간과 양도소득세의 제척기간은 다르다.

② 「행정소송법」에 따른 소송에 대한 판결이 있는 경우 그 판결이 확정된 날부터 3년이 지나기 전까지는 해당 판결에 따라 경정결정이나 그 밖에 필요한 처분을 할 수 있다.

③ 「행정소송법」에 따른 소송에 대한 판결에서 명의대여 사실이 확인된 경우 실제로 사업을 경영한 자에게 경정결정이나 그 밖에 필요한 처분을 할 수 없다.

④ 과세표준과 세액을 신고하는 국세(종합부동산세 제외)의 제척기간 기산일은 과세표준신고기한의 다음 날이며, 이 경우 중간예납・예정신고기한과 수정신고기한도 과세표준신고기한에 포함한다.

⑤ 「국세기본법」상 후발적 사유에 의한 경정청구가 있는 경우 경정청구일부터 2개월이 지나기 전까지는 해당 경정청구에 따라 경정결정이나 그 밖에 필요한 처분을 할 수 있다.

05 「국세기본법」상 국세의 우선에 관한 설명이다. 옳지 않은 것은?

① 지방세나 공과금의 강제징수를 할 때 그 강제징수금액 중에서 국세 및 강제징수비를 징수하는 경우 그 지방세나 공과금의 강제징수비는 국세 및 강제징수비보다 우선하여 징수한다.

② 강제집행・경매 또는 파산 절차에 따라 재산을 매각할 때 그 매각금액 중에서 국세 및 강제징수비를 징수하는 경우 그 강제집행, 경매 또는 파산 절차에 든 비용은 국세 및 강제징수비보다 우선하여 징수한다.

③ 과세표준과 세액을 정부가 결정・경정 또는 수시부과 결정을 하는 경우 고지한 해당 세액에 대한 법정기일은 그 납세고지서의 발송일이다.

④ 저당권이 설정된 토지에 대하여 부과된 종합부동산세는 그 설정일이 종합부동산세의 법정기일 후인 경우에는 그 저당권에 의하여 담보된 채권에 우선하지 못한다.

⑤ 「주택임대차보호법」이 적용되는 임대차관계에 있는 주택을 매각할 때 그 매각금액 중에서 국세를 징수하는 경우 임대차에 관한 보증금 중 임차인이 우선하여 변제받을 수 있는 금액에 관한 채권은 국세 및 강제징수비보다 우선하여 징수한다.

06 「법인세법」상 납세의무자에 관한 설명이다. 옳은 것은?

① 「국세기본법」상 법인으로 보는 단체는 「법인세법」상 비영리내국법인으로 취급되며 증여세 납세의무는 없다.

② 신탁의 경우 신탁재산에 귀속되는 소득에 대하여 원칙적으로 신탁의 수탁자를 납세의무자로 보아 법인세를 부과한다.

③ 「상법」상 합명회사는 법인세 납세의무자에 해당하나, 「조세특례제한법」상 동업기업과세특례를 적용신청한 경우에는 법인세를 부과하지 아니한다.

④ 국내에 사업의 실질적 관리장소가 없고 외국에 본점 또는 주사무소를 둔 경우로서 구성원이 유한책임사원으로만 구성된 단체는 외국법인에 해당하지 아니한다.

⑤ 내국법인은 국세청장의 승인을 받아 발행주식의 80%를 보유하는 다른 내국법인과 합하여 하나의 과세단위로 법인세를 과세하는 방식을 적용받을 수 있다.

07 「법인세법」상 과세소득의 범위에 관한 설명이다. 옳지 않은 것은?

① 각 사업연도 종료일 현재 자기자본이 500억원을 초과하는 비영리내국법인은 미환류소득에 대하여 법인세 납세의무가 있다.

② 외국법인은 비사업용토지의 양도소득에 대하여 법인세 납세의무가 있다.

③ 영리내국법인이 해산(합병이나 분할에 의한 해산 제외)한 경우 그 청산소득금액은 해산에 의한 잔여재산의 가액에서 해산등기일 현재의 자기자본의 총액을 공제한 금액으로 한다.

④ 비영리내국법인은 주식의 양도로 인하여 생기는 수입에 대하여 법인세 납세의무가 있다.

⑤ 비영리외국법인이 납세의무를 부담하는 국내원천소득의 범위는 국내원천소득 중 수익사업에서 생긴 소득에 한한다.

08 「법인세법」상 익금에 관한 설명이다. 옳은 것은?

① 영리내국법인이 특수관계인인 법인으로부터 유가증권을 시가보다 낮은 가액으로 매입하여 보유하는 경우 시가와 매입가액의 차액은 그 유가증권을 매입한 사업연도의 익금으로 본다.

② 내국법인이 외국자회사[(지분율 10% 이상(해외자원개발을 하는 외국법인 2%), 배당기준일 현재 6개월 이상 보유)]로부터 받은 수입배당금액의 95%에 해당하는 금액은 익금불산입한다. 단 외국자회사 수입배당금액의 익금불산입이 적용되지 않는 수입배당금은 세액공제를 적용하는 경우 간접외국납부세액을 계산하여 익금으로 간주한다.

③ 채무의 출자전환으로 주식을 발행함에 있어서 그 주식의 시가를 초과하여 발행된 금액은 법령상 이월결손금 보전에 충당하더라도 익금에 산입한다.

④ 영리내국법인이 이미 보유하던 주식에 대하여 받은 주식배당은 익금을 구성하지 아니한다.

⑤ 의제배당에 대하여는 수입배당금액의 익금불산입 규정을 적용하지 아니한다.

09 「법인세법」상 손금에 관한 설명이다. 옳지 않은 것은?

① 잉여금의 처분으로 인한 배당금 지급액은 손금에 산입하지 아니한다.

② 특수관계인에 대한 업무무관가지급금의 처분손실은 손금에 산입하지 아니한다.

③ 감자차손은 손금에 산입하지 아니한다.

④ 내국법인이 보유하고 있는 채권이 「상법」상 소멸시효의 완성으로 인하여 소멸한 경우에는 해당 대손금은 그 사유가 발생하여 손금으로 계상한 날이 속하는 사업연도의 손금에 산입한다.

⑤ 결산을 확정함에 있어서 이미 경과한 기간에 대응하는 지급이자를 손금으로 계상한 경우에는 그 계상한 사업연도의 손금에 산입한다. 단, 차입일부터 이자지급일이 1년을 초과하는 특수관계인과의 거래에 따른 지급이자는 그러하지 아니한다.

10 다음의 자료를 이용하여 법인주주 갑과 법인주주 을이 행할 세무조정 및 소득처분으로 옳은 것은?

(1) 비상장 영리내국법인 (주)A는 특수관계에 있는 비상장 영리내국법인 (주)B를 적격 흡수합병하였다.
(2) 합병직전 (주)A와 (주)B의 발행주식 현황은 다음과 같다.

구분	1주당 평가액	발행주식총수
(주)A	40,000원	40,000주
(주)B	10,000원	20,000주

(3) (주)A는 (주)B의 주주에게 (주)B의 주식 2주당 (주)A의 주식 1주를 교부하였다.
(4) 합병직전 (주)A의 법인주주 갑(지분율 40%)과 (주)B의 법인주주 을(지분율 20%)은 특수관계인에 해당한다.

	법인주주 갑	법인주주 을
①	익금산입 6,400,000원 (유보)	익금산입 6,400,000원 (기타사외유출)
②	익금산입 12,800,000원 (기타사외유출)	익금산입 12,800,000원 (유보)
③	익금산입 12,800,000원 (유보)	익금산입 12,800,000원 (기타사외유출)
④	익금산입 25,600,000원 (기타사외유출)	익금산입 25,600,000원 (유보)
⑤	익금산입 25,600,000원 (유보)	익금산입 25,600,000원 (기타사외유출)

11 다음의 자료를 이용하여 영리내국법인 (주)A의 제24기(2024.1.1.~2024.12.31.) 의제배당금액을 계산한 것으로 옳은 것은?

(1) (주)A는 (주)B의 주식 20,000주를 보유하고 있다.
(2) (주)B의 발행주식총수는 100,000주(주당 액면가액 5,000원)이며, 자기주식수는 20,000주이다.
(3) 2024년 6월 25일에 (주)A는 (주)B의 잉여금 자본전입으로 인한 무상주 15,000주를 수령하였다.
(4) (주)B의 무상주 재원은 다음과 같다.

구분	금액
주식발행초과금	20,000,000원
자기주식소각이익(소각일 : 2023.3.5.)	10,000,000원
자기주식처분이익	40,000,000원
이익잉여금	230,000,000원
합계	300,000,000원

① 70,000,000원
② 71,000,000원
③ 76,000,000원
④ 85,500,000원
⑤ 90,495,000원

12 **비상장 영리내국법인(중소기업)인 (주)A의 세무조정 자료를 이용하여 제24기(2024.1.1.~2024.12.31.) 법인세 산출세액을 계산한 것으로 옳은 것은?**

(1) 제24기 각사업연도소득금액은 300,000,000원이고, 비과세소득은 20,000,000원이다.
(2) 제23기 결손금 200,000,000원이 발생하였으며, 제23기 법인세 신고시 결손금 소급공제를 최대한 적용받았다.
(3) 제22기 사업연도까지 발생한 결손금은 없었다.
(4) 제22기 법인세 과세표준은 320,000,000원이고, 공제감면세액은 18,000,000원이다.
(5) 법인세율 자료

구분	과세표준	세율
22기 까지	2억원 이하	10%
	2억원 초과 200억원 이하	20%
	200억원 초과 3,000억원 이하	22%
	3,000억원 초과	25%
23기 이후	2억원 이하	9%
	2억원 초과 200억원 이하	19%
	200억원 초과 3,000억원 이하	21%
	3,000억원 초과	24%

(6) 위에서 제시한 자료 이외에는 고려하지 않는다.

① 21,800,000원
② 26,000,000원
③ 28,000,000원
④ 32,000,000원
⑤ 36,000,000원

13 **다음은 제조업을 영위하는 영리내국법인(중소기업)인 (주)A의 제24기**(2024.1.1.~2024.12.31.) **기업업무추진비 관련 자료이다. (주)A의 기업업무추진비 관련 세무조정으로 인한 손금불산입 금액을 계산한 것으로 옳은 것은?**

(1) 손익계산서상 매출액은 860,000,000원이며, 다음의 금액이 포함되어 있다.
   ① 매출할인 20,000,000원 및 매출환입 10,000,000원
   ② 2024.12.20.에 대금을 선수령(제품인도 : 2025.1.10.)하고 전자세금계산서를 발행한 공급가액 30,000,000원
(2) 기계장치 매각대금 140,000,000원이 영업외수익으로 계상되어 있다.
(3) 손익계산서상 기업업무추진비는 60,000,000원이며 다음의 금액이 포함되어 있다.
   ① 거래처에 제공한 법정문화공연 입장권 10,000,000원
   ② 거래처에 제공한 제품 10,000,000원*

*제품의 시가는 11,000,000원이며, 부가가치세의 효과는 고려하지 않는다.

① 14,920,000원
② 15,080,000원
③ 25,920,000원
④ 28,160,000원
⑤ 28,512,000원

14 **다음은 영리내국법인 (주)A의 제24기**(2024.1.1.~2024.12.31.) **퇴직급여충당금 관련 자료이다. (주)A의 퇴직급여충당금의 손금산입 한도액을 계산한 것으로 옳은 것은?**

(1) 퇴직급여 지급대상이 되는 임직원에게 지급한 총급여액은 500,000,000원이다.
(2) 제24기말 퇴직급여 추계액은 300,000,000원이다.
(3) 퇴직급여충당금계정의 제24기말 잔액은 150,000,000원이며, 제24기 설정액은 100,000,000원이다.
(4) 제23기말 퇴직급여충당금부인 누계액은 20,000,000원이다.
(5) 퇴직금전환금 계정의 제24기초 잔액은 24,000,000원이며, 제24기말 잔액은 18,000,000원이다.
(6) 위에서 제시한 자료 이외에는 고려하지 않는다.

① 1,000,000원
② 2,000,000원
③ 0원
④ 4,000,000원
⑤ 5,000,000원

15 다음은 제조업을 영위하는 영리내국법인 (주)A의 제24기(2024.1.1.~2024.12.31.) 대손금 및 대손충당금 관련 자료이다. (주)A의 대손금 및 대손충당금 관련 세무조정으로 인하여 제24기 각사업연도소득금액이 감소하는 금액을 계산한 것으로 옳은 것은?

(1) 제24기 대손충당금 계정

대손충당금

당기상계액	5,000,000원*	기초잔액	10,000,000원**
기말잔액	35,000,000원	당기설정액	30,000,000원

*당기상계액은 법령상 대손금 요건을 충족하였다.

**기초잔액 중 전기 대손충당금 한도초과액 5,000,000원이 포함되어 있다.

(2) 제24기말 세무상 채권가액은 800,000,000원이고, 이 금액에는 특수관계인이 아닌 제3자에 대한 채무보증으로 인한 구상채권 200,000,000원이 포함되어 있다.

(3) 전기의 대손실적률은 0.6%이다.

(4) 제23기말 대손 부인된 매출채권 50,000,000원 중 20,000,000원이 「채무자의 회생 및 파산에 관한 법률」에 따른 법원의 면책결정에 따라 회수불능으로 확정되었다.

① 10,000,000원
② 14,000,000원
③ 20,000,000원
④ 22,000,000원
⑤ 25,000,000원

16 다음은 영리내국법인 (주)A의 제24기(2024.1.1.~2024.12.31.) 건설도급공사 자료이다. (주)A의 건설도급공사 관련 세무조정으로 인하여 제24기 각사업연도소득금액이 증가하는 금액을 계산한 것으로 옳은 것은? 단, 한국채택국제회계기준을 적용하는 법인이라고 가정한다.

(1) 교량공사(공사기간 : 2023.4.1.~2025.10.25.)의 총 도급금액은 300,000,000원이다.

(2) 제23기의 공사진행과 관련된 내역은 다음과 같다.
① 총공사예정원가는 125,000,000원이다.
② 비용으로 계상된 공사원가는 50,000,000원이다.
③ 세무조정은 적절히 이루어졌다.

(3) 제24기의 공사진행과 관련된 내역은 다음과 같다.
① 총공사예정원가는 160,000,000원으로 증액되어 있다.
② 당기에 수익으로 계상된 공사수익은 100,000,000원이다.
③ 당기에 비용으로 계상된 공사원가는 80,000,000원이며, 이 금액에는 하자보수충당금 10,000,000원과 업무와 직접 관련 없는 제비용 2,000,000원이 각각 포함되어 있다.
④ 건설현장 근로자의 인건비 10,000,000원이 판매비와 관리비로 계상되어 있다.

① 10,000,000원
② 12,000,000원
③ 18,000,000원
④ 22,000,000원
⑤ 32,000,000원

17 **다음은 제조업을 영위하는 영리내국법인 (주)A(한국채택국제회계기준 적용대상 아님)의 감가상각 관련 자료이다. (주)A의 제24기(2024.1.1.~2024.12.31.) 감가상각과 관련하여 세무조정한 것으로 옳은 것은?**

(1) 제23기의 세무조정계산서상 감가상각비 조정내역은 다음과 같으며, 세무조정은 적정하게 이루어졌다고 가정한다.

(단위 : 원)

구분	취득원가	기초감가상각누계액	기초상각부인액누계	당기감가상각비	당기상각범위액
건물	800,000,000	240,000,000	–	60,000,000	40,000,000
기계장치	200,000,000	120,000,000	10,000,000	14,000,000	16,000,000

(2) 건물 : 정액법(20년), 기계장치 : 정률법(8년, 상각률 0.313)

(3) 제24기 회계상 건물 감가상각비는 30,000,000원이고, 기계장치 감가상각비는 30,000,000원이며, 적절한 회계처리가 이루어졌다.

	건물	기계장치
①	손금산입 8,000,000원	손금불산입 4,842,000원
②	손금산입 8,000,000원	손금불산입 6,242,000원
③	손금산입 8,000,000원	손금불산입 6,838,000원
④	손금산입 10,000,000원	손금불산입 6,242,000원
⑤	손금산입 10,000,000원	손금불산입 6,838,000원

18 **「법인세법」상 법인세 신고와 납부에 관한 설명이다. 옳은 것은?**

① 중간예납의무가 있는 모든 법인은 직전 사업연도의 실적을 기준으로 중간예납세액을 계산하여 납부하여야 한다.

② 납세지 관할세무서장은 법인이 과세표준 신고를 하지 않은 때에는 해당법인의 각사업연도의 소득에 대한 법인세의 과세표준과 세액을 과세표준 신고기한으로부터 6개월 이내에 결정하여야 한다.

③ 법인이 휴업 또는 폐업상태에 있는 경우 법인세를 부과할 수 없다.

④ 신고한 과세표준에 이미 산입된 미지급소득은 원천징수대상 소득에서 제외된다.

⑤ 납세의무가 있는 법인은 각사업연도 종료일이 속하는 달의 말일부터 3개월 이내에 해당 소득에 대한 과세표준과 세액을 납세지 관할세무서장에게 신고하여야 하나 각사업연도의 소득이 없는 법인은 예외이다.

19 「법인세법」상 각 연결사업연도의 소득에 대한 법인세에 관한 설명이다. 옳은 것은?

① 둘 이상의 연결법인에서 발생한 결손금은 연결법인간 균등배분하여 결손금 공제를 할 수 있다.

② 연결모법인은 각 연결사업연도의 개시일이 속하는 달의 말일부터 4개월 이내에 해당 연결사업연도의 소득에 대한 법인세의 과세표준과 세액을 납세지 관할세무서장에게 신고하여야 한다.

③ 각 연결사업연도의 기간이 6개월을 초과하는 연결모법인은 해당사업연도 개시일부터 6개월간을 중간예납기간으로 하여 연결중간예납세액을 중간예납기간이 지난 날부터 3개월 이내에 납세지 관할세무서에 납부하여야 한다.

④ 연결납세방식의 적용을 포기한 연결법인은 연결납세방식이 적용되지 않는 최초 사업연도와 그 다음 사업연도의 개시일부터 4년 이내에 끝나는 사업연도까지는 연결납세방식의 적용당시와 동일한 법인을 연결모법인으로 하여 연결납세방식을 적용받을 수 없다.

⑤ 연결모법인이 연결자법인으로부터 지급받은 연결법인세액 할당 상당액은 익금에 산입하지 않으나, 연결자법인이 지급한 연결법인세액 할당 상당액은 연결자법인의 손금으로 산입할 수 있다.

20 「소득세법」상 납세의무와 납세지에 관한 설명이다. <u>옳지 않은</u> 것은?

① 법인으로 보는 단체 외의 법인 아닌 단체 중에서 구성원 간 이익의 분배비율이 정하여져 있지 않지만 사실상 구성원별로 이익이 분배되는 것으로 확인되는 경우 전부 또는 일부 구성원의 이익분배가 확인되는 부분은 해당 구성원별로 소득세법 또는 법인세법을 적용한다.

② 거주자는 납세지가 변경된 경우 변경된 날부터 15일 이내에 그 변경 후의 납세지 관할세무서장에게 신고하여야 하나, 주소지 변경으로 사업자등록 정정을 한 경우에는 그 변경 전의 납세지 관할세무서장에게 신고하여야 한다.

③ 국외에서 근무하는 공무원 또는 거주자나 내국법인의 국외사업장에 파견된 임원 또는 직원은 거주자로 본다.

④ 국내사업장이 있는 비거주자가 납세관리인을 둔 경우 그 비거주자의 소득세 납세지는 그 국내사업장의 소재지 또는 그 납세관리인의 주소지나 거소지 중 납세관리인이 그 관할세무서장에게 납세지로서 신고하는 장소로 한다.

⑤ 국외에 근무하는 자가 외국법령에 의하여 그 외국의 영주권을 얻은 자로서 국내에 생계를 같이하는 가족이 없고 그 직업 및 자산상태에 비추어 다시 입국하여 주로 국내에 거주하리라고 인정되지 아니하는 때에는 국내에 주소가 없는 것으로 본다.

21 **다음은 제조업을 영위하는 개인사업자인 거주자 갑의 2024년 소득자료이다. 추계조사결정에 의하여 거주자 갑의 2024년 귀속 사업소득금액을 계산한 것으로 옳은 것은? 단, 거주자 갑은 복식부기의무자이며 기준경비율 적용대상자이다.**

> (1) 2024년 귀속 수입금액 : 100,000,000원
> (2) 세법에서 정한 증명서류로 확인되는 주요경비의 지급명세
> 가. 원재료의 매입비용 : 5,000,000원
> 나. 사업용 고정자산의 매입비용 : 4,000,000원
> 다. 사업용 고정자산의 임차료 : 5,000,000원
> 라. 급여(거주자 갑의 급여와 퇴직급여 10,000,000원 포함). : 25,000,000원
> (3) 거주자 갑의 해당 업종의 기준경비율은 20%이고 단순경비율은 60%이며, 기획재정부령이 정하는 배율은 복식부기의무자의 경우 3.4배이고 간편장부대상자인 경우 2.8배이다.
> (4) 천재・지변 기타 불가항력으로 장부 기타 증명서류가 멸실됨에 따라 추계조사결정하는 것은 아니다.

① 65,000,000원
② 80,880,000원
③ 91,300,000원
④ 102,000,000원
⑤ 120,000,000원

22 **다음 자료를 이용하여 개인사업자인 거주자 갑의 2024년 사업소득 총수입금액을 계산한 것으로 옳은 것은?**

> (1) 2024년 과세기간의 손익계산서상 총매출액 : 25,000,000원(매출에누리와환입 700,000원과 매출할인 800,000원이 차감되어 있지 않음)
> (2) 위의 총매출액에 포함되지 않은 기타 매출거래는 다음과 같음
> 가. 계약금 수령
> – 2025년 4월 21일에 제품을 인도하는 조건으로 2024년 4월 4일에 거래처로부터 1,500,000원의 계약금을 수령함. 2024년말 현재 해당 제품의 판매가는 3,000,000원(원가 2,000,000원)임
> 나. 시용판매
> – 2024년 7월 4일에 거래처로부터 제품 500,000원(원가400,000원)에 대한 구입의사표시를 받았지만 2024년말까지 대금결제를 받지 못함
> 다. 무인판매기에 의한 판매
> – 2024년 과세기간의 무인판매기에 의한 매출액은 1,200,000원(원가 800,000원)이며 2025년 1월 3일에 동 금액을 무인판매기에서 현금으로 인출함
> 라. 위탁판매
> – 2024년 11월 7일에 수탁자에게 제품(판매가 1,600,000원, 원가 1,300,000원)을 발송하여 수탁자는 이중의 절반을 2024년 12월 29일에 판매하고, 나머지는 2025년 1월 7일에 판매함

① 23,500,000원
② 24,800,000원
③ 25,000,000원
④ 26,000,000원
⑤ 26,500,000원

23 **다음은 근로자(일용근로자 아님)인 거주자 갑의 2024년 의료비 세액공제액을 산출하기 위한 자료이다. 근로자 갑의 2024년 의료비 세액공제액을 두 가지 상황별로 계산한 것으로 옳은 것은? 단, 각 상황은 상호 독립적이다.**

(1) 근로자 갑(41세)의 2024년 총급여액 : 50,000,000원(다른 소득 없음)
(2) 부양가족은 부친(71세, 소득없음), 배우자(40세, 소득없음)이며 모두 생계를 같이 하고 장애인은 없음
(3) 2024년 중 의료비 지급명세

구분	내역
지출1	병원치료비 8,000,000원, 건강증진 영양제 구입비 1,500,000원
지출2	건강진단비 4,000,000원, 치료의약품 구입비 6,200,000원
지출3	시력보정용 안경구입비 800,000원, 해외여행시 지출한 현지 의료비 1,500,000원

(4) 상황 구분
상황1 : 지출1은 근로자 갑을 위한 지출이고, 지출2는 부친을 위한 지출이며, 지출3은 배우자를 위한 지출인 경우
상황2 : 지출1은 부친을 위한 지출이며, 지출2와 지출3은 배우자를 위한 지출인 경우

	상황1	상황2
①	2,730,000원	2,580,000원
②	2,730,000원	2,280,000원
③	2,730,000원	2,250,000원
④	2,580,000원	2,580,000원
⑤	2,580,000원	2,250,000원

※ [문제24]와 [문제25]는 다음의 자료를 참조하시오.

○ 소득세 기본세율 자료

과세표준	산출세액
1,400만원 이하	과세표준 × 6%
1,400만원 초과 5,000만원 이하	84만원 + (과세표준 – 1,400만원) × 15%
5,000만원 초과 8,800만원 이하	624만원 + (과세표준 – 5,000만원) × 24%
8,800만원 초과 1억5천만원 이하	1,536만원 + (과세표준 – 8,800만원) × 35%

24 **근로자인 거주자 갑(임원 아님)은 제조업을 영위하는 내국법인 (주)A에서 근무하던 중 퇴사하면서 (주)A의 정관규정에 따라 퇴직금을 지급받았으며, 이와 관련된 자료는 다음과 같다. 근로자 갑의 2024년 퇴직소득산출세액을 계산한 것으로 옳은 것은?**

(1) 퇴직급여액 : 151,000,000원(비과세소득 제외)

(2) 근로자 갑의 입사일 및 퇴사일

가. 입사일 : 2015년 2월 1일

나. 퇴사일 : 2024년 3월 31일

(3) 근속연수공제표 일부

근속연수	공제액
5년 초과 10년 이하	500만원 + 200만원 × (근속연수 – 5년)

(4) 환산급여공제표 일부

환산급여	공제액
7천만원 초과 1억원 이하	4,520만원 + 7,000만원 초과분의 55%
1억원 초과 3억원 이하	6,170만원 + 1억원 초과분의 45%

(5) (주)A의 정관에 의한 퇴직급여지급규정을 준수하고 있으며, 근속연수기간 중 근로기간으로 보지 아니한 기간은 없음

① 5,065,700원
② 6,328,000원
③ 7,320,000원
④ 8,875,200원
⑤ 9,812,000원

25 다음은 거주자 갑의 2024년 종합소득세를 계산하기 위한 자료이다. 거주자 갑의 2024년 종합소득결정세액을 계산한 것으로 옳은 것은? 단, 원천징수는 적법하게 이루어졌으며, 모든 금액은 원천징수세액을 차감하기 전 금액이다.

> (1) 소득명세
> 가. 상장내국법인으로부터 받은 현금배당(법인세가 과세된 잉여금이 재원임) : 20,000,000원
> 나. 저축성보험 만기(보험계약기간 12년, 월 적립식)로 인한 보험차익 : 10,000,000원
> 다. 국내은행의 정기예금으로부터 받은 이자 : 25,000,000원
> 라. 개인종합자산관리계좌(ISA)에서 발생한 이자 : 750,000원
> 마. 비영업대금으로 인한 이익 : 5,000,000원
> 바. 사업소득금액 : 15,000,000원
> (2) 종합소득공제는 2,500,000원이고, 특별세액공제는 200,000원임

① 8,100,000원
② 8,225,000원
③ 8,345,000원
④ 8,425,000원
⑤ 8,635,000원

26 「소득세법」상 연금소득에 관한 설명이다. **옳지 않은** 것은?

① 공적연금소득은 2002년 1월 1일 이후에 납입된 연금 기여금 및 사용자 부담금을 기초로 하거나 2002년 1월 1일 이후 근로 제공을 기초로 하여 받는 연금소득으로 한다.
② 연금계좌의 운용실적에 따라 증가된 금액을 그 소득의 성격에도 불구하고 연금계좌에서 연금수령한 금액은 연금소득에 해당한다.
③ 연금소득이 있는 거주자가 주택담보노후연금 이자비용공제를 신청한 경우 법령상 요건에 해당하는 주택담보노후연금 수령액에서 해당 과세기간에 발생한 이자비용 상당액을 200만원 한도 내에서 공제한다.
④ 연금소득이 있는 거주자에 대해서는 해당 과세기간에 받은 총연금액(분리과세연금소득 제외)에서 법령상의 금액을 900만원 한도 내에서 공제한다.
⑤ 공적연금소득을 지급하는 자가 연금소득의 일부 또는 전부를 지연하여 지급하면서 지연지급에 따른 이자를 함께 지급하는 경우 해당 이자는 기타소득으로 본다.

27 「소득세법」상 양도소득세에 관한 설명이다. 옳은 것은?

① 확정신고에 따라 납부할 양도소득세액이 2천만원을 초과하는 거주자는 그 초과세액의 100분의 50 이하의 금액을 납부기한이 지난 후 2개월 이내에 분할납부할 수 있다.

② 양도소득금액 계산시 양도차손이 발생한 자산이 있는 경우에는 다른 자산에서 발생한 양도소득금액에서 그 양도차손을 공제하되, 이때 양도차손이 발생한 자산과 다른 세율을 적용받는 자산의 양도소득금액에서 우선 공제한다.

③ 국외에 있는 토지의 양도일까지 계속 5년 이상 국내에 주소를 둔 거주자가 해당 토지의 양도로 발생한 소득은 양도소득이다.

④ 시설물을 배타적으로 이용할 수 있도록 약정한 단체의 구성원이 된 자에게 부여되는 시설물 이용권의 양도로 발생하는 소득은 양도소득에 해당하지 아니한다.

⑤ 양도란 자산에 대한 등기 또는 등록과 관계없이 매도, 교환, 법인에 대한 현물출자 등으로 인하여 그 자산이 유상 또는 무상으로 사실상 이전되는 것을 말한다.

28 「소득세법」상 사업소득의 필요경비에 관한 설명이다. 옳지 않은 것은?

① 사업소득금액 계산시 필요경비에 산입할 금액은 해당 과세기간의 총수입금액에 대응하는 비용으로서 일반적으로 용인되는 통상적인 것의 합계액으로 한다.

② 도소매업을 영위하는 거주자의 사업소득 총수입금액에 대응하는 필요경비에는 상품 또는 제품 판매와 관련하여 사전약정 없이 지급하는 판매장려금 및 판매수당도 포함된다.

③ 거주자가 해당 과세기간에 납부한 소득세와 개인지방소득세는 사업소득금액 계산시 필요경비에 산입되지 아니한다.

④ 거주자의 필요경비 귀속연도는 그 필요경비가 발생된 날이 속하는 과세기간으로 한다.

⑤ 거주자가 사업소득금액 계산시 해당 과세기간에 납부한 법령상 직장가입자로서 부담하는 자신의 건강보험료는 필요경비에 산입되는 반면, 법령상 부담하는 자신의 연금보험료는 필요경비에 산입되지 아니한다.

29 다음은 소상공인 경영지원업을 영위하는 회사에 근무하는 거주자 갑의 2024년 귀속 소득자료이다. 거주자 갑의 2024년 근로소득금액과 기타소득금액을 각각 계산한 것으로 옳은 것은? 단, 원천징수는 적법하게 이루어졌으며, 모든 금액은 원천징수세액을 차감하기 전 금액이다.

(1) 급여 등의 소득명세는 다음과 같다.

가. 급여 : 35,000,000원(비과세소득 제외)

나. 상여금 : 6,500,000원(2024년 2월 18일의 주주총회에서 2023년도 이익잉여금처분결의에 의해 지급받은 금액 2,500,000원 포함)

다. 사택을 제공받음으로써 얻은 이익 : 5,000,000원

라. 자녀학자금 지원 수령액 : 2,400,000원

마. 고용보험료의 근로자 부담분을 회사가 대납한 금액 : 500,000원

바. 월 150,000원의 급식비 수령액 : 1,800,000원(현물식사를 별도로 제공받음)

(2) 근로소득공제액 자료

총급여액	공제액
500만원 초과 1,500만원 이하	350만원 + (총급여액 − 500만원) × 40%
1,500만원 초과 4,500만원 이하	750만원 + (총급여액 − 1,500만원) × 15%
4,500만원 초과 1억원 이하	1,200만원 + (총급여액 − 4,500만원) × 5%

(3) 급여 등 이외에 일시적·우발적으로 발생한 소득은 다음과 같다.

가. A대학교에서 소상공인 컨설팅 관련 특강을 하고 받은 금액 : 500,000원

나. 분양 받은 아파트의 입주가 지연됨에 따라 받은 지체상금 : 1,200,000원

다. 토지양도 계약상 매수자가 매매계약을 위반함으로써 보상받은 손해배상금 : 700,000원

라. 상표권을 대여하고 받은 금액 : 3,000,000원(적격증명서류로 확인된 필요경비 2,500,000원 있음)

마. 보유 중인 골동품(500년 전의 도자기)을 국립박물관에 양도하여 받은 금액 : 3,000,000원

	근로소득금액	기타소득금액
①	32,490,000원	1,840,000원
②	34,140,000원	1,840,000원
③	34,140,000원	1,640,000원
④	38,890,000원	1,640,000원
⑤	38,890,000원	1,080,000원

30 「부가가치세법」상 재화와 용역의 공급에 관한 설명이다. 옳은 것은?

① 재화의 인도대가로 다른 용역을 제공받는 교환계약에 따라 재화를 인도하는 것은 재화의 공급으로 보지 않는다.
② 사업자가 과학상의 지식・경험 또는 숙련에 관한 정보를 제공하는 것은 용역의 공급으로 본다.
③ 건설업의 경우 건설업자가 건설자재의 전부를 부담하는 경우 재화의 공급으로 본다.
④ 사업자가 저작권을 양도하는 것은 용역의 공급으로 본다.
⑤ 「민사집행법」에 따른 경매로 재화를 인도하는 것은 재화의 공급으로 본다.

31 「부가가치세법」상 면세에 관한 설명이다. <u>옳지 않은</u> 것은?

① 면세의 포기를 신고한 사업자는 신고한 날부터 3년간 부가가치세를 면제받지 못한다.
② 국내에서 열리는 영화제에 출품하기 위하여 무상으로 수입하는 물품으로서 관세가 면제되는 재화의 수입에 대하여는 부가가치세가 면제된다.
③ 면세를 포기하려는 사업자는 면세포기신고서를 관할세무서장에게 제출하고, 지체 없이 사업자등록을 하여야 한다.
④ 은행업에 관련된 소프트웨어의 판매・대여 용역은 부가가치세가 면제된다.
⑤ 지방자치단체에 무상으로 공급하는 재화에 대하여는 부가가치세가 면제된다.

32 「부가가치세법」상 일반과세자의 납세절차에 관한 설명이다. <u>옳지 않은</u> 것은?

① 사업양도로 사업을 양수받는 자는 그 대가를 지급하는 때에 부가가치세를 징수하여, 그 대가를 지급하는 날이 속하는 과세기간의 말일까지 관할세무서장에게 납부할 수 있다.
② 「소득세법」상 국내사업장이 없는 비거주자로부터 권리를 공급받는 경우 공급받는 자의 국내 사업장 소재지 또는 주소지를 해당 권리의 공급장소로 본다.
③ 납세지 관할세무서장 등은 사업자가 예정신고를 한 내용에 오류가 있는 경우 해당 예정신고기간에 대한 부가가치세의 과세표준과 납부세액 또는 환급세액을 결정 또는 경정한다.
④ 납세지 관할세무서장 등은 결정한 과세표준과 납부세액에 오류가 있는 경우 즉시 다시 경정한다.
⑤ 재화의 수입에 대한 부가가치세는 세관장이 「관세법」에 따라 징수한다.

33 「부가가치세법」상 매출세액에서 공제하는 매입세액에 관한 설명이다. 옳은 것은?

① 사업자가 자기의 사업을 위하여 사용할 목적으로 공급받은 재화에 대한 부가가치세액은 재화가 사용되는 시기가 속하는 과세기간의 매출세액에서 공제한다.

② 토지의 가치를 현실적으로 증가시켜 토지의 취득원가를 구성하는 비용에 관련된 매입세액은 매출세액에서 공제한다.

③ 전자세금계산서 의무발급 사업자로부터 받은 전자세금계산서가 국세청장에게 전송되지 않으면 발급사실이 확인되더라도 전자세금계산서 매입세액은 매출세액에서 공제하지 않는다.

④ 제조업을 운영하는 사업자가 자신의 사업을 위하여 직접 사용하는 「개별소비세법」에 따른 소형승용차의 유지에 관한 매입세액은 매출세액에서 공제한다.

⑤ 신용카드매출전표 등 수령명세서를 「국세기본법」에 따른 기한후과세표준신고서와 함께 제출하여 관할 세무서장이 결정하는 경우의 매입세액은 매출세액에서 공제한다.

34 「부가가치세법」상 주사업장 총괄납부에 관한 설명이다. 옳은 것은?

① 주사업장 총괄납부 사업자가 법인인 경우 법인의 본점 또는 지점을 주된 사업장으로 할 수 있다.

② 주사업장 총괄납부 사업자가 종된 사업장을 신설하는 경우 주된 사업장 관할세무서장에게 주사업장 총괄납부 변경신청서를 제출하여야 한다.

③ 주사업장 총괄납부 사업자가 되려는 자는 그 납부하려는 과세기간 개시후 20일 이내에 주사업장 총괄납부 신청서를 제출하여야 한다.

④ 주사업장 총괄납부 사업자가 주사업장 총괄납부를 포기할 때에는 주사업장 총괄납부 포기신고서를 주된 사업장 관할세무서장에게 제출하고 승인을 받아야 한다.

⑤ 신규로 사업을 시작하는 자가 주된 사업장의 사업자등록증을 받은 날부터 20일 이내에 주사업장 총괄납부를 신청하는 경우 해당 신청일이 속하는 과세기간의 다음 과세기간부터 총괄하여 납부한다.

35 다음 자료를 이용하여 각 사업자의 제1기 과세기간(2024.1.1.~2024.6.30.)에 대한 부가가치세 공급가액을 모두 합하여 계산한 것으로 옳은 것은? 단, 제시된 금액은 부가가치세를 포함하지 않은 금액이다.

(1) (주)A는 2024년 1월 10일 자신의 사업에 사용하던 다음의 토지와 건물㉠ · ㉡을 모두 1,200,000,000원에 일괄양도하였다. 토지, 건물㉠ · ㉡의 실지거래가액 구분은 불분명하며, 각각의 자산에 대한 감정평가가액은 없다.

구분	장부가액	취득가액	기준시가
토지	600,000,000원	500,000,000원	400,000,000원
건물㉠	300,000,000원	250,000,000원	100,000,000원
건물㉡	100,000,000원	250,000,000원	–

(2) (주)B는 2024년 2월 3일 기계를 10,000,000원에 공급하기로 계약하였다. 완성도에 따른 공급가액 수령비율은 다음과 같으며, 2024년 6월 30일 현재 기계는 60% 완성되었다.

완성도	0% (계약시)	40%	70%	100% (완성시)
수령비율	10%	50%	30%	10%

(3) (주)C는 과세사업과 면세사업에 공통으로 사용하던 기계장치(취득일 2022.10.5., 취득가액 8,000,000원)를 2024년 3월 20일 5,000,000원에 매각하였다. 과세사업과 면세사업의 공급가액은 다음과 같다.

구분	2023년 제2기	2024년 제1기
과세사업	97,500,000원	72,000,000원
면세사업	52,500,000원	48,000,000원

(4) (주)A, (주)B는 과세사업만을 영위하는 사업자이고, (주)C는 과세사업과 면세사업을 겸영하는 사업자이다.

① 321,250,000원
② 333,250,000원
③ 344,250,000원
④ 417,250,000원
⑤ 447,250,000원

36 다음은 소시지제조업과 돼지고기도매업을 겸영하고 있는 사업자 (주)A(중소기업 아님)의 부가가치세 관련 자료이다. 2024년 제1기 과세기간(2024.1.1.~2024.6.30.)에 대한 부가가치세 납부세액(지방소비세 포함)을 계산한 것으로 옳은 것은? 단, 제시된 금액은 부가가치세를 포함하지 않은 금액이며, 세금계산서는 적법하게 발급 및 수취되었다.

(1) 과세기간별 공급가액

구분	2023년 제2기	2024년 제1기
소시지제조업	70,000,000원	90,000,000원
돼지고기도매업	30,000,000원	60,000,000원

(2) 2024년 제1기 돼지고기 매입 및 사용내역

구분	금액
돼지고기 기초재고액	0원
(+) 돼지고기 매입액	31,000,000원*
(−) 소시지제조 사용액	18,600,000원
(−) 돼지고기도매 판매액	9,300,000원
돼지고기 기말재고액	3,100,000원**

*운송업자의 운송비 400,000원이 포함됨(영수증 수취분)
**소시지제조업과 돼지고기도매업에 대한 실지귀속은 불분명

(3) 2024년 제1기 소시지제조업의 매입・지출내역(돼지고기 매입 제외)

구분	금액
소시지 포장재료 매입액	8,000,000원
기업업무추진비 지출액	5,000,000원
광고비 지출액	10,000,000원

① 6,454,000원
② 6,754,000원
③ 6,804,000원
④ 7,196,000원
⑤ 7,800,000원

37 다음은 제조업을 영위하고 있는 개인사업자 갑의 보유자산 자료이며 모두 매입세액 공제대상이다. 갑이 2024년 1월 1일부터 간이과세자에서 일반과세자로 전환된 경우 2024년 제1기 과세기간(2024.1.1.~2024.6.30.)에 대한 재고납부세액 또는 재고매입세액을 계산한 것으로 옳은 것은? 단, 갑은 일반과세자 전환시 보유자산에 대한 '재고품 등 신고서'를 적법하게 신고한 것으로 가정한다.

(1) 2024년 1월 1일 현재 보유자산 현황(부가가치세 포함)

구분	건물	제품	건설중인자산
취득일	2021.3.20.	2023.7.6.	–
시가	203,500,000원	33,000,000원	–
장부가액	231,000,000원	확인안됨	165,000,000원
취득가액	275,000,000원	확인안됨	–

(2) 건설 중인 자산과 관련된 공제대상 매입세액은 12,000,000원이다. (모두 2021.7.1. 이후 매입분)
(3) 해당 업종의 부가가치율은 2021년 30%, 2022년 25%, 2023년·2024년 20%로 가정한다.

① 재고매입세액 23,590,000원
② 재고매입세액 24,000,000원
③ 재고납부세액 24,225,000원
④ 재고매입세액 24,750,000원
⑤ 재고납부세액 25,225,000원

38 「상속세 및 증여세법」상 연부연납과 물납에 관한 설명이다. <u>옳지 않은</u> 것은?

① 상속세 과세표준과 세액의 결정통지를 받은 자가 연부연납을 신청하고자 할 경우 해당 납세고지서의 납부기한까지 연부연납신청서를 제출할 수 있다.
② 납세지 관할세무서장은 물납허가일부터 30일 이내의 범위에서 물납재산의 수납일을 지정하여야 한다.
③ 납세지 관할세무서장은 물납신청을 받은 재산에 저당권이 설정되어 관리·처분상 부적당하다고 인정하는 경우에는 물납허가를 하지 않을 수 있다.
④ 납세지 관할세무서장이 상속세의 연부연납을 허가하는 경우 납세의무자는 담보를 제공하여야 한다.
⑤ 납세지 관할세무서장은 상속재산 중 법령에 따른 부동산과 유가증권의 가액이 해당 재산가액의 1/2을 초과하고 상속세 납부세액이 1천만원을 초과할 경우 물납을 허가할 수 있다.

39 다음 자료를 이용하여 거주자 갑의 2024년도 귀속 증여재산가액을 계산한 것으로 옳은 것은?

> (1) 갑은 2024년 1월 1일 아버지로부터 500,000,000원을 대출받은 후 1년간 대출이자(연 이자율 3%)를 아버지에게 지급하였다. 대출기간은 2024년 1월 1일부터 2025년 9월 30일까지이며, 법령상 적정이자율은 연 8%로 가정한다.
> (2) 갑은 2024년 7월 5일 할머니로부터 시가 200,000,000원인 부동산을 증여받았으나, 2024년 10월 3일 할머니에게 반환하였다. 단, 반환 전에 증여세 과세표준과 세액을 결정받지 않았다.
> (3) 갑은 2024년 3월 30일 어머니로부터 시가 800,000,000원인 비상장주식을 200,000,000원에 양수하였다.

① 325,000,000원
② 375,000,000원
③ 385,000,000원
④ 400,000,000원
⑤ 585,000,000원

40 「지방세법」상 취득세에 관한 설명이다. 옳지 않은 것은?

① 요트회원권은 취득세 과세대상이다.
② 취득의 범위에는 교환에 의한 승계취득도 포함된다.
③ 법인 설립시에 발행하는 주식을 취득함으로써 과점주주가 된 경우 그 과점주주는 해당 법인의 취득세 과세대상을 취득한 것으로 보지 아니한다.
④ 외국인 소유의 항공기를 국내의 대여시설이용자에게 대여하기 위하여 임차하여 수입하는 경우에는 수입하는 자가 취득한 것으로 본다.
⑤ 관계 법령에 따라 등기·등록을 요하는 취득세 과세대상의 취득은 사실상 취득하여도 해당 등기·등록을 하지 아니하면 취득한 것으로 보지 아니한다.

10 2014년 제49회 기출문제

※ 각 문제의 보기 중에서 물음에 가장 합당한 답을 고르시오.
(단, 주어진 자료 이외의 다른 사항은 고려하지 않음)

01 **「국세기본법」상 조세불복제도에 관한 설명이다. <u>옳지 않은</u> 것은?**

① 심사청구서는 해당 처분을 하였거나 하였어야 할 세무서장에게 제출하여야 하며, 소관 세무서장 외의 세무서장, 지방국세청장 또는 국세청장에게 직접 제출한 경우에는 심사청구의 효력이 발생하지 아니한다.

② 이의신청, 심사청구 또는 심판청구는 세법에 특별한 규정이 있는 것을 제외하고는 해당 처분의 집행에 효력을 미치지 아니한다. 다만, 해당 재결청이 필요하다고 인정할 때에는 그 처분의 집행을 중지하게 하거나 중지할 수 있다.

③ 위법한 국세처분에 대한 행정소송은 「국세기본법」에 따른 심사청구 또는 심판청구, 「감사원법」에 따른 심사청구와 그에 대한 결정을 거치지 아니하면 제기할 수 없다. 다만, 심사청구 또는 심판청구에 대한 재조사 결정에 따른 처분청의 처분에 대한 행정소송은 심사청구 또는 심판청구를 거치지 않고도 제기할 수 있다.

④ 심판청구인은 담당 조세심판관에게 공정한 심판을 기대하기 어려운 사정이 있다고 인정될 때에는 그 조세심판관의 기피를 신청할 수 있다.

⑤ 「조세범처벌절차법」에 따른 통고처분에 대해서는 「국세기본법」에 따른 심사청구를 할 수 없다.

02 「국세기본법」상 납세자의 권리에 관한 설명이다. 옳은 것은?

① 세무공무원은 세무조사 기간을 연장하는 경우에는 그 사유와 기간을 납세자에게 문서 또는 구두로 통지하여야 한다.

② 세무공무원은 세무조사를 시작할 때 조사원증을 납세자 또는 관련인에게 제시한 후 납세자권리헌장을 교부하고 그 요지를 직접 낭독해 주어야 한다.

③ 세무조사 결과 통지 및 과세예고 통지를 하는 날부터 국세부과 제척기간의 만료일까지 2개월이 남은 경우에는 과세전적부심사를 청구할 수 있다.

④ 세무공무원은 납세자가 자료의 제출을 지연하여 세무조사를 진행하기 어려운 경우에는 세무조사를 중지할 수 있으며, 이 경우 그 중지기간은 세무조사 기간에 산입한다.

⑤ 세무공무원은 세무조사의 목적으로 납세자의 장부 또는 서류 등을 납세자의 동의 유무에 관계없이 세무관서에 보관할 수 없다.

03 다음 자료를 이용하여 갑, 을, 병이 「국세기본법」상 제2차 납세의무자로서 납부할 세액(가산세는 제외)을 계산한 것으로 옳은 것은?

(1) 비상장법인 (주)A는 2023년 제1기 부가가치세 4,500,000원과 제23기 사업연도(2023.1.1.~2023.12.31.) 법인세 9,000,000원을 체납하였다.

(2) 관할 세무서장이 (주)A의 재산을 조사한 결과 2024년 10월 25일 현재 압류가능 재산은 없는 것으로 판명되었다.

(3) (주)A의 2023년 주식변동내역은 다음과 같다.

주주	2023.1.1. 현재 보유주식수	2023.10.5. 주식변동상황	2023.12.31. 현재 보유주식수
갑	600주	−300주(양도)	300주
을	200주		200주
병	200주	+300주(양수)	500주
발행주식총수	1,000주		1,000주

(4) 을은 갑의 배우자이며, 병은 갑과 을의 특수관계인이 아니다.

(5) (주)A의 발행주식총수 1,000주 중 100주는 의결권이 없는 주식으로 갑이 계속 보유중이다.

(6) 갑, 을, 병은 (주)A의 경영에 대하여 지배적인 영향력을 행사하고 있다.

	갑	을	병
①	2,500,000원	1,000,000원	5,000,000원
②	2,700,000원	900,000원	4,500,000원
③	2,700,000원	900,000원	5,000,000원
④	7,500,000원	1,000,000원	0원
⑤	0원	0원	7,500,000원

04 「국세기본법」상 과세와 환급에 관한 설명이다. 옳은 것은?

① 기한후과세표준신고서를 제출한 자로서 세법에 따라 납부하여야 할 세액이 있는 자는 기한후과세표준신고서 제출일과 동시에 그 세액을 납부하여야 한다.

② 과세표준신고서를 법정신고기한까지 제출한 자 및 기한후과세표준신고서를 제출한 자는 과세표준신고서에 기재된 과세표준 및 세액이 세법에 따라 신고하여야 할 과세표준 및 세액에 미치지 못할 때에는 법정신고기한이 지난 후 6개월 이내에 수정신고를 하여야 한다.

③ 가산세는 해당 의무가 규정된 세법의 해당 국세의 세목으로 한다. 따라서 해당 국세를 감면하는 경우에는 가산세도 감면대상에 포함한다.

④ 납세자가 상속세를 물납한 후 해당 물납재산으로 환급받는 경우에는 국세환급가산금 규정이 적용되지 아니한다.

⑤ 납세자의 국세환급금과 국세환급가산금에 관한 권리는 행사할 수 있는 때부터 10년간 행사하지 아니하면 소멸시효가 완성된다.

05 「국세기본법」상 납세의무에 관한 설명이다. 옳지 않은 것은?

① 원천징수하는 소득세・법인세는 소득금액 또는 수입금액을 지급하는 때에 납세의무가 성립한다.

② 세법에 따라 당초 확정된 세액을 증가시키는 경정은 당초 확정된 세액에 관한 국세기본법 또는 세법에서 규정하는 권리・의무관계에 영향을 미치지 아니한다.

③ 법인이 합병한 경우 합병 후 존속하는 법인 또는 합병으로 설립된 법인은 합병으로 소멸된 법인에 부과되거나 그 법인이 납부할 국세 및 강제징수비를 납부할 의무를 진다.

④ 교부청구시 국세징수권의 소멸시효는 중단된다.

⑤ 부담부증여에 따라 수증자에게 증여세가 과세되고, 증여자에게 양도소득세가 과세되는 경우 증여세와 양도소득세의 제척기간은 달리 적용된다.

06 **다음은 제조업을 영위하는 영리내국법인 (주)A의 제24기 사업연도 세무조정(모두 적법한 세무조정임) 내역이다. 다음 세무조정 중 「자본금과 적립금조정명세서(을)」에 적어서 관리하여야 하는 것이 아닌 것은?**

① 「보험업법」등 법률에 의하지 않은 유형자산·무형자산 등의 평가차익을 수익으로 계상함에 따라 이를 익금불산입하였다.

② 채무의 출자전환으로 발생한 채무면제이익(수익으로 계상함)을 이월결손금(제10기 발생분)을 보전하는 데에 충당하고 익금불산입하였다.

③ 국고보조금을 지급받아 사업용 유형자산을 취득하는 데에 사용하였으며, 과세이연 요건을 충족함에 따라 일시상각충당금을 손금산입하였다.

④ 당기말 현재 건설 중인 공장건물의 취득에 소요되는 특정차입금에 대한 지급이자를 이자비용으로 계상함에 따라 이를 손금불산입하였다.

⑤ 특수관계인으로부터 토지를 시가보다 높은 가액으로 매입함에 따라 그 시가초과액을 손금산입하였다.

07 **다음은 영리내국법인 (주)A(중소기업)의 제24기 사업연도(2024.1.1.~2024.12.31.) 기부금 세무조정을 위한 자료이다. 제24기의 각 사업연도 소득금액을 계산한 것으로 옳은 것은?**

(1) 차가감 소득금액은 40,000,000원이다.
(2) 손익계산서에 계상된 기부금의 내역은 다음과 같다.
가. 천재·지변으로 인한 이재민을 위한 구호금품 : 10,000,000원
나. 사립학교에 연구비로 지출한 기부금 : 6,000,000원
다. 사회복지법인에 고유목적사업비로 지출한 기부금 : 4,000,000원
(3) 제24기 과세표준 계산시 공제가능한 이월결손금은 5,000,000원이다.
(4) 제23기 사업연도의 특례기부금 손금한도초과액이 9,000,000원 있다.

① 29,750,000원
② 31,100,000원
③ 32,000,000원
④ 39,750,000원
⑤ 40,100,000원

08 **다음은 영리내국법인 (주)A(제조업을 영위하는 중소기업임)의 제24기 사업연도(2024.1.1.~2024.12.31.) 법인세 과세표준 및 세액계산 관련 자료이다. 제24기의 각 사업연도 소득에 대한 차감납부할세액을 계산한 것으로 옳은 것은? 단, 법인세부담의 최소화를 가정할 것.**

(1) 각 사업연도 소득금액은 250,000,000원이다. 그 중에는 국외원천소득금액 50,000,000원이 포함되어 있으며, 국외원천소득에 대하여 외국에서 직접 납부한 법인세액은 7,000,000원이다.
(2) 이월결손금, 비과세소득 및 소득공제액은 없다.
(3) 각 사업연도 소득에 대한 법인세 산출세액은 27,500,000원이다.
(4) 연구・인력개발비에 대한 세액공제액은 15,000,000원이다.
(5) 통합투자세액공제액은 2,000,000원이다.
(6) 중간예납세액 및 수시부과세액은 없으며, 원천납부세액은 500,000원이다.
(7) 중소기업의 최저한세율은 7%이다.

① 3,500,000원
② 4,500,000원
③ 7,000,000원
④ 10,000,000원
⑤ 11,000,000원

09 **「법인세법」상 영리내국법인의 인건비, 기업업무추진비 및 지급이자에 관한 설명이다. 옳지 않은 것은?**

① 법인이 임원 또는 직원에게 지급하는 상여금 중 이사회의 결의에 의하여 결정된 급여지급기준을 초과하여 지급한 경우 그 초과금액은 이를 손금에 산입하지 아니한다.
② 비상근임원에게 지급하는 보수는 부당행위계산 부인에 해당하는 경우를 제외하고 이를 손금에 산입한다.
③ 법인이 그 직원이 조직한 조합 또는 단체에 복리시설비를 지출한 경우 당해 조합이나 단체가 법인인 때에는 이를 기업업무추진비로 본다.
④ 건설자금에 충당한 차입금 이자 중 특정차입금에 대한 지급이자는 건설등이 준공된 날까지 이를 자본적 지출로 하여 그 원본에 가산한다.
⑤ 건설자금에 충당한 차입금 이자와 채권자가 불분명한 사채이자를 손금불산입하는 경우에는 채권자가 불분명한 사채이자를 먼저 손금불산입한다.

10 다음 자료를 이용하여 영리내국법인 (주)A의 의제배당액을 계산한 것으로 옳은 것은?

(1) 영리내국법인 (주)B는 2024년 4월 20일(자본전입 결의일)에 주식발행초과금 1억원을 자본에 전입하는 무상증자를 실시하고, 무상주 10,000주를 발행하여 주주들에게 교부하였다.
(2) (주)B의 주주인 (주)A(무상증자 직전 지분율은 20%임)는 (주)B의 자기주식에 배정하지 아니한 주식을 포함하여 무상주 3,000주를 수령하였다.
(3) (주)B의 발행주식 1주당 액면가액은 10,000원이다.

① 0원
② 5,000,000원
③ 10,000,000원
④ 20,000,000원
⑤ 30,000,000원

11 다음은 제조업을 영위하는 영리내국법인 (주)A의 제24기 사업연도(2024.1.1.~2024.12.31.) 기계장치(B) 감가상각비 관련 자료이다. 제24기의 기계장치(B) 상각범위액을 계산한 것으로 옳은 것은?

(1) 제23기 사업연도(2023.1.1.~2023.12.31.)
 가. 7월 10일에 기계장치(B)를 10,000,000원에 취득하여 사업에 사용하기 시작하였으며, 동 금액을 장부상 취득가액으로 계상하였다.
 나. 기계장치(B)의 취득부대비용 2,000,000원을 손익계산서상 비용으로 계상하였다.
 다. 장부에 계상된 기계장치(B)의 감가상각비는 1,340,000원이다.
(2) 제24기 사업연도(2024.1.1.~2024.12.31.)
 가. 4월 20일에 기계장치(B)에 대한 자본적지출에 해당하는 수선비 6,000,000원을 손익계산서상 비용으로 계상하였다.
 나. 7월 10일에 기계장치(B)에 대한 자본적지출에 해당하는 수선비 1,000,000원을 자산취득원가에 가산하였다.
(3) 기계장치(B)의 감가상각방법은 정률법이며, 상각률은 0.390으로 가정한다.

① 4,937,400원
② 5,327,400원
③ 5,497,400원
④ 6,497,400원
⑤ 6,997,400원

12 **다음은 영리내국법인 (주)A(중소기업이 아님)의 제24기 사업연도(2024.1.1.~2024.12.31.) 회계처리 내역이다. 제24기의 각 사업연도 소득금액 계산을 위하여 세무조정이 반드시 필요한 것은?**

① 장식 목적으로 복도에 항상 전시하기 위해 미술품을 4백만원에 취득하고 그 취득가액을 손익계산서상 비용으로 계상하였다.

② 은행차입금 이자의 지급기일까지 이자를 지급하지 못하여 연체이자를 납부하고 이를 손익계산서상 이자비용으로 계상하였다.

③ 토지의 취득과 함께 공채를 매입하고 기업회계기준에 따라 그 공채의 매입가액과 현재가치의 차액을 당해 토지의 취득가액으로 계상하였다.

④ 은행이 신용을 공여하는 기한부 신용장방식에 따라 원자재를 연지급수입하면서 연지급수입이자를 부담하고 이를 손익계산서상 이자비용으로 계상하였다.

⑤ 건설용역(계약기간 : 2024.8.16.~2025.3.31.)에 대하여 인도기준(완성기준)을 적용하고자 제24기에 공사수익과 공사원가를 계상하지 아니하였다. 단, 작업진행률은 40%로 확인이 된다.

13 **「법인세법」상 영리내국법인의 각 사업연도 소득금액 계산에 관한 설명이다. 옳은 것은?**

① 유가증권 중 채권의 평가는 개별법, 총평균법 및 이동평균법 중 법인이 납세지 관할 세무서장에게 신고한 방법에 의한다.

② 해당 법인의 소액주주인 임원이 사용하고 있는 사택의 유지비·관리비·사용료와 이와 관련되는 지출금은 손금에 산입하지 아니한다.

③ 재고자산을 평가할 때 영업장별로 각각 다른 방법에 의하여 평가할 수 있으나, 동일한 영업장 내에서는 모든 재고자산을 같은 방법에 의하여 평가하여야 한다.

④ 리스회사가 대여하는 리스자산 중 금융리스 자산은 리스이용자의 감가상각자산에 포함하지 아니하고, 리스회사의 감가상각자산으로 한다.

⑤ 금융보험업을 영위하는 법인이 수입하는 이자 및 할인액은 약정에 따른 상환일(기일 전에 상환하는 때에는 그 상환일)이 속하는 사업연도를 익금의 귀속사업연도로 한다.

14 **다음은 제조업을 영위하는 영리내국법인 (주)A의 제24기 사업연도(2024.1.1.~2024.12.31.) 대손충당금 관련 자료이다. 제24기의 대손충당금 손금한도액을 계산한 것으로 옳은 것은?**

(1) 당기의 재무상태표상 대손충당금 계정의 증감내역은 다음과 같다.

대손충당금 (단위 : 원)

당기상계액	6,000,000	전기이월액	10,000,000
차기이월액	12,000,000	당기설정액	8,000,000

(2) 당기 상계액 중 4,000,000원은 대손요건을 충족하였으나, 매출채권 2,000,000원은 대손요건을 충족하지 못하여 손금불산입(유보)하였다.

(3) 전기말 대손부인액 50,000,000원 중 2,250,000원은 당기 중 대손요건이 충족되어 손금산입하였으며, 나머지는 당기 중 회수되었다.

(4) 재무상태표상 대손충당금 설정대상채권의 잔액
가. 제23기말 : 200,000,000원
나. 제24기말 : 300,000,000원

(5) 전기의 세무조정은 적법하게 이루어진 것으로 가정한다.

① 3,200,000원 ② 6,000,000원
③ 6,040,000원 ④ 7,500,000원
⑤ 7,550,000원

15 **다음은 제조업을 영위하는 영리내국법인 (주)A(지주회사가 아님)의 제24기 사업연도(2024.1.1.~2024.12.31.) 귀속 수입배당금액 관련 자료이다. 수입배당금액에 대한 익금불산입액을 계산한 것으로 옳은 것은?**

(1) 제조업을 영위하는 비상장 내국법인으로부터 받은 수입배당금액의 내역은 다음과 같으며, 배당기준일은 모두 2023년 12월 31일이다.

배당지급법인	수입배당금액	보유주식 장부가액 적수	지분율	주식취득일
갑법인	10,000,000원	366억원	40%	2022.2.15.
을법인	6,000,000원	438억원	60%	2023.10.5.

(2) 사업연도 종료일 현재 재무상태표상의 자산총액은 10억원(적수는 3,660억원)이다.

(3) 제24기의 차입금이자는 30,000,000원으로서 해당 차입금의 적수는 100억원이다.

(4) (주)A는 제24기말 현재 업무무관자산을 보유하고 있으며, 그 적수는 20억원이다.

(5) 수입배당금에 대한 익금불산입률
가. 지분율 20% 미만 : 30%
나. 지분율 20% 이상 50% 미만 : 80%
다. 지분율 50% 이상 : 100%

① 5,100,000원 ② 5,190,000원
③ 6,080,000원 ④ 6,570,000원
⑤ 6,840,000원

16 **다음은 영리내국법인 (주)A(중소기업임)의 제24기 사업연도(2024.1.1.~2024.12.31.) 할부판매 관련 자료이다. 할부매출액에 대한 세무조정이 제24기 각 사업연도 소득금액에 미치는 영향으로 옳은 것은?**

(1) 모든 할부판매는 인도일이 속하는 달의 말일부터 매월 1,000,000원씩 할부기간에 걸쳐 대금을 회수하기로 약정하였으며, 거래별 내역은 다음과 같다.

구분	제품인도일	총판매대금	할부기간	제24기의 대금회수액
거래1	2024.11.1.	10,000,000원	10개월	2,000,000원
거래2	2024.3.1.	20,000,000원	20개월	10,000,000원

(2) 제24기 결산상 회계처리

가. 거래1에 대하여 대금회수액을 회수일에 각각 매출액으로 계상하였다.

나. 거래2에 대하여 인도일에 총판매대금을 매출액으로 계상하였다.

(3) 할부매출원가에 대한 세무조정은 고려하지 아니하며, 제24기 법인세 부담의 최소화를 가정하여 세무조정할 것.

① 영향 없음
② 10,000,000원 증가
③ 8,000,000원 증가
④ 10,000,000원 감소
⑤ 2,000,000원 감소

17 **「법인세법」상 부당행위계산 부인에 관한 설명이다. 옳은 것은?**

① 내국법인이 주주가 아닌 임원 또는 직원에게 사택을 무상으로 제공한 경우 부당행위계산 부인 규정을 적용한다.

② 중소기업이 아닌 법인이 직원에게 주택구입자금을 무이자로 대여한 경우 부당행위계산 부인 규정을 적용하지 아니한다.

③ 비상장주식의 양도 또는 매입에 있어서 시가가 불분명한 경우에는 감정평가법인이 감정한 가액을 시가로 한다.

④ 특수관계인으로부터 용역을 시가보다 높은 요율로 제공받은 경우에는 시가와 거래가액의 차액이 3억원 이상이거나 시가의 5%에 상당하는 금액 이상인 경우에 한하여 부당행위계산 부인 규정을 적용한다.

⑤ 부동산을 임대하거나 임차함에 있어서 시가가 불분명한 경우에는 당해 자산시가의 100분의 50에 상당하는 금액에 정기예금이자율을 곱하여 산출한 금액을 시가로 한다.

18 다음 자료를 이용하여 갑법인의 합병매수차익, 을법인의 양도차익, 병법인의 의제배당금액을 각각 계산한 것으로 옳은 것은? 단, 갑법인, 을법인 및 병법인은 모두 영리내국법인이다.

(1) 갑법인은 을법인을 2024년 1월 1일에 흡수합병하였으며, 동 합병은 비적격합병에 해당한다.
(2) 합병 직전 을법인의 재무상태는 다음과 같다.

구분	장부가액	시가
자산	100,000원	120,000원
부채	30,000원	30,000원
자본금	40,000원	
자본잉여금	20,000원	
이익잉여금	10,000원	

(3) 갑법인은 을법인의 주주인 병법인에게 합병대가로 갑법인 주식 100주(1주당 액면가액 500원, 1주당 시가 800원)를 교부하고 다음과 같이 회계처리하였다(단위 : 원).

(차) 자산	120,000	(대) 부채	30,000
		자본금	50,000
		주식발행초과금	30,000
		미지급법인세	2,500*
		염가매수차익	7,500

*을법인의 합병에 따른 양도차익에 대한 법인세를 갑법인이 대신 납부하는 금액임.

(4) 병법인은 두 법인의 합병 전에 을법인의 주식을 100% 소유하고 있었으며, 합병 직전 주식의 장부가액(취득가액과 동일)은 70,000원이었다.

	합병매수차익	양도차익	의제배당금액
①	7,500원	12,500원	10,000원
②	10,000원	20,000원	10,000원
③	7,500원	12,500원	0원
④	7,500원	10,000원	10,000원
⑤	10,000원	20,000원	0원

19 법인세 중간예납에 관한 설명이다. 옳지 않은 것은?

① 각 사업연도의 기간이 6개월 이하인 법인은 중간예납세액의 납부의무를 지지 않는다.
② 합병이나 분할에 의하지 아니하고 새로 설립된 법인의 경우 설립 후 최초의 사업연도에는 중간예납세액의 납부의무를 지지 않는다.
③ 중간예납세액은 그 중간예납기간이 지난 날부터 2개월 이내에 납부하여야 한다.
④ 「고등교육법」에 따른 사립학교를 경영하는 학교법인과 「산업교육진흥 및 산학연협력촉진에 관한 법률」에 따른 산학협력단은 중간예납세액의 납부의무를 지지 않는다.
⑤ 중간예납세액에 대해서는 분납이 허용되지 않는다.

20 다음은 거주자 갑의 2024년 귀속 소득관련 자료이다. 거주자 갑의 2024년도 종합소득금액을 계산한 것으로 옳은 것은? 단, 원천징수 대상이 되는 소득에 대한 원천징수는 적법하게 이루어졌으며, 기타소득 창출을 위해 실제 소요된 필요경비는 확인되지 않는다.

(1) 주택임대소득(갑은 국내에 1채의 주택만을 소유하고 있으며, 과세기간 종료일 현재 동 주택의 기준시가는 11억원임) : 12,000,000원
(2) 고용관계 없이 다른 회사 임원들을 상대로 2회(회당 1,500,000원) 특강을 하고 받은 강연료 : 3,000,000원
(3) 일간지에 글을 1회 기고하고 받은 원고료 : 2,000,000원
(4) 산업재산권을 대여하고 받은 대가(기타소득임) : 15,000,000원
(5) 영업부장으로 근무하고 있는 (주)A로부터 받은 소득
가. 급여 및 상여 : 50,000,000원
나. 사택을 제공받음으로써 얻은 이익 : 6,000,000원
다. 식사대(월 300,000원×12월) : 3,600,000원
(현물식사는 별도로 제공받지 않음)
라. 자녀학자금 지원액 : 8,000,000원
(6) 근로소득공제 자료

총급여액	공제액
1,500만원 초과 4,500만원 이하	750만원 + (총급여액 − 1,500만원) × 15%
4,500만원 초과 1억원 이하	1,200만원 + (총급여액 − 4,500만원) × 5%

① 54,490,000원
② 59,630,000원
③ 60,400,000원
④ 67,630,000원
⑤ 80,400,000원

21 다음 자료를 이용하여 개인사업자인 거주자 갑의 2024년도 사업소득금액을 계산한 것으로 옳은 것은?

(1) 손익계산서(2024.1.1.~2024.12.31.)

	(단위 : 원)
매출	300,000,000
매출원가	(100,000,000)
급여(갑의 급여 50,000,000원 포함)	(100,000,000)
판매비	(30,000,000)
이자수익	10,000,000
토지처분이익	20,000,000
이자비용	(8,000,000)
당기순이익	92,000,000

(2) 추가자료

가. 2024년 중 부채의 합계액이 사업용 자산의 합계액을 초과하는 금액의 적수는 25억원이며, 2024년 총차입금 적수는 500억원이다.

나. 2024년 중 재고자산(취득원가 1,000,000원, 시가 2,000,000원)을 가사용으로 소비하였으며, 아무런 회계처리를 하지 않았다.

① 93,400,000원
② 112,000,000원
③ 113,400,000원
④ 123,400,000원
⑤ 142,000,000원

22 다음 자료를 이용하여 거주자 갑(남성이며 52세임)의 2024년도 종합소득과세표준 계산시 공제되는 인적공제액을 계산한 것으로 옳은 것은?

구분	나이	비고
배우자	45세	소득 없음
부친	80세	2024년 5월 20일 사망함
모친	72세	소득 없음
장인	68세	주거형편상 별거하고 있으며, 소득 없음
장남	23세	장애인이며, 사업소득금액 3,000,000원 있음
장녀	18세	소득 없음

① 9,500,000원
② 11,000,000원
③ 12,500,000원
④ 13,000,000원
⑤ 14,500,000원

23 다음은 거주자 갑의 2024년 귀속 이자 및 배당소득 관련 자료이다. 거주자 갑의 2024년도 ㉮ 종합소득금액에 합산될 금융소득금액(이자 및 배당소득금액의 합계액)과 ㉯ 종합소득결정세액에서 기납부세액으로 차감될 원천징수세액을 각각 계산한 것으로 옳은 것은? 단, 원천징수 대상이 되는 소득에 대한 원천징수는 적법하게 이루어졌으며, 모든 금액은 원천징수세액을 차감하기 전 금액이다.

내용	금액
(1) 국내은행 정기예금이자 :	5,000,000원
(2) 비영업대금의 이익 :	8,000,000원
(3) 「민사집행법」에 따라 법원에 납부한 보증금 및 경락대금에서 발생한 이자소득 :	1,000,000원
(4) 「신탁법」에 따른 공익신탁의 이익 :	4,000,000원
(5) 외국법인으로부터 받은 현금배당 : (국내에서 원천징수되지 않음)	6,000,000원
(6) 비상장 내국법인으로부터 받은 현금배당 : (이중과세조정 대상 배당소득임)	5,000,000원

	㉮ 금융소득금액	㉯ 원천징수세액
①	24,000,000원	3,360,000원
②	24,400,000원	3,400,000원
③	24,440,000원	3,540,000원
④	25,550,000원	3,400,000원
⑤	25,550,000원	3,540,000원

24 소득세 관련 세액감면 및 세액공제에 관한 설명이다. 옳지 않은 것은?

① 거주자의 종합소득금액에 국외원천사업소득이 합산되어 있는 경우 그 국외원천사업소득에 대하여 국외에서 외국소득세액을 납부하였거나 납부할 것이 있을 때에는 일정한 공제한도 범위내에서 외국납부세액공제를 적용받을 수 있다.

② 사업소득만 있는 거주자(연말정산대상 사업소득만 있는 자는 제외)는 기부금세액공제를 적용받을 수 없다.

③ 종합소득이 있는 거주자의 기본공제대상자에 해당하는 자녀(입양자 및 위탁아동을 포함)로서 8세이상인 자녀가 2명인 경우 연 30만원을 종합소득산출세액에서 공제한다.(해당 과세기간에 출산하거나 입양신고한 공제대상 자녀가 없는 경우)

④ 세액감면을 적용받는 사업자가 해당 과세기간에 산출세액이 없어 감면을 받지 못하는 경우 그 감면세액상당액을 해당 과세기간의 다음 과세기간부터 10년 이내에 끝나는 과세기간으로 이월하여 그 이월된 과세기간의 산출세액 범위에서 공제받을 수 있다.

⑤ 정부 간의 협약에 따라 우리나라에 파견된 외국인이 그 양쪽 또는 한쪽 당사국의 정부로부터 받는 급여에 대해서는 소득세를 면제한다.

25 다음 중 종합소득과세표준 확정신고를 하여야 하는 자로만 묶인 것은? 단, 원천징수 및 연말정산 대상 소득에 대해서는 적법하게 원천징수와 연말정산이 이루어졌으며, 모든 금액은 원천징수세액을 차감하기 전 금액이다. 또한 아래 금액 중 과세제외되거나 비과세되는 소득은 없다.

> 가. 내국법인으로부터 받은 총급여 70,000,000원과 내국법인으로부터 받은 현금배당 15,000,000원이 있는 자
> 나. 내국법인으로부터 받은 퇴직급여 50,000,000원과 공적연금 수령액 15,000,000원이 있는 자
> 다. 내국법인으로부터 받은 총급여 20,000,000원과 공적연금 수령액 30,000,000원이 있는 자
> 라. 공적연금 수령액 10,000,000원과 외국법인으로부터 받은 현금배당(국내에서 원천징수되지 않음) 10,000,000원이 있는 자
> 마. 공적연금 수령액 40,000,000원과 상가임대료 수입 10,000,000원이 있는 자
> 바. 국내은행 정기예금이자 15,000,000원과 고용관계 없이 다수인에게 강연하고 받은 강연료(기타소득에 해당) 7,000,000원이 있는 자

① 나 – 라 – 마
② 나 – 마 – 바
③ 가 – 다 – 바
④ 다 – 라 – 마
⑤ 라 – 마 – 바

26 「소득세법」상 거주자의 퇴직소득에 관한 설명이다. <u>옳지 않은</u> 것은?

① 퇴직소득의 수입시기는 퇴직한 날로 하되, 「국민연금법」에 따른 일시금의 경우에는 소득을 지급받는 날로 한다.

② 원천징수의무자가 12월에 퇴직한 사람의 퇴직소득을 12월 31일까지 지급하지 아니한 경우에는 그 퇴직소득을 12월 31일에 지급한 것으로 보아 소득세를 원천징수한다.

③ 종업원이 임원이 되었으나 퇴직급여를 실제로 받지 아니한 경우에는 퇴직으로 보지 아니할 수 있다.

④ 거주자의 퇴직소득이 퇴직일 현재 연금계좌에 있거나 연금계좌로 지급되는 경우에는 해당 퇴직소득에 대한 소득세를 연금외수령하기 전까지 원천징수하지 아니한다.

⑤ 법인의 상근임원이 비상근임원이 된 경우 퇴직급여를 실제로 지급받지 아니한 경우에는 퇴직으로 보지 아니할 수 있다.

27 **다음 자료를 이용하여 부동산임대사업자인 거주자 갑의 2024년도 사업소득 총수입금액을 계산한 것으로 옳은 것은?**

> (1) 갑은 국내에 주택 3채(각각의 기준시가는 모두 2억원을 초과함)를 소유하고, 그 중 하나의 주택(「소득세법」에 따른 간주임대료 계산대상임)을 임대하고 있다.
> (2) 2023년 10월 16일에 임대주택의 임대보증금 500,000,000원과 1년분 임대료 32,000,000원을 수령하였다.
> (3) 임대기간은 2023년 10월 16일부터 1년간이며, 2024년도 임대일수는 288일이다.
> (4) 임대보증금 운용수익은 2024년에 발생한 수입이자 1,000,000원이 있다.
> (5) 기획재정부령으로 정하는 정기예금이자율은 연 3.66%로 가정한다.
> (6) 갑은 적법하게 장부를 비치・기록하고 있으며, 장부에 의하여 사업소득금액을 신고하는 것으로 한다.

① 13,456,000원
② 19,000,000원
③ 26,456,000원
④ 32,456,000원
⑤ 34,456,000원

28 **「소득세법」상 거주자의 양도소득세에 관한 설명이다. <u>옳지 않은</u> 것은?**

① 사업용 고정자산인 토지와 함께 영업권을 양도함으로써 발생하는 소득은 양도소득에 해당한다.
② 파산선고에 의한 처분으로 발생하는 소득에 대해서는 양도소득세를 과세하지 아니한다.
③ 거주자가 양도일로부터 소급하여 1년 전에 그의 아버지로부터 증여받은 토지를 양도함에 따라 그 양도차익을 계산할 때, 취득가액은 그 아버지의 취득 당시를 기준으로 계산한다.
④ 토지의 양도로 발생한 양도차손은 지상권의 양도로 발생한 양도소득금액에서 공제될 수 없다.
⑤ 양도담보 계약을 체결한 후 채무불이행으로 인하여 양도담보 자산을 변제에 충당한 때에는 그 때에 이를 양도한 것으로 본다.

29 다음 자료를 이용하여 거주자 갑이 소유하고 있는 토지를 특수관계인 을(갑의 동생임)에게 양도한 경우 갑의 양도소득과세표준을 계산한 것으로 옳은 것은?

> (1) 갑은 토지를 2007년 1월 10일에 갑이 대주주로 있는 법인으로부터 현금 100,000,000원에 취득하였으며, 이와 관련하여 갑에게 배당으로 소득처분된 금액이 10,000,000원 있다.
> (2) 토지 취득시 취득세 3,000,000원(지방세법 등에 의해 감면된 세액은 없음)을 납부하였다.
> (3) 토지의 양도일은 2024년 2월 20일이고 양도가액은 200,000,000원이며, 양도당시의 시가는 210,000,000원이다.
> (4) 동 토지는 국내에 소재한 등기된 토지로서 비사업용토지에 해당한다.

① 60,900,000원
② 65,400,000원
③ 58,400,000원
④ 87,000,000원
⑤ 94,500,000원

30 「부가가치세법」상 사업장에 관한 설명이다. 옳지 않은 것은?

① 사업장은 사업자가 사업을 하기 위하여 거래의 전부 또는 일부를 하는 고정된 장소로 하며, 사업자가 사업장을 두지 아니하면 사업자의 주소 또는 거소를 사업장으로 한다.
② 건설업은 사업자가 법인인 경우 법인의 등기부상 소재지(등기부상의 지점소재지 포함)를 사업장으로 하며, 사업자가 개인인 경우 사업에 관한 업무를 총괄하는 장소를 사업장으로 한다.
③ 제조업은 최종제품을 완성하는 장소를 사업장으로 하며, 따로 제품 포장만을 하거나 용기에 충전만을 하는 장소와 「개별소비세법」에 따른 저유소는 사업장으로 보지 않는다.
④ 무인자동판매기를 통하여 재화·용역을 공급하는 사업은 사업에 관한 업무를 총괄하는 장소를 사업장으로 한다.
⑤ 부동산임대업은 그 업무를 총괄하는 장소를 사업장으로 한다.

31 「부가가치세법」상 재화 또는 용역의 공급시기에 관한 설명이다. 옳은 것은?

① 상품권을 현금으로 판매하고 그 후 상품권이 현물과 교환되는 경우에는 상품권이 판매되는 때를 재화의 공급시기로 한다.

② 재화의 공급으로 보는 가공의 경우에는 재화의 가공이 완료된 때를 재화의 공급시기로 한다.

③ 사업자가 재화 또는 용역의 공급시기가 되기 전에 세금계산서를 발급하고 그 세금계산서 발급일부터 7일 이내에 대가를 받으면 해당 대가를 받은 때를 재화 또는 용역의 공급시기로 본다.

④ 사업자가 보세구역 안에서 보세구역 밖의 국내에 재화를 공급하는 경우가 재화의 수입에 해당할 때에는 수입신고 수리일을 재화의 공급시기로 본다.

⑤ 재화를 위탁판매수출하는 경우에는 외국에서 해당 재화가 인도되는 때를 재화의 공급시기로 본다.

32 다음은 일반과세자의 부가가치세 과세표준에 관한 설명이다. 옳지 않은 것은?

① 공급에 대한 대가의 지급이 지체되었음을 이유로 받는 연체이자는 공급가액에 포함하지 아니한다.

② 사업자가 재화 또는 용역을 공급받는 자에게 지급하는 장려금 및 대손금액은 과세표준에서 공제하지 않는다.

③ 사업자가 재화 또는 용역을 공급하고 그 대가로 받은 금액에 부가가치세가 포함되어 있는지가 분명하지 아니한 경우에는 그 대가로 받은 금액에 110분의 100을 곱한 금액을 공급가액으로 한다.

④ 사업자가 고객에게 매출액의 일정 비율에 해당하는 마일리지를 적립해주고, 향후 그 고객이 재화를 공급받고 그 대가의 일부 또는 전부를 적립된 마일리지로 결제하는 경우 해당 마일리지 상당액은 공급가액에 포함한다.

⑤ 완성도기준지급조건부 또는 중간지급조건부로 재화나 용역을 공급하는 경우에는 계약에 따라 받기로 한 대가의 각 부분을 공급가액으로 한다.

33 「부가가치세법」상 세금계산서에 관한 설명이다. 옳은 것은?

① 사업자는 거래처별로 1역월의 공급가액을 합하여 해당 달의 말일을 작성연월일로 하여 세금계산서를 발급할 수 있다.

② 전자세금계산서를 발급하였을 때에는 전자세금계산서 발급일에 지체없이 전자세금계산서 발급명세를 국세청장에게 전송하여야 한다.

③ 세금계산서의 기재사항 중 공급연월일은 필요적 기재사항이다.

④ 소매업 또는 미용, 욕탕 및 유사 서비스업을 경영하는 일반과세자는 공급받는 자가 세금계산서의 발급을 요구하더라도 세금계산서의 발급의무가 면제된다.

⑤ 세금계산서의 필요적 기재사항이 착오 외의 사유로 잘못 적힌 경우에는 관할 세무서장이 부가가치세의 과세표준과 납부세액을 경정하여 통지하기 전까지 세금계산서를 수정하여 발급할 수 있다.

34 다음 자료를 이용하여 일반과세자인 (주)A의 부가가치세 과세표준을 계산한 것으로 옳은 것은?

(1) (주)A는 외국에서 보세구역으로 커피두를 반입하여 보세구역 내에서 이를 캡슐커피로 제조한 후 캡슐커피를 보세구역 외의 국내 커피판매사업자인 (주)B에게 90,000,000원(부가가치세 제외)에 공급하였다.
(2) 수입 커피두에 대한 관세의 과세가격은 45,000,000원으로서 세관장은 수입 커피두에 대하여 부가가치세 5,000,000원을 징수하였다.

① 0원
② 40,000,000원
③ 45,000,000원
④ 50,000,000원
⑤ 90,000,000원

35 다음 자료를 이용하여 과세사업자 (주)A의 2024년 제1기 예정신고기간(2024.1.1.~2024.3.31.)의 부가가치세 과세표준을 계산한 것으로 옳은 것은? 단, 아래에 제시된 금액들은 부가가치세를 포함하지 아니한 것이다.

(1) 1월 5일 : (주)B에게 5월 10일에 판매대금을 받기로 하고 제품을 5,000,000원에 판매하였다.
(2) 1월 20일 : 직전 과세기간에 발생한 (주)C에 대한 매출채권을 (주)C가 조기변제함에 따라 500,000원의 매출할인이 발생하였다.
(3) 2월 3일 : 상품을 인도하기 전에 (주)D로부터 판매대금 중 1,000,000원을 선수금으로 수령하고, 수령한 대가에 대하여 세금계산서를 발급하였다.
(4) 2월 15일 : 사업을 위하여 (주)E에게 시가 500,000원(원가 300,000원)의 견본품을 무상으로 제공하였다.
(5) 3월 15일 : 업무와 관련하여 (주)F로부터 시가 100,000원의 비품을 기증받았다.
(6) 3월 30일 : 국가에 시가 1,000,000원(원가 500,000원)에 상당하는 제품을 무상으로 기증하였다.
(7) 3월 31일 : (주)A가 생산한 제품(시가 300,000원)을 (주)G가 생산한 제품(시가 500,000원)과 교환하였다.

① 5,800,000원
② 6,300,000원
③ 6,800,000원
④ 7,300,000원
⑤ 7,800,000원

36 다음은 과세사업과 면세사업을 겸영하는 간이과세자인 갑의 2024년 과세기간의 부가가치세 관련 자료이다. 2024년 과세기간의 부가가치세 차가감납부세액(지방소비세 포함)을 계산한 것으로 옳은 것은?

(1) 공급내역

구분	공급가액	부가가치세	합계
과세사업	60,000,000원	6,000,000원	66,000,000원
면세사업	44,000,000원	–	44,000,000원

(2) 매입세금계산서에 적힌 매입세액은 다음과 같으며, 갑은 매입처별 세금계산서합계표를 적법하게 제출하였다.

구분	매입세액	비고
과세사업	1,000,000원	매입세액불공제 대상 없음
면세사업	2,000,000원	–
공통매입세액	700,000원	사업용자산 구입관련 매입세액임

(3) 2024년 예정부과기간의 납부세액은 없다.
(4) 과세사업 업종의 부가가치율은 20%로 가정하며, 자료에 제시된 것 외의 공제세액은 고려하지 않는다.

① 0원
② 1,228,000원
③ 1,241,900원
④ 1,247,231원
⑤ 1,328,000원

37 다음 자료를 이용하여 2024년 4월 1일에 과세사업을 개시한 일반과세자인 갑의 2024년 제1기 확정신고 시 부가가치세 납부세액과 가산세의 합계액(지방소비세 포함)을 계산한 것으로 옳은 것은?

(1) 매출 및 매입의 내역은 다음과 같으며, 제시된 금액들은 부가가치세를 포함하지 아니한 것이다.

구분	4.1.~5.9.	5.10.~5.29.	5.30.~6.30.	합계
매출	42,000,000원	30,000,000원	43,000,000원	115,000,000원
매입	20,000,000원	15,000,000원	30,000,000원	65,000,000원

(2) 사업자등록신청일은 2024년 5월 30일이다.
(3) 매출액에 대해서는 영수증 또는 세금계산서를 적법하게 발급하였다.
(4) 매입액은 전액 사업과 관련된 것으로 적법하게 세금계산서를 수취하였으며, 매입세액공제를 받기 위한 절차를 적법하게 이행하였다.

① 5,000,000원
② 5,360,000원
③ 5,720,000원
④ 7,720,000원
⑤ 8,150,000원

38 다음 자료를 이용하여 상속세과세가액을 계산한 것으로 옳은 것은? 단, 상속세 부담의 최소화를 가정할 것.

(1) 거주자 갑은 2024년 1월 30일에 사망하였다.
(2) 상속개시 당시 상속재산가액 : 1,500,000,000원
(3) 갑이 상속개시 6개월 전 차입한 은행차입금 : 100,000,000원(은행차입금 전액은 사용용도가 불분명하며, 상속인인 아들의 부담이 확정된 채무임)
(4) 갑이 상속개시 5년 전 상속인인 아들에게 증여한 재산의 상속개시 당시 시가 : 300,000,000원(증여 당시 시가는 200,000,000원임)
(5) 다음의 장례비용은 증빙에 의해 모두 확인가능하다.
가. 봉안시설의 사용비용 : 8,000,000원
나. 기타의 장례비용 : 4,000,000원

① 1,488,000,000원
② 1,490,000,000원
③ 1,588,000,000원
④ 1,590,000,000원
⑤ 1,690,000,000원

39 「상속세 및 증여세법」상 증여세 과세에 관한 설명이다. 옳은 것은?

① 조세회피목적 없이 타인의 명의로 재산의 등기를 하는 경우 조세포탈범으로 처벌되지는 아니하나 실제 소유자가 명의자에게 그 재산의 가액을 증여한 것으로 본다.

② 법인이 자본을 감소시키기 위하여 주식을 소각할 때 주주 갑의 주식을 소각함으로써 다른 주주 을이 이익을 얻은 경우에는 을이 갑의 특수관계인에 해당하지 않더라도 그 이익에 상당하는 금액을 주주 을의 증여재산가액으로 한다.

③ 특수관계인에게 양도한 재산을 그 특수관계인이 양수일부터 3년 이내에 당초 양도자의 배우자에게 다시 양도한 경우에는 그 특수관계인이 그 재산을 양수한 당시의 재산가액을 배우자가 증여받은 것으로 추정하여 이를 배우자의 증여재산가액으로 한다.

④ 직업, 연령, 소득 및 재산상태 등으로 볼 때 재산을 자력으로 취득하였다고 인정하기 어려운 경우에는 그 재산을 취득한 때에 그 재산의 취득자금을 그 재산의 취득자가 증여받은 것으로 의제한다.

⑤ 명의신탁재산의 증여의제규정에 따라 재산을 증여한 것으로 보는 경우(명의자가 영리법인인 경우 포함)에는 실제소유자가 해당 재산에 대하여 증여세를 납부할 의무가 있다.

40 「지방세법」상 취득세 및 재산세의 납세의무에 관한 설명이다. 옳지 않은 것은?

① 광업권을 취득한 자는 취득세 납세의무를 진다.

② 취득세의 징수는 신고납부의 방법으로 한다.

③ 재산세는 관할 지방자치단체의 장이 세액을 산정하여 보통징수의 방법으로 부과・징수한다.

④ 토지에 대한 재산세 과세대상은 종합합산과세대상, 별도합산과세대상 및 분리과세대상으로 구분한다.

⑤ 취득세의 과세표준은 취득당시의 시가표준액으로 한다.

PART 2

정답 및 해설

01 2023년 제58회 정답 및 해설

01	02	03	04	05	06	07	08	09	10	11	12	13	14	15	16	17	18	19	20
④	⑤	④	①	③	①	③	④	④	②	⑤	②	⑤	④	②	③	①	③	②	⑤
21	22	23	24	25	26	27	28	29	30	31	32	33	34	35	36	37	38	39	40
④	③	③	①	③	②	⑤	①	③	⑤	⑤	②	①	⑤	①	③	①	②	①	④

01

답 ④

▌정답해설▐

① 납세자가 역외거래에서 이중장부를 작성하여 법인세를 포탈한 경우 부과제척기간은 그 법인세를 부과할 수 있는 날부터 15년이다.

⇒ 납세자가 사기나 그 밖의 부정한 행위(부정행위)로 국세를 포탈하거나 환급·공제를 받은 경우에 부과제척기간은 10년이나 역외거래인 경우에는 15년이다.

② 납세자가 부정행위로 상속세·증여세를 포탈하는 경우로서 제3자의 명의로 되어 있는 피상속인 또는 증여자의 재산을 상속인이나 수증자가 취득한 경우에는 원칙적인 부과제척기간(15년)에도 불구하고 해당 재산의 상속 또는 증여가 있음을 안 날로부터 1년 이내에 상속세 및 증여세를 부과할 수 있다. 다만, ㉠ 상속인이나 증여자 및 수증자가 사망한 경우 ㉡ 포탈세액 산출의 기준이 되는 재산가액이 50억원 이하인 경우에는 그러하지 아니한다.

③ 「종합부동산세법」에 따라 신고하는 종합부동산세의 부과제척기간 기산일은 납세의무 성립일(매년 6월 1일)이다.

⑤ 공제·면제·비과세 또는 낮은 세율의 적용 등에 따른 세액을 의무불이행 등의 사유로 징수하는 경우 해당 공제세액 등의 부과제척기간 기산일은 공제세액 등을 징수할 수 있는 사유가 발생한 날이다.

02

답 ⑤

▌정답해설▐

⑤ ㄱ, ㄴ, ㄷ, ㄹ 모두 맞는 지문이다.

03

답 ④

▌정답해설▐

④ 납세의무자가 기한후과세표준신고서를 제출하거나 기한후과세표준신고서를 제출한 자가 과세표준수정신고서를 제출한 경우 관할세무서장은 세법에 따라 신고일부터 3개월 이내에 해당 국세의 과세표준과 세액을 결정 또는 경정하여 신고인에게 통지하여야 한다.

더 알아보기 기한후신고와 수정신고

구분	기한후 신고	수정신고
신고자 적격	법정신고기한까지 과세표준신고서를 제출하지 아니한 자	① 과세표준신고서를 법정신고기한까지 제출한 자 ② 기한후과세표준신고서를 제출한 자
신고 사유	당초 무신고한 경우	① 이미 신고한 과세표준 및 세액이 과소 ② 이미 신고한 결손금액 또는 환급세액이 과대
신고 기한	해당 국세의 과세표준과 세액을 결정하여 통지하기 전까지	해당 국세의 과세표준과 세액을 결정 또는 경정하여 통지하기 전으로서 국세 부과제척기간이 끝나기 전까지
신고 효력	납세의무 확정력은 없고, 관할세무서장이 신고일부터 3개월 이내에 결정	① 정부부과제도 : 증액확정력 없음 ② 신고납세제도 : 증액확정력 있음 (기한후신고에 대한 수정신고는 증액확정력 없음)
가산세 감면	법정신고기한이 지난 후 6개월 이내에 기한 후 신고시 무신고가산세의 50%, 30%, 20% 감면	법정신고기한 내 신고한 자가 법정신고기한이 지난 후 2년 이내에 수정신고시 과소신고가산세의 90%~10% 감면

04

답 ①

정답해설

① 심사청구 또는 심판청구에 대한 처분에 대해서는 이의신청, 심사청구 또는 심판청구를 제기할 수 없다. 다만, 재조사 결정에 따른 처분청의 처분에 대해서는 해당 재조사 결정을 한 재결청에 대하여 심사청구 또는 심판청구를 제기할 수 있다.

05

답 ③

정답해설

③ 세무공무원은 세무조사의 중지기간 중에는 납세자에 대하여 국세의 과세표준과 세액을 결정 또는 경정하기 위한 질문을 하거나 장부 등의 검사·조사 또는 그 제출을 요구할 수 없다.

06

답 ①

정답해설

ㄴ. (×) 결산을 확정할 때 이미 경과한 기간에 대응하는 이자 및 할인액(차입일부터 이자지급일이 1년을 초과하는 특수관계인과의 거래에 따른 이자 및 할인액은 제외함)을 해당 사업연도의 손비로 계상한 경우에는 그 계상한 사업연도의 손금으로 한다.

ㄷ. (×) 중소기업인 법인이 장기할부조건으로 자산을 판매하고 인도기준으로 회계처리한 경우, 그 장기할부조건에 따라 각 사업연도에 회수하였거나 회수할 금액과 이에 대응하는 비용을 신고조정에 의하여 해당 사업연도의 익금과 손금에 산입할 수 있다. 중소기업이 아닌 법인은 결산조정만 가능하다.

ㄹ. (×) 자산을 장기할부조건 등으로 취득하는 경우 발생한 채무를 기업회계기준에 따라 현재가치로 평가하여 계상한 현재가치할인차금은 취득가액에 포함하지 않는다.

07 고난도

답 ③

▌정답해설▌

구분	금액	비고
법인세차감전 순이익	₩210,000	
+) 익금산입 및 손금불산입		
① 누락 매출액	₩300,000	누락된 매출액
② 선급비용	₩25,000	비용으로 계상한 선급비용분을 손금불산입
③ 자기주식처분이익	₩10,000	
–) 손금산입・익금불산입		
① 누락 매출원가	(₩220,000)	누락된 매출액에 대응한 매출원가
② 채무면제이익(주1)	(₩150,000)	
각 사업연도 소득금액	₩175,000	

주1 ① 해당 법인에 대하여 채권을 보유하고 있는 금융기관과 채무를 출자로 전환하는 내용이 포함된 경영정상화계획의 이행을 위한 협약을 체결한 법인은 출자전환시 채무면제이익은 해당 사업연도의 익금에 산입하지 아니하고 그 이후의 각 사업연도에 발생한 결손금의 보전에 충당할 수 있음
② 채무면제이익이란 법인이 채무를 출자전환하는 경우로서 해당 주식 등의 시가(시가가 액면가액에 미달하는 경우에는 액면가액)를 초과하여 발행된 금액을 말함

08

답 ④

▌정답해설▌

※ 2024년부터 접대비의 명칭이 기업업무추진비로 개정

1. 직접부인 기업업무추진비
   ① 적격증명서류 미수취분 : ₩500,000 〈손금불산입〉(기타사외유출)
   ② 대표이사 사적 사용분 : ₩1,000,000 〈손금불산입〉(상여)

2. 기업업무추진비 해당액
   ₩70,000,000(손익계산서 기업업무추진비) + ₩5,000,000(복리후생비로 계상한 기업업무추진비) – ₩1,500,000(직부인 기업업무추진비) = ₩73,500,000

3. 기업업무추진비 한도액 : (1) + (2) = ₩52,000,000
   (1) 기본 한도 : ₩12,000,000 $\times \frac{12}{12}$ = ₩12,000,000
   (2) 수입금액 한도 : (₩10,000,000,000 $\times \frac{3}{1,000}$) + (₩5,000,000,000 $\times \frac{2}{1,000}$) = ₩40,000,000

4. 기업업무추진비 한도초과액 : ₩73,500,000 − ₩52,000,000 = 21,500,000(손금불산입, 기타사외유출)

5. 손금불산입 세무조정 금액
₩500,000 + ₩1,000,000 + ₩21,500,000 = ₩23,000,000

09

답 ④

▌정답해설▌

1. 제23기 세무조정
   ① 회사계상 감가상각비 : ₩12,500,000
   ② 상각범위액 : ₩13,500,000
   ③ 상각부인액(시인부족액) : △₩1,000,000
   ④ 세무조정 : ₩1,000,000 〈손금산입〉(△유보) ⇒ Min(₩5,000,000, ₩1,000,000)

2. 제24기 세무조정
   ① 회사계상 감가상각비 : ₩15,000,000
   ※ 수선비로 계상한 자본적지출액(₩1,000,000)이 600만원에 미달하므로 전액 손금 인정
   ② 상각범위액 : (₩100,000,000 − ₩72,500,000(주1) + ₩4,000,000(주2)) × 0.3(주3) = ₩9,450,000

   주1 ₩60,000,000 + ₩12,500,000 = ₩72,500,000
   주2 ₩5,000,000 − ₩1,000,000 = ₩4,000,000
   주3 기계장치의 경우 무신고시 정률법 적용

   ③ 상각부인액 : 〈손금불산입〉 5,550,000(유보)

10

답 ②

▌정답해설▌

② 법인이 기부금을 금전 외의 자산으로 제공한 경우 특수관계인이 아닌 자에게 기부한 일반기부금은 기부했을 때의 장부가액으로 산정한다.

더 알아보기 현물기부금의 평가

구분		현물기부금의 평가액
특례기부금		기부했을 때의 장부가액
일반기부금	특수관계인이 아닌 자에게 기부한 경우	기부했을 때의 장부가액
일반기부금	특수관계인에게 기부한 경우	기부했을 때의 Max(시가, 장부가액)
비지정기부금		기부했을 때의 Max(시가, 장부가액)

11

답 ⑤

▌정답해설▐

1. 받은 대가(감자대가) : 5,000주 × 20% × ₩20,000 = ₩20,000,000

2. 소멸한 주식의 취득가액 : 500주 × ₩0(주1) + 500주 × ₩7,000(주2) = ₩3,500,000

> 주1 단기소각주식 특례이므로 과세되지 않는 무상주가 먼저 소각된 것으로 보고 주식발행초과금은 과세되지 않는 무상주이므로 취득가액은 ₩0임
>
> 주2 $\frac{(2{,}000주 \times ₩9{,}500 + 2{,}500주 \times ₩5{,}000)}{(2{,}000주 + 2{,}500주)} = ₩7{,}000$

3. 의제배당금액
   ₩20,000,000 − ₩3,500,000 = ₩16,500,000

12

답 ②

▌정답해설▐

② 금융회사 등 외의 법인이 신고한 화폐성외화자산·부채의 평가방법은 그 후의 사업연도에도 계속하여 적용하여야 한다. 다만, 신고한 평가방법을 적용한 사업연도를 포함하여 5개 사업연도가 지난 후에는 다른 방법으로 신고하여 변경된 평가방법을 적용할 수 있다.

더 알아보기 금융회사 등 외의 법인의 외화자산·부채 평가

1. 금융회사 등 외의 법인이 보유하는 화폐성외화자산·부채(보험회사의 책임준비금은 제외)와 환위험회피용 통화선도 등은 다음의 ①과 ② 중 관할세무서장에게 신고한 방법에 따라 평가하여야 한다. 다만, 최초로 ②의 방법을 신고하여 적용하기 이전 사업연도의 경우에는 ①의 방법을 적용하여야 한다.
   ① 화폐성외화자산·부채와 환위험회피용 통화선도 등의 계약 내용 중 외화자산 및 부채를 취득일 또는 발생일(통화선도 등의 경우에는 계약체결일을 말함) 현재의 매매기준율 등으로 평가하는 방법
   ② 화폐성외화자산·부채와 환위험회피용 통화선도 등의 계약 내용 중 외화자산 및 부채를 사업연도 종료일 현재의 매매기준율 등으로 평가하는 방법

2. 금융회사 등 외의 법인이 ① 또는 ②의 평가방법 중 신고한 평가방법은 그 후의 사업연도에도 계속하여 적용하여야 한다. 다만, 신고한 평가방법을 적용한 사업연도를 포함하여 5개 사업연도가 지난 후에는 다른 방법으로 신고하여 변경된 평가방법을 적용할 수 있다.

13

답 ⑤

▌정답해설▌

1. 기말 평가

구분	장부상 평가액	세법상 평가액	세무조정
원재료	₩150,000	₩250,000(주1)	익금산입 ₩100,000(유보)
재공품	₩350,000	₩370,000(주2)	익금산입 ₩20,000(유보)
제품	₩250,000	₩200,000	손금산입 ₩50,000(△유보)

주1 Max(₩250,000, ₩200,000) = ₩250,000 ⇒ 임의변경
주2 Max(₩370,000, ₩360,000) = ₩370,000 ⇒ 임의변경

2. 세무조정
① 〈익금산입〉 ₩120,000(유보)
② 〈손금산입〉 ₩50,000(△유보)

더 알아보기 재고자산 또는 유가증권 평가

1. 재고자산 또는 유가증권의 평가방법 신고(변경신고)기한

구분	신고기한(변경신고기한)
최초신고	신설법인의 설립일(비영리법인 : 수익사업 개시일)이 속하는 사업연도의 법인세 과세표준의 신고기한
변경신고	변경할 평가방법을 적용하려는 사업연도의 종료일 이전 3월이 되는 날

2. 무신고·임의변경시 평가방법

구분	무신고시 평가방법	임의변경시 평가액
일반적인 재고자산	선입선출법	Max[①, ②] ① 무신고시 평가방법에 따른 평가가액 ② 당초 신고한 방법에 따른 평가가액
유가증권	총평균법	
매매목적으로 소유하는 부동산	개별법	

14 고난도

답 ④

▌정답해설▌

1. 가지급금인정이자
① 갑 : ₩30,000,000 × 9.2%(가중평균차입이자율)(주1) − 0 = ₩2,760,000

주1 대여시점의 가중평균차입이자율 : $\frac{₩600,000,000 \times 8\% + ₩900,000,000 \times 10\%}{₩600,000,000 + ₩900,000,000} = 9.2\%$

② 을(주2) : ₩40,000,000 × 9.2% − ₩3,200,000 = ₩480,000

> 주2 5%이상 차이가 나는지 여부 : $\frac{₩3,680,000 - ₩3,200,000}{₩3,680,000}$ ≒ 13.04% ≥ 5%

2. 지급이자 손금불산입(업무무관자산 등에 대한 지급이자)

$$₩90,000,000^{(주3)} \times \frac{₩30,000,000 \times 366 + ₩40,000,000 \times 366}{₩900,000,000 \times 366} = ₩7,000,000$$

> 주3 한은총재가 정한 규정에 따른 기업구매자금대출에 따른 차입금 이자는 지급이자 손금불산입 계산시 지급이자에 포함되지 아니함. 다만, 수입배당금 익금불산입 계산시 지급이자에는 기업구매자금대출에 따른 차입금 이자는 포함하고, 가중평균차입이자율 계산시에도 기업구매자금대출에 따른 차입금을 포함한다.

3. 각사업연도소득금액에 미치는 영향
₩2,760,000 + ₩480,000 + ₩7,000,000 = ₩10,240,000

15 고난도

답 ②

▌정답해설▐

1. 퇴직급여충당금

구분	회사	세법
기초잔액	₩50,000,000	₩30,000,000(주1)
당기증가	−	−
당기감소	₩40,000,000	₩30,000,000
기말잔액	₩10,000,000	−

> 주1 ₩50,000,000 − ₩20,000,000

2. 퇴직연금충당금

구분	회사	세법
기초잔액	−	₩40,000,000
당기증가	−	₩65,000,000(주2)
당기감소	−	₩10,000,000
기말잔액	−	₩95,000,000(주3)

> 주2 대차차액
> 주3 세법상 퇴직연금충당금 기말잔액 : Min[①, ②] = ₩95,000,000
> ① 추계액기준 : Max(₩90,000,000, ₩95,000,000) − ₩0(세무상 퇴직급여충당금 기말잔액) = ₩95,000,000
> ② 예치금기준 : ₩97,000,000

3. 세무조정

① 퇴직금 지급에 대한 세무조정

〈손금산입〉 퇴직급여충당금 ₩10,000,000(△유보)

〈손금불산입〉 퇴직연금충당금 ₩10,000,000(유보)

② 퇴직연금충당금 설정에 대한 세무조정

〈손금산입〉 퇴직연금충당금 ₩65,000,000(△유보)

3. 각 사업연도 소득금액에 미치는 순영향

△₩10,000,000 + ₩10,000,000 + △₩65,000,000 = △₩65,000,000

16

답 ③

▌정답해설▌

③ 대손충당금을 손금에 산입한 내국법인이 합병하거나 분할하는 경우 그 법인의 합병등기일 또는 분할등기일 현재의 해당 대손충당금 중 합병법인 등이 승계(해당 대손충당금에 대응하는 채권이 함께 승계되는 경우만 해당)받은 금액은 그 합병법인 등이 합병등기일 또는 분할등기일에 가지고 있는 대손충당금으로 본다.

17

답 ①

▌정답해설▌

② 내국법인이 특수관계인의 출연금을 대신 부담하는 것은 조세의 부담을 부당하게 감소시킨 것으로 인정된다.

③ 해당 법인에 30% 이상 출자하고 있는 법인에 30% 이상을 출자하고 있는 법인이나 개인은 특수관계인에 해당한다.

④ 부당행위계산의 부인규정을 적용할 때 시가가 불분명한 경우에는 다음의 규정을 차례로 적용하여 계산한 금액에 따른다.

㉠ 감정평가법인등(감정평가법인과 감정평가사를 말함)이 감정한 가액이 있는 경우 그 가액(감정한 가액이 둘 이상인 경우에는 그 감정한 가액의 평균액). 다만, 주식 등 및 가상자산은 제외한다.

㉡ 「상속세 및 증여세법」에 따른 보충적 평가방법을 준용하여 평가한 가액

⑤ 특수관계가 있는 내국법인간의 합병(분할합병을 포함)에 있어서 주식을 시가보다 높거나 낮게 평가하여 불공정한 비율로 합병한 경우 조세의 부담을 부당하게 감소시킨 것으로 인정된다.

18 고난도

답 ③

▌정답해설▌

1. 재해손실세액공제

(1) 재해상실비율 : $\frac{₩100,000,000 + ₩40,000,000 + ₩100,000,000}{₩400,000,000 + ₩100,000,000 + ₩100,000,000} = 40\%^{(주1) \cdot (주2)} \geq 20\%$

주1 타인 소유의 자산으로서 그 상실로 인한 변상책임이 해당 법인에게 있는 것은 합산함

주2 재해자산이 보험에 가입되어 있어 보험금을 수령하는 때에도 상실된 자산가액을 계산할 경우에는 동 보험금을 차감하지 아니함

(2) 재해손실세액공제액 : Min(①, ②) = ₩110,400,000

① (₩300,000,000 − ₩30,000,000 + ₩6,000,000(주3)) × 재해상실비율(40%) = ₩110,400,000

> 주3 장부의 기록·보관 불성실 가산세, 무신고가산세, 과소신고가산세 및 납부지연가산세를 포함함

② 상실된 재산가액 : ₩240,000,000

2. 사실과 다른 회계처리로 인한 경정에 따른 세액공제 : Min(①, ②, ③) = ₩8,000,000

① ₩40,000,000(환급제한 대상 과다납부세액의 잔액)

② ₩40,000,000 × 20% = ₩8,000,000

③ ₩50,000,000(차감납부할 세액)

3. 세액공제 합계액

₩110,400,000 + ₩8,000,000 = ₩118,400,000

19

답 ②

정답해설

② 청산소득에 대한 법인세의 납부의무가 있는 내국법인은 다음의 기한까지 청산소득에 대한 법인세 과세표준과 세액을 관할세무서장에게 신고하고 그 세액(중간신고납부한 세액이 있는 경우에는 그 합계액을 공제한 금액)을 납부하여야 한다. 이 경우 청산소득이 없는 때에도 신고는 하여야 한다.

㉠ 해산의 경우 : 잔여재산가액 확정일이 속하는 달의 말일부터 3개월 이내

㉡ 해산으로 인하여 청산 중인 내국법인이 잔여재산의 일부를 주주 등에게 분배한 후 사업을 계속하는 경우 : 계속등기일이 속하는 달의 말일부터 3개월 이내

20

답 ⑤

정답해설

1. 금융소득 구분

구분	금액	비고
비상장내국법인 무상주 배당	₩10,000,000	Gross-up 대상
상장내국법인 현금 배당	₩7,000,000	Gross-up 대상
법인으로 보는 단체 현금 배당	₩8,000,000	Gross-up 대상
직장공제회 초과반환금	−	무조건 분리과세
법원보증금 이자	−	무조건 분리과세
계	₩25,000,000	

2. 금융소득금액

구분	금액	Gross-up 금액	금융소득금액
일반 금융소득	₩25,000,000	[Min(₩5,000,000, ₩25,000,000)] × 10% (개정안(주1)) = ₩500,000	₩25,500,000
출자공동사업자 배당	₩6,000,000		₩6,000,000
계	₩31,000,000		₩31,500,000

주1 개정안 : 배당소득 이중과세 조정을 위한 배당가산율이 11%에서 10%로 조정

21

답 ④

정답해설

④ 납세조합은 그 조합원의 사업소득에 대한 소득세에서 납세조합공제(그 세액의 5%, 연 100만원 한도)를 한 금액을 매월 징수하여 징수일이 속하는 달의 다음 달 10일까지 납부하여야 한다.

22

답 ③

정답해설

구분	비과세	총급여액	비고
급여	–	₩21,600,000	
잉여금 처분 상여금	–	–	잉여금 처분 결의일이 수입시기이므로 2023년 총급여액
식사대	–	₩3,000,000	식사를 제공받았으므로 전액 과세 (식사를 제공받지 않은 경우 월20만원 이하 비과세)
직무발명보상금	₩2,000,000	–	① 「발명진흥법」에 따른 직무발명보상금으로서 종업원등이 사용자 등으로부터 받는 연700만원 이하의 보상금은 비과세 ② 개정안 : 직무발명보상금 비과세 한도 상향 (연500만원 ⇒ 연700만원, 2024.1.1. 이후 발생하는 소득분부터)
주택 자금 무상 대여 이익	–	₩2,400,000	① 중소기업 종업원이 주택의 구입·임차에 소요되는 자금을 저리 또는 무상으로 대여받음으로써 얻는 이익은 비과세 ② 중소기업이 아니므로 과세
초과근로수당	–	₩2,000,000	생산직 근로자가 아니므로 과세
학자금	–	₩8,000,000	
	₩2,000,000	₩37,000,000	

23

답 ③

▌정답해설▐

③ 연금계좌에서 인출된 금액이 연금수령한도를 초과하는 경우에는 연금수령분이 먼저 인출되고 그 다음으로 연금외수령분이 인출되는 것으로 본다.

24 고난도

답 ①

▌정답해설▐

구분	금액	비고
양도가액	₩800,000,000	
취득가액 및 기타 필요경비(주1)	(₩572,600,000)	① 환산취득가액 $₩800,000,000 \times \frac{₩420,000,000}{₩600,000,000} = ₩560,000,000$ ② 필요경비 개산공제액 : ₩420,000,000 × 3% = ₩12,600,000
양도차익	₩227,400,000	
장기보유특별공제	(₩27,288,000)	₩227,400,000 × 12%
양도소득금액	₩200,112,000	

주1 취득당시 실지거래가액을 확인할 수 없어 환산취득가액으로 하는 경우 필요경비를 다음에 해당하는 금액 중 큰 금액으로 한다.
① 환산취득가액 + 필요경비 개산공제액
② 자본적 지출액 + 양도비

25 고난도

답 ③

▌정답해설▐

1. 인적공제

구분	기본공제	추가공제	인적공제 합계	비고
본인	₩1,500,000			
배우자	₩1,500,000(주1)	–		
모친	₩1,500,000(주2)	₩1,000,000		경로우대자공제
아들	₩1,500,000			
딸	₩1,500,000	₩2,000,000		장애인공제
계	₩7,500,000	₩3,000,000	₩10,500,000	

주1 배우자 : 2천만원 이하 금융소득은 분리과세되므로 소득요건 충족
주2 모친 : 전통주 제조소득(「주세법」에 따른 전통주를 농어촌지역에서 제조함으로써 발생하는 소득)은 연 1,200만원 이하는 비과세

2. 특별소득공제 : ① + ② = ₩4,500,000
① 건강보험료 등 소득공제 : ₩2,500,000
② 주택자금 소득공제 : Min[₩5,000,000 × 40%, ₩4,000,000] = ₩2,000,000

3. 인적공제액과 특별공제액 합계액 : ₩10,500,000 + ₩4,500,000 = ₩15,000,000

26

답 ②

정답해설

② 거주자의 퇴직소득이 ㉠ 퇴직일 현재 연금계좌에 있거나 연금계좌로 지급되는 경우 또는 ㉡ 퇴직하여 지급받은 날부터 60일 이내에 연금계좌에 입금되는 경우에는 원천징수 규정에도 불구하고 해당 퇴직소득에 대한 소득세를 연금외수령하기 전까지 원천징수하지 아니한다. 이 경우 원천징수 규정에 따라 소득세가 이미 원천징수된 경우 해당 거주자는 원천징수세액에 대한 환급을 신청할 수 있다.

27

답 ⑤

정답해설

⑤ 부동산매매업자는 토지 등(토지・건물을 말함)의 매매차익과 그 세액을 매매일이 속하는 달의 말일부터 2개월이 되는 날까지 관할세무서장에게 신고하여야 한다(납부할 세액이 1천만원을 초과하는 경우에는 분할납부도 가능). 이 경우 토지 등 매매차익이 없거나 매매차손이 발생한 때에도 신고는 하여야 한다.

28

답 ①

정답해설

구분	종합과세되는 기타소득금액	비고
공익사업과 관련 없는 지역권 대여 대가	–	① 공익사업과 관련 없는 지역권・지상권의 설정・대여 : 사업소득 ② 공익사업과 관련된 지역권・지상권의 설정・대여 대가 : 기타소득
복권당첨금품	–	무조건 분리과세
상속받은 저작권 양도 대가(주1)	₩2,000,000	₩10,000,000 – ₩8,000,000(실제 필요경비)
전국요리경연대회 상금(주2)	₩800,000	₩4,000,000 × (1 – 80%)
직무발명보상금	–	① 「발명진흥법」에 따른 직무발명보상금으로서 종업원 등이 사용자 등으로부터 받는 연700만원 이하의 보상금은 비과세 ② 개정안 : 직무발명보상금 비과세 한도 상향(연500만원 ⇒ 연700만원, 2024.1.1. 이후 발생하는 소득분부터)
일시적인 외부특강료(주1)	₩800,000	₩2,000,000 × (1 – 60%)
합계	₩3,600,000	

주1 상속받은 저작권 양도대가는 필요경비 의제가 인정되지 않으므로 실제 필요경비를 공제하고, 외부특강료는 실제 필요경비와 수입금액의 60% 중 큰 금액을 필요경비로 함

주2 공익법인이 주무관청의 승인을 얻어 시상하는 상금은 실제 필요경비와 수입금액의 80% 중 큰 금액을 필요경비로 인정

29 고난도

답 ③

▌정답해설▌

1. 2023년 결손금 공제 후 종합소득금액

구분	결손금 공제전	결손금 공제	이월결손금
이자소득금액(주1)	₩5,000,000	–	
배당소득금액(주1)	₩3,000,000	–	
부동산임대업의 사업소득금액(주2)	△₩10,000,000	–	△₩10,000,000
부동산임대업외의 사업소득금액	△₩30,000,000	₩25,000,000	△₩5,000,000
근로소득금액	₩15,000,000	①△₩15,000,000	
연금소득금액	₩6,000,000	②△₩6,000,000	
기타소득금액	₩4,000,000	③△₩4,000,000	

주1 금융소득금액 중 원천징수세율을 적용받는 2,000만원까지는 사업소득의 결손금을 공제할 수 없다.
주2 부동산임대업(주택 제외)의 결손금은 다른 소득에서 공제할 수 없으므로 차기로 이월된다.

2. 2024년 종합소득금액

구분	결손금 공제전	결손금 공제	이월결손금 공제	소득금액
이자소득금액	₩25,000,000	④△₩5,000,000		₩20,000,000
배당소득금액	₩16,500,000	⑤△₩4,000,000	△₩5,000,000	₩7,500,000
부동산임대업의 사업소득금액	₩15,000,000	①△₩15,000,000		
부동산임대업외의 사업소득금액	△₩35,000,000	₩35,000,000		
근로소득금액	₩5,000,000	②△₩5,000,000		
연금소득금액	₩6,000,000	③△₩6,000,000		
기타소득금액	–			
계				₩27,500,000

더 알아보기 결손금 및 이월결손금 공제

1. 결손금 공제

구분	내용
일반 사업소득 결손금(주1)	해당 과세기간의 종합소득과세표준을 계산할 때 ① 근로소득금액, ② 연금소득금액, ③ 기타소득금액, ④ 이자소득금액, ⑤ 배당소득금액에서 순서대로 공제한다. 공제 후 남은 결손금은 다음 과세기간으로 이월한다.
부동산임대업에서 발생한 결손금	(1) 일반 부동산임대업의 결손금은 해당 과세기간의 다른 소득금액에서 공제하지 않고 다음 과세기간으로 이월한다. (2) 주거용 건물임대업의 결손금(주2) : 해당 과세기간의 종합소득과세표준을 계산 할 때 ① 근로소득금액, ② 연금소득금액, ③ 기타소득금액, ④ 이자소득금액, ⑤ 배당소득금액에서 순서대로 공제한다. 공제 후 남은 결손금은 다음 과세기간으로 이월한다.

2. 이월결손금 공제
이월결손금(자산수증이익·채무면제이익으로 충당된 것은 제외)은 해당 이월결손금이 발생한 과세기간의 종료일부터 15년(2019.12.31.까지 개시하는 과세기간에 발생한 결손금은 10년) 이내에 끝나는 과세기간의 소득금액을 계산할 때 먼저 발생한 과세기간의 이월결손금부터 순서대로 다음의 구분에 따라 공제한다.

구분	내용
일반 사업소득 이월결손금	해당 과세기간의 사업소득금액(부동산임대업의 소득금액 포함)을 계산할 때 먼저 공제하고, 남은 금액은 ① 근로소득금액, ② 연금소득금액, ③ 기타소득금액, ④ 이자소득금액, ⑤ 배당소득금액에서 순서대로 공제한다.
부동산임대업에서 발생한 이월결손금	(1) 일반 부동산임대업의 이월결손금은 해당 과세기간의 부동산임대업의 소득금액에서만 공제한다. (2) 주거용 건물임대업의 이월결손금 : 해당 과세기간의 사업소득금액(부동산임대업의 소득금액 포함)을 계산할 때 먼저 공제하고, 남은 금액은 ① 근로소득금액, ② 연금소득금액, ③ 기타소득금액, ④ 이자소득금액, ⑤ 배당소득금액에서 순서대로 공제한다.

3. 결손금 공제와 이월결손금 공제의 적용순서
결손금 및 이월결손금을 공제할 때 해당 과세기간에 결손금이 발생하고 이월결손금이 있는 경우에는 그 과세기간의 결손금을 먼저 소득금액에서 공제한다.

주1 해당 과세기간에 부동산임대업에서 발생한 소득금액이 있는 경우 일반적인 사업에서 발생한 결손금을 먼저 부동산임대업의 소득금액에서 공제하고 남은 결손금을 말함

주2 해당 과세기간에 일반적인 사업에서 발생한 소득금액이 있는 경우 주거용 건물임대업에서 발생한 결손금을 먼저 일반적인 사업에서 발생한 소득금액(일반 부동산임대업의 소득금액 포함)에서 공제하고 남은 결손금을 말함

30

답 ⑤

정답해설

① 주된 사업장에서 총괄하여 납부하는 사업자가 되려는 자는 그 납부하려는 과세기간 개시 20일 전에 주사업장 총괄납부 신청서를 주된 사업장의 관할세무서장에게 제출하여야 한다.
② 주사업장 총괄납부 사업자가 종된 사업장을 신설하는 경우 그 신설하는 종된 사업장 관할 세무서장에게 주사업장 총괄납부 변경신청서를 제출하여야 한다.
③ 사업자가 주사업장 총괄납부의 적용을 받는 과세기간에 자기의 다른 사업장에 판매목적으로 반출하는 경우에는 재화의 공급으로 보지 아니한다. 다만 세금계산서를 발급하고 관할 세무서장에게 예정신고 또는 확정신고를 한 경우에는 재화의 공급으로 본다.
④ 사업자단위과세 사업자는 각 사업장 대신에 그 사업자의 본점(법인) 또는 주사무소(개인)의 소재지를 납세지로 한다.

31

답 ⑤

▌정답해설▐

⑤ 「관광진흥법 시행령」에 따른 종합여행업자가 외국인 관광객에게 공급하는 관광알선용역의 경우 그 대가를 외국환은행에서 원화로 받거나 외화 현금으로 받은 것 중 외국인 관광객과의 거래임이 확인되는 경우에 한하여 영세율을 적용한다.

32

답 ②

▌정답해설▐

㉡ 도서(도서대여 및 실내 도서열람 용역 포함), 신문, 잡지, 관보 및 뉴스통신은 부가가치세가 면세되나, 광고의 경우에는 과세된다.

㉢ 은행업에 관련된 전산시스템과 소프트웨어의 판매·대여 용역은 금융·보험용역으로 보지 않으므로 부가가치세가 과세된다.

㉣ 공익사업을 위하여 주무관청의 승인을 받아 금품을 모집하는 단체에 무상으로 공급하는 재화 또는 용역에 대해서는 부가가치세를 면세한다.

33

답 ①

▌정답해설▐

구분	매입세액	비고
원재료 구입	₩10,000,000	착오 기재분은 매입세액공제 가능
접대용 물품 구입	-	기업업무추진비 관련 매입세액은 불공제
작업복 구입	₩2,000,000	
건물 구입, 철거비용	-	토지만 사용하기 위한 건물의 구입 및 철거비용은 토지의 자본적 지출액으로 보아 매입세액 불공제
직원 추석선물 구입	-	신규 간이과세자는 세금계산서 발급 금지 사업자이므로 매입세액불공제
계	₩12,000,000	

34 고난도

답 ⑤

▌정답해설▌

1. 매출세액 : ① + ② = ₩60,400,000
   ① 일반매출세액 : ₩600,000,000 × 10% = ₩60,000,000
   ② 대손세액 : ₩4,400,000 × $\frac{10}{110}$ = ₩400,000
   ※ 대여금의 경우 대손세액공제대상이 아님

2. 매입세액 : ① + ② = ₩24,000,000
   ① 일반매입세액 : ₩200,000,000 × 10% = ₩20,000,000
   ② 의제매입세액 : ₩54,000,000 × $\frac{8}{108}$ = ₩4,000,000

3. 납부세액 : ₩60,400,000 − ₩24,000,000 = ₩36,400,000

4. 세액공제 : ₩10,000
   (1) 신용카드매출전표 발급 등에 대한 세액공제(주1) : 대상 아님
   (2) 전자신고세액공제 : ₩10,000

   주1 갑의 경우 직전 연도의 공급가액 합계액(12억)이 10억을 초과하므로 신용카드매출전표 발급 등에 대한 세액공제 대상이 아님

5. 예정고지세액 : ₩10,000,000

6. 차가감납부세액
   ₩36,400,000 − ₩10,000 − ₩10,000,000 = ₩26,390,000

35

답 ①

▌정답해설▌

① 전자세금계산서를 발급하거나 발급받고 전자세금계산서 발급명세를 해당 재화·용역의 공급시기가 속하는 과세기간(예정신고의 경우에는 예정신고기간) 마지막 날의 다음 달 11일까지 국세청장에게 전송한 경우에는 해당 예정신고 또는 확정신고를 할 때 매출·매입처별 세금계산서합계표를 제출하지 아니할 수 있다.

36

답 ③

▌정답해설▐

1. 2024년 1기 공통매입세액 안분계산(공제세액) : ₩10,000,000 × 50%(주1) = ₩5,000,000

> 주1 건물 또는 구축물을 신축하거나 취득하여 과세사업과 면세사업에 제공할 예정면적을 구분할 수 있는 경우에는 예정사용면적 비율을 먼저 적용함

2. 2024년 2기 공통매입세액 정산(공제세액)
(₩10,000,000 + ₩20,000,000) × 53%(실제 과세사용면적비율) − ₩5,000,000 = ₩10,900,000

37 고난도

답 ①

▌정답해설▐

재고매입세액 : ① + ④ = ₩4,894,500

① 상품 : ₩1,100,000 × $\frac{10}{110}$ × (1 − 5.5%) = ₩94,500

② 기계장치 : 취득가액이 불분명한 경우 재고납부세액은 시가로 계산하나, 재고매입세액은 계산하지 않음

③ 화물자동차 : ₩22,000,000 × (1 − 50% × 2기) × $\frac{10}{110}$ × (1 − 5.5%) = ₩0

④ 건물(주1) : ₩110,000,000 × (1 − 10% × 4기) × $\frac{10}{110}$ × (1 − 20%) = ₩4,800,000

> 주1 2021.6.30. 이전에 공급받은 재공품등 : 재고매입세액의 부가가치율은 일반과세자로 변경되기 직전일(감가상각자산인 경우에는 감가상각자산의 취득일)이 속하는 과세기간에 적용된 해당 업종의 부가가치율에 의함

더 알아보기 경과된 과세기간의 수 계산방법(부가가치세 서면3팀-1586)

1. 간이과세자가 간이과세 포기신고로 인하여 일반과세자로 변경되어 재고매입세액을 공제함에 있어 '경과된 과세기간의 수'는 법 제3조 규정에 의한 과세기간 단위로 계산(개시일로부터 간이과세포기일이 속하는 달의 말일까지를 1과세기간으로 계산)한다. 이 경우 재고매입세액뿐만 아니라 재고납부세액의 경과된 과세기간 수를 계산하는 경우에도 동일하게 적용된다.
2. 예를 들어 2023.7.1. 간이과세자로 사업을 시작한 자가 2024.4.30.에 간이과세포기신고서를 제출하여 2024.5.1.에 일반과세자로 전환된 경우 재고매입세액 계산시 경과된 과세기간의 수는 계산은 다음과 같다.

2023.7.1.~2023.12.31.까지가 1과세기간이고, 2024.1.1.~2024.4.30.까지의 기간도 1과세기간이므로 2과세기간이 경과한 것이 됨

38 고난도

답 ②

▌정답해설▌

더 알아보기 저당권 등이 설정된 재산 평가의 특례

저당권 등이 설정된 재산에 대한 평가액 : Max(①, ②)
① 평가기준일 당시의 시가(또는 보충적 평가방법에 따른 평가액)
② 해당 재산이 담보하는 채권액 등

증여재산가액 : Max(①, ②) = ₩200,000,000
① 감정가액 : ₩200,000,000(감정가액이 유사사례가액보다 우선 적용됨)
② 채권액 : ₩180,000,000

39

답 ①

▌정답해설▌

② 보험계약자가 피상속인이 아닌 경우에도 피상속인이 실질적으로 보험료를 납부하였을 때에는 피상속인을 보험계약자로 보아 피상속인의 사망으로 인하여 받는 보험금은 상속재산으로 본다.
③ 피상속인이 신탁한 재산은 상속재산으로 보며, 수익자의 증여재산가액로 하는 신탁의 이익을 받을 권리의 가액은 상속재산으로 보지 아니한다.
④ 국민연금법에 따라 지급되는 유족연금 또는 사망으로 인하여 지급되는 반환일시금 등은 상속재산으로 보지 아니한다.
⑤ 제사를 주재하는 상속인이 상속받은 족보와 제구에 대하여는 재산가액 합계액 1천만원을 한도로 상속세를 부과하지 아니한다.

40

답 ④

▌정답해설▌

④ 국가, 지방자치단체 또는 지방자치단체조합이 1년 이상 공용 또는 공공용에 사용(1년 이상 사용할 것이 계약서 등에 의해 입증되는 경우 포함)하는 재산은 재산세를 부과하지 아니한다. 다만, 다음 중 어느 하나에 해당하는 경우에는 재산세를 부과한다.
㉠ 유료로 사용하는 경우
㉡ 소유권의 유상이전을 약정한 경우로서 그 재산을 취득하기 전에 미리 사용하는 경우

02 2022년 제57회 정답 및 해설

01	02	03	04	05	06	07	08	09	10	11	12	13	14	15	16	17	18	19	20
⑤	②	①	④	⑤	⑤	②	③	③	②	④	②	①	①	④	③	④	③	④	⑤
21	22	23	24	25	26	27	28	29	30	31	32	33	34	35	36	37	38	39	40
③	③	①	③	②	④	⑤	②	①	③	③	⑤	①	⑤	⑤	①	④	②	④	④

01

답 ⑤

정답해설

⑤ 소급과세의 원칙 : 세법의 해석이나 국세행정의 관행이 일반적으로 납세자에게 받아들여진 후에는 그 해석이나 관행에 의한 행위 또는 계산은 정당한 것으로 보며, 새로운 해석이나 관행에 의하여 소급하여 과세되지 아니한다.

① 실질과세의 원칙 : 법적 형식과 경제적 실질이 다를 경우 경제적 실질이 법적형식보다 우선하므로 사업자등록 명의자와는 별도로 사실상의 사업자가 있는 경우에는 사실상의 사업자를 납세의무자로 보아 세법을 적용 한다.

② 근거과세의 원칙 : 납세의무자가 세법에 따라 장부를 갖추어 기록하고 있는 경우에는 해당 국세 과세표준의 조사와 결정은 그 장부와 이에 관계되는 증거자료에 의하여야 하며, 국세를 조사・결정할 때 장부의 기록 내용이 사실과 다르거나 장부의 기록에 누락된 것이 있을 때에는 그 부분에 대해서만 정부가 조사한 사실에 따라 결정할 수 있다.

③ 세법 해석의 기준(재산권 부당침해 금지) : 세법을 해석・적용할 때에는 과세의 형평과 해당 조항의 합목적성에 비추어 납세자의 재산권이 부당하게 침해되지 아니하도록 하여야 한다.

④ 기업회계의 존중 : 세무공무원이 국세의 과세표준을 조사・결정할 때에는 해당 납세의무자가 계속하여 적용하고 있는 기업회계의 기준 또는 관행으로서 일반적으로 공정・타당하다고 인정되는 것은 존중하여야 한다. 다만, 세법에 특별한 규정이 있는 것은 그러하지 아니하다.

02

답 ②

정답해설

② 법인의 합병으로 인한 납세의무의 승계 : 법인이 합병한 경우 합병 후 존속하는 법인 또는 합병으로 설립된 법인은 합병으로 소멸된 법인에 부과되거나 그 법인이 납부할 국세 및 강제징수비를 납부할 의무를 진다. 이때 합병법인은 합병으로 승계된 재산가액을 한도로 납부할 의무를 지는 것이 아닌 합병으로 소멸된 법인의 납세의무를 한도없이 전액 승계한다.

03

답 ①

정답해설

① 과세표준과 세액의 신고에 따라 납세의무가 확정되는 국세(중간예납하는 법인세와 예정신고납부하는 부가가치세 및 양도소득과세표준을 예정신고하는 소득세를 포함)의 경우 신고한 해당 세액은 그 신고일이 법정기일이 된다.

더 알아보기 법정기일

법정기일이라 함은 국세채권과 저당권 등에 의하여 담보된 채권간의 우선여부를 결정하는 기준일을 말하며, 그 구체적인 기준은 다음과 같다.

구분	법정기일
과세표준과 세액의 신고에 따라 납세의무가 확정되는 국세[중간예납하는 법인세와 예정신고납부하는 부가가치세 및 소득세(양도소득과세표준을 예정신고 경우로 한정)를 포함한다]의 경우 신고한 해당 세액	그 신고일
과세표준과 세액을 정부가 결정·경정 또는 수시부과 결정을 하는 경우 고지한 해당 세액(납부고지서에 따른 납부기한 후의 납부지연가산세와 납부기한 후의 원천징수 등 납부지연가산세 포함)	그 납부고지서의 발송일
인지세와 원천징수의무자나 납세조합으로부터 징수하는 소득세·법인세 및 농어촌특별세	그 납세의무의 확정일
제2차 납세의무자(보증인을 포함한다)의 재산에서 국세를 징수하는 경우	납부고지서의 발송일
양도담보재산에서 국세를 징수하는 경우	납부고지서의 발송일
납세자의 재산을 확정전 보전압류한 경우 그 압류와 관련하여 확정된 국세	그 압류등기일 또는 등록일
부가가치세법상 신탁 관련 수탁자의 물적납세의무 규정에 따라 신탁재산에서 징수하는 부가가치세	납부고지서의 발송일
종합부동산세법상 신탁 주택·토지 관련 수탁자의 물적납세의무 규정에 따라 신탁재산에서 징수하는 종합부동산세	납부고지서의 발송일

04

답 ④

▌정답해설▐

④ 경정청구의 경우 수정신고와 달리 경정청구 자체는 감액확정력은 없으나, 결정 또는 경정의 청구를 받은 세무서장은 그 청구를 받은 날부터 2개월 이내에 과세표준 및 세액을 결정 또는 경정하거나 결정 또는 경정하여야 할 이유가 없다는 뜻을 그 청구를 한 자에게 통지하여야 한다. 다만, 청구를 한 자가 2개월 이내에 아무런 통지를 받지 못한 경우에는 통지를 받기 전이라도 그 2개월이 되는 날의 다음 날부터 이의신청, 심사청구, 심판청구 또는 「감사원법」에 따른 심사청구를 할 수 있다.

더 알아보기 수정신고와 경정 등 청구 제도

구분	수정신고	경정 등 청구	
		통상적인 경정청구	후발적 사유로 인한 경정청구
신고자·청구인	① 과세표준신고서를 법정신고기한까지 제출한 자 ② 기한후과세표준신고서를 제출한 자	① 과세표준신고서를 법정신고기한까지 제출한 자 ② 기한후과세표준신고서를 제출한 자	① 과세표준신고를 법정신고기한까지 제출한 자 ② 과세표준과 세액의 결정을 받은 자
신고·청구의 사유	① 이미 신고한 과세표준 및 세액이 과소 ② 이미 신고한 결손금액 또는 환급세액이 과대	① 이미 신고한(결정·경정 포함) 과세표준 및 세액이 과대 ② 이미 신고한(결정·경정 포함) 결손금액 또는 환급세액이 과소	후발적 사유로 인해 당초 신고·결정·경정 등이 과대한 것으로 되는 경우

신고· 청구의 기한	해당 국세의 과세표준과 세액을 결정 또는 경정하여 통지하기 전으로서 국세 부과제척기간이 끝나기 전까지	법정신고기한 지난 후 5년 이내 (증액 경정된 세액은 90일 이내)	후발적 사유가 발생한 것을 안 날로부터 3월 이내
신고· 청구의 효력	① 정부부과제도 : 증액확정력 없음 ② 신고납세제도 : 증액확정력 있음(기한후신고에 대한 수정신고는 증액확정력 없음)	감액확정력은 없으나, 정부로 하여금 2월 이내에 감액결정·경정을 하거나 결정·경정하여야 할 이유가 없다고 판단해야할 법률상의 의무부담	

05

답 ⑤

▌정답해설▐

⑤ 과세표준신고서를 법정신고기한까지 제출한 자가 법정신고기한이 지난 후 1개월 이내에 수정신고한 경우에는 과소신고·초과환급신고가산세의 90%를 감면한다. 단, 과세표준과 세액을 경정할 것을 미리 알고 과세표준수정신고서를 제출한 경우는 제외한다.

더 알아보기 가산세 감면

구분	감면비율
1. 과세표준신고서를 법정신고기한까지 제출한 자가 법정신고기한 지난 후 수정신고를 한 경우(과소신고·초과환급신고가산세만 해당하며, 과세표준과 세액을 경정할 것을 미리 알고 과세표준수정신고서를 제출한 경우는 제외)	법정신고기한 지난 후 다음의 기간내 수정신고를 한 경우 ① 1개월 이내 : 90% ② 1개월 초과 3개월 이내 : 75% ③ 3개월 초과 6개월 이내 : 50% ④ 6개월 초과 1년 이내 : 30% ⑤ 1년 초과 1년 6개월 이내 : 20% ⑥ 1년 6개월 초과 2년 이내 : 10%
2. 과세표준신고서를 법정신고기한까지 제출하지 아니한 자가 법정신고기한 지난 후 기한 후 신고를 한 경우(무신고가산세만 해당하며, 과세표준과 세액을 결정할 것을 미리 알고 기한후과세표준신고서를 제출한 경우는 제외)	법정신고기한 지난 후 다음의 기간내 기한후신고를 한 경우 ① 1개월 이내 : 50% ② 1개월 초과 3개월 이내 : 30% ③ 3개월 초과 6개월 이내 : 20%
3. 과세전적부심사 결정·통지기간에 그 결과를 통지하지 아니한 경우(결정·통지가 지연됨으로써 해당 기간에 부과되는 납부지연가산세만 해당한다)	해당 가산세액의 50%
4. 세법에 따른 제출, 신고, 가입, 등록, 개설(이하 "제출 등"이라 함)의 기한이 지난 후 1개월 이내에 해당 세법에 따른 제출 등의 의무를 이행하는 경우(제출 등의 의무위반에 대하여 세법에 따라 부과되는 가산세만 해당한다)	해당 가산세액의 50%

5. 가산세 감면 규정(위의 1의 가산세의 감면 규정에 의한 감면율이 30%, 20%, 10%에 한함)에 불구하고 세법에 따른 예정신고기한 및 중간신고기한까지 예정신고 및 중간신고를 하였으나 과소신고하거나 초과신고한 경우로서 확정신고기한까지 과세표준을 수정하여 신고한 경우(해당 기간에 부과되는 과소신고·초과환급신고가산세만 해당하며, 과세표준과 세액을 경정할 것을 미리 알고 과세표준신고를 하는 경우는 제외한다)	해당 가산세액의 50%
6. 가산세 감면규정(위의 2의 가산세 감면 규정)에도 불구하고 세법에 따른 예정신고기한 및 중간신고기한까지 예정신고 및 중간신고를 하지 아니하였으나 확정신고기한까지 과세표준신고를 한 경우(해당 기간에 부과되는 무신고가산세만 해당하며, 과세표준과 세액을 결정할 것을 미리 알고 과세표준신고를 하는 경우는 제외한다)	해당 가산세액의 50%

06

답 ⑤

▌정답해설▐

⑤ 공동사업에 관한 소득금액을 계산하는 경우에는 손익분배비율에 따라 분배되었거나 분배될 소득금액에 따라 해당 공동사업자별로 납세의무를 진다. 다만, 특수관계인의 소득금액이 주된 공동사업자에게 합산과세되는 경우 그 합산과세되는 소득금액에 대해서는 주된 공동사업자의 특수관계인은 손익분배비율에 해당하는 그의 소득금액을 한도로 주된 공동사업자와 연대하여 납세의무를 진다.

③ 2023년 세법 개정 : 특수관계인으로부터 증여받은 자산을 증여일부터 10년(2022.12.31. 이전 증여분은 5년) 이내에 양도하는 경우 양도소득 부당행위계산부인 규정이 적용된다.

더 알아보기 **양도소득 부당행위계산부인과 배우자등에 대한 취득가액 이월 비교**

구분	부당행위계산 부인(증여를 통한 우회양도) (소득세법 제101조)	배우자 등에 대한 취득가액 이월과세 (소득세법 제97조의2)
적용기간	증여일로부터 10년 이내 양도 (2022.12.31. 이전 증여분은 5년)	증여일로부터 10년 이내 양도 (2022.12.31. 이전 증여분은 5년)
납세의무자	당초 증여자	증여받은 배우자 또는 직계존비속(수증자)
적용자산	양도소득세 과세대상 자산	토지, 건물, 부동산을 취득할 수 있는 권리, 특정시설물이용권
증여자와 수증자 관계	특수관계인	배우자 또는 직계존비속
조세를 부당하게 감소 여부	증여자의 양도세가 수증자의 부담세액(증여세 + 양도세)보다 큰 경우에 적용	이월과세 적용 양도세가 미적용 양도세보다 적은 경우 이월배제 적용 배제 (2017.7.1. 이후)
장기보유특별공제, 세율	증여자의 취득일부터 기산	증여자의 취득일부터 기산
양도소득의 실질 귀속 여부	양도소득이 증여자에게 실질적으로 귀속된 경우에 한하여 적용	양도소득의 실질 귀속 여부를 묻지 않음
연대납세의무	증여자와 수증자가 연대납세의무를 부담함	연대납세의무 없음

양도차익	당초 증여자가 취득한 때를 기준으로 취득가액 및 필요경비 계산	취득가액은 증여자의 취득가액에 의함
기 납부 증여세	납부한 증여세를 환급	필요경비 산입

07

답 ②

▌정답해설▐

② 거주자가 채권을 내국법인에게 매도하는 경우에는 채권을 매수한 법인이 거주자의 보유기간 이자상당액을 이자소득으로 보고 소득세를 원천징수한다.

08

답 ③

▌정답해설▐

구분	이자소득금액	비고
환매조건부 채권의 매매차익	₩5,000,000	
단기저축성보험의 보험차익(주1)	₩3,000,000	₩10,000,000 – (₩8,000,000 – ₩1,000,000)
비영업대금의 이익	₩2,000,000	
계약의 위약에 따른 손해배상금 법정이자	–	기타소득
「공익신탁법」에 따른 공익신탁의 이익	–	비과세
합계	₩10,000,000	

주1 저축성보험의 보험차익 : 만기 또는 중도 환급금 – 납입보험료*

*납입보험료를 계산할 때 보험계약기간 중에 보험계약에 의하여 받은 배당금 기타 이와 유사한 금액은 납입보험료에서 차감하되, 그 배당금 등으로 납입할 보험료를 상계한 경우에는 배당금 등을 받아 보험료를 납입한 것으로 본다.

09

답 ③

▌정답해설▐

구분	원천징수 대상 기타소득금액	원천징수 여부	비고
계약금이 위약금으로 대체된 경우 위약금	–	×	원천징수 대상이 아님
고용관계 없이 받은 강연료	₩1,200,000	○	₩3,000,000 × (1 – 60%)
배임수재로 받은 금품	–	×	무조건 종합과세
상표권 대여로 받은 금품	₩400,000	○	₩1,000,000 × (1 – 60%)
주택입주 지체상금	₩400,000	○	₩2,000,000 × (1 – 80%)
슬롯머신 당첨금품	–	–	건별 200만원 이하인 경우 과세최저한
합계	₩2,000,000		

더 알아보기 **기타소득 과세최저한**

1. 승마투표권, 승자투표권, 소싸움경기투표권, 체육진흥투표권의 구매자가 받는 환급금으로서 건별로 투표권의 권면에 표시된 금액의 합계액이 10만원 이하이고 다음 중 어느 하나에 해당하는 경우
   ① 적중한 개별투표당 환급금이 10만원 이하인 경우
   ② 단위투표표당 환급금이 단위투표금액의 100배 이하이면서 적중한 개별투표당 환급금이 200만원 이하인 경우
2. 슬롯머신(비디오게임 포함) 및 투전기, 기타 이와 유사한 기구를 이용하는 행위에 참가하여 받는 당첨금품・배당금품 또는 이에 준하는 금품이 건별로 200만원 이하인 경우
3. 복권당첨금이 건별로 200만원 이하인 경우
4. 그 밖의 기타소득금액(연금계좌 세액공제를 받은 금액 등을 연금외 수령한 소득 제외)이 매 건마다 5만원 이하인 경우

10 고난도

답 ②

▌정답해설▐

1. 종합소득금액(= 근로소득금액) : ① − ② = ₩54,850,000

① 총급여

구분	총급여	비고
기본금 및 상여금	₩65,000,000	
여비(실비변상정도의 금액)	−	실비변상적 성질의 급여는 비과세
국민연금보험료 본인부담분 (회사가 대신 부담)	₩3,000,000	회사가 근로자부담분을 대신 부담한 국민연금보험료 등은 근로소득에 포함
국민건강보험료 본인부담분	−	
계	₩68,000,000	

② 근로소득공제 : ₩12,000,000 + (₩68,000,000 − ₩45,000,000) × 5% = ₩13,150,000

2. 종합소득공제 : ① + ② + ③ = ₩13,500,000

① 인적공제

구분	기본공제	추가공제	인적공제 합계
본인	₩1,500,000		
배우자(주1)	₩1,500,000		
아들	₩1,500,000	₩2,000,000 (장애인공제)	
계	₩4,500,000	₩2,000,000	₩6,500,000

주1 2,000만원 이하의 금융소득의 경우 분리과세 되므로 배우자의 경우 기본공제대상자에 해당함

② 특별소득공제(국민건강보험료) : ₩4,000,000

③ 연금보험료공제 : ₩3,000,000(회사가 근로자부담분을 대신 부담한 경우 근로소득으로 포함하고 동시에 연금보험료 공제 대상이 됨)

3. 종합소득과세표준

₩54,850,000 − ₩13,500,000 = ₩41,350,000

더 알아보기 인적공제

1. 기본공제

① 종합소득이 있는 거주자에 대해서는 1명당 연 150만원을 곱하여 계산한 금액을 해당 과세기간의 종합소득금액에서 공제한다.

② 장애인의 경우 연령요건을 적용하지 않음

③ 공제대상 판정시기

구분	판정시기
일반적인 경우	과세기간 종료일(12월 31일)의 상황에 의함
과세기간 종료일 전에 사망 또는 장애가 치유된 경우	사망일 전일 또는 치유일 전일의 상황에 의함

④ 연령요건은 당해 과세기간 중 해당하는 날이 있는 경우 공제대상자로 함

⑤ 소득요건은 종합소득금액(비과세소득, 분리과세소득은 제외)・퇴직소득금액・양도소득금액의 합계액이 100만원 이하인 경우를 말하며 근로소득만 있는 경우에는 총급여액이 500만원 이하인 경우를 말함

⑥ 기본공제 요건

구분	공제대상자	연령요건	동거요건	소득요건
본인	거주자 본인	해당 없음	해당 없음	해당 없음
배우자	거주자의 배우자	해당 없음	해당 없음	연간 소득금액이 100만원 이하 (근로소득만 있는 경우 총급여액이 500만원 이하)
부양가족	직계존속	60세 이상	필요	
	직계비속과 입양자	20세 이하	해당 없음	
	형제자매	20세 이하 또는 60세 이상	필요	
	수급권자	–	필요	
	위탁아동	18세 미만 (보호기간이 연장된 경우 20세 이하)	6개월 이상 양육	

⑦ 직계비속・입양자는 항상 생계를 같이 하는 부양가족으로 본다.

⑧ 거주자의 부양가족 중 거주자(그 배우자 포함)의 직계존속이 주거 형편에 따라 별거하고 있는 경우에는 생계를 같이 하는 자로 본다.

2. 추가공제

구분	공제요건	공제금액
경로우대자	기본공제대상자가 만70세 이상	1명당 연 100만원
장애인	기본공제대상자가 장애인	1명당 연 200만원
부녀자	해당 거주자가 종합소득금액이 3,000만원 이하인 경우로서 다음의 어느 하나에 해당하는 경우 ① 배우자가 없는 여성으로서 기본공제대상 부양가족이 있는 세대주 ② 배우자가 있는 여성	연 50만원
한부모	해당 거주자가 배우자가 없는 자로서 기본공제대상자인 직계비속 또는 입양자가 있는 경우(부녀자 공제와 중복 적용 배제 ⇒ 중복 적용시 한부모 공제 적용)	연 100만원

11

답 ④

▌정답해설▐

④ 신용카드 등 사용금액 소득공제가 적용되는 신용카드 사용액은 본인과 연간 소득금액 합계액이 100만원(근로소득만 있는 자는 총급여 500만원) 이하인 배우자 또는 직계존비속(거주자와 생계를 같이하는 직계존비속으로서 배우자의 직계존속과 동거입양자, 연령은 불문, 다른 거주자의 기본공제를 적용받는 자는 제외)을 포함하되, 다만, 형제자매의 신용카드 등 사용금액은 기본공제대상자라 하더라도 공제대상 사용금액에 포함되지 않는다.

12

답 ②

▌정답해설▐

1. 과세기준금액 : ₩35,625,000

구분	과세기준금액	비고
과세기준금액	₩35,625,000	$₩45,000,000 \times \frac{₩380,000,000}{₩100,000,000 + ₩380,000,000}$

2. 과세제외기여금(주1) : ₩0

주1 과세제외기여금 : 2002.1.1. 이후 연금기여금을 납부하였으나 소득공제를 받지 못한 금액을 과세제외기여금이라고 함

3. 총연금액 : (1) − (2) = ₩35,625,000

4. 연금소득공제 : Min(①, ②) = ₩8,462,500
   ① ₩6,300,000 + (₩35,625,000 − ₩14,000,000) × 10% = ₩8,462,500
   ② 한도 : ₩9,000,000

5. 연금소득금액
   ₩35,625,000 − ₩8,462,500 = ₩27,162,500

13 고난도

답 ①

❙ 정답해설 ❙

※ 의료비세액공제는 근로소득이 있는 거주자가 기본공제대상자(연령 및 소득요건의 제한을 받지 않음)를 위하여 해당 과세기간에 의료비를 지출한 경우 의료비 세액공제를 해당 과세기간 종합소득산출세액에서 공제한다.

〈의료비세액공제〉

(1) 의료비 구분

① 일반의료비 : ₩2,000,000(배우자 건강진단비) + ₩1,500,000(모친 보청기 구입비) = ₩3,500,000

② 본인등 의료비(주1) : ₩500,000(주2) + ₩4,000,000(주3)(65세 이상자) = ₩4,500,000

> 주1 본인, 65세 이상, 장애인, 중증질환자, 희귀난치성환자, 결핵환자에 해당하는 사람을 위하여 지출한 의료비
> 주2 시력보정용 안경 또는 콘택트렌즈 구입을 위하여 지출한 비용은 1인당 연 50만원을 한도로 함
> 주3 ₩9,000,000 − ₩5,000,000(실손의료보험금) = ₩4,000,000

③ 미숙아등 의료비 : 없음

④ 난임시술비 : ₩10,000,000

(2) 기준초과여부

① 일반의료비 기준초과(△기준미달)여부 : ₩3,500,000 − ₩120,000,000 × 3% = △₩100,000(기준미달 일반의료비)

② 일반 · 본인등 의료비 △기준미달여부 : (₩3,500,000 + ₩4,500,000) − ₩120,000,000 × 3% = ₩4,400,000

③ 일반 · 본인등 · 미숙아등 의료비 △기준미달여부 : (₩3,500,000 + ₩4,500,000 + ₩0) − ₩120,000,000 × 3% = ₩4,400,000

(3) 의료비 세액공제 : ① + ② + ③ + ④ = ₩3,660,000

① 일반의료비 세액공제 : [Min(₩0, ₩7,000,000)] × 15% = ₩0

② 본인등 의료비 세액공제 : (₩4,500,000 − ₩100,000) × 15% = ₩660,000

③ 미숙아등 의료비 세액공제 : 없음

④ 난임시술비 세액공제 : (₩10,000,000 − ₩0) × 30% = ₩3,000,000

더 알아보기 의료비 세액공제

1. 의료비세액공제는 근로소득이 있는 거주자가 기본공제대상자(연령 및 소득요건의 제한을 받지 않음)를 위하여 해당 과세기간에 의료비를 지출한 경우 의료비 세액공제를 해당 과세기간 종합소득산출세액에서 공제한다.

2. 의료비세액공제
   (1) 의료비 구분
   ① 일반의료비 : 기본공제대상자를 위하여 지출한 의료비(아래 ②, ③, ④의 의료비 제외)
   ② 본인등 의료비 : 본인(거주자), 65세이상, 장애인, 중증질환자, 희귀난치성환자, 결핵환자에 해당하는 사람을 위하여 지출한 의료비
   ③ 미숙아등 의료비 : 모자보건법에 의한 미숙아, 선천성이상아의 치료를 위하여 지출한 의료비
   ④ 난임시술비

(2) 기준초과여부
① 일반의료비 기준초과(△기준미달)여부 : (일반의료비 − 총급여액 × 3%)
⇒ (+)이면 기준초과 일반의료비, (−)이면 기준미달 일반의료비
② 일반·본인등 의료비 △기준미달여부 : (일반의료비 + 본인등 의료비) − 총급여액 × 3%
⇒ (−)이면 기준미달 일반·본인등 의료비
③ 일반·본인등·미숙아등 의료비 △기준미달여부 : (일반의료비 + 본인등 의료비 + 미숙아등 의료비) − 총급여액 × 3%
⇒ (−)이면 기준미달 일반·본인등·미숙아등 의료비

(3) 의료비 세액공제 : ① + ② + ③ + ④
① 일반의료비 세액공제 : [Min(기준초과 일반의료비, ₩7,000,000)] × 15%
② 본인등 의료비 세액공제 : [본인등 의료비 − 기준미달 일반의료비] × 15%
③ 미숙아등 의료비 세액공제 : [미숙아등 의료비 − 기준미달 일반·본인등 의료비] × 20%
④ 난임시술비 세액공제 : [난임시술비 − 기준미달 일반·본인등·미숙아등 의료비] × 30%

14

답 ①

정답해설

① 토지 등 매매차익 예정신고·납부를 한 부동산매매업자도 중간예납의무가 있다. 이 경우 중간예납세액은 다음과 같다. 다만, 토지 등 매매차익 예정신고납부세액이 중간예납기준액의 2분의 1을 초과하는 경우에는 중간예납세액이 없는 것으로 한다.

$$중간예납세액 = 중간예납기준액 \times \frac{1}{2} - 중간예납기간\ 중의\ 토지\ 등\ 매매차익\ 예정신고납부세액$$

더 알아보기 중간예납제도 비교

구분	법인세법	소득세법
중간예납대상	사업연도 기간이 6개월을 초과하는 내국법인	종합소득이 있는 거주자(신규사업개시자, 이자·배당·근로·연금·기타소득만 있는 자 등 일정한 자는 제외)
중간예납기간	사업연도 개시일부터 6개월이 되는 날	1월 1일~6월 30일
중간예납세액 계산방법	직전 과세기간 실적기준과 중간예납기간 실적기준 중 선택	직전 과세기간 실적기준이 원칙
중간예납세액의 신고·납부	중간예납기간 종료일부터 2월 이내에 자진신고납부	11월 중 고지납부
소액부징수, 납부의무면제	직전 사업연도의 중소기업으로서 직전 사업연도의 산출세액을 기준으로 하는 방법에 따라 계산한 중간예납세액이 50만원 미만인 내국법인은 중간예납납부 의무 면제	50만원 미만인 경우 소액부징수
분납	1,000만원을 초과하는 경우 납부기한 경과 후 1개월(중소기업 2개월) 이내에 분납 가능	1,000만원 초과하는 경우 납부기한 경과 후 2개월 이내에 분납 가능

15 고난도

답 ④

▌정답해설▌

구분	금액	비고
양도가액	₩500,000,000	
취득가액 및 기타 필요경비	(₩130,000,000(주1))	취득 당시 실지거래가액을 확인할 수 없어 환산취득가액으로 하는 경우 다음에 해당하는 금액 중 큰 금액으로 한다. ① 환산취득가액 + 필요경비 개산공제액 ② 자본적 지출액 + 양도비
양도차익	₩370,000,000	

주1 Max(①, ②) = ₩130,000,000

① 환산취득가액(₩500,000,000 × $\frac{₩100,000,000}{₩400,000,000}$ = ₩125,000,000) + 필요경비 개산공제액(100,000,000 × 3% = ₩3,000,000) = ₩128,000,000

② 자본적 지출액(₩120,000,000) + 양도비(₩10,000,000) = ₩130,000,000

16

답 ③

▌정답해설▌

③ 내국법인이 사업연도 중에 상법 등의 규정에 따라 조직변경을 한 경우 조직변경 전의 사업연도가 계속되는 것으로 본다. 즉, 조직변경은 사업연도 의제사유가 아니다.

17

답 ④

▌정답해설▌

소득의 귀속자에게 추가적인 납세의무가 발생하지 않는 소득처분은 상여, 배당, 기타소득이 아닌 소득처분이다.

④ 추계로 과세표준을 결정할 때 대표자에 대한 상여로 처분하여 발생한 소득세를 대납한 경우 : 손금불산입(기타사외유출)

① 임원 퇴직금 한도 초과액 : 손금불산입(상여)

② 채권자 불분명 사채이자(원천징수분 제외) : 손금불산입(상여)

③ 임직원이 아닌 개인주주가 업무와 무관하게 사용하고 있는 건물에 대한 임차료 : 손금불산입(배당)

⑤ 임원 상여금 한도 초과액 : 손금불산입(상여)

18

답 ③

▌정답해설▌

1. 받은 대가(감자대가) : 10,000주 × ₩18,000 = ₩180,000,000

2. 소멸한 주식의 취득가액 : 6,000주 × ₩0(주1) + 4,000주 × ₩12,500(주2) = ₩50,000,000

주1 단기소각주식 특례이므로, 보유주식 중 의제배당으로 과세되지 않은 무상주 6,000주가 먼저 소각된 것으로 보며, 그 주식 등의 당초 취득가액은 ₩0으로 함. 주식발행초과금(채무의 출자전환시 채무면제이익이 아님)은 과세되지 않는 무상주임

주2 $\frac{(10{,}000주 \times ₩14{,}000 + 2{,}000주 \times ₩5{,}000)}{(10{,}000주 + 2{,}000주)} = ₩12{,}500$

3. 의제배당금액 : ₩180,000,000 − ₩50,000,000 = ₩130,000,000

19

답 ④

▌정답해설▌

※ (주)C 주식은 배당기준일 전 3개월 이내에 취득한 주식이므로 수입배당금 익금불산입을 적용하지 않음

$(₩35{,}000{,}000 - ₩50{,}000{,}000 \times \frac{₩350{,}000{,}000}{₩5{,}000{,}000{,}000}) \times 100\% = ₩31{,}500{,}000$

더 알아보기 수입배당금액에 적용되는 익금불산입률 개정(2023년)

출자법인	피출자법인에 대한 출자비율	익금불산입률
내국법인 (고유목적사업준비금을 손금에 산입하는 비영리내국법인은 제외)	20% 미만	30%
	20% 이상 50% 미만	80%
	50% 이상	100%

20

답 ⑤

▌정답해설▌

1. 23기 기말 세무조정
   ① B/S상 외화차입금 기말 평가액 : $10,000 × ₩1,250 = ₩12,500,000
   ② 세무상 외화차입금 기말 평가액 : $10,000 × ₩1,300 = ₩13,000,000
   ③ 세무조정 : 〈손금산입〉 외화차입금 ₩500,000 (△유보)

2. 24기 세무조정
   1) 유보 추인 : 〈익금산입〉 외화차입금 ₩500,000(유보)
   2) 24기 기말 세무조정
      ① B/S상 외화예금 기말 평가액 : $20,000 × ₩1,280 = ₩25,600,000
      ② 세무상 외화예금 기말 평가액 : $20,000 × ₩1,320 = ₩26,400,000
      ③ 세무조정 : 〈익금산입〉 외화예금 ₩800,000 (유보)

3. 24기 각 사업연도 소득금액에 미치는 영향 : ₩500,000 + ₩800,000 = ₩1,300,000

21 고난도

▌정답해설▐

※ 감가상각의제 : (주)A는 제2기부터 세액감면을 받고 있으므로, 감가상각의제 규정이 적용되므로 제2기와 제3기에 세법상 상각범위액만큼 감가상각비를 손금에 산입해야 함
※ 기계장치의 경우 무신고시 정률법을 적용
※ 즉시상각의제 특례 : 수선비로 계상한 자본적 지출액이 직전 사업연도 종료일 현재 재무상태표상 자산가액(취득가액 − 감가상각누계액)의 5%에 미달하는 경우 손금으로 인정

〈세무상 미상각잔액 계산〉

1. 제2기 세무조정
   ① 회사계상 감가상각비 : ₩25,000,000(주1)

   > 주1 제3기말 감가상각비 누계액 ₩75,000,000에서 제3기 감가상각비 ₩50,000,000을 차감한 금액

   ② 상각범위액 : ₩500,000,000 × 0.259 × $\frac{6}{12}$ = ₩64,750,000
   ③ 세무조정 : 〈손금산입〉 감가상각의제 ₩39,750,000(△유보)

2. 제3기 세무조정
   ① 회사계상 감가상각비 : ₩50,000,000
      ※ 수선비로 계상한 자본적지출액(₩22,000,000)이 직전 사업연도 종료일 현재 재무상태표상 자산가액(취득가액 − 감가상각누계액) [(₩500,000,000 − ₩25,000,000) × 5% = ₩23,750,000]에 미달하므로 전액 손금 인정
   ② 상각범위액 : (₩500,000,000 − ₩64,750,000) × 0.259 = ₩112,729,750
   ③ 세무조정 : 〈손금산입〉 감가상각의제 ₩62,729,750(△유보)

3. 제3기말 세무상 미상각잔액
   ₩500,000,000 − ₩64,750,000 − ₩112,729,750 = ₩322,520,250

22

답 ③

▌정답해설▐

③ 결산을 확정할 때 이미 경과한 기간에 대응하는 이자 및 할인액을 해당 사업연도의 손비로 계상한 경우에는 그 계상한 사업연도의 손금으로 한다. 다만, 차입일부터 이자지급일이 1년을 초과하는 특수관계인과의 거래에 따른 이자 및 할인액의 경우에는 기간 경과분에 대한 이자비용을 비용으로 계상한 경우에도 이를 인정하지 않는다.

23 고난도

답 ①

▌정답해설▐

※ 기업업무추진비 세무조정은 접대행위가 일어난 사업연도에 행한다. 따라서 접대행위가 일어났으나 아직 미지급된 금액도 그 사업연도의 기업업무추진비로 인정하여 세무조정한다.

※ 법인이 그 직원이 조직한 조합 또는 단체에 지출한 복리시설비의 경우 해당 조합이나 단체가 법인인 경우에는 이를 기업업무추진비로 보며, 법인이 아닌 경우에는 해당 법인의 경리의 일부로 본다.

※ 법인이 기업업무추진비를 금전 외의 자산으로 제공한 경우 해당 자산의 가액은 제공한 때의 시가와 장부가액 중 큰 금액으로 한다.

※ 내국인(내국법인 또는 거주자를 말함)이 2025.12.31. 이전에 지출한 문화기업업무추진비가 있는 경우 다음의 금액을 기업업무추진비한도에 추가한다.

Min(문화기업업무추진비 지출액, 일반기업업무추진비 한도액 × 20%)

〈기업업무추진비 한도초과액 계산〉

1. 기업업무추진비 해당액
   (1) 손익계산서상 기업업무추진비 : ₩90,000,000(주1)
   (2) 전기 기업업무추진비 : (₩5,000,000) ⇒ 손금불산입(유보)
   (3) 현물기업업무추진비 : ₩2,000,000 ⇒ ₩11,000,000 − ₩9,000,000
   (4) 기업업무추진비 해당액 : ₩87,000,000

> 주1 법인이 그 직원이 조직한 조합 또는 단체에 지출한 복리시설비의 경우 해당 조합이나 단체가 법인인 경우에는 이를 기업업무추진비로 보며, 기업업무추진비로 계상되어 있으므로 별도의 세무조정은 하지 않음

2. 기업업무추진비 한도액 : (1) + (2) + (3) = ₩84,720,000
   (1) 기본 한도 : $₩36,000,000 \times \frac{12}{12} = ₩36,000,000$
   (2) 수입금액 한도 : $(₩10,000,000,000 \times \frac{3}{1,000}) + (₩2,000,000,000 \times \frac{2}{1,000}) + (₩3,000,000,000 \times \frac{2}{1,000} \times 10\%)$
   $= ₩34,600,000$
   (3) 문화기업업무추진비 추가한도 : Min[₩20,000,000, (₩36,000,000 + ₩34,600,000) × 20%] = ₩14,120,000

3. 기업업무추진비 한도초과액
   ₩87,000,000 − ₩84,720,000 = ₩2,280,000(손금불산입, 기타사외유출)

24 고난도

답 ③

▌정답해설▌

1. 대손금에 대한 세무조정
   (1) 〈손금산입〉 소멸시효 완성된 외상매출금 ₩10,000,000(△유보)
   (2) 〈손금불산입〉 업무무관가지급금 ₩8,000,000(기타사외유출)
   (3) 〈손금불산입〉 대손사유 미충족 외상매출금 ₩20,000,000(유보)

2. 대손충당금 한도액 계산
   (1) 세무상 기말 대손충당금 설정 대상 채권 : ₩2,500,000,000
   (2) 설정률 : Max(①, ②) = 1.5%
      ① 1%
      ② 대손실적률 : $\frac{₩10,000,000 + ₩20,000,000}{₩2,000,000,000} = 1.5\%$
   (3) 대손충당금 한도액 : ₩2,500,000,000 × 1.5% = ₩37,500,000

2. 대손충당금 세무조정
   (1) 전기 대손충당금 한도초과액 추인 : 〈손금산입〉 대손충당금 ₩6,000,000(△유보)
   (2) 당기 대손충당금 한도초과액 : ₩50,000,000 − ₩37,500,000 = ₩12,500,000
   〈손금불산입〉 대손충당금 ₩12,500,000(유보)

3. 각사업연도 소득금액에 미치는 영향
   △₩10,000,000 + ₩8,000,000 + ₩20,000,000 + △₩6,000,000 + ₩12,500,000 = ₩24,500,000

25 고난도

답 ②

▌정답해설▌

1. 사택임대
   (1) 적정임대료 : (₩400,000,000 × 50% − ₩100,000,000) × 3% = ₩3,000,000
   (2) 임대료수익 : ₩2,000,000
   (3) 부당행위계산부인 판단 : (₩3,000,000 − ₩2,000,000) ≧ [(₩3,000,000 × 5%) or ₩300,000,000]
      ⇒ 부당행위계산부인 적용
   (4) 세무조정 : 〈익금산입〉 사택제공이익 ₩1,000,000(상여)

2. 건설용역 제공
   (1) 적정용역대가 : ₩200,000,000 × (1 + 25%(주1)) = ₩250,000,000

   주1 수익률(유사용역의 원가이익률) : $\frac{₩500,000,000 - ₩400,000,000}{₩400,000,000} = 25\%$

   (2) 용역대가 : ₩240,000,000
   (3) 부당행위계부인 판단 : (₩250,000,000 − ₩240,000,000) < [(₩250,000,000 × 5%) or ₩300,000,000]
      ⇒ 부당행위계산 부인을 적용하지 않음

3. 각사업연도 소득금액에 미치는 영향 : (+)₩1,000,000

26 고난도

답 ④

▌정답해설▌

〈세법 개정〉

1. 외국자회사 요건을 종전에는 내국법인이 직접 외국법인의 의결권 있는 발행주식총수의 25% 이상을 출자하고 있는 법인으로 하였으나, 내국법인이 직접 외국법인의 의결권 있는 발행주식총수의 10%[해외자원개발을 하는 외국법인 2%(개정안 : 5% ⇒ 2%)] 이상을 출자하고 있는 법인으로 완화
2. 외국자회사의 주식을 6개월 이상 보유하고 있는지를 판단하는 날을 '배당확정일'에서 '배당기준일'로 변경
3. 외국납부세액공제는 외국자회사 수입배당금액의 익금불산입이 적용되지 않는 경우에만 적용

〈외국납부세액공제 계산〉

1. 간접외국납부세액(외국자회사가 납부한 외국법인세액)

$$₩20,000,000 \times \frac{₩100,000,000}{₩270,000,000 - ₩20,000,000} = ₩8,000,000$$

2. 과세표준 : ₩292,000,000(국내원천소득) + ₩100,000,000(수입배당금액) + ₩8,000,000(간접외국납부세액) = ₩400,000,000

3. 산출세액 : ₩18,000,000 + (₩400,000,000 − ₩200,000,000) × 19% = ₩56,000,000

4. 외국납부세액공제 : Min(①, ②) = ₩15,120,000
   ① 외국납부세액 : ₩10,000,000(직접외국납부세액) + ₩8,000,000(간접외국납부세액) = ₩18,000,000
   ② 한도액 : $₩56,000,000 \times \frac{₩108,000,000}{₩400,000,000} = ₩15,120,000$

27

답 ⑤

▌정답해설▌

① 과세표준을 계산할 때 공제되지 않은 비과세소득 및 소득공제액(최저한세의 적용으로 인하여 공제되지 않은 소득공제액 포함)은 다음 사업연도 이후로 이월하여 공제할 수 없다.
② 유동화전문회사 등에 해당하는 내국법인이 배당가능이익의 90% 이상을 배당한 경우 그 금액은 해당 배당을 결의한 잉여금 처분의 대상이 되는 사업연도의 소득금액에서 공제한다.
③ 내국법인의 각 사업연도의 소득에 대한 법인세의 과세표준은 각 사업연도의 소득의 범위에서 이월결손금, 비과세소득 및 소득공제액을 차례로 공제한 금액으로 한다. 다만, 이월결손금에 대한 공제는 각 사업연도의 소득의 80%(중소기업과 회생계획을 이행 중인 기업 등의 법인은 100%)를 한도로 한다.
④ 법인세 과세표준과 세액을 추계결정, 경정하는 경우에는 이월결손금 규정을 적용하지 않는다. 다만, 과세표준을 추계함으로 인하여 공제되지 못한 이월결손금도 공제시한(15년, 2019.12.31.까지 개시하는 사업연도에 발생한 결손금은 10년, 2008.12.31.까지 개시하는 사업연도에 발생한 결손금은 5년)이 지나지 않은 경우에는 그 후의 사업연도에서 공제할 수 있다.

28

답 ②

▌정답해설▐

② 피합병법인의 주주 등이 합병으로 인하여 받은 합병대가의 총합계액 중 합병법인의 주식가액이 80% 이상이어야 한다는 것은 적격합병의 요건 중의 하나이다.

더 알아보기 적격합병 요건

1. 사업목적의 합병 : 합병등기일 현재 1년 이상 사업을 계속하던 내국법인 간의 합병일 것
2. 지분의 연속성
   ① 피합병법인의 주주 등이 합병으로 인하여 받은 합병대가의 총합계액 중 합병법인의 주식 등의 가액이 80% 이상이거나 합병법인의 모회사(합병등기일 현재 합병법인의 발행주식총수 또는 출자총액을 소유하고 있는 내국법인을 말함)의 주식 등의 가액이 80% 이상인 경우로서 그 주식 등이 피합병법인의 일정한 지배주주 등에 대한 주식의 배정기준에 따라 배정되고,
   ② 피합병법인의 일정한 지배주주 등이 합병등기일이 속하는 사업연도의 종료일까지 합병으로 교부받은 전체 주식의 50% 미만으로 처분할 것
3. 사업의 계속성 : 합병법인이 합병등기일이 속하는 사업연도의 종료일까지 피합병법인으로부터 승계받은 사업을 계속할 것
4. 고용의 연속성
   ① 합병등기일 1개월 전 당시 피합병법인에 종사하는 일반근로자 중 합병법인이 승계한 근로자의 비율이 80% 이상이고(고용승계),
   ② 합병등기일 속하는 사업연도의 종료일까지 그 비율을 유지할 것(고용유지)

29

답 ①

▌정답해설▐

② 주식·신주인수권 또는 출자지분의 양도로 인한 수입은 비영리법인의 각사업연도소득금액에 대한 법인세 과세대상이 수익사업에서 생기는 소득에 해당한다.

③ 청산소득에 대한 법인세 납세의무가 있는 내국법인은 잔여재산가액 확정일이 속하는 달의 말일로부터 3개월 이내에 청산소득에 대한 법인세의 과세표준과 세액을 납세지 관할세무서장에게 신고하여야 한다.

④ 비영리내국법인은 원천징수된 이자소득(비영업대금의 이익은 제외하고, 투자신탁의 이익을 포함)에 대해서는 과세표준신고를 하지 아니할 수 있다.

⑤ 6개월을 초과하여 존속하는 건축장소, 건설·조립·설치장소의 현장 또는 이와 관련된 감독을 하는 장소는 외국법인의 국내사업장에 해당한다.

30

답 ③

▌정답해설▐

① 외국으로부터 국내에 도착된 물품(외국 선박에 의해 공해에서 채집되거나 잡힌 수산물을 포함)으로서 수입신고가 수리되기 전의 것을 국내에 반입하는 것(보세구역을 거치는 것은 보세구역에서 반입하는 것)은 재화의 수입으로 보아 부가가치세법상 과세거래에 해당한다.

② 부가가치세법상 과세대상은 사업자가 행하는 재화 또는 용역의 공급에 대하여 과세되며, 재화의 수입의 경우는 사업자와 무관하게 부가가치세법상 과세대상이다. 따라서 사업자가 아닌 개인이 중고자동차를 사업자에게 판매하는 거래는 과세대상이 아니지만, 사업자가 아닌 개인이 소형승용차를 외국으로부터 수입하는 거래는 과세대상이다.

④ 국세징수법에 따른 공매 및 민사집행법에 따른 경매에 따라 재화를 인도하거나 양도하는 것은 재화의 공급으로 보지 않는다.
⑤ 사업자가 주요자재를 전혀 부담하지 아니하고 상대방으로부터 인도받은 재화를 단순히 가공만 해주는 것은 용역의 공급으로 본다.

더 알아보기 가공이나 건설의 경우 재화의 공급과 용역의 공급 판정기준

구분	판정
자기가 주요자재를 전혀 부담하지 아니하고 상대방으로부터 인도받은 재화를 단순히 가공만 해 주는 것	용역의 공급
자기가 주요자재의 전부 또는 일부를 부담하고 상대방으로부터 인도받은 재화를 가공하여 새로운 재화를 만드는 가공 계약에 따라 재화를 인도하는 것	재화의 공급
건설업의 경우 건설사업자가 건설자재의 전부 또는 일부를 부담하는 것	용역의 공급

31

답 ③

정답해설

③ 사업자등록을 신청하기 전의 매입세액은 매출세액에서 공제하지 않는다. 다만, 공급시기가 속하는 과세기간이 끝난 후 20일 이내에 사업자등록을 신청한 경우 등록신청일부터 공급시기가 속하는 과세기간 기산일(주1)까지 역산한 기간 내의 매입세액은 매출세액에서 공제한다.

주1 과세기간 기산일 : 일반과세자의 경우 1기는 1월 1일, 2기는 7월 1일, 간이과세자의 경우는 1월 1일

더 알아보기 사업장

1. 사업장이란 사업자가 사업을 하기 위하여 거래의 전부 또는 일부를 하는 고정된 장소를 말하며, 그 구체적인 범위는 다음과 같고 이러한 사업장 외의 장소도 사업자의 신청에 따라 추가로 사업장으로 등록할 수 있다.

구분	사업장
광업	광업사무소 소재지
제조업	최종제품을 완성하는 장소(따로 제품의 포장만을 하거나 용기에 충전만을 하는 장소는 제외)
건설업・운수업과 부동산매매업	① 법인 : 법인의 등기부상의 소재지(등기부상의 지점소재지 포함) ② 개인 : 사업에 관한 업무를 총괄하는 장소
부동산임대업	부동산의 등기부상 소재지 다만, 부동산상의 권리만을 대여하거나 전기사업자, 전기통신사업자, 한국토지주택공사 등에 해당하는 사업자가 부동산을 임대하는 경우에는 그 사업에 관한 업무를 총괄하는 장소를 사업장으로 함
무인자동판매기를 통하여 재화・용역을 공급하는 사업	사업에 관한 업무를 총괄하는 장소
비거주자 또는 외국법인의 경우	소득세법・법인세법에 따른 국내사업장

2. 다만, 무인자동판매기를 통하여 재화・용역을 공급하는 사업의 경우에는 추가로 사업장을 등록할 수 없다.
3. 또한 사업장을 설치하지 아니하고 사업자등록도 하지 아니한 경우에는 과세표준 및 세액을 결정 또는 경정할 당시의 사업자의 주소 또는 거소를 사업장으로 한다.

32

답 ⑤

| 정답해설 |

1. 단기할부판매 : ₩50,000,000(주1)

> 주1 할부판매의 이자상당액은 과세표준에 포함함

2. 판매목적 타사업장 반출(주2) : ₩12,000,000(주3)

> 주2 ① 사업장이 둘 이상 있는 사업자가 자기의 사업과 관련하여 생산 또는 취득한 재화를 판매할 목적으로 자기의 다른 사업장에 반출하는 것은 재화의 공급으로 봄
> ② 다만, 다음의 어느 하나에 해당하는 경우에는 재화의 공급으로 보지 아니함
> ㉠ 사업자가 사업자단위과세의 적용을 받는 과세기간에 자기의 다른 사업장에 반출하는 경우
> ㉡ 사업자가 주사업장 총괄납부의 적용을 받는 과세기간에 자기의 다른 사업장에 반출하는 경우(다만, 세금계산서를 발급하고 관할세무서장에게 예정신고 또는 확정신고를 한 경우는 제외)
>
> 주3 반출가액(취득가액에 일정액을 더하여 공급한 가액)

3. 선발급세금계산서 : ₩3,000,000

4. 과세표준 : ₩50,000,000 + ₩12,000,000 + ₩3,000,000 = ₩65,000,000

더 알아보기 재화·용역의 공급시기 특례

1. 공급시기 전에 받은 대가에 대한 세금계산서 등 발급
사업자가 재화·용역의 공급시기가 되기 전에 재화·용역에 대한 대가의 전부 또는 일부를 받고, 그 받은 대가에 대하여 세금계산서 또는 영수증을 발급하면 그 세금계산서 등을 발급하는 때를 공급시기로 본다.

2. 세금계산서 등 발급 후 대가 수령

구분	공급시기
발급 후 7일 이내 대가 수령	사업자가 재화·용역의 공급시기가 되기 전에 세금계산서를 발급하고 그 세금계산서 발급일로부터 7일 이내에 대가를 받으면 해당 세금계산서를 발급한 때를 공급시기로 본다.
발급 후 7일이 지난 후 대가를 수령한 경우	다음의 어느 하나에 해당하는 경우에는 해당 세금계산서를 발급한 때를 공급시기로 본다. ① 거래 당사자 간의 계약서·약정서 등에 대금 청구시기(세금계산서 발급일)와 지급시기를 따로 적고, 대금 청구시기와 지급시기 사이의 기간이 30일 이내인 경우 ② 재화·용역의 공급시기가 세금계산서 발급일이 속하는 과세기간 내(공급받는 자가 조기환급을 받은 경우에는 세금계산서 발급일부터 30일 이내)에 도래하는 경우

3. 장기할부판매 등의 특례
(1) 원칙 : 대가의 각부분을 받기로 한 때를 공급시기로 본다.
(2) 특례 : 사업자가 다음의 공급시기가 되기 전에 세금계산서 또는 영수증을 발급하는 경우에는 그 발급한 때를 각각 그 재화·용역의 공급시기로 본다.
① 장기할부판매로 재화를 공급하거나 장기할부조건부로 용역을 공급하는 경우의 공급시기
② 전력이나 그 밖에 공급단위를 구획할 수 없는 재화를 계속적으로 공급하는 경우의 공급시기
③ 공급단위를 구획할 수 없는 용역을 계속적으로 공급하는 경우의 공급시기

4. 폐업 전에 공급한 재화·용역의 공급시기 특례
사업자가 폐업 전에 공급한 재화·용역의 공급시기가 폐업일 이후에 도래하는 경우에는 그 폐업일을 공급시기로 본다.

33

답 ①

정답해설

① 국내에서 국내사업장이 없는 비거주자 또는 외국법인에 공급되는 컨테이너 수리용역 등 일정한 재화 또는 사업에 해당하는 용역은 그 대금을 외국환은행에서 원화로 받거나 기획재정부령으로 정하는 방법(주1)으로 받는 것에 한하여 영세율이 적용된다.

주1 기획재정부령으로 정하는 방법이란 다음의 방법을 말한다.
① 국외의 비거주자 또는 외국법인으로부터 외화를 직접 송금받아 외국환은행에 매각하는 방법
② 국내사업장이 없는 비거주자 또는 외국법인에 재화를 공급하거나 용역을 제공하고 그 대가를 해당 비거주자 또는 외국법인에 지급할 금액에서 빼는 방법 등

34 고난도

답 ⑤

정답해설

※ 임차인별로 계산 후 합산

1. 임차인(갑)
(1) 주택부수토지의 과세면적과 면세면적 구분

주택부수토지	면세면적	과세면적
375m²(주1)	150m²(주2)	225m²(주3)

주1 주택부수토지 : $750m^2 \times \frac{30m^2}{60m^2} = 375m^2$
주2 면세면적 : $\text{Min}[375m^2, \text{Max}(30m^2 \times 5\text{배}, 30m^2)]$
주3 과세면적 : $375m^2 - 150m^2 = 225m^2$

(2) 총임대료 : ₩3,000,000 + ₩157,907 = ₩3,157,907

① 임대료 : ₩1,000,000 × 3개월 = ₩3,000,000

② 간주임대료 : ₩21,900,000 × 91일 × $\frac{1}{366(\text{윤년})}$ × 2.9% = ₩157,907

(3) 임차인(갑) 과세표준 : ₩3,157,907 × $\frac{₩400,000,000}{₩500,000,000}$ × $\frac{225m^2}{375m^2}$ = ₩1,515,795

2. 임차인(을) 과세표준 : ₩6,000,000 + ₩315,814 = ₩6,315,814

① 임대료 : ₩2,000,000 × 3개월 = ₩6,000,000

② 간주임대료 : ₩43,800,000 × 91일 × $\frac{1}{366(\text{윤년})}$ × 2.9% = ₩315,814

3. 과세표준 합계액

₩1,515,795 + ₩6,315,814 = ₩7,831,609

더 알아보기 겸용주택 임대의 경우 과세표준

1. 겸용주택 임대의 경우 과세 면세 판단

구분	건물	부수토지
주택면적 > 사업용 건물면적	전부를 주택으로 보고 면세	전부를 주택부수토지로 보되, 한계면적(주1) 이내에서 면세
주택면적 ≦ 사업용 건물면적	주택부분만 면세	총토지면적에서 주택이 차지하는 비율(주택부분 면적/총건물면적)을 곱하여 주택부수토지를 계산하되, 한계면적(주1) 이내에서 면세

2. 과세표준

(1) 과세되는 부동산임대용역과 면세되는 주택임대용역을 함께 공급하는 때에는 실지귀속에 따라 공급가액 계산

(2) 실지 귀속이 불분명한 경우

① 임대료 총액 × $\frac{\text{건물가액 또는 토지가액(주2)}}{\text{토지가액과 정착된 건물가액의 합계액}}$ = 건물분 또는 토지분 임대료 상당액

② ㉠ 건물분 임대료 상당액 × $\frac{\text{과세되는 건물임대면적}}{\text{총건물임대면적}}$ = 건물임대 공급가액

㉡ 토지분 임대료 상당액 × $\frac{\text{과세되는 토지임대면적}}{\text{총토지임대면적}}$ = 토지임대 공급가액

주1 주택부수토지의 한계면적 : Max(①, ②)

① 건물이 정착된 면적(주택의 정착면적과 주택으로 간주되는 사업용 건물의 정착면적을 합한 면적) × 5배(도시지역 밖의 토지는 10배)

② 주택의 연면적(지하층의 면적, 지상층의 주차용으로 사용되는 면적 및 주민공동시설의 면적은 제외)

주2 여기서 건물가액 또는 토지가액은 예정신고기간 또는 과세기간이 끝난 날 현재의 기준시가에 따른다.

35

답 ⑤

▌정답해설▐

1. 면세비율

구분	면세비율	납부세액(또는 환급세액) 재계산
2023년 제1기	40%	–
2023년 제2기	44%	면세비율이 5% 이상 증감하지 않았으므로 납부세액 재계산하지 않음
2024년 제1기	50%	납부세액 재계산 대상

2. 납부세액(또는 환급세액) 재계산

₩30,000,000 × (1 − 5% × 2기) × (50% − 40%) = ₩2,700,000

더 알아보기 납부세액 또는 환급세액 재계산

1. 재계산 요건
   ① 재계산 대상이 되는 자산은 과세사업과 면세사업에 공통으로 사용되는 감가상각자산이어야 함
   ② 당초 매입세액공제 또는 공통매입세액 안분계산의 대상이 되었던 매입세액이어야 함
   ③ 재계산은 해당 과세기간의 면세비율과 해당 감가상각자산의 취득일이 속하는 과세기간(그 후의 과세기간에 재계산하였을 때에는 그 재계산한 과세기간)에 적용하였던 면세비율간의 차이가 5% 이상인 경우에만 적용함. 여기서 면세비율이란 총공급가액에 대한 면세공급가액의 비율 또는 총사용면적에 대한 면세사용면적비율을 말함

2. 재계산 방법

가산 또는 공제되는 세액 = 해당 재화의 매입세액 × (1 − 체감률(주1) × 경과된 과세기간의 수(주2)) × 증감된 면세비율(주3)

3. 신고납부 : 재계산된 세액을 해당 과세기간의 확정신고와 함께 관할세무서장에 신고납부해야 함. 즉 예정신고시에는 재계산을 하지 않음

4. 재계산 배제
   ① 과세사업에 제공하던 감가상각자산이 자기생산·취득재화의 공급의제에 해당하는 경우에는 재계산을 하지 않음
   ② 과세사업과 면세사업에 공통으로 사용된 감가상각자산을 공급하여 과세표준에 포함되는 공급가액을 안분계산을 한 경우에 해당 감가상각자산을 공급한 날이 속하는 과세기간에는 그 감가상각자산에 대한 재계산을 하지 않음

주1 체감률 : 건물·구축물의 경우 5%, 그 밖의 감가상각자산의 경우 25%

주2 경과된 과세기간의 수
① 과세기간 단위로 계산하되, 건물·구축물의 경우에는 20, 그 밖의 감가상각자산의 경우 4를 한도로 함
② 경과된 과세기간의 수를 계산할 때 과세기간 개시일 후에 감가상각자산을 취득하거나 재계산대상이 된 경우에는 그 과세기간의 개시일에 해당 재화를 취득하거나 재계산대상에 해당하게 된 것으로 봄

주3 증감된 면세비율

취득일이 속하는 과세기간	재계산 방법
면세공급가액 비율로 안분계산한 경우	증감된 면세공급가액 비율에 따라 재계산
면세사용면적 비율로 안분계산한 경우	증감된 면세사용면적 비율에 따라 재계산

36 고난도

답 ①

▌정답해설▌

※ 개정안 : 신용카드매출전표 발급 등에 대한 세액공제 : ① 공제율 : 1%(2027년부터), 1.3%(2026년까지)
② 한도 : 500만원(2027년부터), 1,000만원(2026년까지)

1. 간이과세자
   (1) 납부세액 : ₩63,800,000 × 15% × 10% = ₩957,000
   (2) 공제세액 : ₩264,000 + ₩715,000 = ₩979,000
      ① 매입세금계산서등 수취세액공제 : (₩11,000,000 + ₩41,800,000) × 0.5% = ₩264,000
      ② 신용카드매출전표등 발급 등에 대한 세액공제 : ₩55,000,000 × 1.3% = ₩715,000
      ③ 의제매입세액공제 : 간이과세자의 경우 의제매입세액공제를 적용하지 않음
   (3) 차감납부세액 : ₩957,000 − Min(₩979,000, ₩957,000) = ₩0

2. 일반과세자
   (1) 매출세액 : ₩63,800,000 × $\frac{10}{110}$ = ₩5,800,000
   (2) 매입세액 : ₩4,800,000 + ₩450,000 = ₩5,250,000
      ① 일반매입세액 : (₩11,000,000 + ₩41,800,000) × $\frac{10}{110}$ = ₩4,800,000
      ② 의제매입세액 : ₩5,450,000 × $\frac{9}{109}$ = ₩450,000
   (3) 납부세액 : ₩5,800,000 − ₩5,250,000 = ₩550,000

※ 신용카드매출전표등의 발급 등에 대한 세액공제는 일반과세자의 차가감납부세액 계산시 차감하는 것으로 납부세액 계산시에는 차감하지 않음

37

답 ④

▌정답해설▌

① 국내에 사업장이 없는 비거거자 또는 외국법인 등으로부터 국내에서 용역 또는 권리를 공급받는 자는 그 대가를 지급하는 때에 대리납부의무가 있다. 다만 매입세액을 공제받고 과세사업에 사용하는 자는 대리납부의무가 없다.

② 조기환급을 받고자 하는 사업자는 조기환급기간이 끝난 날부터 25일이내(조기환급신고기한)에 조기환급기간에 대한 과세표준과 환급세액을 관할세무서장에게 신고하여야 하고, 관할세무서장은 사업자가 조기환급신고를 한 경우에는 조기환급기간에 대한 환급세액을 조기환급신고기한이 지난 후 15일 이내에 사업자에게 환급하여야 한다.

③ 과세표준과 납부세액을 추계결정하는 경우에도 기재내용이 분명한 세금계산서를 발급받아 관할세무서장에게 제출하면 매입세액을 공제받을 수 있다.

⑤ 개인사업자와 직전 과세기간 공급가액의 합계액이 1억5천만원 미만인 법인사업자에 대해서는 각 예정신고기간마다 직전 과세기간에 대한 납부세액의 50%(1,000원 미만의 단수가 있을 때에는 그 단수금액은 버린다)를 납부세액으로 해당 예정신고기간이 끝난 후 25일까지 징수한다(예정고지). 다만, 다음의 경우에는 예정고지를 제외한다.
   ㉠ 징수하여야 할 금액이 50만원 미만인 경우
   ㉡ 간이과세자에서 해당 과세기간 개시일 현재 일반과세자로 변경된 경우
   ㉢ 국세징수법에 따른 재난 등으로 인한 납부기한 등의 연장사유로 관할세무서장이 징수하여야 할 금액을 사업자가 납부할 수 없다고 인정되는 경우

38

답 ②

▌정답해설▐

② 수증자가 비거주자인 경우에는 증여자의 주소지를 관할하는 세무서장 등이 증여세를 과세한다.

더 알아보기 증여세 과세관할

1. 원칙 : 수증자의 주소지(주소지가 없거나 분명하지 아니한 경우에는 거소지)
2. 예외
   (1) 다음 중 어느 하나에 해당하는 경우에는 증여자의 주소지
      ① 수증자가 비거주자(본점・주사무소 소재지가 외국에 있는 비영리법인 포함)인 경우
      ② 수증자의 주소 및 거소가 분명하지 아니한 경우
      ③ 명의신탁재산의 증여의제에 따라 재산을 증여한 것으로 보는 경우
   (2) 증여재산 소재지 : 수증자와 증여자 모두 비거주자(본점・주사무소 소재지가 외국에 있는 비영리법인 포함)인 경우 또는 수증자와 증여자 모두의 주소・거소가 분명하지 아니한 경우

39

답 ④

▌정답해설▐

1. 총상속재산가액(주1) : ① + ② = ₩2,005,000,000
   ① 주택 : ₩1,500,000,000
   ② 보험금(의제상속재산가액) : ₩505,000,000

   주1 국민연금법에 따라 사망으로 인하여 지급되는 반환일시금은 상속재산으로 보지 않음

2. 장례비용(주2) : ₩5,000,000

   주2 장례비용의 경우 증빙서류가 없더라도 최소 ₩5,000,000은 공제

3. 증여재산가산액 : ₩300,000,000 ⇒ 합산하는 증여재산가액은 증여일 현재의 시가로 함

4. 상속세과세가액
   ₩2,005,000,000 − ₩5,000,000 + ₩300,000,000 = ₩2,300,000,000

40

답 ④

▌정답해설▐

④ 취득세는 표준세율로 되어 있다. 따라서 지방자치단체의 장은 조례로 정하는 바에 따라 취득세의 세율을 표준세율의 50% 범위내에서 가감할 수 있다.

03 2021년 제56회 정답 및 해설

01	02	03	04	05	06	07	08	09	10	11	12	13	14	15	16	17	18	19	20
①	④	①	①	⑤	⑤	②	①	①	④	②	②	③	③	③	③	⑤	④	④	③
21	**22**	**23**	**24**	**25**	**26**	**27**	**28**	**29**	**30**	**31**	**32**	**33**	**34**	**35**	**36**	**37**	**38**	**39**	**40**
④	⑤	③	①	④	④	②	②	⑤	③	⑤	①	⑤	④	②	①	⑤	②	②	①

01

답 ①

▌정답해설▌

① 납세조합이 징수하는 소득세 또는 예정신고납부하는 소득세의 납세의무 성립시기는 과세표준이 되는 금액이 발생한 달의 말일이다.

더 알아보기 원칙적인 납세의무 성립시기

구분	성립시기
소득세 · 법인세	과세기간이 끝나는 때. 다만, 청산소득에 대한 법인세는 그 법인이 해산을 하는 때
상속세	상속이 개시되는 때
증여세	증여에 의하여 재산을 취득하는 때
종합부동산세	과세기준일(매년 6월 1일)
부가가치세	과세기간이 끝나는 때 다만, 수입재화의 경우에는 세관장에게 수입신고를 하는 때
개별소비세 · 주세 및 교통 · 에너지 · 환경세	과세물품을 제조장으로부터 반출하거나 판매장에서 판매하는 때 또는 과세장소에 입장하거나 과세유흥장소에서 유흥음식행위를 한 때 또는 과세영업장소에서 영업행위를 한 때 다만, 수입물품의 경우에는 세관장에게 수입신고를 하는 때
인지세	과세문서를 작성한 때
증권거래세	해당 매매가액이 확정되는 때
교육세	① 국세에 부과되는 교육세 : 해당 국세의 납세의무가 성립하는 때 ② 금융 · 보험업자의 수익금액에 부과되는 교육세 : 과세기간이 끝나는 때
농어촌특별세	본세의 납세의무가 성립하는 때

가산세	① 무신고가산세 및 과소신고·초과환급신고가산세 : 법정신고기한이 경과하는 때 ② 납부지연가산세 ㉠ 지연일수 1일마다 2.2/10,000 적용분 : 법정납부기한 경과 후 1일마다 그 날이 경과하는 때 ㉡ 체납시 3% 적용분 : 납부고지서에 따른 납부기한이 경과하는 때 ③ 원천징수 등 납부지연가산세 ㉠ 미납시 3% 적용분 : 법정납부기한이 경과하는 때 ㉡ 지연일수 1일마다 2.2/10,000 적용분 : 법정납부기한 경과 후 1일마다 그 날이 경과하는 때 ※ ②와 ③의 ㉡경우 출자자의 제2차납세의무 규정을 적용할 때에는 법정납부기한이 경과하는 때를 납세의무의 성립일로 한다. ④ 그 밖의 가산세 : 가산할 국세의 납세의무가 성립하는 때

더 알아보기 예외적인 납세의무 성립시기

구분	성립시기
원천징수하는 소득세·법인세	소득금액 또는 수입금액을 지급하는 때
납세조합이 징수하는 소득세 또는 예정신고납부하는 소득세	과세표준이 되는 금액이 발생한 달의 말일
중간예납하는 소득세·법인세 또는 예정신고기간·예정부과기간에 대한 부가가치세	중간예납기간 또는 예정신고기간·예정부과기간이 끝나는 때
수시부과하여 징수하는 국세	수시부과할 사유가 발생한 때

02

답 ④

정답해설

④ 해당 재산에 대하여 부과된 상속세, 증여세 및 종합부동산세(이른바 '당해세')는 법정기일 전에 설정된 전세권, 질권 또는 저당권에 의해 담보된 채권보다 우선한다.

03

답 ①

정답해설

① 국세환급금의 소멸시효는 세무서장이 납세자의 환급청구를 촉구하기 위하여 납세자에게 하는 환급청구의 안내·통지 등으로 인하여 중단되지 아니한다.

※ 국세환급금의 소멸시효는 관하여는 국세기본법 또는 세법에 특별한 규정이 있는 것을 제외하고는 민법에 따른다. 여기서 민법 소멸시효의 중단 사유는 다음과 같다.

> ㉠ 청구
> ㉡ 압류(또는 가압류), 가처분
> ㉢ 승인

04

답 ①

▌정답해설▌

① 불고불리의 원칙 : 국세청장은 심사청구에 대한 결정을 할 때 심사청구를 한 처분 외의 처분에 대해서는 그 처분의 전부 또는 일부를 취소 또는 변경하거나 새로운 처분의 결정을 하지 못한다. 이는 심사청구뿐만 아니라 심판청구, 이의신청에도 그대로 적용된다.

05

답 ⑤

▌정답해설▌

⑤ 정기적으로 성실도를 분석한 결과 불성실 혐의가 있다고 인정되는 경우는 세무조사의 정기선정 조사의 사유에 해당되며, 같은 세목 및 같은 과세기간에 대하여 재조사를 할 수 있는 사유에 해당하지 않는다.

더 알아보기 재조사(중복조사)의 금지

다음의 어느 하나에 해당하는 경우가 아니면 같은 세목 및 같은 과세기간에 대하여 재조사를 할 수 없는데 이것을 재조사(중복조사)의 금지라고 한다.

① 조세탈루의 혐의를 인정할 만한 명백한 자료가 있는 경우
② 거래상대방에 대한 조사가 필요한 경우
③ 2개 이상의 과세기간과 관련하여 잘못이 있는 경우
④ ㉠ 불복청구의 인용결정 중 재조사 결정에 따라 조사를 하는 경우(결정서 주문에 기재된 범위의 조사에 한정) 또는 ㉡ 과세전적부심사 청구의 채택결정 중 재조사 결정에 따라 조사를 하는 경우(결정서 주문에 기재된 범위의 조사에 한정)
⑤ 납세자가 세무공무원에게 직무와 관련하여 금품을 제공하거나 금품제공을 알선한 경우
⑥ 부분조사(특정사항에 대한 확인을 위하여 필요한 부분에 한정한 조사를 말함)를 실시한 후 해당 조사에 포함되지 아니한 부분에 대하여 조사하는 경우
⑦ 부동산투기 등 경제질서 교란 등을 통한 세금탈루 혐의가 있는 자에 대하여 일제조사를 하는 경우
⑧ 과세관청 외의 기관이 직무상 목적을 위하여 작성하거나 취득해 과세관청에 제공한 자료의 처리를 위해 조사하는 경우
⑨ 국세환급금의 결정을 위한 확인조사를 하는 경우
⑩ 「조세범처벌절차법(제2조 제1호)」에 따른 조세범칙행위의 혐의를 인정할 만한 명백한 자료가 있는 경우(다만, 해당 자료에 대하여 조세범칙조사심의위원회가 조세범칙조사의 실시에 관한 심의를 한 결과 조세범칙행위의 혐의가 없다고 의결한 경우에는 조세범칙행위의 혐의를 인정할 만한 명백한 자료로 인정하지 아니한다)

06

답 ⑤

▌정답해설▌

⑤ 계약의 위약으로 인하여 계약금이 위약금으로 대체되는 경우에는 원천징수 대상이 아니다.

07

답 ②

정답해설

② 지급일 현재 주민등록표등본에 의하여 그 거주사실이 확인된 채권자가 차입금을 변제받은 후 소재불명이 된 경우 그 차입금의 이자는 채권자불분명사채이자에 해당하지 않으므로 사업소득금액을 계산시 필요경비에 산입한다.

08 고난도

답 ①

정답해설

구분	비과세 급여	총급여액	비고
급여	–	₩40,000,000	
식대	–	₩2,400,000	① 월 20만원 이내 비과세(식사를 제공받지 않은 경우) ② 식사를 제공받았으므로 전액 과세
직무발명보상금	₩7,000,000	₩3,000,000	① 「발명진흥법」에 따른 직무발명보상금으로서 종업원등이 사용자 등으로부터 받는 연700만원이하의 보상금은 비과세 ② 개정안 : 직무발명보상금 비과세 한도 상향 (연500만원 ⇒ 연700만원, 2024.1.1. 이후 발생하는 소득분부터)
주택취득자금 대여이익	₩5,000,000	–	중소기업 종업원이 주택의 구입·임차에 소요되는 자금을 저리 또는 무상으로 대여받음으로써 얻는 이익은 비과세
단체순수보장성보험의 보험료	₩700,000	₩300,000	단체순수보장성보험과 단체환급부보장성보험의 보험료 중 연 70만원 이하의 금액은 비과세
자가운전보조금	₩2,000,000	–	월 20만원 이내의 금액은 비과세
시간외 근무수당	–	₩2,000,000	월정액급여 210만원 이하로서 직전 과세기간의 총급여액이 3,000만원 이하인 생산직근로자가 아니므로 과세
합계	₩14,700,000	₩47,700,000	

09

답 ①

정답해설

① 공무원이 국가 또는 지방자치단체로부터 공무 수행과 관련하여 받는 상금과 부상은 근로소득으로 보며, 연 240만원 이내의 금액은 비과세한다.

10 고난도

답 ④

▌정답해설▌

구분	기본공제	추가공제	인적공제 합계	비고
본인	₩1,500,000	₩1,000,000		① 한부모공제(100만원) ② 배우자가 없는 사람으로서 기본공제대상자인 직계비속(또는 입양자)이 있으므로 한부모공제 적용
배우자	–	–		과세기간종료일(12월 31일) 현재 이혼한 상태이므로 기본공제대상자 아님
부친	₩1,500,000(주1)	₩1,000,000		경로우대자공제(70세 이상)
모친	₩1,500,000(주2)	₩3,000,000		① 경로우대자공제(100만원)(70세 이상) ② 장애인공제(200만원)
아들	₩1,500,000(주2)	–		
계	₩6,000,000	₩5,000,000	₩11,000,000	

주1 부친 : 연령요건(60세 이상)과 소득요건(공무원연금의 경우 연금보험료 소득공제를 받지 않았으므로 과세대상이 아님)을 충족

주2 모친 : 연령요건(60세 이상)과 소득요건(100만원 이하)을 충족
아들 : 연령요건(20세 이하)과 소득요건(100만원 이하)을 충족

11

답 ②

▌정답해설▌

1. 사업소득 결손금

₩300,000,000 − ₩390,000,000 + ₩30,000,000(대표자 인건비)(주1) = △₩60,000,000

주1 대표자 인건비의 경우 필요경비 불산입하며, 해당 사업에 직접 종사하고 있는 대표자 가족에 대한 인건비는 필요경비에 산입함

2. 결손금 공제 후 종합소득금액

구분	결손금 공제전	결손금 공제	소득금액
근로소득금액	₩40,000,000	①△₩40,000,000	–
기타소득금액	₩30,000,000	②△₩20,000,000	₩10,000,000
사업소득금액	△₩60,000,000	₩60,000,000	–
계			₩10,000,000

12

답 ②

▌정답해설▐

② 외국정부에 납부하였거나 납부할 외국소득세액이 해당 과세기간의 공제한도를 초과하는 경우 그 초과하는 금액은 해당 과세기간의 다음 과세기간 개시일부터 10년 이내에 끝나는 과세기간으로 이월하여 그 이월된 과세기간의 공제한도 내에서 공제받을 수 있으며, 외국정부에 납부하였거나 납부할 외국소득세액을 이월공제기간 내에 공제받지 못한 경우 그 공제받지 못한 외국법인세액은 이월공제기간의 종료일의 다음 날이 속하는 과세기간의 소득금액을 계산할 때 필요경비에 산입할 수 있다.

13

답 ③

▌정답해설▐

1. 금융소득 구분

구분	금액	비고
직장공제회 초과반환금	–	무조건 분리과세
투융자집합투자기구 배당	–	무조건 분리과세
정기예금 이자	₩10,000,000	
외국법인 배당	₩15,000,000	무조건 종합과세
주권상장법인 배당	₩20,000,000	Gross-up 대상
계	₩45,000,000	

2. 종합소득금액에 합산될 금융소득금액

구분	금액	Gross-up 금액	금융소득금액
일반 금융소득	₩45,000,000	[Min(₩25,000,000, ₩20,000,000)] × 10%(개정안) = ₩2,000,000	₩47,000,000
출자공동사업자 배당	₩5,000,000		₩5,000,000
계	₩50,000,000		₩52,000,000

더 알아보기 금융소득에 대한 과세방법

구분	내용	원천징수세율
(1) 무조건 분리과세	① 2017.12.31. 이전에 발행된 장기채권의 이자와 할인액으로서 분리과세를 신청한 이자소득	30%
	② 직장공제회 초과반환금	기본세율
	③ 비실명 이자·배당소득	45%(90%)
	④ 법원에 납부한 보증금 및 경락대금에서 발생한 이자소득	14%
	⑤ 1거주자로 보는 법인이 아닌 단체가 금융회사 등으로부터 받은 이자·배당소득	14%
	⑥ 조세특례제한법에 따라 분리과세되는 이자·배당소득 (투융자집합투자기구 투자자로부터 받는 배당소득등)	9%, 14%

(2) 조건부 종합과세	위 (1)외의 이자·배당소득(귀속법인세와 출자공동사업자의 배당소득은 제외)의 합계액이 ① 2,000만원을 초과하는 경우 종합과세 ② 2,000만원 이하인 경우 분리과세	14% (비영업대금이익 25%)
(3) 무조건 종합과세	① 원천징수되지 않는 이자·배당소득 ㉠ 국내에서 지급되는 이자·배당소득 중 원천징수되지 않은 소득 ㉡ 원천징수대상이 아닌 국외에서 받은 이자·배당소득	14% (비영업대금이익 25%) –
	② 출자공동사업자의 배당소득	25%

14

답 ③

▌정답해설▌

1. 교육비 공제 대상액

구분	금액	비고
본인	₩4,000,000	
아들	₩9,000,000	Min(₩10,000,000(주1), ₩9,000,000)
딸	₩400,000	₩100,000(교과서 대금) + Min(₩300,000(교복구입비), ₩500,000)
모친	–	모친의 평생교육기관 교육비는 교육비세액공제 대상이 아님
계	₩13,400,000	

주1 자녀 학자금은 근로소득으로 과세되므로 교육비 세액공제 대상임

2. 교육비 세액공제액 : ₩13,400,000 × 15% = ₩2,010,000

더 알아보기 교육비 세액공제

1. 교육비 세액공제
근로소득이 있는 거주자가 그 거주자와 기본공제대상자(연령요건 제한 없음)를 위해 해당 과세기간에 지출한 교육비의 15%에 해당하는 금액을 해당 과세기간의 종합소득산출세액에서 공제

2. 기본공제대상자별 세액공제 대상금액 한도

근로자 본인	전액 공제 가능[대학원 교육비, 직업능력개발훈련시 시설 수강료, 학자금 대출의 원리금 상환에 지출한 금액(등록금 대출로 한정) 포함]
기본공제대상자인 장애인 (연령, 소득요건 제한 없음) (직계존속 포함)	장애인의 재활교육을 위하여 사회복지시설 등에 지급하는 특수교육비 전액 공제가능(장애아동복지지원법에 따라 국가 또는 지방자치단체로부터 지원받는 금액은 제외)
기본공제대상자인 배우자·직계비속·형제자매, 입양자 및 위탁아동 (연령 제한 없음) (직계존속 제외)	① 취학전 아동, 초·중·고등학교 : 1명당 연 300만원 한도 ② 대학생 : 1명당 연 900만원 한도 ③ 대학원생 : 공제대상 아님

3. 주요 교육비 세액공제 대상

구분	공제대상 교육비
취학전 아동	수업료, 입학금, 보육비용, 그 밖의 공납금 및 학원·체육시설 수강료(1주 1회 이상 이용), 방과후 수업료(특별활동비·학교등에서 구입한 도서구입비 포함), 급식비
초·중·고등학생	① 수업료, 입학금 ② 방과후 학교 수강료[특별활동비·도서구입비(학교 및 학교외 구입 포함)] ③ 급식비 ④ 학교에서 구입한 교과서대금 ⑤ 교복구입비용(중·고등학생 1인당 연 50만원 이내) ⑥ 현장체험학습비용(학생 1인당 연 30만원 이내) ⑦ 대학수학능력 시험 응시료, 대학입학전형료
대학생	수업료, 입학금등

15 고난도

답 ③

▌정답해설▐

1. 일반적인 양도차익

구분	금액	비고
양도가액	₩1,500,000,000	
취득가액	(₩507,000,000)	₩500,000,000 + ₩2,000,000(취득시 부동산중개수수료) + ₩5,000,000(취득세)
기타 필요경비(주1)	(₩3,000,000)	양도시 부동산중개수수료
양도차익	₩990,000,000	

주1 보유 중 납부한 재산세는 자본적 지출액 및 양도비용이 아니므로 필요경비에 해당하지 않음

2. 고가주택의 양도차익

$$₩990,000,000 \times \frac{₩1,500,000,000 - ₩1,200,000,000}{₩1,500,000,000} = ₩198,000,000$$

※ 1세대 1주택 비과세 요건을 충족하므로 양도가액이 12억원을 초과하는 부분에 대하여 과세된다.

3. 양도소득금액

구분	금액	비고
고가주택의 양도가액	₩198,000,000	
장기보유특별공제	(₩79,200,000)	① 보유기간 공제율 : 6년 이상 보유(24%) ② 거주기간 공제율 : 4년 이상 거주(16%) ③ ₩198,000,000 × (24% + 16%) = ₩79,200,000
양도소득금액	₩118,800,000	

16 고난도

답 ③

▌정답해설▌

③ 수탁자의 변경에 따라 법인과세 신탁재산의 수탁자가 그 법인과세 신탁재산에 대한 자산과 부채를 변경되는 수탁자에게 이전하는 경우 그 자산과 부채의 이전가액을 수탁자 변경일 현재의 장부가액으로 보아 이전에 따른 손익은 없는 것으로 한다.

17

답 ⑤

▌정답해설▌

1. 회사 회계처리

(차) 채무	₩6,000,000	(대) 자본금	₩3,500,000
		채무조정이익	₩2,500,000

2. 세법 회계처리

(차) 채무	₩6,000,000	(대) 자본금	₩3,500,000
		주식발행초과금	₩500,000
		채무면제이익	₩2,000,000

3. 세무조정

〈익금불산입〉 채무면제이익 ₩500,000(기타)

18

답 ④

▌정답해설▌

내용	금액	세무조정
(1) 손익계산서상 당기순이익	₩1,500,000	
(2) 비용으로 처리된 업무무관자산 관리비	₩700,000	손금불산입(사외유출)
(3) 비용으로 처리된 원재료 연지급수입이자	–	
(4) 수익으로 처리된 법인세 환급액(전기 납부분)	(₩500,000)	익금불산입(기타)
(5) 수익으로 처리된 법인세환급액에 대한 환급금이자	(₩10,000)	익금불산입(기타)
(6) 자산으로 처리된 특수관계인으로부터 고가매입한 토지의 시가초과 상당액	(₩200,000) ₩200,000	손금산입(△유보) 손금불산입(사외유출)
(7) 기부금 한도초과이월액 중 당기 손금산입액	(₩100,000)	손금산입(기타)
(8) 이월공제가능 기간 이내의 이월결손금(주1)	–	
(9) 각사업연도 소득금액	₩1,590,000	

주1 이월공제가능 기간 이내의 이월결손금은 과세표준 계산시 각사업연도 소득금액에서 공제함

19 고난도

답 ④

▌정답해설▐

1. 의제배당 재원 분석

구분	의제배당(○)	의제배당(×)
자기주식처분이익	₩2,200,000	
주식의 포괄적 교환이익		₩2,000,000
토지분 재평가적립금	₩1,200,000(주1)	
건물분 재평가적립금		₩300,000(주2)
계	₩3,400,000	₩2,300,000

주1 ₩4,000,000 × 30% = ₩1,200,000
(토지분 중 재평가세 1% 적용분은 법인세법상 익금항목이므로 의제배당에 해당함)
주2 ₩1,000,000 × 30% = ₩300,000

2. 의제배당금액 : ₩3,400,000 × 10% = ₩340,000(익금산입, 유보)

3. 수입배당금액 익금불산입 : ₩340,000 × 30% = ₩102,000(익금불산입, 기타)

4. 각사업연도소득금액에 미치는 영향 : ₩340,000 − ₩102,000 = ₩238,000

20

답 ③

▌정답해설▐

③ 법인이 영리내국법인으로부터 건당 3만원(부가가치세 포함)을 초과하는 재화·용역을 공급받고 그 대가를 지급하는 경우 법정증명서류 이외의 증명서류를 수취하면 손금에 산입하되, 증명서류 수취 불성실가산세(법정증명서류 미수취금액의 2%)를 부과한다.

더 알아보기 적격증명서류 미수취시 규제

적격증명서류 미수취 금액		규제
일반 거래대가 지급	건당 거래금액 3만원 초과	객관적으로 거래사실 확인시 손금인정 증명서류 수취 불성실가산세 부과(2%)
기업업무추진비 지출	건당 지출금액 3만원 초과 (경조사비 20만원 초과)	전액 손금불산입, 증명서류 수취 불성실가산세 미부과

21

답 ④

▌정답해설▌

1. 기부금 구분
   ① 특례기부금 : ₩3,000,000(이재민 구호금품)
   ② 일반기부금 : ₩2,000,000(아동복지시설 기부금) + ₩6,000,000(주1)[공익법인 저가양도(의제기부금)] = ₩8,000,000

   주1 (₩80,000,000 × 70%) − ₩50,000,000 = ₩6,000,000

2. 차가감소득금액 : ₩19,000,000 + ₩10,000,000 − ₩12,000,000 = ₩17,000,000

3. 기준소득금액 : ₩17,000,000 + ₩3,000,000(특례) + ₩8,000,000(일반) = ₩28,000,000

4. 기부금 시부인계산
   (1) 특례기부금
   ① 한도 : [₩28,000,000 − Min(₩24,000,000, ₩28,000,000 × 80%)] × 50% = ₩2,800,000
   ② 한도초과액 : ₩3,000,000 − ₩2,800,000 = ₩200,000(손금불산입, 기타사외유출)
   (2) 일반기부금
   ① 한도 : [₩28,000,000 − Min(₩24,000,000, ₩28,000,000 × 80%) − ₩2,800,000] × 10% = ₩280,000
   ② 한도초과액 : ₩8,000,000 − ₩280,000 = ₩7,720,000(손금불산입, 기타사외유출)

22

답 ⑤

▌정답해설▌

⑤ 차입한 특정차입금의 연체로 인하여 생긴 이자를 원본에 가산한 경우에는 그 가산한 금액은 이를 해당 사업연도의 자본적 지출로 하고, 그 원본에 가산한 금액에 대한 지급이자는 이를 손금으로 한다.

23

답 ③

▌정답해설▌

1. 전기 유보 추인 : 〈손금산입〉 전기 원재료 평가감 ₩100,000(△유보)

2. 기말 평가

구분	장부상 평가액	세법상 평가액	세무조정
제품	₩3,000,000	₩3,200,000(주1)	익금산입 ₩200,000(유보)
재공품	₩3,600,000	₩3,900,000(주2)	익금산입 ₩300,000(유보)
원재료	₩4,250,000	₩4,500,000(주3)	익금산입 ₩250,000(유보)

주1 임의변경 : Max(₩3,200,000, ₩3,200,000) = ₩3,200,000
주2 계산착오로 과소, 과대 평가한 경우 임의변경으로 보지 않으므로 정확한 평가액을 계상
주3 무신고시 평가방법인 선입선출법으로 평가

3. 각사업연도 소득금액에 미치는 영향
△₩100,000 + ₩200,000 + ₩300,000 + ₩250,000 = ₩650,000

24

답 ①

▌정답해설▐

② 손금에 산입한 고유목적사업준비금의 잔액이 있는 비영리내국법인이 고유목적사업을 전부 폐지한 경우 그 잔액은 해당 사유가 발생한 날이 속하는 사업연도의 소득금액을 계산할 때 익금에 산입한다. 이 경우에는 이자상당가산액을 납부하지 않는다.

③ 손금산입한 고유목적사업준비금의 잔액이 있는 비영리내국법인이 고유목적사업준비금을 손비로 계상한 사업연도의 종료일 이후 5년이 되는 날까지 고유목적사업 등에 사용하지 아니한 경우(5년 내에 사용하지 아니한 잔액으로 한정)에는 그 잔액을 해당 사유발생일이 속하는 사업연도의 익금에 산입한다.

④ 법인으로 보는 단체가 법인의 승인이 취소되거나 거주자로 변경된 경우 손금에 산입한 고유목적사업준비금 잔액을 익금에 산입하는 경우에는 이자상당가산액을 납부하지 않는다.

⑤ 고유목적사업준비금의 손금산입 한도액 : ㉠ + ㉡
㉠ 이자, 배당소득금액 등
㉡ (수익사업소득금액 − 이자, 배당소득금액 등 − 이월결손금 − 특례기부금손금산입액) × 50%(또는 80%, 100%)

25 고난도

답 ④

▌정답해설▐

1. 퇴직급여충당금

구분	회사	세법
기초잔액	₩50,000,000 + ₩30,000,000	₩3,000,000(주1)
당기증가	−	−
당기감소	₩20,000,000	−
기말잔액	₩60,000,000	₩3,000,000

주1 (₩50,000,000 + ₩30,000,000) − (₩48,000,000 + ₩29,000,000) = ₩3,000,000

2. 퇴직연금충당금

구분	회사	세법
기초잔액	−	₩30,000,000
당기증가	−	₩50,000,000(주2)
당기감소	−	₩20,000,000
기말잔액	−	₩60,000,000(주3)

주2 대차차액

주3 세법상 퇴직연금충당금 기말잔액 : Min[①, ②] = ₩60,000,000
① 추계액기준 : Max(₩66,000,000, ₩60,000,000) − ₩3,000,000(세무상 퇴직급여충당금 기말잔액) = ₩63,000,000
② 예치금기준 : ₩60,000,000(기말잔액)

3. 세무조정

① 퇴직금 지급에 대한 세무조정

〈손금산입〉 퇴직급여충당금 ₩20,000,000(△유보)

〈손금불산입〉 퇴직연금충당금 ₩20,000,000(유보)

② 퇴직연금충당금 설정에 대한 세무조정

〈손금산입〉 퇴직연금충당금 ₩50,000,000(△유보)

4. 각사업연도소득에 미치는 영향

△₩20,000,000 + ₩20,000,000 + △₩50,000,000 = △₩50,000,000

26 고난도

답 ④

정답해설

1. 건물

① 건물 일시상각충당금 설정 : 〈손금산입〉 일시상각충당금(건물) ₩50,000,000(△유보)

② 일시상각충당금 환입 : 〈익금산입〉 일시상각충당금(건물) ₩5,000,000(주1)(유보)

주1 $₩50,000,000 \times \frac{₩10,000,000}{₩100,000,000} = ₩5,000,000$

2. 기계장치

① 국고보조금 수령시 : 〈익금산입〉 국고보조금(기계장치) ₩20,000,000(유보)

② 기계장치 일시상각충당금 설정 : 〈손금산입〉 일시상각충당금(기계장치) ₩20,000,000(△유보)

③ 감가상각비와 조정 : 〈손금산입〉 국고보조금(기계장치) ₩3,000,000(주2)(△유보)

주2 ① 회사 회계처리

(차)	감가상각비	12,000,000	(대) 감가상각누계액	12,000,000
	국고보조금(기계장치)	3,000,000	감가상각비	3,000,000

② 세법 회계처리

(차)	감가상각비	12,000,000	(대) 감가상각누계액	12,000,000

④ 일시상각충당금 환입 : 〈익금산입〉 일시상각충당금(기계장치) ₩3,000,000(주3)(유보)

주3 $₩20,000,000 \times \frac{₩12,000,000}{₩80,000,000} = ₩3,000,000$

3. 각사업연도 소득금액에 미치는 영향

△₩50,000,000 + ₩5,000,000 + ₩20,000,000 + △₩20,000,000 + △₩3,000,000 + ₩3,000,000

= △₩45,000,000

27 고난도

답 ②

▌정답해설▐

1. 토지

(1) 23기

구분	차대변			
회사	(차) 토지	30,000,000	(대) 현금 미지급금	15,000,000 15,000,000
세법	(차) 토지	20,000,000	(대) 현금(주1) 미지급금	15,000,000 5,000,000
세무조정	〈손금산입〉 토지 ₩10,000,000(△유보) 〈손금불산입〉 미지급금 ₩10,000,000(유보)			

주1 자산의 매입대금을 일부만 지급한 경우 시가상당액을 먼저 지급한 것으로 봄

(2) 24기

구분	차대변			
회사	(차) 미지급금	15,000,000	(대) 현금	15,000,000
세법	(차) 미지급금 사외유출	5,000,000 10,000,000	(대) 현금	15,000,000
세무조정	〈손금산입〉 미지급금 ₩10,000,000(△유보) 〈손금불산입〉 부당행위계산부인 ₩10,000,000(사외유출)			

2. 가지급금인정이자 : ₩20,000,000 × 8%(가중평균차입이자율)(주2) = ₩1,600,000 ⇒ 〈익금산입〉(사외유출)

주2 대여시점의 가중평균차입이자율 : $\frac{₩200,000,000 \times 5\% + ₩300,000,000 \times 10\%}{₩200,000,000 + ₩300,000,000} = 8\%$

3. 각사업연도소득금액에 미치는 영향
△₩10,000,000 + ₩10,000,000 + ₩1,600,000 = ₩1,600,000

28

답 ②

▌정답해설▐

② 비과세소득의 경우에는 별도의 신청요건을 요하지 않는다.

29

답 ⑤

▌정답해설▌

1. 감면후 세액 : ₩29,400,000 − ₩0(최저한세 적용 세액공제 · 감면) = ₩29,400,000

2. 최저한세액 : (₩260,000,000 + ₩20,000,000) × 7%(최저한세율) = ₩19,600,000

3. 외국납부세액공제 : Min[①, ②]
   ① 외국납부세액 : ₩262,500 + ₩500,000 = ₩762,500
   ② 한도 : $₩29,400,000 \times \dfrac{₩2,000,000 + ₩262,500 + ₩500,000}{₩260,000,000} = ₩312,375$

4. 총부담세액 : Max[₩29,400,000, ₩19,600,000] − ₩312,375 = ₩29,087,625

30

답 ③

▌정답해설▌

③ 자기적립마일리지로만 전부를 결제받고 공급하는 재화는 재화의 공급으로 보지 않는다.

31 고난도

답 ⑤

▌정답해설▌

1. (주)A의 공급가액(공통사용재화) : ① + ② = ₩10,400,000
   ① 차량 : ₩20,000,000 × 50%(직전 과세기간의 과세공급가액 비율) = ₩10,000,000
   ② 비품 : ₩400,000(공급가액이 ₩500,000 미만이므로 안분계산 배제)

2. (주)B의 공급가액(부동산 일괄공급) : ₩300,000,000

구분	실지거래가액	① 안분계산(기준시가비율)	② 차이	차이비율(②/①)
토지	₩300,000,000	₩200,000,000	₩100,000,000	50%
건물	₩200,000,000	₩300,000,000(주1)	₩100,000,000	33.33%

주1 건물의 기준시가비율 : $₩500,000,000 \times \dfrac{₩240,000,000}{₩160,000,000 + ₩240,000,000} = ₩300,000,000$

⇒ 실지거래가액으로 구분한 토지와 건물 또는 구축물 등의 가액이 법정기준에 따라 안분한 금액과 30% 이상 차이가 있는 경우에는 법정기준에 의한 안분계산으로 한다.

3. (주)A와 (주)B의 부가가치세 과세표준에 포함될 재화의 공급가액
   ₩10,400,000 + ₩300,000,000 = ₩310,400,000

더 알아보기 **공급가액 계산 특례**

1. 공통사용재화를 공급하는 경우

(1) 안분계산 방법 : 사업자가 과세사업과 면세사업을 공통적으로 사용된 재화를 공급하는 경우에는 다음과 같이 계산한 금액을 과세표준에 포함되는 공급가액으로 한다.

$$\text{공급가액} = \text{해당 재화의 공급가액} \times \frac{\text{재화를 공급한 날이 속하는 과세기간의 직전 과세기간의 과세된 공급가액}}{\text{재화를 공급한 날이 속하는 과세기간의 직전 과세기간의 총공급가액}}$$

(2) 안분계산 배제 : 다음의 어느 하나에 해당하는 경우에는 안분계산을 배제하고 해당 재화의 공급가액 전부를 과세표준으로 한다.

① 재화를 공급하는 날이 속하는 과세기간의 직전 과세기간의 총공급가액 중 면세공급가액이 5% 미만인 경우. 다만, 해당 재화의 공급가액이 5,000만원 이상인 경우는 제외한다.

② 재화의 공급가액이 50만원 미만인 경우

③ 재화를 공급하는 날이 속하는 과세기간에 신규로 사업을 시작하여 직전 과세기간이 없는 경우

2. 토지와 건물 등을 일괄공급하는 경우

(1) 원칙 : 사업자가 토지와 그 토지에 정착된 건물·구축물 등을 함께 공급하는 경우에는 건물·구축물 등의 실지거래가액을 공급가액으로 한다.

(2) 예외 : 토지의 가액과 건물 등의 가액의 구분이 불분명한 경우에는 다음의 방법에 따라 안분계산한 금액을 건물등의 공급가액으로 한다.

구분		안분계산방법
① 감정평가가액이 있는 경우		감정평가가액에 비례하여 안분계산한다. 이때 감정평가가액이란 공급시기(중간지급조건부 또는 장기할부판매의 경우에는 최초의 공급시기)가 속하는 과세기간의 직전 과세기간 개시일부터 공급시기가 속하는 과세기간의 종료일까지 감정평가업자가 평가한 감정평가가액을 말한다.
② 감정평가가액이 없는 경우	㉠ 기준시가가 모두 있는 경우	공급계약일 현재의 기준시가에 따라 계산한 가액에 비례하여 안분계산한다.
	㉡ 기준시가가 모두 없는 경우 또는 어느 하나가 없는 경우	장부가액(장부가액이 없는 경우 취득가액)에 비례하여 안분계산한 후, 기준시가가 있는 자산에 대해서는 그 합계액을 다시 기준시가에 따라 안분계산한다.
③ 위의 방법을 적용할 수 없거나 적용하기 곤란한 경우		국세청장이 정하는 바에 따라 안분계산한다.

(3) 실지거래가액으로 구분한 토지와 건물 또는 구축물 등의 가액이 위의 방법에 따라 안분계산한 금액과 30% 이상 차이가 있는 경우에는 위의 안분계산한 금액을 건물 등의 공급가액으로 한다. 다만, 다음 중 어느 하나에 해당하는 경우에는 건물 등의 실지거래가액을 공급가액으로 한다(기준시가 등에 비례하여 안분계산하는 대상에서 제외).

① 다른 법령에서 정하는 바에 따라 토지와 건물 등의 가액을 구분한 경우

② 토지와 건물 등을 함께 공급받은 후 건물 등을 철거하고 토지만 사용하는 경우

32

답 ①

정답해설

① 제3자 적립마일리지 결제액을 보전받지 아니하고 자기생산·취득재화를 공급한 경우에는 공급한 재화의 시가를 공급가액으로 한다.

더 알아보기 마일리지등으로 대금을 결제받은 경우 공급가액

구분	공급가액
자기적립마일리지등으로 대금의 전부 또는 일부를 결제받은 경우	① 마일리지등 외의 수단으로 결제받은 금액 ② 자기적립마일리지등으로만 전부를 결제받은 경우에는 재화의 공급으로 보지 않는다.
자기적립마일리지등 외의 마일리지등(제3자 적립마일리지)으로 대금의 전부 또는 일부를 결제받은 경우	(1) 일반적인 경우[아래의 (2), (3)에 해당하는 경우 제외] 다음 ①+②의 금액을 합한 금액으로 한다. ① 마일리지등 외의 수단으로 결제받은 금액 ② 자기적립마일리지등 외의 마일리지등으로 결제받은 부분에 대하여 재화·용역을 공급받는 자 외의 자로부터 보전받았거나 보전받을 금액
	(2) 자기적립마일리지등 외의 마일리지등으로 결제받은 부분에 대하여 재화·용역을 공급받는 자 외의 자로부터 보전받았거나 보전받을 금액을 보전받지 아니하고 자기생산·취득재화를 공급한 경우 : 공급한 재화의 시가
	(3) 자기적립마일리지등 외의 마일리지등으로 결제받은 부분에 대하여 재화·용역을 공급받는 자 외의 자로부터 보전받았거나 보전받을 금액과 관련하여 특수관계인으로부터 부당하게 낮은 금액을 보전받거나 아무런 금액을 받지 아니하여 조세의 부담을 부당하게 감소시킬 것으로 인정되는 경우 : 공급한 재화·용역의 시가

33

답 ⑤

정답해설

구분	대손세액	(주)A(공급자)	(주)B(공급받는 자)
2024년 2기(대손확정)(주1)	₩1,000,000	매출세액에서 차감	매입세액에서 차감
2025년 1기(대손금 회수)(주2)	₩500,000	매출세액에서 가산	매입세액에서 가산

주1 부도발생일부터 6개월 이상 지난 날(2024.7.21.)이 속하는 과세기간인 2024년 2기 확정신고시 대손세액 조정

주2 변제대손세액은 변제일이 속하는 과세기간의 확정신고시 조정

34

답 ④

정답해설

1. 과세사업분 매입세액 : ①+② = ₩60,000,000

   ① 원재료 : ₩50,000,000

   ② 비품 : ₩10,000,000

2. 공통매입세액 : ① + ② = ₩9,400,000
   ① 비품 : ₩2,000,000 × 70%(직전 과세공급가액 비율) = ₩1,400,000
   ② 기계장치 : ₩10,000,000 × 80%(당기 과세공급가액 비율) = ₩8,000,000

3. 과세전환매입세액 : ₩4,000,000 × (1 − 25% × 3기) × 80%(당기 과세공급가액 비율) = ₩800,000

4. 2024년 1기 부가가치세 확정신고시 매입세액공제액
   ₩60,000,000 + ₩9,400,000 + ₩800,000 = ₩70,200,000

더 알아보기 **공통매입세액 안분계산**

과세사업과 면세사업에 관련된 매입세액의 계산은 실지귀속에 따라 공제 여부를 판단한다. 그러나 그 실지귀속을 구분할 수 없는 공통매입세액은 다음의 안분기준에 의하여 안분계산한다.

1. 원칙
   ① 공통매입세액 중 면세사업에 관련 매입세액은 다음과 같이 안분계산한다.

$$\text{면세사업에 관련된 매입세액} = \text{공통매입세액} \times \frac{\text{해당 과세기간의 면세공급가액}}{\text{해당 과세기간의 총공급가액}}$$

   ② 예정신고할 때에는 예정신고기간의 총공급가액에 대한 면세공급가액의 비율에 따라 안분하여 계산하고, 확정신고를 할 때 정산한다.
   ③ 과세사업과 면세사업에 공통으로 사용되는 재화를 공급받은 과세기간 중에 그 재화를 공급하여 직전 과세기간의 공급가액 실적에 따라 과세표준에 포함되는 공급가액을 안분계산한 경우에는 그 재화에 대한 매입세액의 안분계산도 직전 과세기간의 공급가액 실적으로 한다.

2. 안분계산 배제 : 다음 중 어느 하나에 해당하는 경우에는 해당 재화·용역의 매입세액 전부를 공제되는 매입세액으로 한다.
   ① 해당 과세기간의 총공급가액 중 면세공급가액이 5% 미만인 경우. 다만, 공통매입세액이 500만원 이상인 경우는 제외한다.
   ② 해당 과세기간 중의 공통매입세액이 5만원 미만인 경우
   ③ 해당 과세기간에 신규로 사업을 시작한 사업자가 해당 과세기간에 공급한 공통사용재화인 경우

3. 예외적인 안분계산
   (1) 안분계산 방법 : 공통매입세액과 관련된 해당 과세기간 중 과세사업과 면세사업의 공급가액이 없거나 그 어느 한 사업의 공급가액이 없는 경우에는 해당 과세기간의 안분계산은 다음의 순서에 따른다. 다만, 건물 또는 구축물에 대해 예정면적을 구분할 수 있는 경우에는 아래 ③을 ①, ②보다 우선 적용한다.
      ① 총매입가액(공통매입가액은 제외)에 대한 면세사업에 관련된 매입가액의 비율
      ② 총예정공급가액에 대한 면세사업에 관련된 예정공급가액의 비율
      ③ 총예정사용면적에 대한 면세사업에 관련된 예정사용면적의 비율
   (2) 공통매입세액의 정산 : 예외적인 방법으로 공통매입세액을 안분계산한 경우에는 해당 재화의 취득으로 ① 과세사업과 면세사업의 공급가액, ② 과세사업과 면세사업의 사용면적이 확정되는 과세기간에 대한 납부세액을 확정신고를 할 때 다음 계산식에 따라 정산한다.
      ① 처음에 매입가액의 비율 또는 예정공급가액의 비율로 공통매입세액을 안분계산한 경우

$$\text{가산 또는 공제되는 매입세액} = \text{총공통매입세액} \times \left(1 - \text{과세사업과 면세사업의 공급가액이 확정되는 과세기간의 } \frac{\text{면세공급가액}}{\text{총공급가액}}\right) - \text{이미 공제한 세액}$$

      ② 처음에 예정사용면적의 비율로 공통매입세액을 안분계산한 경우

$$\text{가산 또는 공제되는 매입세액} = \text{총공통매입세액} \times \left(1 - \text{과세사업과 면세사업의 면적이 확정되는 과세기간의 } \frac{\text{면세사용면적}}{\text{총사용면적}}\right) - \text{이미 공제한 세액}$$

35

답 ②

▌정답해설▌

1. 의제매입세액 공제 대상 매입액

구분	매입액	비고
돼지고기	₩18,200,000	₩26,000,000 × (60% + 10%) = ₩18,200,000
밀가루	₩20,800,000	수입되는 농산물 등의 경우에는 관세의 과세가격이 의제매입세액 공제 대상 매입액임
소금	₩10,400,000	의제매입세액 공제 대상 매입액은 운임 등의 부대비용을 제외한 매입액으로 함
치즈	–	치즈의 경우 가공된 식료품으로 면세대상이 아님
김치	–	과세사업에 공한 것이 아니므로 의제매입세액공제 대상이 아님
계	₩49,400,000	

2. 의제매입세액 : $₩49,400,000 \times \frac{4}{104} = ₩1,900,000$

36

 ①

▌정답해설▌

① 전자세금계산서 의무발급사업자[법인사업자, 직전연도 사업장별 공급가액이 기준금액(공급가액이 8천만원)이상인 개인사업자]부터 전자세금계산서를 발급받았으나 그 전자세금계산서가 국세청장에게 전송되지 아니한 경우라도 발급한 사실이 확인되는 경우에는 매입세액공제가 허용된다.

37

 ⑤

▌정답해설▌

① 개인사업자와 직전 과세기간 공급가액의 합계액이 1억5천만원 미만인 법인사업자에 대해서는 각 예정신고기간마다 직전 과세기간에 대한 납부세액의 50%를 납부세액으로 해당 예정신고기간이 끝난 후 25일 이내에 징수하는 것이 원칙이다. 즉 예정고지한다.

② 일반과세자 중 주로 사업자가 아닌 자에게 재화 또는 용역을 공급하는 사업자로서 대통령령으로 정하는 사업자는 세금계산서를 발급하는 대신 영수증을 발급해야 한다.

③ 간이과세자도 과세사업자에 해당하기 때문에 영세율을 적용받을 수 있다. 다만, 매입세액을 환급받지 못한다.

④ 납세지 관할세무서장은 조기환급 대상이 아닌 경우에는 확정신고기한이 지난 후 30일 이내에 부가가치세를 환급하여야 한다.

38

 ②

▌정답해설▌

② 장애인, 상이자 및 항상 치료를 요하는 중증환자를 수익자로 하는 보험의 보험금은 연간 4천만원을 한도로 증여세를 비과세한다.

39 고난도

답 ②

▌정답해설▌

1. 총상속재산가액 : ① + ② = ₩3,800,000,000
   ① 회사채 : Max(₩1,300,000,000, ₩1,200,000,000)(주1) = ₩1,300,000,000

   > 주1 거래소에 상장된 국·공채 및 사채 : Max(㉠, ㉡)
   > ㉠ 평가기준일 이전 2개월간 공표된 매일의 최종시세가액의 평균액
   > ㉡ 평가기준일 이전 최근일의 최종시세가액

   ② 아파트 : ₩2,500,000,000

2. 과세가액 공제액 : ① + ② = ₩10,000,000
   ① 일반 장례비 : ₩5,000,000(최소 비용)
   ② 봉안시설 이용료 : Min(₩9,000,000, ₩5,000,000) = ₩5,000,000

3. 상속세 과세가액 : ₩3,800,000,000 − ₩10,000,000 = ₩3,790,000,000

4. 인적공제 : (1) + (2) = ₩1,000,000,000
   (1) 인적공제 : Max(①, ②) = ₩500,000,000
      ① 기초공제 및 그 밖의 인적공제 : ₩200,000,000 + ₩50,000,000(자녀1인) = ₩250,000,000
      ② 일괄공제 : ₩500,000,000
   (2) 배우자공제 : ₩500,000,000(주2)

   > 주2 배우자 상속재산 분할신고를 하지 않았으므로 배우자 상속공제의 최저한인 5억원을 공제한다.

5. 물적공제 : ① + ② = ₩800,000,000
   ① 금융재산상속공제 : Min(₩1,300,000,000 × 20%, ₩200,000,000) = ₩200,000,000
   ② 동거주택상속공제 : Min(₩2,500,000,000 × 100%, ₩600,000,000) = ₩600,000,000

6. 상속공제 : ₩1,000,000,000 + ₩800,000,000 = ₩1,800,000,000

7. 상속세 과세표준
   ₩3,790,000,000 − ₩1,800,000,000 = ₩1,990,000,000

40

답 ①

▌정답해설▌

① 차량에 대한 취득세 납세지는 자동차관리법에 따른 등록지로 한다. 다만, 등록지가 사용본거지와 다른 경우에는 사용본거지를 납세지로 한다.

04 2020년 제55회 정답 및 해설

01	02	03	04	05	06	07	08	09	10	11	12	13	14	15	16	17	18	19	20
①	③	⑤	③	⑤	④	⑤	②	①	④	③	⑤	①	④	③	③	①	⑤	②	③
21	22	23	24	25	26	27	28	29	30	31	32	33	34	35	36	37	38	39	40
⑤	②	②	②	①	④	⑤	④	②	①	④	③	①	⑤	③	④	④	②	③	②

01

답 ①

▌정답해설▌

① ㉠ 납세의무자 : 세법에 따라 국세를 납부할 의무(국세를 징수하여 납부할 의무는 제외)가 있는 자를 말함
   ㉡ 납세자 : 납세의무자(연대납세의무자와 납세자를 갈음하여 납부할 의무가 생긴 경우의 제2차납세의무자 및 보증인을 포함)와 세법에 따라 국세를 징수하여 납부할 의무를 지는 자를 말함

02 고난도

답 ③

▌정답해설▌

① 강제집행 · 경매 또는 파산 절차에 따라 재산을 매각할 때 그 매각금액 중에서 국세 및 강제징수비를 징수하는 경우의 그 강제집행, 경매 또는 파산 절차에 든 비용은 국세 및 강제징수비보다 우선징수된다.
② 납세조합으로부터 징수하는 소득세를 납세의무의 확정일(법정기일) 전에 저당권이 설정된 재산을 매각하여 그 매각금액에서 징수하는 경우 그 저당권에 의하여 담보된 채권은 국세보다 우선하여 징수한다.
④ 강제집행절차에 의하여 경락된 재산을 양수한 경우는 사업의 양도 · 양수로 보지 아니하므로 양수인은 제2차 납세의무를 지지 않는다.
⑤ 양도담보권자의 물적납세의무가 성립하려면 양도담보가 국세의 법정기일 이후에 설정되어야 한다.

더 알아보기 사업의 양도 · 양수로 보지 않는 경우(국기법 기본통칙 41-0…2)

㉠ 영업에 관한 일부의 권리와 의무만을 승계한 경우
㉡ 강제집행절차에 의하여 경락된 재산을 양수한 경우
㉢ 보험업법에 의한 자산 등의 강제이전의 경우

03

답 ⑤

▌정답해설▌

① 가산세는 해당 의무가 규정된 세법의 해당 국세의 세목으로 하며, 해당 국세를 감면하는 경우에는 가산세는 그 감면대상에 포함시키지 아니하는 것으로 한다.

② 납세의무자가 법정신고기한까지 세법에 따른 국세의 과세표준 신고(예정신고 및 중간신고를 포함하며, 「교육세법」 제9조에 따른 신고 중 금융·보험업자가 아닌 자의 신고와 「농어촌특별세법」 및 「종합부동산세법」에 따른 신고는 제외한다)를 하지 아니한 경우에는 무신고가산세를 부과한다.

③ 신고 당시 소유권에 대한 소송 등의 사유로 상속재산(또는 증여재산)으로 확정되지 않았던 사유로 인하여 상속세(또는 증여세) 과세표준을 과소신고한 경우에는 그 과소신고한 부분에 대한 과소신고가산세를 적용하지 아니한다.

④ 부가가치세법에 따른 사업자가 아닌 자(예 면세사업자)가 환급세액을 신고한 경우에도 과소신고·초과환급신고가산세를 적용하며, 사업자가 아닌 자가 부가가치세액을 환급받은 경우에도 납부지연가산세를 적용한다.

04

답 ③

▌정답해설▌

③ 불복청구(이의신청, 심사청구, 심판청구)는 세법에 특별한 규정이 있는 것을 제외하고는 해당 처분의 집행에 효력을 미치지 아니한다(집행부정지의 원칙). 다만 해당 재결청이 처분의 집행 또는 절차의 속행 때문에 불복청구인에게 중대한 손해가 생기는 것을 예방할 필요성이 긴급하다고 인정할 때에는 처분의 집행 또는 절차 속행의 전부 또는 일부의 정지를 결정할 수 있다.

05

답 ⑤

▌정답해설▌

⑤ 세무공무원은 다음 중 어느 하나에 해당하는 경우에는 세무조사의 결과를 통지하지 않는다.
  ㉠ 납세관리인을 정하지 아니하고 국내에 주소 또는 거소를 두지 아니한 경우
  ㉡ 불복청구의 인용결정 중 재조사 결정에 의한 조사를 마친 경우 또는 과세전적부심사 청구의 채택결정 중 재조사 결정에 의한 조사를 마친 경우
  ㉢ 세무조사 결과통지서 수령을 거부하거나 회피하는 경우

06

답 ④

▌정답해설▌

④ 청산소득에 대한 법인세 납세의무는 영리내국법인에 국한되며, 비영리내국법인과 외국법인은 납세의무를 지지 않는다.

⑤ 연결납세방식을 적용할 수 있는 자회사의 범위를 '모회사가 완전(100%)지배하는 자법인'에서 '모회사가 90% 이상 지배하는 자법인'으로 확대하였음(세법 개정)

더 알아보기 법인 종류별 과세소득의 범위

구분	각사업연도의 소득	토지등 양도소득	미환류소득	청산소득
영리내국법인	국내외 원천의 모든 소득	○	○	○
비영리내국법인	국내외 원천소득 중 일정한 수익사업소득	○	×	×
영리외국법인	국내원천소득	○	×	×
비영리외국법인	국내원천소득 중 일정한 수익사업소득	○	×	×
국가·지방자치단체 (지방자치단체조합포함)	납세의무 없음			

07

답 ⑤

▌정답해설▐

⑤ 익금에 산입한 금액 중 사외로 유출되어 그 귀속자가 당해 법인의 주주이면서 임원인 경우 그 출자임원에 대한 상여로 처분한다.

08

답 ②

▌정답해설▐

1. 세무조정

구분	금액	세무조정	소득처분
① 비용으로 처리된 대주주가 부담해야 할 유류비	₩200,000	〈손금불산입〉	배당
② 비용으로 처리된 사업용 공장건물에 대한 재산세	₩200,000	-	
③ 비용으로 처리된 공정가치측정 금융자산 평가손실	₩200,000	〈손금불산입〉	유보
④ 비용으로 처리된 기업업무추진비 중 건당 3만원 초과 법정증명서류 미수취분	₩200,000	〈손금불산입〉	기타사외유출
⑤ 사업연도 종료일 현재 회계처리가 누락된 외상매출금	₩200,000	〈익금산입〉	유보
⑥ 자본잉여금으로 처리된 자기주식처분이익	₩200,000	〈익금산입〉	기타
⑦ 기타포괄손익으로 처리된 공정가치측정 금융자산 평가이익	₩200,000	〈익금산입〉	기타
	△₩200,000	〈익금불산입〉	△유보

2. 자본금과 적립금조정명세서(을) 기말잔액
₩500,000(기초) + ₩200,000 + ₩200,000 + △₩200,000 = ₩700,000

09

답 ①

▌정답해설▐

① 법인세 과세표준을 추계결정하는 법인은 주택 및 부수토지에 대한 임대보증금을 포함하여 간주임대료를 계산하여 익금에 산입한다. 다만, 차입금 과다법인으로서 부동산임대업을 주업으로 하는 영리내국법인이 장부 등에 의하여 소득금액을 계산하는 경우 임대보증금에 대한 간주임대료 계산시 주택 및 부수토지로서 다음의 면적 이내의 토지를 임대한 경우는 제외한다.

> ※ 주택부수토지의 한계면적 = Max(㉠, ㉡)
> ㉠ 건물이 정착된 면적 × 5배(도시지역 밖의 토지는 10배)
> ㉡ 주택의 연면적(지하층의 면적, 지상층의 주차용으로 사용되는 면적 및 주민공동시설의 면적은 제외)

10

답 ④

▌정답해설▐

※ (주)C 주식은 배당기준일 전 3개월 이내에 취득한 주식이므로 수입배당금 익금불산입을 적용하지 않음

수입배당금 익금불산입액 : ① + ② = ₩6,060,000

① (주)B : (₩6,000,000 − ₩15,000,000(주1) × $\frac{₩300,000,000}{₩5,000,000,000}$) × 100% = ₩5,100,000

② (주)D : (₩3,000,000 − ₩15,000,000(주1) × $\frac{₩600,000,000}{₩5,000,000,000}$) × 80% = ₩960,000

주1 ₩30,000,000(이자비용) − ₩15,000,000(채권자불분명사채이자) = ₩15,000,000

11

답 ③

▌정답해설▐

※ 법인이 그 직원이 조직한 조합 또는 단체에 지출한 복리시설비의 경우 해당 조합이나 단체가 법인인 경우에는 이를 기업업무추진비로 보며, 법인이 아닌 경우에는 해당 법인의 경리의 일부로 본다.

1. 기업업무추진비 해당액
   ₩54,000,000 + ₩11,000,000(현물접대한 제품의 시가와 기업업무추진비 관련 매출세액) = ₩65,000,000

2. 기업업무추진비 한도액 : ① + ② = ₩61,000,000

   ① 기본 한도 : ₩36,000,000(중소기업) × $\frac{12}{12}$ = ₩36,000,000

   ② 수입금액 한도 : (80억 × $\frac{3}{1,000}$) + (20억 × $\frac{3}{1,000}$ + 20억 × $\frac{2}{1,000}$) × 10% = ₩25,000,000

3. 기업업무추진비 한도초과액
   ₩65,000,000 − ₩61,000,000 = ₩4,000,000 〈손금불산입〉(기타사외유출)

12 고난도

답 ⑤

▌정답해설▌

1. 건물 : 무신고시 정액법
   ① 감가상각비 해당액(주1) : ₩30,000,000

> 주1 자본적지출액(₩24,000,000)이 전기말 B/S상 미상각잔액의 5%[(₩900,000,000 − ₩435,000,000 + ₩30,000,000) × 5% = ₩24,750,000]에 미달하므로 소액수선비에 해당하여 전액 손금 인정

   ② 상각범위액 : ₩900,000,000 × 0.05 = ₩45,000,000
   ③ 상각부인액(시인부족액) : △₩15,000,000
   ④ 세무조정 : 〈손금산입〉 전기 상각부인액 ₩4,000,000(주2)(△유보)

> 주2 Min(₩4,000,000, ₩15,000,000)

2. 기계장치 : 무신고시 정률법
   ① 감가상각비 해당액 : ₩25,000,000 + ₩10,000,000(주3) = ₩35,000,000

> 주3 자본적지출액(₩10,000,000)이 전기말 B/S상 미상각잔액의 5%[(₩400,000,000 − ₩280,000,000 + ₩25,000,000) × 5% = ₩7,250,000] 이상이므로 즉시상각의제 규정이 적용된다.

   ② 상각범위액 : (₩400,000,000 − ₩255,000,000(주4) + ₩10,000,000 + ₩20,000,000) × 0.259 = ₩45,325,000

> 주4 ₩280,000,000 − ₩25,000,000 = ₩255,000,000

   ③ 상각부인액(시인부족액) : △₩10,325,000
   ④ 세무조정 : 〈손금산입〉 전기 상각부인액 ₩10,325,000(주5)(△유보)

> 주5 Min(₩20,000,000, ₩10,325,000)

더 알아보기 **즉시상각의제의 특례(소액수선비의 손금 인정)**

각 사업연도에 지출한 수선비가 다음 중 어느 하나에 해당하는 경우로서 지출한 사업연도의 손비로 계상한 경우에는 자본적 지출에 포함하지 않고 손금에 산입한다.

① 개별 자산별로 수선비로 지출한 금액이 600만원 미만 경우
② 개별 자산별로 수선비로 지출한 금액이 직전 사업연도 종료일 현재 재무상태표상의 자산가액(취득가액 − 감가상각누계액)의 5%에 미달하는 경우
③ 3년 미만의 기간마다 주기적인 수선을 위하여 지출하는 경우

13

답 ①

▌정답해설▐

① 금융보험업 이외의 법인이 결산을 확정할 때 이미 경과한 기간에 대응하는 이자 및 할인액(법인세가 원천징수되는 이자 및 할인액은 제외)을 해당 사업연도의 수익으로 계상한 경우에는 그 계상한 사업연도의 익금으로 한다.

더 알아보기 이자수익 및 이자비용의 귀속시기

구분		귀속시기
이자수익	일반법인	① 원칙 : 실제로 받은 날(또는 받기로 한 날) ② 특례 : 기간경과분을 수익으로 계상한 경우에는 인정(법인세가 원천징수되는 이자 및 할인액은 제외)
	금융보험업을 영위하는 법인	① 원칙 : 실제로 받은 날(선수입이자 및 할인액 제외) ② 특례 : 기간경과분을 수익으로 계상한 경우에는 인정(법인세가 원천징수되는 이자 및 할인액은 제외)
이자비용		① 원칙 : 실제로 지급한 날(또는 지급하기로 한 날) ② 특례 : 기간경과분을 비용으로 계상한 경우에는 인정. 단 차입일부터 이자지급일이 1년을 초과하는 특수관계인과의 거래에 따른 이자 및 할인액은 제외

14 고난도

답 ④

▌정답해설▐

1. 채권자불분명사채이자 관련 지급이자 손금불산입
   (1) 원천징수분 : 〈손금불산입〉 ₩1,485,000(기타사외유출)
   (2) 원천징수분 이외 : 〈손금불산입〉 ₩1,515,000(상여)

2. 업무무관자산 관련 지급이자 손금불산입

$$₩10,000,000 \times \frac{₩20,000,000^{(주1)} \times 366일 + ₩1,830,000,000}{₩36,600,000,000} = ₩2,500,000$$ 〈손금불산입〉(기타사외유출)

주1 특수관계인으로부터 업무무관 자산을 고가매입한 경우에는 시가초과분을 포함하여 업무무관자산의 적수 계산

3. 기타사외유출로 소득처분되는 금액
   ₩1,485,000 + ₩2,500,000 = ₩3,985,000

15

답 ③

▌정답해설▌

1. 대손금에 대한 세무조정
   (1) 〈손금산입〉 소멸시효 완성된 외상매출금 ₩7,000,000(△유보)
   (2) 〈손금불산입〉 대손사유 미충족 외상매출금 ₩2,000,000(유보)

2. 대손충당금 세무조정
   (1) 전기 대손충당금 한도초과액 추인 : 〈손금산입〉 대손충당금 ₩3,000,000(△유보)
   (2) 대손충당금 한도액 : ₩862,000,000 × 1.5% = ₩12,930,000
      ① 세무상 기말 대손충당금 설정 대상 채권 : ₩850,000,000 + ₩12,000,000(주1) = ₩862,000,000

      주1 ₩17,000,000(기초) + ₩2,000,000 − ₩7,000,000 = ₩12,000,000

      ② 설정률 : Max(1%, 1.5%) = 1.5%
   (3) 대손충당금 당기말 잔액 : ₩30,000,000
   (4) 대손충당금 한도초과액 : ₩30,000,000 − ₩12,930,000 = ₩17,070,000 〈손불불산입〉(유보)

3. 각사업연도 소득금액에 미치는 영향
   △₩7,000,000 + ₩2,000,000 + △₩3,000,000 + ₩17,070,000 = ₩9,070,000

16

답 ③

▌정답해설▌

③ 유형 또는 무형의 자산을 제공하거나 제공받은 경우에는 해당 자산의 시가의 50%에 상당하는 금액에서 그 자산의 제공과 관련하여 받은 전세금 또는 보증금을 차감한 가액에 정기예금이자율를 곱하여 산출한 금액을 시가로 한다.

17 고난도

답 ①

▌정답해설▌

1. 당초 환급세액 : Min(①, ②) = ₩15,200,000
   ① ₩46,500,000 − (₩350,000,000 − ₩80,000,000) × 직전연도 법인세율 = ₩15,200,000
   ② ₩46,500,000 − ₩30,000,000 = ₩16,500,000

2. 환급취소액 : ₩15,200,000 × $\frac{₩30,000,000 - ₩20,000,000^{(주1)}}{₩80,000,000}$ = ₩1,900,000

   주1 결손금 중 그 일부 금액만을 소급공제받은 경우에는 소급공제받지 않는 결손금이 먼저 감소한 것으로 봄

18 고난도

답 ⑤

▌정답해설▌

1. 재해상실비율 : $\frac{₩250,000,000 + ₩50,000,000}{₩250,000,000 + ₩150,000,000} = 75\%^{(주1)\cdot(주2)} \geq 20\%$

주1 자산총액 계산시 사업용 자산가액에는 토지는 제외한다.
주2 재해자산이 보험에 가입되어 있어 보험금을 수령하는 때에도 상실된 자산가액을 계산할 경우에는 동 보험금을 차감하지 않는다.

2. 재해손실세액공제액 : Min(①, ②) = ₩247,500,000
① ₩330,000,000(주3) × 재해상실비율(75%) = ₩247,500,000

주3 ㉠ + ㉡ = ₩330,000,000
㉠ 재해발생일 현재 미납법인세액 : ₩200,000,000
㉡ 재해발생일이 속하는 사업연도에 대한 법인세
₩150,000,000 + ₩5,000,000(주4) − ₩25,000,000(주5) = ₩130,000,000
주4 공제대상 법인세에는 장부의 기록·보관 불성실 가산세, 무신고가산세, 과소신고가산세 및 납부지연가산세를 포함함
주5 다른 법률에 따른 공제·감면세액을 차감함

② 상실된 재산가액 : ₩300,000,000

19

답 ②

▌정답해설▌

② 납부할 세액이 1,500만원인 경우 1천만원을 초과하는 금액인 500만원을 납부기한이 경과한 날부터 1개월(중소기업의 경우 2개월)이내에 분납할 수 있다.

더 알아보기 분납

자진납부할 세액이 1천만원을 초과하는 경우에는 다음의 금액을 납부기한이 지난 날부터 1개월(중소기업의 경우에는 2개월) 이내에 분납할 수 있다.

구분	분납할 수 있는 금액
납부할 세액이 1천만원 초과 2천만원 이하인 경우	1천만원을 초과하는 금액
납부할 세액이 2천만원을 초과하는 경우	해당 세액의 50% 이하의 금액

20

답 ③

▌정답해설▌

③ 거주자가 특수관계인에게 자산을 증여한 후 그 자산을 증여받은 자가 그 증여일부터 10년 이내에(2022.12.31. 이전 증여분은 5년) 다시 타인에게 양도하여 증여자가 그 자산을 직접 양도한 것으로 보는 경우 그 양도자산에 대하여는 증여자와 증여받은 자가 연대하여 납세의무를 진다.

21

답 ⑤

▌정답해설▌

⑤ 비거주자에 대한 과세표준과 세액의 계산에 있어서 종합소득공제의 경우 인적공제(기본공제와 추가공제) 중 비거주자 본인 외의 자에 대한 공제와 특별소득공제 · 자녀세액공제 및 특별세액공제는 적용하지 않는다.

22

답 ②

▌정답해설▌

1. 금융소득의 구분

구분	무조건, 조건부 종합과세	비고
파생결합사채의 이익	₩10,000,000	2024년까지는 파생결합증권 · 파생결합사채로부터의 이익을 배당소득으로 구분하지만, 2025년부터는 파생결합증권으로부터의 이익은 금융투자소득으로, 파생결합사채로부터의 이익은 이자소득으로 각각 구분한다.
ISA 배당소득	–	① 비과세한도금액(400만원, 200만원)이하 금액 : 비과세 ② 비과세한도금액 초과하는 금액 : 무조건 분리과세(9%)
의제배당	₩20,000,000	① 20,000주 × ₩1,000, ② Gross-up 대상
현금배당	₩3,000,000	Gross-up 대상
계	₩33,000,000	

2. 금융소득금액

₩33,000,000 + Min(₩23,000,000, ₩13,000,000) × 10%(개정안) = ₩34,300,000

23

답 ②

▌정답해설▐

1. 임대료 : ₩2,000,000 × 12개월 = ₩24,000,000

2. 간주임대료

$$(₩500,000,000 \times 366 - ₩300,000,000^{(주1)} \times 366) \times 2\% \times \frac{1}{366} - (₩500,000 + ₩300,000)^{(주2)} = ₩3,200,000$$

주1 해당 건축물의 취득가액을 말하며, 자본적 지출액은 포함하고, 재평가차액은 제외
주2 간주임대료 계산시 차감하는 금융수익은 수입이자, 할인료 및 배당금에 한정한다.

3. 관리비 : ₩500,000 × 12개월 = ₩6,000,000

4. 총수입금액
₩24,000,000 + ₩3,200,000 + ₩6,000,000 = ₩33,200,000

24 고난도

답 ②

▌정답해설▐

구분	금액	비고
급여	₩24,000,000	
상여금	₩10,000,000	
식사대	₩600,000	① (₩250,000 − ₩200,000) × 12개월 ② 월 20만원 이내 비과세(식사 제공받지 않은 경우)
자녀보육수당	−	① 출산・자녀보육수당(6세 이하)의 경우 월 20만원 이내의 금액은 비과세 ② 개정안 : 출산・보육수당 비과세 한도 상향 월 10만원 ⇒ 월 20만원, 2024.1.1.이후 지급분부터
단체환급부보장성보험료	₩500,000	연 70만원 이하의 금액 비과세
사택제공이익	−	종업원 및 비출자임원의 사택제공이익은 비과세
주식매수선택권 행사이익	₩20,000,000	① 주식매수선택권은 행사일을 수입시기로 봄 ② 주식매수선택권을 부여한 법인이 벤처기업이 아니므로 전액 과세
계	₩55,100,000	

25

답 ①

❙ 정답해설 ❙

② 공동사업에 성명 또는 상호를 사용하게 한 자 및 공동사업에서 발생한 채무에 대하여 무한책임을 부담하기로 약정한 자는 출자공동사업자에 해당하지 않는다.
③ 공동사업장에 대해서는 그 공동사업장을 1사업자로 보아 장부비치・기록, 사업자등록 및 휴・폐업신고, 납세번호 부여에 관한 규정을 적용한다.
④ 출자공동사업자의 배당소득의 수입시기는 해당 공동사업의 총수입금액과 필요경비가 확정된 날이 속하는 과세기간 종료일로 한다.
⑤ 출자공동사업자의 배당소득에 대한 원천징수세율은 25%이다.

26 고난도

답 ④

❙ 정답해설 ❙

1. 자녀세액공제 : ₩300,000(8세이상의 자녀가 2명이므로 30만원 공제)

2. 연금계좌세액공제 : ₩750,000
   (1) 세액공제 대상 연금계좌 납입액 : Min(①, ②) = ₩5,000,000
      ① Min[₩3,000,000(연금저축계좌 납입액), ₩6,000,000] + ₩2,000,000(퇴직연금계좌 납입액) = ₩5,000,000
      ② ₩9,000,000(한도)
   (2) 연금계좌세액공제 : ₩5,000,000 × 15%(주1) = ₩750,000

> 주1 ① 해당 과세기간의 종합소득금액이 4,500만원(근로소득만 있는 경우 총급여액 5,500만원) 이하인 거주자 : 15%
> ② 위 ①외의 거주자 : 12%

3. 합계액
   ₩300,000 + ₩750,000 = ₩1,050,000

더 알아보기 자녀세액공제

1. 기본공제대상 자녀 : 종합소득이 있는 거주자의 공제대상자녀(기본공제대상자에 해당하는 자녀로 입양자, 위탁아동 포함)로 8세 이상의 자녀에 대해서는 다음의 금액을 종합소득산출세액에서 공제한다(2023년부터 7세 이상에서 8세 이상으로 상향).

공제대상 자녀의 수	세액공제금액
1명	연 15만원
2명	연 30만원
3명 이상	연 30만원 + 2명 초과하는 1명당 연 30만원

2. 출산, 입양 공제대상 자녀 : 해당 과세기간에 출산하거나 입양 신고한 공제대상자녀가 있는 경우 첫째 30만원, 둘째 50만원, 셋째 이상인 경우 70만원을 종합소득 산출세액에서 공제한다.
   ※ 자녀장려금은 자녀세액공제(기본공제, 출산입양 공제)와 중복적용 배제한다.

27

답 ⑤

▌정답해설▌

⑤ 제조업을 영위하는 사업자는 해당 과세기간의 수입금액의 합계액이 7억5천만원 이상인 경우 성실신고확인대상사업자에 해당한다.

28

답 ④

▌정답해설▌

1. 퇴직소득 과세표준 : ① - ② = ₩25,700,000

   ① 환산급여 : $(₩35,000,000^{(주1)} - ₩5,000,000^{(주2)}) \times \frac{12}{5년^{(주2)}}$ = ₩72,000,000

   주1 ₩30,000,000(퇴직급여) + ₩5,000,000(퇴직공로금)

   주2 ₩1,000,000 × 5년(근속연수 계산시 1년 미만의 기간이 있는 경우에는 1년으로 봄)

   ② 환산급여공제 : ₩45,200,000 + (₩72,000,000 - ₩70,000,000) × 55% = ₩46,300,000

2. 퇴직소득 산출세액 : (₩25,700,000 × 기본세율) × $\frac{5년}{12}$ = ₩1,081,250

29

답 ②

▌정답해설▌

1. 일반적인 양도차익

구분	금액	비고
양도가액	₩1,600,000,000	
취득가액	(₩660,000,000)	
기타필요경비	(₩45,000,000)	₩40,000,000(자본적지출액) + ₩5,000,000(중개수수료)
양도차익	₩895,000,000	

2. 고가주택의 양도차익 : ₩895,000,000 × $\frac{₩1,600,000,000 - ₩1,200,000,000}{₩1,600,000,000}$ = ₩223,750,000

30

답 ①

▌정답해설▌

① 사업자가 재화·용역의 공급시기가 되기 전에 세금계산서를 발급하고 그 세금계산서 발급일로부터 7일 이내에 대가를 받으면 해당 세금계산서를 발급한 때를 공급시기로 본다.

31

답 ④

▌정답해설▐

1. 과세, 면세 구분

구분	과세면적(상가)	면세면적(주택)
건물	$200m^2$	$200m^2$
토지	$1,500m^2$	$1,000m^2$(주1)

주1 주택부수토지 : $\text{Min}[2,500m^2 \times \frac{200m^2}{400m^2},\ \text{Max}(200m^2 \times 5\text{배},\ 200m^2) = 1,000m^2$

2. 임대료 : ₩3,000,000 × 1개월 = ₩3,000,000

3. 과세표준 : ① + ② = ₩1,650,000

① 건물분 : $₩3,000,000 \times \frac{₩200,000,000^{(주2)}}{₩400,000,000} \times \frac{200m^2}{400m^2} = ₩750,000$

② 토지분 : $₩3,000,000 \times \frac{₩200,000,000^{(주2)}}{₩400,000,000} \times \frac{1,500m^2}{2,500m^2} = ₩900,000$

주2 건물가액 또는 토지가액은 예정신고기간 또는 과세기간이 끝난 날 현재의 기준시가에 따름

32

답 ③

▌정답해설▐

1. 제품 : ₩9,000,000(시가)

2. 건물 : ₩100,000,000(주1) × (1 − 5% × 4기) = ₩80,000,000

주1 감가상각자산의 취득가액은 취득시 매입세액공제를 받은 가액으로 함. 따라서 장기할부조건 매입시 현재가치할인차금은 취득가액에 포함함

3. 비영업용 소형승용차 : 매입세액을 공제받지 않았으므로 폐업시 잔존재화에 대한 공급의제를 적용하지 않음

4. 폐업시 잔존재화의 과세표준
₩9,000,000 + ₩80,000,000 = ₩89,000,000

33

답 ①

▌정답해설▐

① 수출업자와 직접 도급계약에 의하여 수출재화를 임가공하는 수출재화임가공용역(수출재화염색임가공을 포함)은 영세율 적용 대상이다. 다만, 사업자가 부가가치세를 별도로 적은 세금계산서를 발급한 경우에는 제외한다.

34

답 ⑤

▌정답해설▐

⑤ 세금계산서를 발급한 후 계약의 해제로 재화·용역이 공급되지 아니한 경우에는 계약이 해제된 때에 계약해제일을 그 작성일하여 수정세금계산서를 발급하고, 비고란에 처음 세금계산서 작성일을 덧붙여 적은 후 붉은색 글씨로 쓰거나 음의 표시를 하여 발급한다.

④ 2023년 공급된 사업장별 재화 및 용역의 공급가액(면세공급가액 포함)의 합계액이 8,000만원 이상인 개인사업자는 2024년 제2기 과세기간이 시작하는 날(즉, 2024년 7월 1일)부터 전자세금계산서를 발급해야 한다.

35

답 ③

▌정답해설▐

1. 매출세액 : ₩51,000,000 × 10% = ₩5,100,000

2. 매입세액 : ① + ② = ₩3,510,000
   ① 일반매입세액 : ₩3,500,000
   ② 공통매입세액 : ₩1,000,000 × (50%(주1) − 49%(주2)) = ₩10,000

주1 2024년 2기 과세공급가액 비율 : $\frac{₩49,000,000 + ₩51,000,000}{₩49,000,000 + ₩51,000,000 + ₩51,000,000 + ₩49,000,000} = 50\%$

주2 2024년 2기 예정신고기간 과세공급가액 비율 : $\frac{₩49,000,000}{₩49,000,000 + ₩51,000,000} = 49\%$

3. 납부(환급)세액의 재계산 : ₩2,000,000 × (1 − 25% × 1기) × (50% − 60%(주3)) = △₩150,000

주3 2024년 1기 면세공급가액 비율 : $\frac{₩50,000,000 + ₩70,000,000}{₩50,000,000 + ₩50,000,000 + ₩30,000,000 + ₩70,000,000} = 60\%$

4. 납부세액
   ₩5,100,000 − ₩3,510,000 − ₩150,000 = ₩1,440,000

36

답 ④

▌정답해설▐

구분	금액	비고
원재료 매입세액	₩900,000	발급받은 세금계산서의 필요적 기재사항 중 일부가 착오로 사실과 다르게 적혔으나 그 세금계산서에 적힌 나머지 필요적 기재사항 또는 임의적 기재사항으로 보아 거래사실이 확인되는 경우 매입세액공제 허용
비영업용소형승용차 매입세액	–	매입세액 불공제
종업원 식대 매입세액	–	직전연도 공급대가 합계액이 4,800만원 미만인 간이과세자로부터 공급받을 경우 매입세액이 공제되지 아니함
직원 사택 수리비 매입세액	₩400,000	
원재료 수입 매입세액	₩1,080,000	(₩10,000,000 + ₩800,000) × 10%
계	₩2,380,000	

37 고난도

답 ④

▌정답해설▐

1. 매출세액 : ① – ② = ₩44,800,000
   ① 일반매출세액 : ₩450,000,000 × 10% = ₩45,000,000
   ② 대손세액공제 : ₩2,200,000(주1) × $\frac{10}{110}$ = ₩200,000

> 주1 대손세액공제는 부도발생일(2024.6.1.)로부터 6개월이 지난 날이 속하는 확정신고기한(2024년 2기)에 공제받을 수 있다.

2. 매입세액 : ① + ② = ₩11,500,000
   ① 일반매입세액 : ₩10,000,000 – ₩500,000(기업업무추진비 관련 매입세액) = ₩9,500,000
   ② 의제매입세액 : ₩2,000,000

3. 납부세액 : ₩44,800,000 – ₩11,500,000 = ₩33,300,000

4. 세액공제 : ₩5,005,000 + ₩10,000 = ₩5,015,000
   (1) 신용카드매출전표 발급 등에 대한 세액공제 : Min(①, ②) = ₩5,005,000
   ① ₩385,000,000 × 1.3%(주2) = ₩5,005,000

> 주2 개정안 : 2026년까지 1.3%, 2027년 이후 1%

   ② 한도 : ₩10,000,000(주3) – ₩500,000 = ₩9,500,000

> 주3 개정안 : 2026년까지 한도 1,000만원, 2027년 이후 한도 500만원

   (2) 전자신고세액공제 : ₩10,000

5. 차가감납부세액 : ₩33,300,000 – ₩5,015,000 = ₩28,285,000

38

답 ②

▌정답해설▐

② 2023.1.1. 이후 가업상속공제 대상이 되는 중견기업의 기준을 직전 3개 사업연도 매출액의 평균금액 4,000억원 미만에서 5,000억원 미만으로 확대되었다.

① 비거주자의 사망으로 상속이 개시되는 경우에도 기초공제는 적용한다.

③ 배우자가 실제 상속받은 금액이 없더라도 배우자 상속공제의 최저한인 5억원을 공제한다.

④ 피상속인의 배우자가 단독으로 상속받은 경우에는 일괄공제(5억원)을 적용하지 않고, 기초공제와 그 밖의 인적공제의 합계액을 적용한다.

⑤ 거주자의 사망으로 상속이 개시되는 경우로서 상속개시일 현재 상속재산가액 중 순금융재산가액이 1억을 초과하는 경우 순금융재산가액의 20%를 공제하며, 공제한도는 2억원이다.

39 고난도

▌정답해설▐

1. 어머니로부터 저가 양수(특수관계 ○)
(₩500,000,000 − ₩300,000,000) − Min[₩500,000,000 × 30%, ₩300,000,000] = ₩50,000,000

2. 친구로부터 저가 양수(특수관계 ×)
(₩700,000,000 − ₩500,000,000) < (₩700,000,000 × 30%)
⇒ 시가와 거래가액의 차액이 시가의 30%에 미달하므로 증여재산가액은 없다.

3. 할아버지에게 고가양도(특수관계 ○)
(₩400,000,000 − ₩200,000,000) − Min[₩200,000,000 × 30%, ₩300,000,000] = ₩140,000,000

4. 증여재산가액 : ₩50,000,000 + ₩140,000,000 = ₩190,000,000

더 알아보기 저가양수, 고가양도

1. 특수관계인과의 거래
   (1) 저가양도
   ① 양수인 : 특수관계인간의 저가양수의 경우 양수인이 증여받은 자(수증자)가 되어 다음에 해당하는 금액을 증여재산가액으로 한다.

증여재산가액 = (시가 − 대가) − Min(시가의 30%, 3억원)

   ② 양도인 : 특수관계인에게 저가양도 시(시가와 대가와의 차액이 시가의 5% 이상 또는 3억원 이상인 경우에 한함)에는 소득세법상 부당행위계산의 부인 규정이 적용되어 시가를 양도가액으로 본다.

   (2) 고가양도 : 특수관계인간의 고가양도의 경우 양도인이 증여받은 자(수증자)가 되어 다음에 해당하는 금액을 증여재산가액으로 한다.

증여재산가액 = (대가 − 시가) − Min(시가의 30%, 3억원)

2. 특수관계인외의 자와 거래시 저가양수 또는 고가양도에 따른 이익의 증여 : 특수관계인외의 자와의 거래 시에도 거래의 관행상 정당한 사유 없이 그 대가와 시가와의 차액이 기준금액(시가의 30%) 이상인 경우에는 그 대가와 시가와의 차액에서 3억원을 뺀 금액을 그 이익을 얻은 자의 증여재산가액으로 한다.

40

답 ②

| 정답해설 |

② 부동산 등의 취득은 민법 등 관계 법령에 따른 등기·등록 등을 하지 아니한 경우라도 사실상 취득하면 각각 취득한 것으로 보고 해당 취득물건의 소유자 또는 양수인을 각각 취득자로 한다. 다만, 차량, 기계장비, 항공기 및 주문을 받아 건조하는 선박은 승계취득인 경우에만 해당한다.

05 2019년 제54회 정답 및 해설

01	02	03	04	05	06	07	08	09	10	11	12	13	14	15	16	17	18	19	20
①	③	①	①	⑤	⑤	①	③	②	③	④	①	①	②	①	②	②	④	③	③
21	22	23	24	25	26	27	28	29	30	31	32	33	34	35	36	37	38	39	40
③	⑤	④	①	④	③	④	③	③	②	④	②	④	⑤	①	②	⑤	④	⑤	⑤

01

답 ①

▌정답해설▌

① 제3자를 통한 간접적인 방법이나 둘 이상의 행위 또는 거래를 거치는 방법으로 국세기본법 또는 세법의 혜택을 부당하게 받기 위한 것으로 인정되는 경우에는 그 경제적 실질내용에 따라 당사자가 직접 거래를 한 것으로 보거나 연속된 하나의 행위 또는 거래를 한 것으로 보아 국세기본법 또는 세법을 적용한다.

더 알아보기 국세부과의 원칙

1. 실질과세의 원칙
   ① 과세의 대상이 되는 소득, 수익, 재산, 행위 또는 거래의 귀속이 명의일 뿐이고 사실상 귀속되는 자가 따로 있을 때에는 사실상 귀속되는 자를 납세의무자로 하여 세법을 적용한다.
   ② 세법 중 과세표준의 계산에 관한 규정은 소득, 수익, 재산, 행위 또는 거래의 명칭이나 형식에 관계없이 그 실질 내용에 따라 적용한다.
   ③ 제3자를 통한 간접적인 방법이나 둘 이상의 행위 또는 거래를 거치는 방법으로 국세기본법 또는 세법의 혜택을 부당하게 받기 위한 것으로 인정되는 경우에는 그 경제적 실질내용에 따라 당사자가 직접 거래를 한 것으로 보거나 연속된 하나의 행위 또는 거래를 한 것으로 보아 국세기본법 또는 세법을 적용한다.

2. 신의성실의 원칙
   (1) 납세자가 그 의무를 이행할 때에는 신의에 따라 성실하게 하여야 한다. 세무공무원이 직무를 수행할 때도 또한 같다.
   (2) 적용 요건
      ① 납세자의 신뢰의 대상이 되는 과세관청의 공적 견해표시가 있어야 한다.
      ② 납세자가 과세관청의 견해표시를 신뢰하고, 그 신뢰에 납세자의 귀책사유가 없어야 한다.
      ③ 납세자가 과세관청의 견해표시에 대한 신뢰를 기초로 하여 어떤 행위를 하여야 한다.
      ④ 과세관청이 당초의 견해표시에 반하는 적법한 행정처분을 하여야 한다.
      ⑤ 과세관청의 그러한 배신적 처분으로 인하여 납세자가 불이익을 받아야 한다.

3. 근거과세의 원칙
   ① 납세의무자가 세법에 따라 장부를 갖추어 기록하고 있는 경우에는 해당 국세 과세표준의 조사와 결정은 그 장부와 이와 관계되는 증거자료에 의하여야 한다.
   ② 국세를 조사·결정할 때 장부의 기록 내용이 사실과 다르거나 장부의 기록에 누락된 것이 있을 때에는 그 부분에 대해서만 정부가 조사한 사실에 따라 결정할 수 있으며, 정부의 기록 내용과 다른 사실 또는 장부 기록에 누락된 것을 조사하여 결정하였을 때에는 정부가 조사한 사실과 결정의 근거를 결정서에 적어야 한다.

4. 조세감면의 사후관리
정부는 국세를 감면한 경우에 그 감면의 취지를 성취하거나 국가정책을 수행하기 위하여 필요하다고 인정하면 세법에서 정하는 바에 따라 감면한 세액에 상당하는 자금 또는 자산의 운용 범위를 정할 수 있다. 그리고 그 운용범위를 벗어난 자금 또는 자산에 상당하는 감면세액은 세법에서 정하는 바에 따라 감면을 취소하고 징수할 수 있다.

더 알아보기 세법적용의 원칙

1. 세법 해석의 기준(재산권부당침해 금지)
세법을 해석·적용할 때에는 과세의 형평과 해당 조항의 합목적성에 비추어 납세자의 재산권이 침해되지 않도록 하여야 한다.

2. 소급과세의 금지
① 국세를 납부할 의무(세법에 징수의무자가 따로 규정되어 있는 국세의 경우에는 이를 징수하여 납부할 의무)가 성립한 소득, 수익, 재산, 행위 또는 거래에 대해서는 그 성립 후의 새로운 세법에 따라 소급하여 과세하지 아니한다.
② 세법의 해석이나 국세행정의 관행이 일반적으로 납세자에게 받아들여진 후에는 그 해석이나 관행에 의한 행위 또는 계산은 정당한 것으로 보며, 새로운 해석이나 관행에 의하여 소급하여 과세되지 아니한다.
③ 진정소급과 부진정소급 : 이미 성립한 납세의무에 대해 소급과세하는 것(진정소급)은 금지되지만, 과세기간 중도에 법률의 개정이나 해석의 변경이 있는 경우 이미 진행한 과세기간분에 대해 소급과세하는 것(부진정소급)은 허용된다.

3. 세무공무원의 재량한계
세무공무원이 재량으로 직무를 수행할 때에는 과세의 형평과 해당 세법의 목적에 비추어 일반적으로 적당하다고 인정되는 한계를 엄수하여야 한다.

4. 기업회계의 존중
세무공무원이 국세의 과세표준을 조사·결정할 때에는 해당 납세의무자가 계속하여 적용하고 있는 기업회계의 기준 또는 관행으로서 일반적으로 공정·타당하다고 인정되는 것은 존중하여야 한다. 다만, 세법에 특별한 규정이 있는 것은 그러하지 아니한다.

02

답 ③

▌정답해설▐

③ 국제조세조정에 관한 법률에 국제거래 중 국외 제공 용역거래에서 발생한 부정행위로 법인세를 포탈하거나 환급·공제받은 경우, 그 법인세를 부과할 수 있는 날부터 15년이 지나면 부과할 수 없다.

더 알아보기 소멸시효의 중단과 정지

1. 소멸시효의 중단
(1) 의의 : 시효의 중단이란 시효의 진행 중에 권리의 행사로 볼 수 있는 사유가 발생하면 그때까지 진행되어 온 시효기간이 효력을 상실시키는 것을 말한다.
(2) 중단 사유 : ① 납부고지, ② 독촉, ③ 교부청구, ④ 압류

2. 소멸시효의 정지
(1) 의의 : 시효의 정지란 일정기간 동안 시효의 완성을 유예하는 것을 말하며, 그 정지사유가 종료된 후 잔여기간이 지나면 시효가 완성된다.
(2) 정지 사유
① 세법에 따른 분납기간
② 납부고지의 유예, 지정납부기한·독촉장에서 정하는 기한의 연장, 징수유예 기간

③ 압류・매각의 유예기간
④ 연부연납기간
⑤ 세무공무원이 국세징수법에 따른 사해행위 취소소송이나 민법에 따른 채권자대위 소송을 제기하여 그 소송이 진행 중인 기간
⑥ 체납자가 국외에 6개월 이상 계속 체류하는 경우 해당 국외 체류 기간

03

답 ①

정답해설

① 국세 및 강제징수비는 다른 공과금이나 그 밖의 채권에 우선하여 징수한다. 따라서 공과금의 강제징수에 있어서 그 강제징수 금액 중에 국세 및 강제징수비를 징수하는 경우에 그 공과금의 강제징수비는 국세 및 강제징수비에 우선하나, 공과금은 국세에 우선하지 못한다.

04

답 ①

정답해설

① 국세환급금을 충당할 경우에는 체납된 국세 및 강제징수비에 우선 충당하여야 한다. 다만, 납세자가 납부고지에 따라 납부하는 국세에 충당하는 것을 동의하거나 신청한 경우에는 납부고지에 따라 납부하는 국세에 우선 충당하여야 한다.

05

답 ⑤

정답해설

⑤ 세무조사에 대한 서면통지 또는 과세예고통지를 받은 자는 과세전적부심사를 청구하지 아니하고 통지를 한 세무서장이나 지방국세청장에게 통지받은 내용의 전부 또는 일부에 대하여 과세표준 및 세액을 조기에 결정하거나 경정결정해 줄 것을 신청할 수 있다. 이 경우 해당 세무서장이나 지방국세청장은 신청받은 내용대로 즉시 결정이나 경정결정을 하여야 한다.

06

답 ⑤

정답해설

⑤ 관할지방국세청장(새로이 지정될 납세지가 그 관할을 달리하는 경우에는 국세청장)은 내국법인의 본점 등의 소재지가 등기된 주소지와 동일하지 아니한 경우 등 법 소정의 경우 납세지를 지정할 수 있다. 이처럼 납세지를 지정했을 때에는 그 법인의 해당 사업연도 종료일부터 45일 이내에 해당 법인에게 이를 알려야 하며, 기한 내에 알리지 않은 경우에는 종전의 납세지를 그 법인의 납세지로 한다.

07

답 ①

▌정답해설▌

1. 소득금액조정합계표

익금산입 및 손금불산입			손금산입 및 익금불산입		
과목	금액	소득처분	과목	금액	소득처분
기업업무추진비 한도초과액	₩300,000	기타사외유출	재산세환급금이자[주1]	₩50,000	기타
교통사고벌과금	₩400,000	기타사외유출	금융자산	₩1,800,000	△유보
자기주식처분이익	₩2,000,000	기타			
금융자산평가이익	₩1,800,000	기타			
계	₩4,500,000		계	₩1,850,000	

주1 수익으로 처리된 재산세 환급액은 익금이므로 세무조정은 없고, 국세·지방세 과오납금의 환급금이자는 이자보상금 성격이므로 익금불산입 항목임

※ 소득금액조정합계표에는 기부금에 대한 한도시부인계산과 관련된 세무조정사항은 포함되지 않음

※ 공제대상 이월결손금은 각사업연도소득금액에서 공제하므로 소득금액조정합계표에는 기재되지 않음

2. 소득금액조정합계표상 가산조정금액과 차감조정금액의 차이금액

₩4,500,000 − ₩1,850,000 = ₩2,650,000

08

답 ③

▌정답해설▌

③ 임원 또는 직원에게 이익처분에 의해 지급하는 상여금은 손금에 산입하지 아니한다. 따라서 장부에 잉여금의 처분으로 회계처리하였다면 세무조정이 발생하지 않는다.

09 고난도

답 ②

▌정답해설▌

※ 법인이 그 직원이 조직한 조합 또는 단체에 지출한 복리시설비의 경우 해당 조합이나 단체가 법인인 경우에는 이를 기업업무추진비로 보며, 법인이 아닌 경우에는 해당 법인의 경리의 일부로 본다.

※ 기업업무추진비는 접대가 이루어진 사업연도에 손비로 계상하므로, 전기에 접대가 이루어졌으나 당기 지급시점에 비용처리한 금액은 당기에 손금불산입, 유보로 처리한다. 또한 당기 기업업무추진비가 아닌데 손익계산서상 판매비와 관리비로 포함되어 있으므로 기업업무추진비 해당액에서 차감한다.

1. 기업업무추진비 해당액
₩70,000,000 − ₩4,000,000(전기 기업업무추진비) + ₩6,000,000(복리시설비) = ₩72,000,000

2. 기업업무추진비 한도액 : ① + ② + ③ + ④ = ₩71,030,000
① 기본 한도 : ₩36,000,000(중소기업) $\times \frac{12}{12}$ = ₩36,000,000
② 수입금액 한도 : (67억[주1] $\times \frac{3}{1,000}$) + (33억 $\times \frac{3}{1,000}$ + 47억 $\times \frac{2}{1,000}$) × 10% = ₩22,030,000

주1 70억 − 3억(간주공급)

③ 문화기업업무추진비 추가 한도 : Min[₩10,000,000, (₩36,000,000 + ₩22,030,000) × 20%] = ₩10,000,000
④ 전통시장기업업무추진비 추가 한도 : Min[₩3,000,000, (₩36,000,000 + ₩22,030,000) × 10%] = ₩3,000,000 (개정안)

3. 기업업무추진비 한도초과액
₩72,000,000 − ₩71,030,000 = ₩970,000(손금불산입, 기타사외유출)

10 고난도

답 ③

▌정답해설▐

1. 특례기부금 : ₩3,000,000(국립대학병원 연구비) + ₩5,000,000(의제기부금)[주1] = ₩8,000,000

주1 ₩70,000,000 − (₩50,000,000 × 130%) = ₩5,000,000(손금산입, △유보)

2. 차가감소득금액

구분	금액	비고
법인세비용차감전 순이익	₩20,000,000	
익금산입·손금불산입	₩14,000,000	₩12,000,000 + ₩2,000,000[비지정기부금(동창회), 손금불산입, 기타사외유출]
손금산입·익금불산입	(₩20,000,000)	₩15,000,000 + ₩5,000,000(토지 고가매입)
차가감소득금액	₩14,000,000	

3. 기준소득금액 : ₩14,000,000 + ₩8,000,000 = ₩22,000,000

4. 특례기부금 한도시부인
(1) 한도액 : [₩22,000,000 − Min(₩10,000,000, ₩22,000,000 × 100%)] × 50% = ₩6,000,000
(2) 한도초과액 : ₩8,000,000 − ₩6,000,000 = ₩2,000,000(손금불산입, 기타사외유출)

5. 각사업연도소득금액에 미치는 영향
△₩5,000,000 + ₩2,000,000 + ₩2,000,000 = △₩1,000,000

11

답 ④

▌정답해설▐

④ 금융회사 등 외의 법인이 보유하는 화폐성외화자산 · 부채(보험회사의 책임준비금 제외)와 환위험회피용 통화선도 등은 취득일 또는 발생일 현재의 매매기준율 등으로 평가하는 방법과 사업연도 종료일 현재의 매매기준율 등으로 평가하는 방법 중 관할 세무서장에게 신고한 방법에 따라 평가하여야 한다. 다만, 사업연도 종료일 현재의 매매기준율 등으로 평가하는 방법을 신고하여 적용하기 이전 사업연도의 경우에는 취득일 또는 발생일 현재의 매매기준율 등으로 평가하는 방법을 적용하여야 한다.

더 알아보기 법인세법상 할부매출손익의 귀속시기

구분	내용
단기할부판매	인도기준
장기할부판매	① 원칙 : 인도기준 ② 특례 ㉠ 기업회계기준에 따라 결산시 현재가치할인차금을 기간 경과에 따라 계상한 경우 인정 ㉡ 결산시에 회수하였거나 회수할 금액으로 계상한 경우 회수기일도래기준 인정 ㉢ 중소기업은 결산시에 인도기준으로 인식한 경우에도 회수기일도래기준으로 신고조정 가능

12

답 ①

▌정답해설▐

1. 감가상각누계액을 공제한 장부가액 : ₩100,000,000 − ₩55,000,000 = ₩45,000,000

2. 전기말 감가상각비 부인누계액 : ₩2,196,880

3. 상각범위액
   (₩45,000,000 + ₩2,196,880) × 0.125 = ₩5,899,160

더 알아보기 감가상각방법의 변경

1. 변경 사유
   ① 상각방법이 서로 다른 법인이 합병(분할합병 포함)한 경우
   ② 상각방법이 서로 다른 사업자의 사업을 인수 또는 승계한 경우
   ③ 외국인투자촉진법에 의하여 외국투자자가 내국법인의 주식 등을 20% 이상 인수 또는 보유하게 된 경우
   ④ 해외시장의 경기변동 또는 경제적 여건의 변동으로 인하여 종전의 상각방법을 변경할 필요가 있는 경우
   ⑤ 회계정책의 변경에 따라 결산상각방법이 변경된 경우(변경한 결산상각방법과 같은 방법으로 변경하는 경우만 해당한다) 여기서 결산상각방법이란 한국채택국제회계기준을 최초로 적용한 사업연도의 직전 사업연도에 해당 자산의 동종자산에 대하여 감가상각비를 손비로 계상할 때 적용한 상각방법을 말한다.

2. 상각방법 변경승인 : 상각방법의 변경승인을 받고자 하는 법인은 그 변경할 상각방법을 적용하고자 하는 최초 사업연도의 종료일까지 「감가상각방법변경신청서」를 관할세무서장에게 제출하여야 하며, 신청서를 접수한 관할세무서장은 접수일이 속하는 사업연도 종료일부터 1개월 이내에 그 승인 여부를 결정하여 통지하여야 한다.

3. 상각방법 변경시 상각범위액 계산

구분	변경하는 경우 상각범위액
정액법으로 변경	[감가상각누계액을 공제한 장부가액 + 전기이월 상각부인누계액] × 신고내용연수(또는 기준내용연수)에 따른 정액법 상각률
정률법으로 변경	[감가상각누계액을 공제한 장부가액 + 전기이월 상각부인누계액] × 신고내용연수(또는 기준내용연수)에 따른 정률법 상각률
생산량비례법으로 변경	[감가상각누계액을 공제한 장부가액 + 전기이월 상각부인누계액] × $\frac{\text{해당 사업연도의 채굴량}}{\text{총채굴예정량} - \text{변경전 사업연도까지의 총채굴량}}$

13 고난도

답 ①

▌정답해설▐

※ 사용수익기부자산 : 금전 외의 자산을 국가·지방자치단체 또는 공익단체(특례기부금·일반기부금을 기부받은 단체를 말함)에 기부한 후 그 자산을 사용하거나 그 자산으로부터 수익을 얻는 경우 해당 자산의 장부가액

1. 사용수익기부자산의 취득가액 조정 : 〈손금산입〉 사용수익기부자산 ₩20,000,000(△유보)(주1)

주1 사용수익기부자산의 경우 장부가액으로 하여야 하나 시가로 장부에 계상하였으므로 해당 자산을 감액하는 세무조정을 함

2. 자산 감액분 추인 : ₩20,000,000 × $\frac{₩10,000,000}{₩100,000,000}$ = ₩2,000,000(손금불산입, 유보)

3. 감가상각비 시부인
   ① 감가상각비 : ₩10,000,000 − ₩2,000,000 = ₩8,000,000
   ② 상각범위액 : (₩100,000,000 − ₩20,000,000) × $\frac{1}{10}$ × $\frac{6}{12}$ = ₩4,000,000
   ③ 한도초과액 : ₩8,000,000 − ₩4,000,000 = ₩4,000,000(손금불산입, 유보)

4. 각사업연도소득에 미치는 순영향
   △₩20,000,000 + ₩2,000,000 + ₩4,000,000 = △₩14,000,000

14

답 ②

▌정답해설▌

1. 퇴직급여충당금

구분	회사	세법
기초잔액	₩30,000,000	₩15,000,000(주1)
당기증가	–	–
당기감소	₩10,000,000	–
기말잔액	₩20,000,000	₩15,000,000

주1 ₩30,000,000 – ₩15,000,000

2. 퇴직연금충당금

구분	회사	세법
기초잔액	–	₩99,000,000
당기증가	–	₩16,000,000(주2)
당기감소	–	₩10,000,000
기말잔액	–	₩105,000,000(주3)

주2 대차차액

주3 세법상 퇴직연금충당금 기말잔액 : Min[①, ②] = ₩105,000,000

① 추계액기준

Max(₩110,000,000, ₩120,000,000) – ₩15,000,000(세무상 퇴직급여충당금 기말잔액) = ₩105,000,000

② 예치금기준 : ₩110,000,000

3. 세무상 기말 퇴직연금충당금 잔액 : ₩105,000,000

15

답 ①

정답해설

①은 대손사유 중 신고조정 사항이며, ②~⑤은 결산조정사항이다.

더 알아보기 대손 사유

1. 신고조정사항

구분	내용
소멸시효가 완성된 채권	① 상법에 따른 소멸시효가 완성된 외상매출금 및 미수금 ② 어음법에 따른 소멸시효가 완성된 어음 ③ 수표법에 따른 소멸시효가 완성된 수표 ④ 민법에 따른 소멸시효가 완성된 대여금 및 선급금
그 밖의 채권	① 「채무자 회생 및 파산에 관한 법률」에 따른 회생계획인가의 결정 또는 법원의 면책결정에 따라 회수불능으로 확정된 채권 ② 「서민의 금융생활 지원에 관한 법률」에 따른 채무조정을 받아 신용회복지원협약에 따라 면책으로 확정된 채권 ③ 민사집행법 제102조에 따라 채무자의 재산에 대한 경매가 취소된 압류채권

2. 주요 결산조정사항

구분	내용
부도발생일부터 6개월 이상 지난 일정한 채권	부도발생일부터 6개월 이상 지난 수표 또는 어음상의 채권 및 외상매출금(중소기업의 외상매출금으로서 부도발생일 이전의 것에 한정)(주1). 다만, 해당 법인이 채무자의 재산에 대하여 저당권을 설정하고 있는 경우는 제외
회수기일이 2년 이상 지난 중소기업의 외상매출금 등	중소기업의 외상매출금 및 미수금으로서 회수기일이 2년 이상 지난 외상매출금 등. 다만, 특수관계인과의 거래로 인하여 발생한 외상매출금 등은 제외한다.
기타 채권	① 채무자의 파산, 강제집행, 형의 집행, 사업의 폐지, 사망, 실종, 행방불명으로 인하여 회수할 수 없는 채권 ② 재판상 화해 등 확정판결과 같은 효력을 가지는 것으로서 민사소송법에 따른 화해, 민사소송법에 따른 화해권고결정, 민사조정법에 따른 강제조정결정 및 민사조정법에 따른 조정에 따라 회수불능으로 확정된 채권 ③ 물품의 수출 또는 외국에서의 용역제공으로 발생한 채권으로서 대손사유에 해당하여 무역에 관한 법령에 따라 한국무역보험공사로부터 회수불능으로 확인된 채권 ④ 회수기일이 6개월 이상 지난 채권 중 채권가액이 30만원 이하(채무자별 채권가액의 합계액을 기준으로 한다)인 채권 ⑤ 중소벤처기업부장관이 정한 대손기준에 해당한다고 인정한 중소기업창업투자회사의 창업자에 대한 채권 ⑥ 금융감독원장으로부터 대손금으로 승인받은 금융회사의 채권

주1 대손금으로 손비 계상할 수 있는 금액 : 사업연도종료일 현재 회수되지 않는 채권 금액에서 1,000원(비망가액)을 뺀 금액으로 한다.

16

답 ②

▌정답해설▐

① 내국법인의 각 사업연도의 소득에 대한 법인세의 과세표준은 각 사업연도의 소득의 범위에서 이월결손금, 비과세소득, 소득공제액을 순차적으로 공제한 금액으로 한다.

③ 합병법인이 승계한 피합병법인의 결손금은 피합병법인으로부터 승계받은 사업에서 발생한 소득금액 범위에서 합병법인의 각 사업연도의 과세표준을 계산할 때 공제한다. 즉, 합병・분할시 승계받은 결손금은 자산수증이익과 채무면제이익으로 보전할 수 없다.

④ 중소기업이 과세표준신고기한 내에 결손금이 발생한 사업연도와 직전 사업연도의 소득에 대한 법인세 과세표준 및 세액을 각각 신고한 경우에만 결손금 소급공제가 가능하다.

⑤ 결손금소급공제 한도는 직전 사업연도 각사업연도소득에 대한 법인세 산출세액(토지등양도소득에 대한 법인세액을 제외한 금액)에서 직전 사업연도 공제・감면세액을 차감하여 계산한다. 여기서 가산세는 포함하지 않는다.

17 고난도

답 ②

▌정답해설▐

〈세법 개정〉

1. 외국자회사 요건을 종전에는 내국법인이 직접 외국법인의 의결권 있는 발행주식총수의 25% 이상을 출자하고 있는 법인으로 하였으나, 내국법인이 직접 외국법인의 의결권 있는 발행주식총수의 10%[해외자원개발을 하는 외국법인 2%(개정안 5% ⇒ 2%)] 이상을 출자하고 있는 법인으로 완화

2. 외국자회사의 주식을 6개월 이상 보유하고 있는지를 판단하는 날을 '배당확정일'에서 '배당기준일'로 변경

3. 외국납부세액공제는 외국자회사 수입배당금액의 익금불산입이 적용되지 않는 경우에만 적용

〈외국납부세액공제 계산〉

1. 간접외국납부세액 : $₩500,000 \times \dfrac{₩1,000,000}{₩3,000,000 - ₩500,000} = ₩200,000$

2. (주)갑의 과세표준 : ₩100,000,000 + ₩100,000(직접외국납부세액) + ₩200,000(간접외국납부세액) = ₩100,300,000

3. 산출세액 : ₩100,300,000 × 9% = ₩9,027,000

4. 외국납부세액공제 : Min(①, ②) = ₩108,000
   ① 외국납부세액 : ₩100,000(직접외국납부세액) + ₩200,000(간접외국납부세액) = ₩300,000
   ② 한도액 : $₩9,027,000 \times \dfrac{₩1,200,000^{(주1)}}{₩100,300,000} = ₩108,000$

주1 ₩900,000 + ₩100,000(직접외국납부세액) + ₩200,000(간접외국납부세액)

18 고난도

답 ④

▌정답해설▐

1. 감면후세액
   ① 산출세액 : ₩198,000,000 × 9% = ₩17,820,000
   ② 감면후세액(주1) : ₩17,820,000 − ₩7,800,000(근로소득증대세액공제) = ₩10,020,000

   주1 중소기업인 경우 연구・인력개발비 세액공제액은 최저한세적용대상이 아님

2. 최저한세
   ① 감면전 과세표준 : ₩198,000,000 + ₩5,000,000 = ₩203,000,000
   ② 최저한세 : ₩203,000,000 × 7% = ₩14,210,000

3. 조세감면배제내역
   ① 감면배제세액 : ₩14,210,000 − ₩10,020,000 = ₩4,190,000
   ② 감면배제내역
      ㉠ 「조세특례제한법」상 손금산입 : ₩750,000(주2)
      ㉡ 근로소득을 증대시킨 기업에 대한 세액공제 : ₩3,440,000

   주2 과세표준이 ₩198,000,000이고 「조세특례제한법」상 손금산입액이 ₩5,000,000이므로 ₩2,000,000은 9%, ₩3,000,000은 19%의 세율을 적용하여 배제세액을 계산

4. 조세특례제한법상 세액공제액
   ₩4,360,000(근로소득증대세액공제)(주3) + ₩2,000,000(연구・인력개발비세액공제) = ₩6,360,000

   주3 ₩7,800,000 − ₩3,440,000 = ₩4,360,000
   *외국납부세액공제는 최저한세 적용 대상이 아니며, 법인세법상 세액공제임

더 알아보기 최저한세 조세감면 배제 순위

감면후세액이 최저한세액에 미달하는 경우에는 감면후세액이 최저한세액 이상이 되도록 최저한세 적용대상 조세감면 중 일부를 배제해야 한다. 이 경우 납세의무자가 신고 또는 수정신고하는 경우에는 납세의무자의 임의선택에 따라 배제하지만, 경정하는 경우 경우에는 다음의 순서에 따라 배제한다.
① 손금산입 및 익금불산입
② 세액공제. 이 경우 동일 조문에 따른 감면세액 중 이월된 공제세액이 있는 경우에는 나중에 발생한 것부터 적용배제한다.
③ 세액면제, 감면
④ 소득공제 및 비과세

19

답 ③

▌정답해설▐

① 해당 중간예납기간의 법인세액을 기준으로 중간예납세액을 계산할 때는 중간예납기간의 감면세액·원천징수세액·수시부과세액을 차감한다.
② 중간예납세액을 신고납부기한 내에 신고·납부하지 않은 경우 납부지연가산세만 부과한다. 신고불성실가산세는 적용되지 않는다.
④ 합병이나 분할에 의하지 않고 새로 설립된 법인의 설립 후 최초 사업연도에는 중간예납을 하지 않는다. 다만, 합병이나 분할에 따라 신설된 법인은 최초 사업연도에도 중간예납을 하여야 한다.
⑤ 중간예납의무자는 중간예납기간이 지난 날부터 2개월 이내에 중간예납세액을 신고·납부하여야 한다.

20

답 ③

▌정답해설▐

③ 거주자나 내국법인의 국외사업장 또는 해외현지법인[내국법인이 발행주식총수(또는 출자지분)의 100%를 직접 또는 간접 출자한 경우에 한정] 등에 파견된 임원 또는 직원이나 국외에서 근무하는 공무원은 거주자로 본다.

21

답 ③

▌정답해설▐

1. 금융소득 구분

구분	금액	비고	원천징수세액
정기예금이자	₩10,000,000	14%	₩1,400,000
비영업대금 이익	₩5,000,000	25%	₩1,250,000
비영업대금 이익(원천징수 ×)	₩5,000,000	무조건종합과세	-
내국법인 배당	₩7,000,000	14%, Gross-up 대상	₩980,000
집합투자기구이익	₩3,000,000	14%	₩420,000
외국법인 배당	₩6,000,000	무조건종합과세	-
계	₩36,000,000		₩4,050,000

2. 금융소득금액
₩36,000,000 + Min[₩7,000,000, ₩16,000,000] × 10%(개정안) = ₩36,700,000

22 고난도

답 ⑤

▌정답해설▐

구분	금액	비고
소득세비용 차감전 순이익	₩51,000,000	
+) 총수입금액산입·필요경비불산입		
① 건물 당기 상각부인액	₩200,000	건물의 처분손익은 인정되지 않으므로 처분시까지 감가상각비 시부인계산을 하고, 원칙적으로 유보금액은 세무조정 없이 소멸
−) 필요경비산입·총수입금액불산입		
① 위탁상품 매출액	(₩2,000,000)	수입시기 : 2025년
② 유형자산 처분이익(건물)	(₩5,000,000)	건물의 처분손익은 인정되지 않음
③ 기계장치A 상각부인액 추인	(₩300,000)	시설개체·기술낙후로 인한 생산설비 폐기처분손실은 필요경비로 인정되므로, 당기 감가상각시부인을 생략하고 전기상각부인액을 추인함
사업소득금액	₩43,900,000	

23

답 ④

▌정답해설▐

1. 총급여액

구분		금액	비고
A법인	급여	₩12,000,000	
	상여금	₩2,000,000	
	잉여금처분에 의한 성과배분상여금	−	수입시기 : 2023년
	식대	−	월 20만원 이내 비과세(식사를 제공받지 않은 경우)
	숙직비	−	비과세
B법인	급여	₩15,000,000	
	식대	₩900,000	식사를 제공받은 경우 과세
	자가운전보조금	−	월 20만원 이내의 금액은 비과세
	건강검진보조금	₩500,000	
	추석명절격려금	₩3,000,000	
	자녀학비보조금	₩3,000,000	
계		₩36,400,000	

2. 근로소득공제 : ₩7,500,000 + (₩36,400,000 − ₩15,000,000) × 15% = ₩10,710,000

3. 근로소득금액
₩36,400,000 − ₩10,710,000 = ₩25,690,000

24 고난도

답 ①

▌정답해설▐

① 특수관계법인에게 고가양도한 경우 법인세법상 부당행위계산부인규정이 적용됨에 따라 시가초과액에 대하여 배당·상여·기타소득으로 처분된 경우에는 시가를 실지거래가액으로 하므로, 해당 토지의 양도소득 계산시 적용할 양도가액은 8억원(시가)이다.

② 특수관계법인 외의 자에게 고가양도한 경우 상속세 및 증여세법상 증여재산가액으로 하는 금액이 있는 경우 그 양도가액에서 증여재산가액을 뺀 금액을 실지거래가액으로 하므로, 해당 토지의 양도소득 계산시 적용할 양도가액은 11억원이다.

③ 특수관계법인으로부터 저가매입한 경우 법인세법상 부당행위계산부인규정이 적용됨에 따라 시가에 미달하게 매입한 경우로서 배당·상여 등으로 처분된 금액이 있는 경우에는 그 배당·상여 등으로 처분된 금액을 취득가액에 포함하므로, 이후 해당 토지의 양도소득 계산시 적용할 취득가액은 10억원이다.

④ 특수관계법인 외의 자로부터 저가매입한 경우 상속세 및 증여세법상 증여재산가액으로 하는 금액이 있는 경우 그 매입가액에 증여재산가액을 더한 금액을 취득가액으로 하므로, 이후 해당 토지의 양도소득 계산시 적용할 취득가액은 7억원이다.

⑤ 특수관계인에게 저가양도한 경우로서 부당행위계산부인규정(시가와 양도가액의 차액이 3억원이상 이거나 시가의 5%이상인 경우)이 적용되는 경우에는 시가를 양도가액으로 하므로 양도소득 계산시 적용할 양도가액은 10억원이다.

25

답 ④

▌정답해설▐

구분	기타소득금액	비고
공익사업과 관련하여 지역권을 설정하고 받은 대가	₩800,000	₩2,000,000 – Max[(₩2,000,000 × 60%), ₩1,000,000]
대학에 한 학기(4개월) 출강하고 받은 시간강사료	–	학교 등과의 근로계약에 따라 정기적으로 일정한 과목을 담당하고 강의를 한 시간(또는 날)에 따라 강사료를 지급받는 경우로서 동일한 학교에서 3개월 이상 계속하여 강사료를 지급받는 경우에는 근로소득로 봄
B신문사 원고료	₩200,000	₩500,000 – Max[(₩500,000 × 60%), ₩0]
산업재산권 양도대가	₩1,400,000	₩3,500,000 – Max[(₩3,500,000 × 60%), ₩1,500,000]
퇴직 후 직무발명보상금	–	① 종업원등 또는 대학의 교직원이 퇴직한 후에 지급받거나 대학의 학생이 소속 대학에 설치된 산학협력단으로부터 받는 직무발명보상금으로서 연 700만원 이하의 금액은 비과세 ② 개정안 : 직무발명보상금 비과세 한도 상향 (연500만원 ⇒ 연700만원, 2024.1.1. 이후 발생하는 소득분부터)
공익법인 발명 경진대회 상금	₩600,000	₩3,000,000 – Max[(₩3,000,000 × 80%), ₩0]
기타소득으로 처분된 금액	₩1,000,000	
계	₩4,000,000	

26

답 ③

▌정답해설▌

③ 직계존비속에게 주택을 무상으로 사용하게 하고 직계존비속이 해당 주택에 실제 거주하는 경우에는 부당행위계산부인대상에서 제외한다.

27 고난도

답 ④

▌정답해설▌

1. 인적공제

구분	기본공제	추가공제	계
본인(주1)	₩1,500,000	–	₩1,500,000
배우자(주2)	₩1,500,000	–	₩1,500,000
부친(주3)·(주5)	–	–	–
모친(주4)·(주5)	₩1,500,000	–	₩1,500,000
장남(주5)	₩1,500,000	–	₩1,500,000
장녀	₩1,500,000	₩2,000,000(장애인공제)	₩3,500,000
계	₩7,500,000	₩2,000,000	₩9,500,000

주1 본인(여성)의 종합소득금액[₩60,000,000 – ₩12,750,000(근로소득공제) = ₩47,250,000]이 3,000만원을 초과하므로 부녀자 공제를 적용받을 수 없음

주2 고용보험법에 따라 받는 실업급여, 육아휴직급여, 육아기 근로시간 단축 급여, 출산전후휴가 급여등은 비과세이므로 배우자의 경우 소득요건을 충족

주3 부친의 종합소득금액[₩8,000,000 × (1 – 60%) = ₩3,200,000]이 100만원을 초과하므로 부친의 경우 기본공제 대상이 아님

주4 일정한 전통주를 농어촌지역(수도권 밖의 읍·면지역)에서 제조함으로써 발생하는 소득으로서 소득금액의 합계액이 1,200만원 이하인 것은 비과세하므로 모친의 경우 소득요건 충족

주5 직계존속이 주거 형편에 따라 별거하고 있는 경우에는 생계를 같이 하는 자로 보며, 직계비속·입양자는 항상 생계를 같이 하는 부양가족으로 본다.

2. 특별소득공제(보험료공제) : ₩600,000

3. 연금보험료공제 : ₩1,500,000

4. 종합소득공제
   ₩9,500,000 + ₩600,000 + ₩1,500,000 = ₩11,600,000

28

답 ③

▌정답해설▌

(1) 의료비 구분

① 일반의료비 : ₩1,000,000(주1)

> 주1 치료·요양을 위하여 약사법에 따른 의약품(한약 포함)을 구입하고 지급하는 비용은 의료비에 포함

② 본인등 의료비(주2) : ₩500,000(주3) + ₩1,500,000(장애인 의료비) = ₩2,000,000

> 주2 본인, 65세 이상, 장애인, 중증질환자, 희귀난치성환자, 결핵환자에 해당하는 사람을 위하여 지출한 의료비
> 주3 시력보정용 안경 또는 콘택트렌즈 구입을 위하여 지출한 비용은 1인당 연 50만원을 한도로 함

③ 미숙아등 의료비 : 없음

④ 난임시술비 : ₩4,000,000

(2) 기준초과여부

① 일반의료비 기준초과(△기준미달)여부
₩1,000,000 − ₩50,000,000 × 3% = △₩500,000(기준미달 일반의료비)

② 일반·본인등 의료비 △기준미달여부
(₩1,000,000 + ₩500,000 + ₩1,500,000) − ₩50,000,000 × 3% = ₩1,500,000

③ 일반·본인등·미숙아등 의료비 △기준미달여부
(₩1,000,000 + ₩500,000 + ₩1,500,000 + ₩0) − ₩50,000,000 × 3% = ₩1,500,000

(3) 의료비 세액공제 : ① + ② + ③ + ④ = ₩1,425,000

① 일반의료비 세액공제 : [Min(₩0, ₩7,000,000)] × 15% = ₩0

② 본인등 의료비 세액공제 : (₩2,000,000 − ₩500,000) × 15% = ₩225,000

③ 미숙아등 의료비 세액공제 : 없음

④ 난임시술비 세액공제 : (₩4,000,000 − ₩0) × 30% = ₩1,200,000

29

답 ③

▌정답해설▌

③ 이미 발생된 원천징수대상소득이 지급되지 않음으로써 소득세가 원천징수되지 않은 상태에서 이미 종합소득에 합산되어 종합소득세가 과세된 경우에 그 소득을 지급할 때에는 소득세를 원천징수하지 아니한다.

30

답 ②

▌정답해설▌

구분	금액	비고
재화 공급	₩49,000,000	매출할인은 과세표준에 불포함
판매장려금품	₩2,000,000	시가(사업상 증여)
임대용역	₩2,000,000(주1)	₩6,000,000 × $\frac{2개월}{6개월}$
마일리지 결제	₩8,000,000	₩6,000,000(현금결제액) + ₩2,000,000(보전금액)
용역의 무상공급	–(주2)	
사무실 건물 양도	₩40,000,000	공급한 재화(건물)의 시가의 시가(토지는 면세)
과세표준	₩101,000,000	

주1 둘 이상의 과세기간에 걸쳐 부동산임대용역을 공급하고 그 대가를 선불 또는 후불로 받은 경우 개월 수의 계산은 해당 계약기간의 개시일이 속하는 달이 1개월 미만이면 1개월로 하고, 해당 계약기간의 종료일이 속하는 달이 1개월 미만이면 산입하지 않는다.

주2 용역의 무상공급은 과세대상이 아님. 단, 특수관계인에게 사업용 부동산임대용역을 무상공급한 경우 시가를 과세대상으로 함

31

답 ④

▌정답해설▌

④ 전자세금계산서 의무발급 사업자가 세금계산서 발급시기가 지난 후 해당 재화 또는 용역의 공급시기가 속하는 과세기간에 대한 확정신고기한까지 세금계산서를 발급하지 아니한 경우에는 그 공급가액의 2%의 세금계산서 미발급 가산세가 적용된다.

32

답 ②

▌정답해설▌

② 주택과 그 부수토지의 임대용역은 국민주택규모 초과 여부에 불문하고 모두 면세이다.

33

답 ④

▌정답해설▐

④ 주사업장총괄납부는 납부 또는 환급만 주사업장에서 총괄할 뿐이고, 사업자등록, 세금계산서의 발급, 수취 및 신고의무는 각 사업장별로 하여야 한다.

34

답 ⑤

▌정답해설▐

구분	금액	비고
과세사업 관련 매입세액	₩90,000,000	₩60,000,000 + ₩30,000,000
공통매입세액	₩35,000,000	(₩40,000,000 + ₩10,000,000) × 70%(당기과세공급가액 비율)
과세전환매입세액	₩52,500,000	₩70,000,000 × (1 − 25% × 1기)
매입세액공제액	₩177,500,000	

35

답 ①

▌정답해설▐

1. 과세사업(부동산임대업)과 면세사업(생닭판매업)에 공통으로 사용되는 건물 및 부수토지를 일괄 공급한 경우 토지의 공급분에 대하여는 면세, 건물 공급분 중 면세사업(생닭판매업)에 해당하는 부분에 대하여는 면세이고, 건물 공급분 중 과세사업(부동산임대업)에 해당하는 부분에 대하여는 과세임

2. 건물가액과 부수토지의 가액의 구분이 불분명한 경우 다음의 순서에 따라 안분계산함
   ① 감정평가액(공급시기가 속하는 과세기간의 직전 과세기간 개시일부터 공급시기가 속하는 과세기간의 종료일까지 평가한 감정평가액)
   ② 공급계약일 현재의 기준시가. 단 기준시가가 모두 없거나 어느 하나가 없는 경우에는 장부가액(장부가액이 없는 경우 취득가액)으로 안분계산한 후, 기준시가가 있는 자산에 대하여 다시 기준시가로 안분계산
   ③ 위 ①, ②를 적용할 수 없거나 적용하기 곤란한 경우 국세청장이 정하는 바에 따라 안분계산

3. 공통사용재화를 공급하는 경우에는 직전 과세기간의 총공급가액에 대한 과세공급가액비율로 안분계산하나, 건물 취득시 공통매입세액을 사용면적비율로 안분계산한 경우에는 사용면적비율로 안분계산함

4. 부가가치세 과세표준

$$₩100,000,000 \times \frac{₩40,000,000(\text{건물감정평가액})}{₩100,000,000(\text{전체감정평가액})} \times \frac{100m^2(\text{과세건물면적})}{500m^2(\text{전체건물면적})} = ₩8,000,000$$

36

답 ②

정답해설

1. 납부세액 : ① + ② = ₩1,220,000
   ① 양복 매출액 : ₩60,000,000 × 20%(업종별 부가가치율) × 10% = ₩1,200,000
   ② 재봉틀 매각 : ₩1,000,000 × 20%(업종별 부가가치율) × 10% = ₩20,000

2. 공제세액 : ① + ② = ₩462,000
   ① 매입세금계산서 등에 대한 세액공제 : (₩33,000,000 + ₩2,200,000) × 0.5% = ₩176,000
   ② 신용카드매출전표 발급 등에 대한 세액공제
   (₩12,000,000 + ₩10,000,000) × 1.3%(주1) = ₩286,000(한도 : 1,000만원)

   주1 개정안 : 신용카드매출전표 발급 등에 대한 세액공제
   ① 공제율 : 1%(2027년부터) 1.3%(2026년까지)
   ② 한도 : 500만원(2027년부터), 1,000만원(2026년까지)

3. 차감납부세액 : ₩1,220,000 − ₩462,000 = ₩758,000

37

답 ⑤

정답해설

⑤ 결정·경정에 따라 추가로 발생한 환급세액이 있는 경우에 관할세무서장은 지체 없이 사업자에게 환급하여야 한다.

38

답 ④

정답해설

④ 피상속인의 배우자가 단독으로 상속받는 경우(피상속인의 상속인이 그 배우자 단독인 경우를 말함)에는 기초공제(2억원), 그 밖의 인적공제만을 적용하며, 일괄공제(5억원)는 선택할 수 없다.

39 고난도

답 ⑤

▌정답해설▐

1. 금전무상대출 등에 대한 이익의 증여
(₩450,000,000 × 4.6%) − (₩450,000,000 × 1%) = ₩16,200,000 ≥ ₩10,000,000(주1)

주1 금전무상대출 등에 대한 이익의 증여 규정은 해당 이익이 기준금액(1,000만원) 이상인 경우에만 적용하며, 대출기간이 1년 이상인 경우에는 1년이 되는 날의 다음 날에 매년 새로 대출받은 것으로 보아 해당 증여재산가액을 계산한다.

2. 토지에 대한 증여세 과세가액
₩250,000,000 − ₩50,000,000 − ₩40,000,000 = ₩160,000,000

더 알아보기 증여재산의 반환

1. 수증자가 증여재산(금전은 제외)을 당사자 간의 합의에 따라 증여세 과세표준 신고기한 이내에 증여자에게 반환하는 경우(반환하기 전에 과세표준과 세액을 결정받은 경우는 제외)에는 처음부터 증여가 없었던 것으로 봄

2. 증여재산의 반환시 증여세 과세여부

구분		당초 증여	반환
증여세 신고기한(주2) 이내에 반환		증여세 ×	증여세 ×
증여세 신고기한 경과 후 반환	신고기한으로부터 3개월 이내에 반환	증여세 ○	증여세 ×
	신고기한으로부터 3개월 경과 후 반환	증여세 ○	증여세 ○

주2 증여세 신고기한 : 증여받은 날이 속하는 달의 말일로부터 3개월 이내

40

답 ⑤

▌정답해설▐

⑤ 국가 또는 지방자치단체, 지방자치단체조합, 외국정부 및 주한국제기구의 소유에 속하는 재산(대한민국 정부기관의 재산에 대하여 과세하는 외국정부의 재산과 매수계약자에게 납세의무가 있는 재산은 재산세를 부과한다)은 재산세를 부과하지 아니한다.

① 과세기준일 현재 상속이 개시된 자동차로서 사실상의 소유자 명의로 이전등록을 하지 아니한 경우에는 다음의 순서로 자동차세를 납부할 의무를 진다.
   ㉠ 「민법」상 상속지분이 가장 높은 자
   ㉡ 연장자

06 2018년 제53회 정답 및 해설

01	02	03	04	05	06	07	08	09	10	11	12	13	14	15	16	17	18	19	20
⑤	③	④	②	⑤	①	②	③	①	④	④	③	⑤	⑤	④	②	①	①	④	①
21	22	23	24	25	26	27	28	29	30	31	32	33	34	35	36	37	38	39	40
①	③	②	⑤	③	②	④	④	⑤	③	②	⑤	①	①	②	③	④	②	③	⑤

01

답 ⑤

▌정답해설▐

① 무신고가산세 및 과소신고·초과환급신고가산세의 납세의무 성립시기는 법정신고기한이 경과하는 때이다.
② 원천징수하는 소득세·법인세는 소득금액(또는 수입금액)을 지급하는 때에 납세의무의 성립과 확정이 이루어진다.
③ 5억원 이상의 국세(가산세 제외)에 대한 징수권은 이를 행사할 수 있는 때부터 10년 동안(5억원 이상의 국세를 제외한 국세에 대한 징수권은 5년) 행사하지 않으면 소멸시효가 완성된다.
④ 납세자가 사기나 그 밖의 부정한 행위로 국세를 포탈하거나 환급·공제를 받은 경우에는 국세를 부과할 수 있는 날부터 10년(역외거래의 경우 15년)의 기간이 끝난 날 이후에는 부과할 수 없다.

02

답 ③

▌정답해설▐

③ 국세기본법에서는 공유물, 공동사업 또는 공동사업에 속하는 재산에 관계되는 국세 등에 대해서는 공유자나 공동사업자가 연대납세의무를 진다고 규정하고 있으나, 개별세법에 별도의 규정이 있으면 개별세법을 우선 적용한다. 연대납세의무에 대해서는 소득세법에서 별도의 규정이 있어 소득세법 규정을 우선 적용한다. 소득세법에서는 원칙적으로 공동사업에서 발생하는 소득금액은 공동사업자 간 손익분배비율에 따라 분배되었거나 분배될 소득금액에 따라 공동사업자별로 소득세 납세의무를 진다고 규정하고 있다.

03

답 ④

▌정답해설▐

④ 납세자가 상속세를 물납한 후 그 부과의 전부 또는 일부를 취소하거나 감액하는 경정 결정에 따라 환급하는 경우에는 해당 물납재산으로 환급하여야 한다. 이 경우 국세환급가산금은 지급하지 아니한다.

04 고난도

답 ②

▌정답해설▐

순위	채권내역	채권금액	배분금액
1순위	강제징수비	₩10,000,000	₩10,000,000
2순위	최종 3월분 임금채권	₩10,000,000	₩10,000,000
3순위	증여세(주1)	₩50,000,000	₩50,000,000
4순위	피담보채권(주2)	₩60,000,000	₩60,000,000
5순위	일반 임금채권	₩20,000,000	₩20,000,000
6순위	부가가치세	₩100,000,000	₩30,000,000
	계	₩250,000,000	₩180,000,000

주1 당해세(상속세, 증여세, 종합부동산세)는 항상 피담보채권에 우선함

주2 부가가치세의 법정기일인 신고일(2024.7.15.)이 대한은행 대출금 저당권 설정일(2024.7.5.)보다 늦으므로 부가가치세는 피담보채권과 일반 임금채권에 우선하지 못함

더 알아보기 국세 등과 채권 사이의 우선 관계

순위	채권내역		
1순위	공익비용(강제집행, 경매비용, 강제징수비 등)		
2순위	최종 3월분의 임금채권 등 소액임차보증금		
3순위	해당 재산에 부과된 조세(당해세 : 상속세, 증여세 및 종합부동산세)		
담보권 설정일 > 법정기일		담보권 설정일 ≤ 법정기일	
4순위	피담보채권	4순위	국세
5순위	일반 임금채권	5순위	피담보채권
6순위	국세	6순위	일반 임금채권
7순위	공과금이나 기타 채권	7순위	공과금이나 기타 채권

05

답 ⑤

▌정답해설▐

⑤ 국세에 관한 행정소송은 국세기본법에 따른 불복 또는 감사원 심사청구에 의해 이루어지며, 이를 적법하게 거치지 않으면 행정소송을 제기할 수 없도록 규정되어 있다. 다만, 심사청구 또는 심판청구에 대한 재조사 결정에 따른 처분청의 처분에 대한 행정소송은 심사청구 또는 심판청구를 거치지 아니하고도 제기할 수 있다.

06

답 ①

❙ 정답해설 ❙

1. 받은 대가(감자대가) : 2,000주 × ₩20,000 = ₩40,000,000

2. 소멸한 주식의 취득가액 : 2,000주 × ₩0(주1) = ₩0

주1 단기소각주식 특례이므로 과세되지 않는 무상주가 먼저 소각된 것으로 보고 취득가액은 ₩0으로 한다.

3. 의제배당금액 : ₩40,000,000 − ₩0 = ₩40,000,000

더 알아보기 재평가차액의 익금여부

<table>
<tr><th colspan="2">구분</th><th>법인세법</th></tr>
<tr><td colspan="2">감가상각자산의 재평가차액(재평가세 3%)</td><td rowspan="2">익금불산입항목</td></tr>
<tr><td rowspan="2">토지의 재평가차액</td><td>재평가세 3% 적용분</td></tr>
<tr><td>재평가세 1% 적용분</td><td>익금항목</td></tr>
</table>

07 고난도

답 ②

❙ 정답해설 ❙

1. 감가상각비 시부인
   ① 회사계상 감가상각비 : ₩20,000,000
   ② 상각범위액 : ₩120,000,000 × 0.2 = ₩24,000,000
   ③ 상각부인액(시인부족액) : △₩4,000,000
   ④ 세무조정 : ₩4,000,000〈손금산입〉(△유보)(주1)

주1 업무용승용차 감가상각비의 상각방법은 정액법으로 하고, 내용연수를 5년으로 하여 계산한 금액(상각범위액)을 손금에 산입해야 함(강제상각제도). 따라서 상각범위액에 미달하게 상각한 금액(시인부족액)은 손금산입(△유보)으로 세무조정함

2. 업무외 사용비용
   ① 업무용승용차 관련비용
   ₩24,000,000(회사계상 감가상각비 + 시인부족액) + ₩4,000,000(유류비, 보험료등) = ₩28,000,000
   ② 업무사용비용 : ₩28,000,000 × 90% = ₩25,200,000
   ③ 업무외 사용비용 : ₩28,000,000 − ₩25,200,000 = ₩2,800,000 〈손금불산입〉(상여)

3. 업무사용금액 중 감가상각비 800만원 초과분
   ① 업무사용금액 중 감가상각비 : ₩24,000,000 × 90% = ₩21,600,000
   ② 감가상각비 한도초과액 : ₩21,600,000 − ₩8,000,000 = ₩13,600,000 〈손금불산입〉(유보)

4. 업무용승용차(B)와 관련된 유보잔액 : △₩4,000,000 + ₩13,600,000 = ₩9,600,000

더 알아보기 업무용승용차 감가상각비 한도초과액 이월 손금산입 방법

업무용승용차 감가상각비 한도초과액은 해당 사업연도의 다음 사업연도부터 해당 업무용승용차의 업무사용금액 중 감가상각비가 800만원에 미달하는 경우 그 미달하는 금액을 한도로 하여 손금으로 추인한다.

손금산입액
= Min[① 전기 이전 감가상각비 한도초과액 중 잔액, ② 업무용승용차별 업무사용금액 중 감가상각비 − ₩8,000,000]

08

 ③

▌정답해설▐

③ 공구의 경우 단기사용자산에 해당하여 즉시상각의제특례를 적용받으므로 손익계산서상 수선비로 계상하였으므로 별도의 세무조정이 없음

① 장식·환경미화 등의 목적으로 사무실·복도 등 여러 사람이 볼 수 있는 공간에 항상 전시하는 미술품의 경우 거래단위별로 취득가액이 1,000만원 이하인 것에 한정하여 그 취득한 날이 속하는 사업연도의 손비로 계상한 경우 손비로 인정
⇒ 〈손금불산입〉 미술품 ₩20,000,000(유보)

② 채무의 출자전환시 주식의 시가를 초과하여 발행한 부분은 채무면제이익으로 처리해야 함
⇒ 〈익금산입〉 채무면제이익 ₩30,000,000(기타)

④ 해당 법인의 출자임원(소액주주[주1] 제외)의 사택의 유지비, 관리비, 사용료와 이와 관련된 지출금은 업무무관비용으로 보아 손금불산입함 ⇒ 〈손금불산입〉 업무무관비용 ₩5,000,000(상여)

> 주1 소액주주등이란 발행주식총수(또는 출자총액)의 1%에 미달하는 주식(또는 출자지분)을 소유한 주주 등(해당 법인의 지배주주 등의 특수관계인은 제외)을 말함

⑤ 단기금융자산 등(기업회계기준에 따라 단기매매항목으로 분류된 금융자산 및 파생상품을 말함)의 취득가액은 매입가액으로 한다(단기금융자산 등의 부대비용은 취득가액에 포함하지 않고 발생 당시 비용으로 처리).
⇒ 〈손금산입〉 단기금융자산 ₩10,000,000(△유보)

09

 ①

▌정답해설▐

수입배당금 익금불산액 : ① + ② = ₩7,040,000

① (주)갑 : $(₩10,000,000 - ₩12,000,000^{(주1)} \times \frac{3,660억원}{36,600억원}) \times 80\% = ₩7,040,000$

② (주)을 : $(₩1,000,000 - ₩12,000,000 \times \frac{7,320억원}{36,600억원}) \times 80\% = △₩1,120,000^{(주2)}$ ⇒ ₩0

> 주1 손익계산서 이자비용에서 지급이자 손금불산입 규정에 따라 손금불산입된 금액(특정차입금 이자)·연지급수입의 지급이자를 제외함
> 주2 수입배당금 익금불산입액이 영(₩0)보다 작은 경우에는 없는 것으로 봄

10

답 ④

정답해설

④ 특례기부금의 현물기부는 장부가액으로 평가한다.
① 기업업무추진비는 접대행위가 일어난 사업연도의 손비로 계상한다.
② 기업업무추진비의 수입금액 한도는 기업회계기준에 따라 계산한 매출액에 일정률을 곱하여 산출하고, 기부금 한도는 해당 사업연도의 (기준)소득금액에 일정률을 곱하여 산출한다.
③ 채권자불분명사채이자의 손금불산입의 경우 소득세 등으로 원천징수된 금액(₩495,000)은 기타사외유출로 처리하고, 나머지 금액(₩505,000)은 대표자에 대한 상여로 처분한다.
⑤ 중소기업의 직원(임원 및 지배주주 제외)에게 주택구입・전세자금을 대여한 경우에만 업무무관가지급금으로 보지 않는다. 비중소기업이므로 업무무관가지급금으로 보아 업무무관자산 등에 대한 지급이자의 손금불산입 규정이 적용된다.

11 고난도

답 ④

정답해설

① 임직원(출자임원 포함)에게 지급한 업무와 관련된 여비 또는 교육훈련비는 손금으로 인정된다.
② 회수할 수 없는 부가가치세 매출세액미수금은 「부가가치세법」에 따른 요건을 충족하지 못하여 대손세액공제를 받지 않은 것에 한정하여 손금으로 인정된다.
③ ⓐ 비출자공동사업자 사이에 특수관계가 있는 경우에는 매출액 비율(직전, 해당 중 선택) 또는 총자산가액 비율(직전, 해당 중 선택) 중 선택한 기준에 따라 분담하며, 선택하지 않은 경우에는 직전 매출액 비율을 선택한 것으로 본다.
ⓑ 비출자공동사업자 사이에 특수관계가 없는 경우에는 약정에 따른 분담비율에 따라 분담하고, 해당 비율이 없는 경우에는 특수관계가 있는 경우의 분담비율에 따른다.
ⓒ ⓐ, ⓑ의 기준에 따른 분담금액을 초과하는 금액은 손금에 산입하지 아니한다.
⑤ 벌과금은 업무 관련 여부에 상관없이 손금으로 인정되지 않는다.

12

답 ③

정답해설

① 주식 등을 발행한 법인이 파산한 경우 특수관계 여부와 관계없이 해당 주식 등의 장부가액을 사업연도 종료일 현재의 시가(시가가 1,000원 이하인 경우 1,000원)로 감액할 수 있다.
② 비화폐성 외화자산・부채는 평가 대상에 해당하지 않는다.
④ 월수는 역에 따라 계산하되, 1월 미만의 일수는 1월로 한다.
⑤ 재고자산 또는 유가증권의 평가방법을 신고한 법인으로서 그 평가방법을 변경하려는 법인은 변경할 평가방법을 적용하려는 사업연도의 종료일 이전 3개월이 되는 날까지 재고자산등 평가방법신고(변경)신고서를 관할세무서장에게 제출하여야 한다. 따라서 제24기부터 평가방법을 변경하고자 할 경우 2024년 9월 30일까지 변경신고를 하여야 한다.

13 고난도

답 ⑤

▌정답해설▌

1. 기부금 구분

① 특례기부금 : ₩5,000,000(국방헌금) + ₩20,000,000(의제기부금)(주1) = ₩25,000,000

주1 ₩150,000,000 − ₩100,000,000 × 130% = ₩20,000,000(손금산입, △유보)

② 일반기부금 : ₩12,000,000(사회복지법인 고유목적사업비로 지출한 기부금)

2. 차가감소득금액

구분	금액	비고
당기순이익	₩100,000,000	
법인세비용	₩10,000,000	손금불산입(기타사외유출)
토지 고가매입	(₩20,000,000)	손금산입(△유보)
차가감소득금액	₩90,000,000	

3. 기준소득금액 : ₩90,000,000 + ₩25,000,000 + ₩12,000,000 = ₩127,000,000

4. 특례기부금 한도시부인

(1) 한도초과이월액에 대한 세무조정

① 전기 이전 한도초과이월액 : ₩10,000,000

② 한도액 : [₩127,000,000 − Min(₩7,000,000, ₩127,000,000 × 80%)] × 50% = ₩60,000,000

③ 한도초과이월액 중 손금산입액 : Min(①, ②) = ₩10,000,000 〈손금산입〉(기타)

(2) 당기지출액에 대한 세무조정

① 당기지출액 : ₩25,000,000

② 한도잔액 : ₩60,000,000 − ₩10,000,000 = ₩50,000,000

③ 세무조정 : 없음

5. 일반기부금 한도시부인

① 한도액

[₩127,000,000 − Min(₩7,000,000, ₩127,000,000 × 80%) − ₩10,000,000 − ₩25,000,000] × 10% = ₩8,500,000

② 한도초과액 : ₩12,000,000 − ₩8,500,000 = ₩3,500,000(손금불산입, 기타사외유출)

14 고난도

답 ⑤

▌정답해설▌

1. 감가상각 시부인

(1) 회사계상 감가상각비 : ₩22,000,000

(2) 상각범위액 : (₩302,000,000 − ₩280,000,000 + ₩5,600,000) × 0.7 = ₩19,320,000

(3) 상각부인액 : ₩22,000,000 − ₩19,320,000 = ₩2,680,000

(4) 상각부인액 누계액 : ₩5,600,000 + ₩2,680,000 = ₩8,280,000

2. 감가상각 종료 판단

(1) 정률법 계산시 감가상각자산에 대한 미상각잔액이 최초로 취득가액의 5% 이하가 되는 사업연도의 상각범위액에 그 미상각잔액을 가산한다.

(2) 24기말 미상각잔액 : [₩302,000,000 − (₩280,000,000 + ₩22,000,000) + ₩8,280,000] = ₩8,280,000
≤ ₩302,000,000 × 5%(= ₩15,100,000)

(3) 조정된 감가상각 범위액 : ₩19,320,000 + ₩8,280,000 = ₩27,600,000

(4) 상각부인액(시인부족액) : ₩22,000,000 − ₩27,600,000 = △₩5,600,000

(5) 세무조정 : ₩5,600,000 〈손금산입〉(△유보)

3. 비망가액

① 감가상각이 종료되는 감가상각자산에 대해서는 사후관리를 위하여 Min[취득가액 × 5%, 1,000원]을 비망계정으로 남겨두고, 그 자산이 처분될 때 손금산입한다.

② 세무조정 : 〈손금불산입〉 비망가액 1,000원(유보)

4. 24기말 법인세법상 장부가액

₩302,000,000 − ₩302,000,000 + ₩1,000 = ₩1,000

※ 별해 : 미상각잔액이 최초로 취득가액의 5% 이하가 되어 감가상각이 종료되었으므로 장부가액은 비망가액인 ₩1,000이 됨

15

답 ④

▌정답해설▐

④ 해당 법인이 과세표준신고를 할 때 당좌대출이자율을 시가로 선택하는 경우 당좌대출이자율을 시가로 하여 선택한 사업연도와 이후 2개 사업연도는 당좌대출이자율을 시가로 한다(3년간 당좌대출이자율 의무 적용).

16

답 ②

▌정답해설▐

1. 대손금에 대한 세무조정

(1) 〈손금산입〉 소멸시효 완성된 채권 ₩1,000,000(△유보)

(2) 〈손금불산입〉 어음(비망가액) ₩2,000(유보)

2. 대손충당금 한도액 계산

(1) 세무상 기말 대손충당금 설정 대상 채권 : ₩500,000,000 + ₩100,000,000 + ₩2,020,000(주1) = ₩602,020,000

주1 ₩3,000,000(기초 유보) + △₩1,000,000(소멸시효 완성 채권) + ₩2,000(부도어음 비망가액)

(2) 설정률 : 1%

(3) 대손충당금 한도액; ₩602,020,000 × 1% = ₩6,020,020

3. 장부상 대손충당금 기말잔액

₩6,020,020 + ₩4,667,000(한도초과액) = ₩10,687,020

17

답 ①

▌정답해설▌

1. 출자임원 B : 〈익금산입〉 사택제공이익 ₩600,000(상여)
   ① 적정임대료 : (₩200,000,000 × 50% − ₩40,000,000) × 5% = ₩3,000,000
   ② 임대료수익 : ₩200,000 × 12개월 = ₩2,400,000
   ③ 부당행위계산부인 요건 충족 여부
   (₩3,000,000 − ₩2,400,000) ≥ [(₩3,000,000 × 5%) or (₩300,000,000)] ⇒ 부당행위계산부인 요건(○)

2. 출자임원 C : 세무조정 없음
   ① 적정임대료 : (₩120,000,000 × 50% − ₩0) × 5% = ₩3,000,000
   ② 임대료수익 : ₩240,000 × 12개월 = ₩2,880,000
   ③ 부당행위계산부인 요건 충족 여부
   (₩3,000,000 − ₩2,880,000) < [(₩3,000,000 × 5%) or (₩300,000,000)] ⇒ 부당행위계산부인 요건(×)

18

답 ①

▌정답해설▌

② 재해손실세액공제 대상이 되는 법인세는 재해발생일이 속하는 사업연도의 소득에 대한 법인세와 재해발생일 현재 부과되지 않는 법인세와 부과된 법인세로서 미납된 법인세를 말한다.
③ 외국납부세액 공제한도를 계산할 때 국외사업장이 둘 이상의 국가에 있는 경우에는 국가별로 구분하여 계산한다.
④ 외국법인세액이 해당 사업연도의 공제한도를 초과하는 경우 그 초과하는 금액은 해당 사업연도의 다음 사업연도 개시일부터 10년 이내에 끝나는 각 사업연도로 이월하여, 그 이월된 사업연도의 공제한도 내에서 공제받을 수 있다.
⑤ 내국법인이 사실과 다른 회계처리로 경정을 받은 경우 과다납부한 세액을 환급하지 아니하고 그 경정일이 속하는 사업연도부터 각 사업연도의 법인세액에서 과다납부한 세액을 공제한다. 이 경우 각 사업연도별로 공제하는 금액은 과다납부한 세액의 20%를 한도로 하고, 공제 후 남아 있는 과다납부한 세액은 이후 사업연도에 이월하여 공제한다.

19

답 ④

▌정답해설▌

고유목적사업준비금 손금산입 한도액

₩100,000,000(주1) + (₩190,000,000 − ₩100,000,000(주1) − ₩10,000,000) × 100%(주2) = ₩180,000,000

주1 ₩80,000,000(이자소득) + ₩20,000,000(배당소득)
주2 사회복지법인의 경우 100% 특례비율을 적용한다.

20

답 ①

▌정답해설▐

구분	이자소득금액	비고
단기저축성보험의 보험차익	₩12,000,000	₩100,000,000(만기보험금) – ₩88,000,000(납입보험료)
계약의 해약 배상금	–	기타소득
보유기간 이자상당액	₩10,000,000	
공익신탁의 이익	–	비과세
비영업대금의 이익	₩2,000,000(주1)	₩42,000,000 – ₩40,000,000
계	₩24,000,000	

주1 비영업대금이 과세표준확정신고 전에 회수불능이 된 경우 회수한 금액에서 원금을 먼저 차감하여 총수입금액을 계산함. 이 경우 회수한 금액이 원금에 미달하는 때에는 총수입금액은 없는 것으로 함

21

답 ①

▌정답해설▐

① 저작자 또는 실연자·음반제작자·방송사업자 외의 자가 저작권 또는 저작인접권의 양도 또는 사용의 대가로 받는 금품은 기타소득으로 본다. 저작자 등의 자가 저작권 등을 양도하거나 사용하게 하고 받는 대가는 사업소득에 해당한다.

22

답 ③

▌정답해설▐

구분	금액
당기순이익	₩124,500,000
+) 총수입금액산입·필요경비불산입	
① 대표자급여	₩20,000,000(주1)
② 기업업무추진비 한도초과액	₩2,200,000(주2)
③ 소득세비용	₩15,000,000
–) 필요경비산입·총수입금액불산입	
① 배당금수익	(₩6,000,000)
사업소득금액	₩155,700,000

주1 대표자급여는 필요경비불산입항목이고, 사업에 직접 종사하는 대표자 가족에 대한 인건비는 필요경비에 산입함. 또한 사업자 본인의 건강보험료는 필요경비로 인정하므로, 별도의 세무조정은 없음

주2 ① 기업업무추진비 한도액 : $₩36,000,000 \times \frac{12}{12} + ₩600,000,000 \times 0.3\% = ₩37,800,000$

② 기업업무추진비 한도초과액 : ₩40,000,000 – ₩37,800,000 = ₩2,200,000

23

답 ②

▌정답해설▌

구분	금액	비고
급여	₩12,000,000	
상여금	₩4,000,000	
자가운전보조금	₩600,000	① 월 20만원 이내의 금액은 비과세 ② (₩250,000 – ₩200,000) × 12개월
작업복(실비변상적 성질)	–	실비변상적 성질의 급여로서 비과세
식사대	₩1,200,000	① 월20만원 이내 비과세(식사를 제공받지 않은 경우) ② 식사를 제공받았으므로 과세
자녀보육수당	₩1,200,000	① 출산·자녀보육수당(6세 이하)의 경우 월20만원 이내의 금액은 비과세 ② 개정안 : 출산·보육수당 비과세 한도 상향 월10만원 ⇒ 월20만원, 2024.1.1. 이후 지급분부터 ③ (₩300,000 – ₩200,000) × 12개월
연장근로수당	–	월정액급여 210만원 이하로서 직전 과세기간의 총급여액이 3,000만원 이하인 생산직근로자가 받는 연장근로수당의 경우 연 240만원까지 비과세
총급여액	₩19,000,000	

24

답 ⑤

▌정답해설▌

① 거주자 1인과 특수관계인이 공동사업자(출자공동사업자 포함)에 포함되어 있는 경우로서 손익분배비율을 거짓으로 정하는 등의 사유가 있는 경우에는 손익분배비율에 따른 소득분배 규정에 불구하고 그 특수관계인의 소득금액은 주된 공동사업자(손익분배비율이 큰 공동사업자를 말한다)의 소득금액으로 본다.

② 대통령령으로 정하는 중소기업을 영위하는 거주자는 사업소득에서 결손금이 발생한 경우에는 먼저 종합소득금액에서 공제하고 남은 금액을 직전 과세기간으로 소급공제하여 직전 과세기간의 사업소득에 부과된 소득세액을 한도로 환급신청을 할 수 있다.

③ 거주자 또는 비거주자가 해당 채권 등을 법인에게 매도하는 경우에는 채권 등을 매수하는 법인이 거주자 등의 보유기간 이자 등 상당액을 이자소득으로 보고 소득세를 원천징수한다.

④ 사업소득에서 발생한 결손금은 그 과세기간의 종합소득과세표준을 계산할 때 ㉠ 근로소득금액, ㉡ 연금소득금액, ㉢ 기타소득금액, ㉣ 이자소득금액, ㉤ 배당소득금액에서 순서대로 공제한다. 공제 후 남은 결손금은 다음 과세기간으로 이월한다.

25

답 ③

▌정답해설▌

③ 거주자의 퇴직소득이 ㉠ 퇴직일 현재 연금계좌에 있거나 연금계좌로 지급되는 경우 또는 ㉡ 퇴직하여 지급받은 날부터 60일 이내에 연금계좌에 입금되는 경우에는 원천징수 규정에도 불구하고 해당 퇴직소득에 대한 소득세를 연금외수령하기 전까지 원천징수하지 아니한다(이연 퇴직소득). 이 경우 원천징수 규정에 따라 소득세가 이미 원천징수된 경우 해당 거주자는 원천징수세액에 대한 환급을 신청할 수 있다.

더 알아보기

1. 공적연금(국민연금 · 공무원연금 등)에 대한 과세체계

구분		2001년 이전	2002년 이후
① 납입시		소득공제 불인정	전액 소득공제
② 수령시	연금으로 수령	과세 제외	연금소득
	일시금으로 수령	과세 제외	퇴직소득

2. 연금계좌 인출금에 대한 소득세법상 과세체계(사적연금)

구분			인출형태	
			연금수령	연금외수령
연금계좌	과세 제외 금액	세액공제받지 않은 연금계좌 납입액등	과세 제외	과세 제외
	과세 대상 금액	이연퇴직소득	연금소득	퇴직소득
		세액공제받은 연금계좌납입액 · 운용실적증가액	연금소득	기타소득

26

답 ②

정답해설

1. 금융소득 구분

구분	금액	비고
현금배당	₩15,000,000	Gross-up 대상
정기예금이자	₩15,000,000	
비영업대금 이익	₩10,000,000	
계	₩40,000,000	

2. 금융소득금액 : ₩40,000,000 + Min(₩15,000,000, ₩20,000,000) × 10%(개정안) = ₩41,500,000

3. 종합소득금액 : ₩41,500,000 + ₩20,000,000(사업소득금액) = ₩61,500,000

4. 종합소득과세표준 : ₩61,500,000 − ₩5,000,000 = ₩56,500,000

5. 종합소득산출세액 : Max(①, ②) = ₩7,690,000
   ① ₩20,000,000 × 14% + (₩56,500,000 − ₩20,000,000) × 기본세율 = ₩7,015,000
   ② ₩10,000,000(비영대금이익) × 25% + ₩30,000,000 × 14% + (₩56,500,000 − ₩41,500,000) × 기본세율
   = ₩7,690,000

27

답 ④

▌정답해설▐

④ 직전 연도(신규로 사업을 개시한 사업자의 경우 신청일이 속하는 반기를 말함)의 상시고용인원이 20명 이하인 원천징수의무자(금융·보험업자는 제외)로서 원천징수 관할세무서장의 승인을 받거나, 국세청장이 정하는 바에 따라 지정을 받은 자는 원천징수세액을 그 징수일이 속하는 반기의 마지막 달의 다음달 10일까지 납부할 수 있다.

※ 여기서 직전 연도의 상시고용인원수는 직전 연도 1월부터 12월까지의 매월 말일 현재 상시고용인원의 평균인원수를 말한다.

28

답 ④

▌정답해설▐

구분	기본공제	추가공제	인적공제 합계
본인	₩1,500,000	₩500,000(주1)	
부친	₩1,500,000(주2)	₩1,000,000(주2)	
모친	–(주3)	–	
남편	₩1,500,000(주4)		
아들	₩1,500,000		
동생	₩1,500,000	₩2,000,000(주5)	
계	₩7,500,000	₩3,500,000	₩11,000,000

주1 본인이 종합소득금액 3,000만원 이하이고 배우자가 있는 여성이므로 부녀자 공제 적용

주2 부친의 경우 사망일 전날 현재 70세 이상이므로 경로우대자 공제 적용

주3 모친의 경우 소득금액이 100만원을 초과하므로 기본공제대상자가 아님

주4 남편의 경우 소득금액이 100만원 이하(총급여액만 있는 경우 총급여액이 500만원 이하)이므로 기본공제대상자임

주5 동생의 경우 장애인이므로 장애인 공제 적용(장애인의 경우 연령요건을 적용받지 않음)

29

답 ⑤

정답해설

구분	금액	비고
① 양도가액	₩300,000,000	$₩1,500,000,000 \times \frac{₩300,000,000}{₩1,500,000,000}$
② 취득가액	(₩160,000,000)	$₩800,000,000 \times \frac{₩300,000,000}{₩1,500,000,000}$
③ 기타필요경비(자본적지출액)	(₩4,800,000)	$₩24,000,000 \times \frac{₩300,000,000}{₩1,500,000,000}$
④ 양도차익	₩135,200,000	
⑤ 장기보유특별공제	(₩8,112,000)	₩135,200,000 × 6%
⑥ 양도소득금액	₩127,088,000	

30 고난도

답 ③

정답해설

③ 골프장・테니스장 경영자가 동 장소 이용자로부터 받는 입회금으로서 일정기간 거치 후 반환하지 아니하는 입회금은 과세대상이 된다. 다만, 일정기간 거치 후 반환하는 입회금은 부채이므로 과세대상이 아니다.
① 법률에 따라 조세를 물납하는 것, 즉 사업용 자산을 상속세 및 증여세법, 지방세법에 따라 물납하는 것은 재화의 공급으로 보지 않는다.
② 외국으로부터 보세구역으로 재화를 반입하는 것은 재화의 수입으로 보지 않는다.
④ 선주와 화주 간의 계약에 따라 조기선적으로 인하여 선주로부터 화주가 받는 조출료는 항행용역의 대가가 아니므로 과세대상이 아니다.
⑤ 대여한 재화의 망실에 대하여 받는 변상금은 손해배상금으로 과세대상이 되지 않는다.

더 알아보기 조출료와 체선료

① 선주와 하역회사 간의 관계 : 선주와 하역회사 간의 계약에 따라 조기선적으로 인하여 선주로부터 하역회사가 받는 조출료는 하역용역의 대가이므로 과세대상이나, 지연선적으로 인하여 하역회사가 선주에게 지급하는 체선료는 과세대상이 아니다.
② 선주와 화주 간의 관계 : 선주와 화주 간의 계약에 따라 조기선적으로 인하여 선주로부터 화주가 받는 조출료는 항행용역의 대가가 아니므로 과세대상이 아니나, 지연선적으로 인하여 화주로부터 선주가 받는 체선료는 항행용역의 제공에 따른 대가이므로 과세대상에 포함한다.

31 고난도

답 ②

정답해설

(1) 겸용주택의 과세 면세 판단

구분	주택(면세)	상가(과세)
건물	$90m^2$(주1)	$0m^2$
토지	$450m^2$(주2)	$300m^2$

주1 주택면적이 사업용 건물면적보다 크므로 전체를 주택으로 봄

주2 Min[$750m^2$, max($90m^2$ × 5배, $90m^2$)] = $450m^2$

(2) 총임대료 : ① + ② + ③ = ₩6,057,947

① 임대료 : ₩1,500,000 × 3개월 = ₩4,500,000

② 간주임대료 : ₩91,250,000 × 91일 × $\frac{1}{366(\text{윤년})}$ × 2.9% = ₩657,947

③ 관리비 : ₩300,000 × 3개월 = ₩900,000

(3) 과세표준(토지분) : ₩6,057,947 × $\frac{₩400,000,000^{(주3)}}{₩500,000,000^{(주3)}}$ × $\frac{300m^2}{750m^2}$ = ₩1,938,543

주3 예정신고기간 또는 과세기간이 끝난 날 현재의 기준시가에 따라 계산함

32

답 ⑤

정답해설

⑤ 국내에서 국내사업장 없는 비거주자 또는 외국법인에 공급되는 일정한 재화 또는 사업에 해당하는 용역(상품중개업은 열거된 용역임)을 공급하고 그 대금을 외국환은행에서 원화로 받거나 기획재정부령으로 정하는 방법으로 받는 경우에는 영세율을 적용한다.

① 국내의 사업장에서 계약과 대가수령 등의 거래가 이루어지는 것으로서 중계무역 방식의 수출, 위탁판매수출, 외국인도수출, 위탁가공무역 방식의 수출 및 국외위탁가공 원료의 반출, 관세법에 따른 수입신고 수리 전의 물품으로서 보세구역에 보관하는 물품의 외국으로 반출은 영세율을 적용한다. 이러한 거래의 영세율 적용은 대금결제방식을 불문하며, 대가의 수반여부를 가리지 않는다.

② 사업자가 내국신용장 또는 구매확인서에 의해 공급하는 재화(금지금은 제외)는 영세율을 적용한다. 이는 공급받는 자를 비거주자가 지정하는 사업자에 한정하지 않는다.

③ 외국에서 수입한 관상용 거북이는 비식용으로 면세대상이 아니다.

④ 개인이 물적시설 없이 근로자를 고용하지 않고 독립된 자격으로 작곡용역 등 용역을 공급하고 대가를 받는 인적용역은 면제대상이나, 법인의 경우에는 과세대상이다.

33

답 ①

▌정답해설▌

구분	금액	비고
① 제품판매	₩2,000,000	
② 개인적 공급	–	매입시 매입세액불공제분이므로 공급의제가 아님
③ 제품수출	₩48,500,000	$30,000 × ₩950/$(환가일) + $20,000 × ₩1,000/$(선적일)
④ 제품 외상판매	₩17,000,000	
⑤ 판매목적 타사업장 반출	₩6,000,000	취득가액에 일정액을 가산하여 반출하는 경우 그 반출가액
⑥ 지방자치단체에 무상공급	–	국가, 지방자치단체 등에 무상으로 공급하는 재화, 용역은 면세
계	₩73,500,000	

더 알아보기

1. 외화 환산의 경우 공급가액

구분	공급가액
① 공급시기가 되기 전에 원화로 환가한 경우	환가한 금액
② 공급시기 이후에 외국통화나 그 밖의 외국환 상태로 보유하거나 지급받는 경우	공급시기의 외국환거래법에 따른 기준환율(또는 재정환율)에 따라 계산한 금액

2. 판매목적 타사업장 반출재화의 공급의제시 공급가액

구분	공급가액
① 원칙	소득세법 또는 법인세법에 따른 취득가액
② 취득가액에 일정액을 더하여 자기의 다른 사업장에 반출하는 경우	그 취득가액 + 일정액
③ 개별소비세, 주세 및 교통・에너지・환경세가 부과되는 재화인 경우	개별소비세 등의 과세표준 + 개별소비세・주세 + 교육세・농어촌특별세 + 교통・에너지・환경세

34

답 ①

정답해설

① 건축물이 있는 토지를 취득하여 그 건축물을 철거하고 토지만을 사용하는 경우에는 철거한 건축물의 취득 및 철거 비용과 관련된 매입세액은 공제되지 않는다. 여기서 토지만을 사용하는 경우란 신축 건물의 부지로 사용하는 경우를 포함한다.

② 의제매입세액은 면세농산물 등을 공급받거나 수입한 날이 속하는 과세기간의 매출세액에서 공제한다. 따라서 매입하였으나 사용하지 않은 면세농산물의 경우 의제매입세액공제가 적용된다.

③ 간이과세자가 일반과세자로 변경되는 경우에는 재고매입세액을 공제하며, 일반과세자가 간이과세자로 변경되는 경우에는 재고납부세액을 납부하여야 한다.

④ 공급시기가 속하는 과세기간이 끝난 후 20일 이내에 사업자등록을 신청한 경우 등록신청일부터 공급시기가 속하는 과세기간 기산일(1월 1일 또는 7월 1일)까지 역산한 기간 내의 매입세액은 매출세액에서 공제한다. 따라서 2024년 6월 25일에 사업을 개시하고 2024년 7월 15일 사업자등록신청을 한 도매업자가 2024년 6월 28일에 매입한 상품에 대한 매입세액은 공제가 가능하다.

⑤ 감가상각대상 재화를 면세사업으로 완전전용한 경우에는 매입세액을 공제받은 해당 재화의 취득가액에 체감률을 고려한 금액을 공급가액으로 하여 공급으로 의제한다. 즉, 매입세액을 조정하지 않는다.

35

답 ②

정답해설

② 사업자가 재화·용역의 공급시기가 되기 전에 세금계산서를 발급하고 그 세금계산서 발급일로부터 7일 이내에 대가를 받으면 해당 세금계산서를 발급한 때를 재화·용역의 공급시기로 본다. 따라서 공급시기가 2024년 8월 25일인 재화의 공급대가를 2024년 7월 25일에 수령하고 2024년 7월 20일자로 세금계산서를 발급한 경우 선발급 세금계산서로서 인정된다.

① 위탁판매·대리인에 의한 판매의 경우 수탁자·대리인이 재화를 인도할 때에는 수탁자·대리인이 위탁자·본인의 명의로 세금계산서를 발급하여야 하며, 이 경우 수탁자·대리인의 등록번호를 덧붙여 적어야 한다.

③ 세금계산서 발급의무가 있는 사업자(영수증 발급대상사업자 중 세금계산서 발급요구시 발급의무가 있는 자 포함)가 재화·용역을 공급하고 세금계산서 발급시기에 세금계산서를 발급하지 아니한 경우(사업자의 부도·폐업 또는 공급 계약의 해제·변경 등의 사유가 발생한 경우로서 사업자가 수정세금계산서를 발급하지 아니한 경우를 포함) 그 재화·용역을 공급받은 자(면세사업자, 간이과세자 포함)는 관할세무서장의 확인을 받아 매입자발행세금계산서를 발행할 수 있다.

④ ㉠ 거래처별로 1역월 이내에서 사업자가 임의로 정한 기간의 공급가액을 합하여 그 기간의 종료일을 작성연월일로 하여 세금계산서를 발급할 수 있다. 또한 ㉡ 거래처별로 1역월(매월 1일부터 그 달의 말일까지)의 공급가액을 합하여 해당 달의 말일을 작성연월일로 하여 세금계산서를 발급할 수 있다.

⑤ 미용업을 영위하는 일반과세자가 미용용역을 제공하는 경우에는 세금계산서 발급이 금지되므로, 공급받는 자가 사업자등록증을 제시하고 세금계산서 발급을 요구하는 경우에도 세금계산서를 발급할 수 없다.

36

답 ③

▌정답해설▐

1. 매출세액 : ₩60,000,000 × 10% = ₩6,000,000

2. 매입세액 : ① + ② = ₩4,500,000
   ① 일반매입세액 : ₩4,000,000
   ② 공통매입세액 : ₩1,000,000 × $\frac{₩90,000,000}{₩180,000,000}$ = ₩500,000

3. 납부(환급)세액의 재계산 : ₩3,000,000 × (1 − 25% × 1기) × (50%(주1) − 62.5%(주2)) = △₩281,250

   주1 2024년 1기 면세공급가액 비율 : $\frac{₩90,000,000}{₩180,000,000}$ = 50%

   주2 2023년 2기 면세공급가액 비율 : $\frac{₩125,000,000}{₩200,000,000}$ = 62.5%

4. 납부세액
   ₩6,000,000 − ₩4,500,000 − ₩281,250 = ₩1,218,750

37

 ④

▌정답해설▐

④ 개인적 공급으로 공급의제가 적용되는 경우에는 세금계산서 발급 의무가 없으므로 세금계산서 불성실가산세가 적용되지 않는다.

① 간이과세자가 부가가치세가 과세되는 재화·용역을 공급하고 신용카드매출전표를 발급한 경우에는 그 발급금액에 1.3%의 공제율을 곱하여 계산한 금액을 공제한다(개정안 : 2026년까지 1.3%, 2027년 이후 1%).

② 일반과세자 중 사업장을 기준으로 직전 사업연도의 공급가액 합계액이 10억원 이하인 영수증 발급대상 개인사업자가 부가가치세가 과세되는 재화·용역을 공급하고 신용카드매출전표를 발급한 경우에는 연간 1,000만원 이내에서 신용카드매출전표 발급 등에 대한 세액공제를 적용받을 수 있다(개정안 : 2026년까지 1,000만원 한도, 2027년 이후 500만원 한도).

③·⑤ ㉠ 국내사업장이 없는 비거주자 또는 외국법인, ㉡ 국내사업장이 있는 비거주자 또는 외국법인(용역 등의 제공이 국내사업장과 실질적으로 관련되지 않거나 국내사업장에 귀속되지 않는 것에 한함)으로부터 국내에서 용역 또는 권리를 공급받는 자(비사업자, 면세사업자, 매입세액이 불공제되는 용역등을 공급받은 과세사업자)는 그 대가를 지급하는 때에 그 대가를 받은 자로부터 부가가치세를 징수하여 대리납부하여야 한다. 그러나 사업자가 공급받은 용역 등을 과세사업에 제공하는 경우에는 제외한다.

38

답 ②

정답해설

① 상속개시일 전 10년 이내에 피상속인이 상속인에게 증여한 재산가액은 상속세 과세가액에 가산하며 증여일 현재의 가액으로 평가한다.
③ 정당법에 따른 정당에 유증한 재산은 비과세 재산가액으로 상속세를 부과하지 않는다.
④ 수증자가 비거주자인 경우 또는 수증자의 주소 및 거소가 분명하지 아니한 경우에는 증여자의 주소지를 관할하는 세무서장이 증여세를 과세한다.
⑤ 증여재산을 증여세 과세표준 신고기한이 지난 후 3개월 이내에 증여자에게 반환하거나 증여자에게 다시 증여하는 경우에는 그 반환하거나 다시 증여하는 것에 대해서는 증여세를 부과하지 아니한다.

39 고난도

답 ③

정답해설

1. 총상속재산가액 : ₩2,000,000,000

2. 과세가액 공제액 : ₩5,000,000(장례비용)

3. 상속세 과세가액 : ₩2,000,000,000 − ₩5,000,000 = ₩1,995,000,000

4. 상속공제 : (1) + (2) = ₩1,250,000,000
   (1) 인적공제 : Max(①, ②) = ₩650,000,000
      ① 기초공제 및 그 밖의 인적공제
      ₩200,000,000 + ₩100,000,000(자녀공제 : ₩50,000,000 × 2인) + ₩50,000,000(연로자공제) + ₩100,000,000 (미성년자공제 : 1,000만원 × 10년) + ₩200,000,000(장애인공제 : 1,000만원 × 20년) = ₩650,000,000
      ② 일괄공제 : ₩500,000,000

   (2) 동거주택상속공제 : ₩600,000,000(주1)

   주1 Min(₩2,000,000,000 × 100%, ₩600,000,000)

5. 상속세 과세표준
   ₩1,995,000,000 − ₩1,250,000,000 = ₩745,000,000

40

답 ⑤

▌정답해설▐

① 부동산을 취득한 경우 취득세 납세지는 그 부동산 소재지이다.
② 지방소비세의 과세대상은 부가가치세법을 준용한다.
③ 지방자치단체의 장은 재산세의 납부세액이 1,000만원을 초과하는 경우에는 납세의무자가 신청한 경우 해당 지방자치단체의 관할구역에 있는 부동산에 대해서만 물납을 허가할 수 있다.
④ 토지에 대한 재산세의 납기는 매년 9월 16일부터 9월 30일까지이다.

더 알아보기 **재산세 과세기준일 및 납기**

1. 재산세 과세기준일 : 매년 6월 1일
2. 재산세 납기

구분		납기	비고
토지		매년 9월 16일부터 9월 30일까지	
주택	해당 연도에 부과·징수할 세액의 1/2	매년 7월 16일부터 7월 31일까지	해당 연도에 부과할 세액이 20만원 이하인 경우에는 조례로 정하는 바에 따라 납기를 7월 16일부터 7월 31일까지로 하여 한꺼번에 부과·징수할 수 있다.
	해당 연도에 부과·징수할 세액의 1/2	매년 9월 16일부터 9월 30일까지	
건축물, 선박, 항공기		매년 7월 16일부터 7월 31일까지	

07 2017년 제52회 정답 및 해설

01	02	03	04	05	06	07	08	09	10	11	12	13	14	15	16	17	18	19	20
②	①	③	①	③	②	③	⑤	③	①	①	⑤	④	④	②	①	⑤	②	④	⑤
21	22	23	24	25	26	27	28	29	30	31	32	33	34	35	36	37	38	39	40
④	③	④	③	②	①	⑤	⑤	②	④	①	①	⑤	④	③	②	②	①	③	⑤

01

답 ②

정답해설

② 국세부과의 제척기간은 개별세법에 별도규정이 없는 부분으로 국세기본법에서 정하는 바에 따른다.

더 알아보기 국세기본법보다 우선하여 적용되는 세법 특례규정

국세에 관하여 개별 세법에 별도의 규정이 있으면 그 개별 세법에 따르고, 개별 세법에 규정이 없는 경우에는 국세기본법에 따른다. 여기서 세법에는 국세기본법 자신이 포함되지 않으며, 지방세법·관세법도 포함되지 않는다.

국세기본법 규정	세법의 주요 특례규정
실질과세의 원칙	상속세 및 증여세법에 따른 명의신탁재산의 증여의제규정
연대납세의무	① 소득세법에 따른 공동사업의 경우 손익분배비율에 따른 납세의무 ② 소득세법에 따른 공동소유 자산의 각 거주자별 양도소득세 납세의무
제2차납세의무	① 부가가치세법에 따른 신탁 관련 수익자의 제2차납세의무 ② 조세특례제한법에 따른 벤처기업 출자자의 제2차납세의무 면제 ③ 조세특례제한법에 따른 정비사업조합의 잔여재산을 분배·인도받은 자에 대한 제2차납세의무
물적납세의무	부가가치세법에 따른 신탁 관련 수탁자의 물적납세의무
경정 등의 청구	상속세 및 증여세법에 따른 후발적 사유로 인한 경정청구 기한의 특례
기한후신고	법인세법에 따른 이자소득에 대한 비영리내국법인의 분리과세 특례를 적용하는 경우 기한후신고 배제
국세환급금의 충당과 환급	① 법인세법에 따른 분식회계로 인한 과다납부세액의 환급제한특례 ② 부가가치세법에 따른 환급에 관한 규정
불복	농어촌특별세법에서 지방세를 본세로 하는 농어촌특별세에 대한 조세불복에 대해서는 지방세기본법의 예에 따른다는 규정

02

답 ①

▌정답해설▌

① 국외에 있는 상속재산이나 증여재산을 상속인이나 수증자가 취득하면서 사기나 그 밖의 부정한 행위로 상속세 및 증여세를 포탈한 경우 해당 재산의 상속 또는 증여가 있음을 안 날부터 1년 이내에 상속세 및 증여세를 부과할 수 있다. 단, 상속인이나 증여자 및 수증자가 사망한 경우와 포탈세액 산출의 기준이 되는 재산가액이 50억원 이하인 경우에는 특례부과제척기간을 적용하지 아니한다.

03

답 ③

▌정답해설▌

㉣ (×) 조세심판관회의는 담당 조세심판관 3분의 2 이상 출석으로 개의하고, 출석조세심판관 과반수의 찬성으로 의결한다.

04

답 ①

▌정답해설▌

① 세무조사 결과통지 및 과세예고통지를 하는 날부터 국세 부과제척기간의 만료일까지의 기간이 3개월 이하인 경우에는 과세전적부심사를 청구할 수 없다.

더 알아보기 **과세전적부심사 배제**

다음 중 어느 하나에 해당하는 경우에는 과세전적부심사를 청구할 수 없다.
① 납부기한 전 징수 사유가 있거나 수시부과의 사유가 있는 경우
② 조세범처벌법 위반으로 고발 또는 통고처분하는 경우
③ 세무조사 결과통지 및 과세예고통지를 하는 날부터 국세 부과제척기간의 만료일까지의 기간이 3개월 이하인 경우
④ 「국제조세조정에 관한 법률」에 따라 조세조약을 체결한 상대국이 상호합의절차의 개시를 요청한 경우
⑤ 불복청구의 인용결정 중 재조사 결정에 의한 조사를 하는 경우 또는 과세전적부심사 청구의 채택결정 중 재조사 결정에 의한 조사를 하는 경우

05

답 ③

▌정답해설▌

③ 법인으로 보는 단체의 납세지는 당해 단체의 사업장 소재지를 말하되, 주된 소득이 부동산임대소득인 단체의 경우에는 그 부동산의 소재지를 말한다. 이 경우 2 이상의 사업장 또는 부동산을 가지고 있는 단체의 경우에는 주된 사업장 또는 주된 부동산의 소재지를 말하며, 사업장이 없는 단체의 경우에는 당해 단체의 정관 등에 기재된 주사무소의 소재지(정관 등에 주사무소에 관한 규정이 없는 단체의 경우에는 그 대표자 또는 관리인의 주소를 말한다)를 말한다.

06

답 ②

정답해설

구분	차대변			
㉠ 회사	(차) 유형자산	3,000,000	(대) 자본항목	3,000,000
㉡ 세법	(차) 유형자산	3,000,000	(대) 익금	3,000,000
㉢ 세무조정	〈익금산입〉 자본항목 ₩3,000,000(기타) ⇒ 보험업법이나 그 밖의 법률에 따른 유형자산·무형자산의 평가증은 세법상 익금으로 인정한다.			

07

답 ③

정답해설

③ 화폐성 외화자산·부채에 대하여 신고한 평가방법은 그 후의 사업연도에도 계속하여 적용해야 한다. 다만, 금융회사 등이 아닌 일반법인의 경우 신고한 평가방법을 적용한 사업연도를 포함하여 5개 사업연도가 지난 후에는 다른 방법으로 신고하여 변경된 평가방법을 적용할 수 있다.

08 고난도

답 ⑤

정답해설

1. 기업업무추진비 해당액
   (1) 손익계산서상 기업업무추진비 : ₩100,000,000
   (2) 증빙 누락 기업업무추진비 : (₩2,000,000) ⇒ 손금불산입(상여)
   (3) 개인명의신용카드 사용액 : (₩4,000,000) ⇒ 손금불산입(기타사외유출)
   (4) 장부미계상 미지급기업업무추진비 : ₩5,000,000 ⇒ 손금산입(△유보)
   (5) 기업업무추진비 해당액 : ₩99,000,000

2. 기업업무추진비 한도액 : (1) + (2) = ₩93,400,000
   (1) 기본 한도 : $₩36,000,000 \times \frac{12}{12} = ₩36,000,000$
   (2) 수입금액 한도
   $(₩10,000,000,000 \times \frac{3}{1,000}) + (₩12,500,000,000 \times \frac{2}{1,000}) + (₩12,000,000,000 \times \frac{2}{1,000} \times 10\%)$
   = ₩57,400,000
   *일반매출액 : 350억원 − 120억원(특수관계인 매출액) − 1.4억원(매출할인, 에누리) − 5억원(전기매출액) + 1.4억(부산물 매각대금) = 225억원

3. 기업업무추진비 한도초과액 : ₩99,000,000 − ₩93,400,000 = 5,600,000(손금불산입, 기타사외유출)

4. 기타사외유출로 처분되는 금액 : ₩4,000,000 + ₩5,600,000 = ₩9,600,000

09

답 ③

▌정답해설▌

1. 소득금액조정합계표

익금산입 및 손금불산입			손금산입 및 익금불산입		
과목	금액	소득처분	과목	금액	소득처분
자산수증이익	₩1,000,000	유보	부가가치세 예수금	₩500,000	△유보
미수배당금	₩2,000,000	유보	수입배당금 익금불산입	₩600,000	기타
계	₩3,000,000		계	₩1,100,000	

(1) 소득금액조정합계표에는 기부금에 대한 한도시부인계산과 관련된 세무조정사항은 포함되지 않음
(2) 이익처분에 의한 상여금은 손금에 산입하지 아니하므로 세무조정 없음
(3) 업무용 토지에 대한 재산세는 전기 납부시 손금이므로 전기에 자본적지출로 처리하였으므로 전기에 손금산입(△유보)하고, 당기 환급시 익금으로 인정됨. 따라서 장부상 수익으로 계상하였으므로 별도의 세무조정 없음

2. 소득금액조정합계표에 미치는 영향 : ₩3,000,000 − ₩1,100,000 = ₩1,900,000

3. 자본금과 적립금조정명세서(을)에 영향을 미치는 금액
₩1,000,000 + ₩2,000,000 − ₩500,000 = ₩2,500,000

10 고난도

답 ①

▌정답해설▌

1. 기부금 구분
① 특례기부금 : ₩6,000,000(주1)(이재민 구호물품) + ₩2,000,000(사립학교 시설비) = ₩8,000,000

주1 현물로 제공된 특례기부금은 장부가액으로 평가한다.

영업자가 조직한 법인인 단체에 지급한 일반회비는 손금으로 인정된다.
② 일반기부금 : ₩5,000,000(개인에게 지출한 장학금)

2. 차가감소득금액 : ₩100,000,000

3. 기준소득금액 : ₩100,000,000 + ₩8,000,000 + ₩5,000,000 = ₩113,000,000

4. 특례기부금 한도시부인
(1) 한도초과이월액에 대한 세무조정
① 전기 이전 한도초과이월액 : ₩9,000,000
② 한도액 : [₩113,000,000 − Min(₩90,000,000, ₩113,000,000 × 100%)] × 50% = ₩11,500,000
③ 한도초과이월액 중 손금산입액 : Min(①, ②) = ₩9,000,000 〈손금산입〉(기타)
(2) 당기지출액에 대한 세무조정
① 당기지출액 : ₩8,000,000
② 한도잔액 : ₩11,500,000 − ₩9,000,000 = ₩2,500,000
③ 한도초과액 : ₩8,000,000 − ₩2,500,000 = ₩5,500,000 〈손금불산입〉(기타사외유출)

5. 일반기부금 한도시부인

① 한도액

[₩113,000,000 − Min(₩90,000,000, ₩113,000,000 × 100%) − ₩9,000,000 − ₩2,500,000] × 10% = ₩1,150,000

② 한도초과액 : ₩5,000,000 − ₩1,150,000 = ₩3,850,000(손금불산입, 기타사외유출)

6. 각사업연도소득

₩100,000,000 − ₩9,000,000 + ₩5,500,000 + ₩3,850,000 = ₩100,350,000

11

답 ①

▌정답해설▐

② 중소기업인 법인이 장기할부조건으로 자산을 판매하거나 양도한 경우에는 그 장기할부조건에 따라 각 사업연도에 회수하였거나 회수할 금액과 이에 대응하는 비용을 각각 해당 사업연도의 익금과 손금에 산입할 수 있다(신고조정 허용). (주)A의 경우 중소기업이 아니므로 장기할부조건으로 자산을 판매하고 인도기준으로 회계처리한 경우에는 회수기일도래기준으로 신고조정할 수 없다.

③ 매출할인을 하는 경우 그 매출할인금액은 상대방과의 약정에 따른 지급기일(그 지급기일이 정해져 있지 않은 경우에는 지급한 날)이 속하는 사업연도의 매출액에서 차감한다. 따라서 약정에 의한 지급기일이 속하는 사업연도 제24기의 매출액에서 차감한다.

④ 결산을 확정할 때 이미 경과한 기간에 대응하는 이자 및 할인액(차입일부터 이자지급일이 1년을 초과하는 특수관계인과의 거래에 따른 이자 및 할인액은 제외한다)을 해당 사업연도의 손비로 계상한 경우에는 그 계상한 사업연도의 손금으로 한다.

*이자수익의 경우(일반법인)에는 결산을 확정할 때 이미 경과한 기간에 대응하는 이자 및 할인액(법인세가 원천징수되는 이자 및 할인액은 제외)을 해당 사업연도의 수익으로 계상한 경우 그 계상한 사업연도의 익금으로 한다.

⑤ 임대료 지급기한이 1년 이하이므로 임대료의 귀속시기는 계약상 지급일이다. 따라서 24기의 임대료 수익은 ₩12,000,000이다.

더 알아보기 임대손익의 귀속시기

구분	내용
원칙	계약상 지급일(계약상 지급일이 정해지지 않은 경우 지급을 받은 날)
특례	① 기간경과분 임대료와 이에 대응하는 비용을 수익과 비용으로 계상한 경우에는 이를 인정(발생주의 수용) ② 임대료 지급기간이 1년을 초과하는 경우: 기간경과분 임대료와 이에 대응하는 비용을 익금과 손금으로 함(발생주의 강제)

12 고난도

답 ⑤

정답해설

1. (주)A 주식 : ₩10,000,000 × 130% = ₩13,000,000(주1)

   주1 특수관계인 외의 자로부터 고가매입하였으므로 정상가액(시가 ± 시가의 30%)을 세법상 취득가액으로 하여야 하고, 유가증권의 평가이익을 인정하지 않으므로 기말 세법상 가액은 ₩13,000,000임

2. (주)B 주식 : ₩5,000,000 + 200주 × ₩5,000(액면가액)(주2) = ₩6,000,000

   주2 이익준비금(법정적립금)을 재원으로 하였으므로 무상증자에 해당하며 액면가액으로 평가
   ① 주식배당(임의적립금 또는 미처분이익잉여금 재원) : 발행가액
   ② 무상증자(법정적립금 또는 자본잉여금 재원) : 액면가액

3. (주)C 주식 : ₩1,250,000(주3)

   주3 주식 등을 발행한 법인이 파산한 경우 사업연도 종료일 현재의 시가(시가가 1,000원 이하인 경우 1,000원)으로 평가손실을 계상한 경우 평가손실을 계상할 수 있다(결산조정사항). 그러나 평가손실을 계상하지 않았으므로 세법상 취득가액이 평가액이 된다.

13

답 ④

정답해설

1. 제23기 세무조정
   ① 감가상각비 해당액 : ₩100,000,000 + ₩2,500,000(즉시상각의제) = ₩102,500,000
   ② 상각범위액 : $(₩1,000,000,000 + ₩2,500,000) \times 0.1 \times \frac{9}{12}$ = ₩75,187,500
   ③ 상각부인액 : ₩102,500,000 − ₩75,187,500 = ₩27,312,500 〈손금불산입〉(유보)

2. 제24기 세무조정
   ① 감가상각비 해당액 : ₩100,000,000 + ₩50,000,000(주1) = ₩150,000,000

   주1 수선비가 ₩6,000,000 미만이 아니고, 전기말 재무상태표상 장부가액(₩900,000,000)의 5%에 미달하지 않으므로 소액수선비에 해당하지 않는다. 따라서 즉시상각의제로 하여 감가상각시부인한다.

   ② 상각범위액 : (₩1,000,000,000 + ₩2,500,000 + ₩50,000,000) × 0.1 = ₩105,250,000
   ③ 상각부인액 : ₩150,000,000 − ₩105,250,000 = ₩44,750,000 〈손금불산입〉(유보)

3. 제24기말 유보잔액
   ₩27,312,500 + ₩44,750,000 = ₩72,062,500

14

답 ④

▌정답해설▌

1. 대손금에 대한 세무조정
   (1) 전기 대손금 부인액의 추인 : 〈익금불산입〉 미수금 회수분 ₩2,000,000(△유보)
   (2) 당기 대손금 세무조정 : 〈손금산입〉 소멸시효완성 외상매출금 ₩50,000,000(△유보)
   〈손금불산입〉 부도발생 외상매출금 ₩7,000,000(유보)(주1)

> 주1 (주)A가 중소기업이 아니므로 부도발생일로부터 6개월이 지난 외상매출금은 대손사유에 해당하지 아니함

2. 대손충당금 한도액 계산
   (1) 세무상 기말 대손충당금 설정 대상 채권 : ₩1,000,000,000 − ₩43,000,000(주2) = ₩957,000,000

> 주2 당기말 유보잔액 : ₩2,000,000(전기말 유보잔액) − ₩2,000,000 − ₩50,000,000 + ₩7,000,000

   (2) 설정률 : Max(1%, 0.8%) = 1%
   (3) 대손충당금 한도액; ₩957,000,000 × 1% = ₩9,570,000

3. 대손충당금 세무조정
   (1) 전기 대손충당금 한도초과액 추인 : 〈손금산입〉 대손충당금 ₩1,500,000(△유보)
   (2) 당기 대손충당금 한도초과액 : ₩20,000,000 − ₩9,570,000 = ₩10,430,000
   〈손금불산입〉 대손충당금 ₩10,430,000(유보)

4. 세무조정 순액
   △₩2,000,000 + △₩50,000,000 + ₩7,000,000 + △₩1,500,000 + ₩10,430,000 = △₩36,070,000

15

 ②

▌정답해설▌

① 법인세법상 요건을 모두 갖춘 적격합병에 해당하여 피합병법인이 합병으로 인한 양도손익이 없는 것으로 한 경우 합병법인은 피합병법인의 자산을 장부가액으로 양도받은 것으로 한다.

③ 적격합병을 한 합병법인은 피합병법인의 합병등기일 현재 세무상 결손금을 승계한다. 이처럼 합병법인이 승계한 피합병법인의 결손금은 피합병법인으로부터 승계받은 사업에서 발생한 소득금액 범위에서 합병법인의 각 사업연도의 과세표준을 계산할 때 공제한다.

④ 대손충당금・퇴직급여충당금에 관련된 세무조정사항은 적격합병여부와 관계없이 승계할 수 있다.

⑤ 적격합병에 해당하기 위해서는 합병법인이 합병등기일이 속하는 사업연도의 종료일까지 피합병법인으로부터 승계받은 사업을 계속해야 한다.

16

답 ①

▌정답해설▌

② 임원에게 주택자금을 무상으로 대여한 금액은 업무무관가지급금에 해당하므로 부당행위계산의 부인 규정이 적용된다. 단, 중소기업에 근무하는 직원에 대한 주택구입 또는 전세자금의 대여액은 업무무관가지급금으로 보지 않는다.

③ 시가가 불분명한 경우로 감정평가법인등(감정평가법인과 감정평가사를 말함)이 감정한 가액이 있는 경우 그 가액(감정한 가액이 둘 이상인 경우에는 그 감정한 가액의 평균액)으로 평가한다.

④ 금전, 그 밖의 자산 또는 용역을 무상 또는 시가보다 낮은 이율・요율이나 임대료로 대부하거나 제공한 경우에는 시가와 거래가액의 차액이 3억원 이상이거나 시가의 5% 이상인 경우에 한하여 부당행위계산부인의 규정을 적용한다.

⑤ 특수관계자에 대한 금전 대여의 경우 대여한 날(계약을 갱신한 경우에는 그 갱신일)부터 해당 사업연도 종료일까지의 기간이 5년을 초과하는 대여금이 있는 경우에는 해당 대여금에 한정하여 당좌대출이자율을 시가로 한다.

17

답 ⑤

▌정답해설▌

1. 과세표준 : ₩100,000,000 − ₩80,000,000(주1) = ₩20,000,000

주1 Min[①, ②]
① ₩85,000,000 − ₩5,000,000 = ₩80,000,000
② ₩100,000,000 × 100% = ₩100,000,000

2. 산출세액 : ₩20,000,000 × 9% = ₩1,800,000

3. 감면후세액 : ₩1,800,000 − ₩100,000(통합투자세액공제) = ₩1,700,000

4. 최저한세액 : ₩20,000,000 × 7% = ₩1,400,000

5. 총부담세액 : Max(₩1,700,000, ₩1,400,000) − ₩200,000(외국납부세액공제액) = ₩1,500,000

6. 차감납부할 세액 : ₩1,500,000 − ₩50,000(중간예납세액) = ₩1,450,000

18

답 ②

▌정답해설▌

② 외국정부에 납부하였거나 납부할 외국법인세액이 해당 사업연도의 공제한도를 초과하는 경우 그 초과하는 금액은 해당 사업연도의 다음 사업연도 개시일부터 10년 이내에 끝나는 각 사업연도로 이월하여 그 이월된 사업연도의 공제한도 내에서 공제받을 수 있다.

19

답 ④

▌정답해설▌

④ 납세지 지정사유가 소멸한 경우 국세청장 또는 관할지방국세청장은 납세지의 지정을 취소하여야 한다. 즉, 납세자의 요청이 있어야 하는 것은 아니다. 이처럼 납세지의 지정이 취소된 경우에도 그 취소 전에 한 소득세에 관한 신고·신청·청구·납부 그 밖의 행위의 효력에는 영향을 미치지 아니한다.

20 고난도

답 ⑤

▌정답해설▌

1. 금융소득 구분

구분	금액	비고
(주)A의 무상주(의제배당)	₩5,000,000	Gross-up 대상
(주)B의 무상주	–	의제배당 아님
(주)C의 무상상주(의제배당)	₩2,500,000	소각일로부터 2년 이내 자본전입
(주)D의 현금배당	₩8,000,000	Gross-up 대상
장기채권이자	₩3,000,000	
비영업대금 이익	₩6,000,000	원천징수 되지 않았으므로 무조건 종합과세
계	₩24,500,000	

2. 금융소득금액

구분	금액	Gross-up 금액	금융소득금액
금융소득	₩24,500,000	[Min(₩13,000,000, ₩4,500,000)] × 10%(개정안) = ₩450,000	₩24,950,000

더 알아보기 잉여금의 자본금 전입으로 인한 의제배당의 Gross-up 여부 판정

주식발행법인(내국법인)의 자본금 전입의 재원		의제배당여부	Gross-up 대상 여부
자본잉여금	법인세 과세 ×	〈원칙〉 ×	×
		〈예외〉 ○(주1)	×
	법인세 과세 ○	○	○(주2)
이익잉여금	법인세 과세 ○		

주1 ① 자기주식소각이익의 자본금 전입으로 인하여 받은 무상주(㉠ 소각 당시 시가가 취득가액을 초과하거나, ㉡ 소각일부터 2년 이내에 자본금 전입하는 경우)
② 법인이 자기주식 보유상태에서 법인세가 과세되지 않은 자본잉여금을 자본금에 전입함으로써 법인 외의 지분비율 증가분

주2 토지 재평가차액의 자본금 전입으로 인한 의제배당은 Gross-up 대상이 아님

21

답 ④

▌정답해설▌

1. 임대료 : ①+②=₩14,500,000
   ① 상가건물 임대료 : ₩1,000,000×12개월=₩12,000,000
   ② 토지임대료 : $₩5,000,000 \times \frac{12개월}{24개월} = ₩2,500,000$

2. 간주임대료[주1] : (₩300,000,000 − ₩100,000,000)×3% − (₩2,000,000 + ₩1,000,000)[주2] = ₩3,000,000

   주1 임대기간이 2023.8.1.~2025.7.31.이므로 적수계산은 생략
   주2 간주임대료 계산시 차감하는 금융수익은 수입이자, 할인료 및 배당금에 한정한다.

3. 관리비 : ₩6,000,000 − ₩2,000,000(징수대행금액) = ₩4,000,000

4. 총수입금액 : ₩14,500,000 + ₩3,000,000 + ₩4,000,000 = ₩21,500,000

5. 필요경비 : ₩0(별도 언급이 없음)

6. 사업소득금액 : ₩21,500,000 − ₩0 = ₩21,500,000

22 고난도

답 ③

▌정답해설▌

구분	금액	비고
기본급	₩48,000,000	
식사대	₩600,000	① 월20만원 이내 비과세(식사를 제공받지 않은 경우) ② (₩250,000 − ₩200,000)×12개월
자가운전보조금	₩1,200,000	① 월20만원 이내의 금액은 비과세 ② (₩300,000 − ₩200,000)×12개월
잉여금처분상여금	₩5,000,000	귀속시기 : 잉여금처분결의일
자녀보육수당	₩1,200,000	① 출산・자녀보육수당(6세이하)의 경우 월20만원 이내의 금액은 비과세 ② 개정안 : 출산・보육수당 비과세 한도 상향 월10만원 ⇒ 월20만원, 2024.1.1. 이후 지급분부터 ③ (₩300,000 − ₩200,000)×12개월
연장,야간근로수당	₩3,000,000	생산직근로자가 아니므로 전액 근로소득에 해당
사택제공이익	−	출자임원이 아니므로 비과세
계	₩59,000,000	

23

답 ④

▌정답해설▌

1. 과세기준금액 : $₩18,000,000 \times \frac{₩900,000,000}{₩1,500,000,000} = ₩10,800,000$

2. 과세제외 기여금등 : ₩75,000,000 − ₩70,000,000 = ₩5,000,000

3. 총연금액 : ₩10,800,000 − ₩5,000,000 = ₩5,800,000

24

답 ③

▌정답해설▌

ㄴ. (×) 사업소득금액을 계산할 때 해당 과세기간에 결손금이 발생하고 이월결손금이 있는 경우에는 그 과세기간의 결손금을 먼저 소득금액에서 공제한다.

ㄹ. (×) 공동사업합산과세 규정에 따라 특수관계인의 소득금액이 주된 공동사업자에게 합산과세되는 경우 그 합산과세되는 소득금액에 대해서는 주된 공동사업자의 특수관계인은 손익분배비율에 해당하는 그의 소득금액을 한도로 주된 공동사업자와 연대하여 납세의무를 진다.

25

답 ②

▌정답해설▌

1. 교육비 공제 대상액

구분	금액	비고
본인	₩4,000,000	
배우자	−	배우자의 대학원등록금은 교육비세액공제대상 교육비에서 제외
장녀	₩2,700,000	Min(₩2,700,000(주1), ₩3,000,000)
장남	₩3,000,000	Min(₩3,700,000(주2), ₩3,000,000)
계	₩9,700,000	

주1 ① ₩200,000 + ₩1,900,000 + ₩500,000(교복구입비) + ₩100,000(대학입학전형료・수능응시료)
② 교복구입비의 경우 1인당 50만원 한도(중・고등학생)
③ 2023년 세법 개정으로 대학입학전형료・수능응시료가 교육비세액공제대상 교육비에 포함

주2 ① ₩2,500,000 + ₩1,200,000(취학전 아동의 학원수강료)
② 취학전 아동의 학원수강료(1주 1회이상 실시하는 과정만 해당)도 교육비세액공제대상 교육비에 포함

2. 교육비 세액공제액
₩9,700,000 × 15% = ₩1,455,000

26

답 ①

▌정답해설▐

① 이혼위자료로 배우자에게 본인 명의의 토지를 이전한 것은 대물변제에 해당하므로 양도소득세 과세대상이다.
② 기계장치처분손익은 복식부기의무자인 경우 사업소득으로 과세되고, 간편장부대상자인 경우에는 과세 되지 않는다.
③ 양도담보는 양도로 보지 않는다. 양도담보는 소유권이전의 형식을 띠고 있기는 하지만, 실질이 채권담보에 지나지 않기 때문이다.
④ 건설업 사업자가 주택을 신축하여 판매한 경우 사업소득에 해당한다.
⑤ 자산의 무상증여의 경우 증여에 해당하므로 증여세 과세대상이다.

27 고난도

답 ⑤

▌정답해설▐

1. 일반적인 양도차익

구분	금액	비고
양도가액	₩1,600,000,000	
취득가액 및 기타 필요경비	(₩813,500,000)(주1)	Max[(① 환산취득가액 + 필요경비 개산공제액), (② 자본적지출액 + 양도비용)]
양도차익	₩786,500,000	

주1 ① 환산취득가액 : $₩1,600,000,000 \times \frac{₩450,000,000}{₩900,000,000} = ₩800,000,000$

② 필요경비 개산공제액 : ₩450,000,000 × 3% = ₩13,500,000

③ 자본적지출액 + 양도비용 : ₩40,000,000 + ₩10,000,000 = ₩50,000,000

2. 고가주택의 양도차익 : $₩786,500,000 \times \frac{₩1,600,000,000 - ₩1,200,000,000}{₩1,600,000,000} = ₩196,625,000$

※ 1세대 1주택 비과세 요건을 충족하므로 양도가액이 12억원을 초과하는 부분에 대하여 과세된다.

3. 양도소득금액

구분	금액	비고
고가주택의 양도가액	₩196,625,000	
장기보유특별공제	(₩78,650,000)	₩196,625,000 × (20% + 20%) = ₩78,650,000
양도소득금액	₩117,975,000	

28

답 ⑤

▌정답해설▌

⑤ 간편장부대상자가 복식부기에 따라 기장한 경우에 기장세액공제를 적용하는 것으로 복식부기의무자가 복식부기에 따라 기장한 경우에는 기장세액공제를 적용받을 수 없다.

29

답 ②

▌정답해설▌

① ⓐ 사업장이 둘 이상인 사업자 단위 과세사업자가 자기의 사업과 관련하여 생산 또는 취득한 재화를 판매할 목적으로 자기의 다른 사업장에 반출하는 경우 ⓑ 사업장이 둘 이상인 총괄납부 적용 과세사업자가 자기의 사업과 관련하여 생산 또는 취득한 재화를 판매할 목적으로 자기의 다른 사업장에 반출하는 경우(단, 세금계산서를 발급하고 관할세무서장에게 예정신고 또는 확정신고를 한 경우는 제외)에는 재화의 공급으로 보지 않는다.

③ 전기, 가스, 열 등 관리할 수 있는 자연력은 재화에 해당한다.

④ 주된 사업에 부수된 거래로 주된 사업과 관련하여 우연히 또는 일시적으로 공급되는 재화・용역의 공급은 별도의 공급으로 보되, 과세 및 면세 여부 등은 주된 사업의 과세 및 면세 여부 등을 따른다. 다만, 해당 재화・용역이 면세대상이라면 주된 사업이 과세사업이든 면세사업이든 면세된다.

⑤ 질권, 저당권 또는 양도담보의 목적으로 동산, 부동산 및 부동산상의 권리를 제공하는 것은 재화의 공급으로 보지 않는다.

30

답 ④

▌정답해설▌

1. 매출세액 : ₩192,000,000 × 10% = ₩19,200,000

2. 매입세액 : ① + ② = ₩12,580,000
   ① 일반매입세액 : ₩2,500,000
   ② 공통매입세액 : [₩10,000,000(상가 건물) + ₩500,000(침대등 비품)] × 96%(주1) = ₩10,080,000

> 주1 ① 2024년 2기 확정 과세공급가액 비율 : $\frac{₩192,000,000}{₩200,000,000}$ = 96%
>
> ② 해당 과세기간의 총공급가액 중 면세공급가액이 5% 미만이나, 공통매입세액이 500만원 이상이므로 안분계산함

3. 납부세액
   ₩19,200,000 − ₩12,580,000 = ₩6,620,000

31

답 ①

정답해설

② 영세율적용대상사업자도 부가가치세법상 납세의무자에 해당하므로 부가가치세법상 신고의무 등의 모든 납세의무가 있다.
③ 과세의 대상이 되는 행위 또는 거래의 귀속이 명의일 뿐이고 사실상 귀속되는 자가 따로 있는 경우에는 사실상 귀속되는 자에 대하여 부가가치세법을 적용한다.
④ 부가가치세법 납세의무자에는 국가·지방자치단체 및 지방자치단체조합을 포함한다.
⑤ 관광용 전세버스 운송사업은 부가가치세법상 과세사업에 해당하므로 해당 업종을 영위하는 내국법인은 부가가치세 납세의무를 부담한다.

32

답 ①

정답해설

① 국내의 사업장에서 계약과 대가수령 등의 거래가 이루어지는 것으로서 중계무역 방식의 수출, 위탁판매수출, 외국인도수출(수출대금은 국내에서 영수하지만 국내에서 통관되지 않은 수출물품 등을 외국으로 인도하거나 제공하는 수출), 위탁가공무역 방식의 수출 및 국외위탁가공 원료의 반출, 관세법에 따른 수입신고 수리 전의 물품으로서 보세구역에 보관하는 물품의 외국으로 반출은 영세율을 적용한다.

33

답 ⑤

정답해설

⑤ 재화의 수입시기는 수입신고수리일이다.

34

답 ④

정답해설

구분	금액	비고
공급가액	₩470,000,000	
매출에누리와 환입액	(₩20,000,000)	
하치장 반출	–	판매목적 반출이 아님 ⇒ 공급의제 아님
비영업용소형승용차 전용	₩5,000,000	시가를 공급가액으로 함
자기주식 양도	–	재화가 아님(과세대상 아님)
기계장치(사업상 증여)	₩6,000,000	₩12,000,000 × (1 – 25% × 2기) = ₩6,000,000
제품(사업상 증여)	₩7,000,000	시가를 공급가액으로 함
계	₩468,000,000	

35

답 ③

▌정답해설▌

③ 납부의무가 면제되는 간이과세자(해당 과세기간에 대한 공급대가의 합계액이 4,800만원 미만)가 자진납부한 사실이 확인되면 관할세무서장은 납부한 금액을 환급하여야 한다.

36

답 ②

▌정답해설▌

구분	금액	비고
원단 구입 매입세액	₩35,000,000	
고아원 관련 매입세액	–	업무무관 매입세액(기부금)으로 불공제
출자임원 사택관련 매입세액	–	업무무관 매입세액으로 불공제
접대목적 재화구입 매입세액	–	기업업무추진비 관련 매입세액으로 불공제
작업복 관련 매입세액	₩400,000	
계	₩35,400,000	

37

답 ②

▌정답해설▌

② 피상속인의 배우자가 단독으로 상속받은 경우(피상속인의 상속인이 그 배우자 단독인 경우을 말함)에는 기초공제・그 밖의 인적공제만을 적용하며, 일괄공제는 선택할 수 없다.

38

답 ①

▌정답해설▌

① 증여재산에 대하여 수증자에게 소득세・법인세가 부과되는 경우에는 증여세를 부과하지 않는다.

39 고난도

답 ③

▌정답해설▌

1. 형
   ① 증여세 과세가액 : ₩10,000,000(주1) + ₩25,000,000 = ₩35,000,000

   주1 해당 증여일 전 10년 이내에 동일인으로부터 받은 증여재산가액의 합계액이 1,000만원 이상인 경우에는 그 가액을 증여재산가액에 합산하며, 합산한 증여재산에 대한 당초의 증여세액은 기납부세액으로 공제한다.

   ② 산출세액 : [₩35,000,000 − ₩10,000,000(증여재산공제)] × 10% = ₩2,500,000

2. 모친
   ① 증여세 과세가액 : ₩60,000,000
   ② 증여재산공제 : ₩20,000,000(주2)

   주2 ① 동일그룹 내에서 동시에 2 이상의 증여가 있는 경우에는 증여세 과세가액으로 안분하여 증여재산공제를 적용한다.

   ② $₩50,000,000 \times \frac{₩60,000,000(\text{모친})}{₩60,000,000(\text{모친}) + ₩90,000,000(\text{친조부})} = ₩20,000,000$

   ③ 산출세액 : [₩60,000,000 − ₩20,000,000(증여재산공제)] × 10% = ₩4,000,000

3. 조부
   ① 증여세 과세가액 : ₩90,000,000
   ② 증여재산공제 : ₩30,000,000(주3)

   주3 ① 동일그룹 내에서 동시에 2 이상의 증여가 있는 경우에는 증여세 과세가액으로 안분하여 증여재산공제를 적용한다.

   ② $₩50,000,000 \times \frac{₩90,000,000(\text{친조부})}{₩60,000,000(\text{모친}) + ₩90,000,000(\text{친조부})} = ₩30,000,000$

   ③ 산출세액 : [₩90,000,000 − ₩30,000,000(증여재산공제)] × 10% × (1 + 30%)(주4) = ₩7,800,000

   주4 세대생략증여에 대한 할증과세

4. 2024년 귀속 증여세 산출세액
   ₩2,500,000 + ₩4,000,000 + ₩7,800,000 = ₩14,300,000

40

답 ⑤

▌정답해설▌

⑤ 취득세의 과세표준은 취득 당시의 가액으로 한다. 이 경우 ㉠ 유상승계취득의 경우에 취득 당시의 가액은 사실상 취득가액으로 하고(다만, 지방자치단체의 장은 특수관계인간의 거래로 인하여 그 취득에 대한 조세 부담을 부당하게 감소시킨 것으로 인정되는 경우에는 취득 당시의 가액을 시가인정액를 기준으로 결정할 수 있다.), ㉡ 무상취득의 경우에 취득 당시의 가액은 시가인정액 등으로 한다.

08 2016년 제51회 정답 및 해설

01	02	03	04	05	06	07	08	09	10	11	12	13	14	15	16	17	18	19	20
④	⑤	⑤	①	②	③	③	④	⑤	③	⑤	③	①	②	⑤	⑤	①	①	④	③
21	22	23	24	25	26	27	28	29	30	31	32	33	34	35	36	37	38	39	40
④	②	④	③	②	④	④	③	①	⑤	⑤	②	①	①	③	④	②	②	①	①

01

답 ④

▌정답해설▌

④ 소득세는 납세의무자가 과세표준 및 세액을 정부에 신고했을 때에 확정된다. 다만 신고의 내용에 잘못이 있는 경우에는 정부가 경정한다. 정부가 과세표준과 세액을 결정 또는 경정한 후 그 결정 또는 경정에 탈루 또는 오류가 있는 것이 발견된 경우에는 즉시 그 과세표준과 세액을 다시 경정한다.

02

답 ⑤

▌정답해설▌

⑤ ㄱ, ㄴ, ㄷ, ㄹ 모두 옳은 설명이다.

03

답 ⑤

▌정답해설▌

⑤ 법인이 해산하여 청산하는 경우에 그 법인에 부과되거나 그 법인이 납부할 국세 및 강제징수비를 납부하지 아니하고 해산에 의한 잔여재산을 분배하거나 인도하였을 때에 그 법인에 대하여 강제징수를 하여도 징수할 금액에 미치지 못하는 경우에는 ㉠ 청산인 또는 ㉡ 잔여재산을 분배받거나 인도받은 자는 그 부족한 금액에 대하여 제2차납부세의무를 진다. 이러한 청산인 등의 제2차납세의무의 한도는 ㉠ 청산인은 분배하거나 인도한 재산가액, ㉡ 잔여재산을 분배받거나 인도받은 자는 각자가 받은 재산가액으로 한다.

04

답 ①

정답해설

ㄱ. (×) 납부의무자의 납세의무는 납부에 의하여 소멸한다. 여기서 납부라 함은 해당 납세의무자는 물론 연대납세의무자, 제2차납세의무자, 납세보증인, 물적납세의무자 및 기타 이해관계가 있는 제3자 등에 의한 납부를 말한다(국기통 26-0…1).

ㄴ. (×) 조세는 금전으로 납부하는 것을 원칙으로 하며, 원칙적으로 물납은 인정되지 않는다. 다만 법소정의 요건을 충족한 상속세의 경우에는 물납을 인정한다.

ㄹ. (×) ⓐ 체납된 국세·강제징수비와 납부기한 전 징수 사유로 납부고지에 의해 납부하는 국세의 경우 납세자의 의사와 관계없이 세무서장이 반드시 충당한다. ⇒ 직권충당

ⓑ 납부고지에 의해 납부하는 국세(납부기한 전 징수 사유에 해당하는 경우는 제외), 세법에 따라 자진납부하는 국세는 납세자가 그 충당에 동의하는 경우에만 충당한다. ⇒ 신청에 의한 충당

05

답 ②

정답해설

② 기한후 신고를 하더라도 해당 국세의 납세의무를 확정하는 효력은 없다. 이 경우 관할세무서장은 세법에 따라 신고일부터 3개월 이내에 해당 국세의 과세표준과 세액을 결정 또는 경정하여 신고인에게 통지하여야 한다.

06 고난도

답 ③

정답해설

수입배당금 익금불산입액

$$\left(₩39,000,000 \times \frac{55,000주^{(주1)}}{65,000주} - ₩190,000,000^{(주2)} \times \frac{8.25억^{(주3)} \times 366일}{250억 \times 366일}\right) \times 80\%^{(주4)} = ₩21,384,000$$

주1 배당기준일 전 3개월 이내에 취득한 주식 등을 보유함으로써 발생한 수입배당금액에 대해서 익금불산입 규정이 배제된다. 이 경우 같은 종목의 주식 등의 일부를 양도한 경우에는 먼저 취득한 주식 등을 먼저 양도한 것으로 본다.
60,000주 - 5,000주 = 55,000주

주2 ₩200,000,000 - ₩10,000,000(현재가치할인차금 상각액) = ₩190,000,000

주3 $9억원 \times \frac{55,000주}{60,000주} = 8.25억$

주4 $\frac{55,000주}{200,000주} = 27.5\%$
(수입배당금액에 대한 익금불산입률은 배당기준일 현재 3개월 이상 계속 보유하고 있는 주식을 기준으로 계산함)

07

답 ③

▌정답해설▐

③ 자기주식처분이익은 세법상 익금항목에 해당하므로 자본금에 전입하는 경우 주주가 받은 무상주는 자기주식의 취득시기에 무관하게 항상 의제배당에 해당한다.

08

답 ④

▌정답해설▐

① 법인이 임원에 대하여 퇴직시까지 부담한 확정기여형 퇴직연금 부담금의 합계액은 퇴직급여로 보아 임원퇴직급여 한도초과액의 손금불산입 규정을 적용하되, 한도초과액이 있는 경우에는 퇴직일이 속하는 사업연도의 부담금 중 한도초과액 상당액을 손금에 산입하지 아니하고, 한도초과액이 퇴직일이 속하는 사업연도의 부담금을 초과하는 경우에는 그 초과액은 퇴직일이 속하는 사업연도의 익금에 산입한다.

② 비상근임원에게 지급하는 보수는 손금에 산입하는 것이 원칙이나, 부당행위계산의 부인에 해당하는 경우에는 손금에 산입하지 않는다.

③ 「파견근로자보호 등에 관한 법률」에 따른 파견근로자를 위하여 지출한 직장문화비와 직장회식비는 복리후생비로 보아 손금에 산입한다.

⑤ 임원 또는 직원에게 이익처분에 의해 지급하는 상여금은 손금에 산입하지 아니한다.

09 고난도

 ⑤

▌정답해설▐

1. 기업업무추진비 해당액 : ₩141,000,000(주1)

> 주1 ₩120,000,000(매출원가) + ₩21,000,000(재고자산, 제조경비 : 자산계상 접대비 아님) = ₩141,000,000

2. 기업업무추진비 한도액 : (1) + (2) = ₩104,300,000

(1) 기본 한도 : ₩12,000,000 × $\frac{12}{12}$ = ₩12,000,000

(2) 수입금액 한도 : ① + ② = ₩92,300,000

① 일반수입금액 한도 : (₩10,000,000,000 × $\frac{3}{1,000}$) + (₩30,000,000,000 × $\frac{2}{1,000}$) = ₩90,000,000

② 특정수입금액 한도 : [(₩10,000,000,000 × $\frac{2}{1,000}$) + (₩10,000,000,000 × $\frac{3}{10,000}$)] × 10% = ₩2,300,000

3. 기업업무추진비 한도초과액

₩141,000,000 − ₩104,300,000 = ₩36,700,000(손금불산입, 기타사외유출)

10 고난도

답 ③

▌정답해설▐

1. 채권자불분명사채이자 관련 지급이자 손금불산입
   (1) 원천징수분 : 〈손금불산입〉 ₩990,000(기타사외유출)
   (2) 원천징수분 이외 : 〈손금불산입〉 ₩1,010,000(상여)

2. 업무무관자산 관련 지급이자 손금불산입

$$₩3,000,000 \times \frac{₩10,000,000 \times 366\text{일}}{(₩3,000,000 \div 5\%) \times 366\text{일}} = ₩500,000$$ 〈손금불산입〉(기타사외유출)

*중소기업이 아니므로 직원에 대한 주택자금 대여액은 업무무관가지급금에 해당하나, 귀속이 불분명하여 대표자상여로 처분한 금액에 대한 소득세를 법인이 납부한 금액과 직원의 자녀에 대한 학자금 대여액은 가지급금에서 제외함

3. 기타사외유출로 소득처분되는 금액
   ₩990,000 + ₩500,000 = ₩1,490,000

11

답 ⑤

▌정답해설▐

1. 임대료 수익의 경우 ① 결산을 확정할 때 이미 경과한 기간에 대응하는 임대료 상당액과 이에 대응하는 비용을 해당 사업연도의 수익과 손비로 계상한 경우 및 ② 임대료 지급기간이 1년을 초과하는 경우에는 이미 경과한 기간에 대응하는 임대료 상당액과 비용은 이를 각각 해당 사업연도의 익금과 손금으로 한다(발생주의 적용).

2. 건물을 2024년 10월 1일부터 2년간 임대하고 2년치 임대료 2,400만원을 임대만료일에 회수하기로 약정한 경우에는 임대료 지급기간이 1년을 초과하므로 발생주의에 의한다. 따라서 당기 임대료 수익을 계상하지 아니한 경우 이미 경과한 기간에 대응하는 임대료 상당액과 비용은 각각 해당 사업연도의 익금과 손금으로 하므로 월할 계산을 가정할 경우 다음과 같은 세무조정이 필요하다.

〈익금산입〉 임대료수익 ₩3,000,000(주1)(유보)

주1 $₩24,000,000 \times \frac{3\text{개월}}{24\text{개월}} = ₩3,000,000$

12

답 ③

▌정답해설▐

1. 제23기 세무조정
   ① 감가상각비 해당액 : ₩20,000,000 + ₩10,000,000(즉시상각의제) = ₩30,000,000

   ② 상각범위액 : (₩100,000,000 + ₩10,000,000) $\times 0.2 \times \frac{12}{12}$ = ₩22,000,000

   ③ 상각부인액 : ₩30,000,000 − ₩22,000,000 = ₩8,000,000 〈손금불산입〉(유보)

2. 제24기 세무조정
   ① 감가상각비 해당액 : ₩18,000,000
   *수선비 중 자본적지출에 해당하는 금액 ₩1,000,000은 ₩6,000,000에 미달하므로 즉시상각의제의 특례규정이 적용되어 전액 손금 인정됨

   ② 상각범위액 : (₩100,000,000 + ₩10,000,000 − ₩30,000,000 + ₩8,000,000) $\times 0.2 \times \frac{12}{12}$ = ₩17,600,000

   ③ 상각부인액 : ₩18,000,000 − ₩17,600,000 = ₩400,000 〈손금불산입〉(유보)

3. 제24기말 유보잔액
   ₩8,000,000 + ₩400,000 = ₩8,400,000

13 고난도

답 ①

▌정답해설▐

① 적격물적분할에 따라 분할법인이 취득하는 주식의 세무상 취득가액은 물적분할한 순자산의 시가이다.
④ 특수관계인인 개인으로부터 유가증권을 저가로 매입하는 경우에는 시가와 매입가액의 차액을 취득가액에 포함하나, 일반적인 저가매입의 경우에는 시가와 매입가액의 차액을 취득가액에 포함하지 않는다.

14

답 ②

▌정답해설▐

1. 대손금에 대한 세무조정 : 〈손금산입〉 소멸시효완성 매출채권 ₩2,000,000(△유보)

2. 대손충당금 한도액 계산
   (1) 세무상 기말 대손충당금 설정 대상 채권 : ₩220,000,000 + ₩0(주1) = ₩220,000,000

   주1 당기말 유보잔액 : ₩2,000,000(전기말 유보잔액) − ₩2,000,000(당기 △유보) = ₩0

   (2) 설정률 : Max[1%, 대손실적률(주2)] = 2%

   주2 대손실적률 = $\frac{₩3,000,000 + ₩2,000,000}{₩248,000,000 + ₩2,000,000}$ = 2%

   (3) 대손충당금 한도액; ₩220,000,000 × 2% = ₩4,400,000

3. 대손충당금 한도초과액

₩33,000,000 − ₩4,400,000 = ₩28,600,000 〈손금불산입〉(유보)

15

답 ⑤

▌정답해설▐

① 법인이 기업회계기준에 따라 계상한 제품보증충당부채는 법인세법상 인정되지 않으므로, 전액 손금불산입한다.

② 법인이 동일인에 대한 매출채권과 매입채무를 가지고 있는 경우에는 해당 매입채무를 상계하지 않고 대손충당금을 계상할 수 있다. 다만, 당사자간 약정에 따라 상계하기로 한 경우에는 그렇지 않다.

③ 대손충당금을 손금에 산입한 내국법인이 합병한 경우 그 법인의 합병등기일 현재의 대손충당금 중 합병법인 등에게 인계한 금액은 그 합병법인 등이 합병등기일에 가지고 있는 대손충당금으로 본다.

④ 법인이 유형자산의 멸실이나 손괴로 인하여 보험금을 지급받아 그 지급받은 날이 속하는 사업연도의 종료일까지 멸실한 보험대상자산과 같은 종류의 자산을 대체 취득하거나 손괴된 보험대상자산을 개량(그 취득한 자산의 개량을 포함)하는 경우에는 개별 보험대상자산별로 해당 보험대상자산 중 그 취득·개량하는 데에 사용된 보험차익 상당액을 손금에 산입할 수 있다. 건물과 토지는 같은 종류의 자산에 해당하지 않으므로 압축기장충당금을 통해 손금산입할 수 없다.

16 고난도

답 ⑤

▌정답해설▐

1. 제24기 미환류소득(투자제외방법)

800억원 × 15% − [50억(임금증가액)(주1) + 10억 × 3배(중소기업협력출연금)] = 40억

> 주1 해당 사업연도의 상시근로자 수가 직전 사업연도의 상시근로자 수보다 증가하지 않았으므로 상시근로자 임금증가액을 적용

2. 제24기 미환류소득에 대한 법인세

[40억(당기 미환류소득) − 10억(전기 초과환류액)(주2)] × 20% = 6억

> 주2 초과환류액이 발생한 경우 그 다음 2개 사업연도까지 이월하여 공제할 수 있으므로 공제

17 고난도

답 ①

▌정답해설▐

청산소득금액(과세표준) = 잔여재산가액 − 자기자본총액

1. 잔여재산가액 : 자산총액(환가처분) − 부채상환액
   ₩40,000,000 + ₩70,000,000 + ₩15,000,000 − ₩35,000,000 = ₩90,000,000

2. 자기자본총액
   납입자본금 + 잉여금(자본잉여금 + 이익잉여금) ± 유보누계 + 환급법인세 − 이월결손금(세무상 잉여금 한도)
   ₩50,000,000 + (₩10,000,000 + ₩18,000,000) − ₩28,000,000(주1) = ₩50,000,000

   주1 Min(₩37,000,000, ₩28,000,000) = ₩28,000,000

3. 청산소득금액 : ₩90,000,000 − ₩50,000,000 = ₩40,000,000

18

답 ①

▌정답해설▐

① 각 사업연도의 개시일 전 15년(2019.12.31.까지 개시하는 사업연도에 발생하는 결손금은 10년) 이내에 개시한 사업연도에서 발생한 결손금으로서 그 후의 각 사업연도의 과세표준 계산을 할 때 공제되지 않은 금액은 각 사업연도 소득금액의 80%(중소기업과 회생계획을 이행 중인 기업 등은 100%) 범위에서 공제한다.

19

답 ④

▌정답해설▐

④ 비영리내국법인이 각 사업연도의 결산을 확정할 때 그 법인의 고유목적사업이나 일반기부금에 지출하기 위하여 고유목적사업준비금을 손비로 계상한 경우에는 법정한도까지 이를 손금에 산입한다.

20

답 ③

▌정답해설▐

③ 외국인 단기 거주자에 대한 과세특례 : 해당 과세기간 종료일 10년 전부터 국내에 주소나 거소를 둔 기간의 합계가 5년 이하인 외국인 거주자에게는 과세대상 소득 중 국외원천소득의 경우 국내에서 지급되거나 국내로 송금된 소득에 대해서만 과세한다.

21

답 ④

▌정답해설▐

1. 인적공제

구분	기본공제	추가공제	인적공제 합계	비고
본인	₩1,500,000			
배우자	₩1,500,000(주1)	–		
부친	₩1,500,000(주2)	₩1,000,000		경로우대자공제
모친	₩1,500,000(주3)			
장남	₩1,500,000	₩2,000,000		장애인공제
장녀	₩1,500,000			
계	₩9,000,000	₩3,000,000	₩12,000,000	

주1 배우자 : 총급여액이 500만원 이하이므로 소득요건 충족
주2 부친 : 2천만원 이하의 금융소득은 분리과세되므로, 부친의 경우 소득요건 충족하며, 과세기간 종료일 전에 사망한 사람에 대해서는 사망일 전일의 상황에 따름
주3 모친 : 식량작물재배업 소득은 비열거소득이므로 소득요건 충족

2. 특별소득공제(보험료공제) : ₩500,000

3. 연금보험료공제 : ₩2,000,000

4. 종합소득공제
₩12,000,000 + ₩500,000 + ₩2,000,000 = ₩14,500,000

22

답 ②

▌정답해설▌

1. 상황1

(1) 보험료세액공제 : ①×15% + ②×12% = ₩270,000

① 장애인보장성보험료 : Min[₩1,000,000, (₩1,000,000 : 한도)] = ₩1,000,000

② 일반보장성보험료 : Min[(₩400,000 + ₩600,000), (₩1,000,000 : 한도)] = ₩1,000,000

(2) 의료비세액공제 : ₩825,000

※ 일반의료비 기준초과여부(△기준미달의료비) : ₩1,000,000 − ₩50,000,000 × 3% = △₩500,000

① 일반의료비세액공제 : Min[₩0(기준초과 일반의료비), ₩7,000,000] = ₩0

② 본인등 의료비 : [₩1,000,000 − ₩500,000(기준미달 일반의료비)] × 15% = ₩75,000

③ 난임시술비 : ₩2,500,000 × 30% = ₩750,000

(3) 합계액 : ₩270,000 + ₩825,000 = ₩1,095,000

2. 상황2

(1) 보험료세액공제

조세특례제한법상 성실사업자의 경우 의료비·교육비세액공제는 적용받을 수 있으나(개정안 : 2026.12.31.까지 연장), 보험료세액공제는 적용받을 수 없음

(2) 의료비세액공제 : ₩825,000

① 일반의료비세액공제 : Min[₩0(기준초과 일반의료비), ₩7,000,000] = ₩0

② 본인등 의료비 : [₩1,000,000 − ₩500,000(기준미달 일반의료비)] × 15% = ₩75,000

③ 난임시술비 : ₩2,500,000 × 30% = ₩750,000

(3) 합계액 : ₩825,000

23

답 ④

▌정답해설▌

④ <u>퇴직소득에 대하여 외국정부에 납부하였거나 납부할 외국소득세액이 공제한도를 초과하는 경우에는 그 초과하는 금액은 이월공제를 적용받을 수 없다</u>. 반면 종합소득세에서 외국납부세액공제를 적용할 때 공제한도 초과액은 10년간 이월공제를 적용받을 수 있다.

24

답 ③

▌정답해설▌

구분	금액	원천징수세율	원천징수금액
분리과세 신청 장기채권이자	₩2,000,000	30%	₩600,000
금전 배당	₩4,000,000	14%	₩560,000
기타소득금액	₩4,000,000(주1)	20%	₩800,000
계	₩10,000,000		₩1,960,000

주1 ₩10,000,000 × (1 − 60%) = ₩4,000,000

25

답 ②

▌정답해설▐

구분	금액	비고
당기순이익	₩50,000,000	
+) 총수입금액산입 · 필요경비불산입		
① 소득세 비용	₩2,500,000	
② 비품처분 손실	–	복식부기의무자의 비품처분손실은 필요경비에 해당하므로 세무조정 없음
③ 가사용 재고자산 시가	₩3,500,000	자가소비한 것은 판매한 것으로 보아 시가를 총수입금액 산입
–) 필요경비산입 · 총수입금액불산입		
① 사업무관 채무면제이익	(₩1,000,000)	사업무관 채무면제이익은 증여세가 과세되므로 총수입금액 불산입
② 예금이자 수입	(₩1,500,000)	이자소득으로 과세
③ 가사용 재고자산의 취득가액	(₩2,000,000)	원가를 필요경비에 산입
사업소득금액	₩51,500,000	

26

답 ④

▌정답해설▐

1. 금융소득 구분

구분	금액	비고
정기예금이자	₩10,000,000	조건부 종합과세
비상장법인 주식배당	₩20,000,000	조건부 종합과세, Gross-up 대상
외국법인 현금배당	₩3,000,000	무조건 종합과세
계	₩33,000,000	

2. 금융소득금액 : ₩33,000,000 + Min(₩13,000,000, ₩20,000,000) × 10%(개정안) = ₩34,300,000

3. 사업소득금액 : ₩100,000,000 – ₩70,000,000 = ₩30,000,000

4. 기타소득금액 : ₩20,000,000 × (1 – 60%) = ₩8,000,000(300만원 초과하므로 종합과세)

5. 종합소득금액 : ₩34,300,000 + ₩30,000,000 + ₩8,000,000 = ₩72,300,000

27

답 ④

▌정답해설▐

구분	총급여액	비고
급여	₩24,000,000	
인정상여	₩6,000,000	귀속시기 : 근로를 제공한 날
자가운전보조금	₩1,200,000	① 월 20만원 이내의 금액은 비과세 ② (₩300,000 − ₩200,000) × 12개월
자녀학비보조금	₩2,000,000	
출산수당	−	① 출산 · 자녀보육수당(6세 이하)의 경우 월20만원 이내의 금액은 비과세 ② 개정안 : 출산 · 보육수당 비과세 한도 상향 월10만원 ⇒ 월20만원, 2024.1.1. 이후 지급분부터
식대	₩1,200,000	현물식사를 별도로 제공받았으므로 전액 과세
주택자금 무상대여 이익	₩5,000,000	중소기업이 아니므로 과세
합계	₩39,400,000	

28

답 ③

▌정답해설▐

③ 법인세법상 소득처분된 상여 · 배당 및 기타소득에 대한 원천징수세액은 반기별 납부를 할 수 없으므로 그 징수일이 속하는 달의 다음달 10일까지 납부하여야 한다.

29 고난도

답 ①

▌정답해설▐

구분	금액	비고
양도가액	₩300,000,000	$₩600,000,000 \times \frac{₩300,000,000}{₩600,000,000}$
취득가액	(₩250,000,000)	$₩500,000,000^{(주1)} \times \frac{₩300,000,000}{₩600,000,000}$
필요경비 개산공제액	(₩7,500,000)	$₩500,000,000 \times \frac{₩300,000,000}{₩600,000,000} \times 3\%$
양도차익	₩42,500,000	

주1 양도당시 자산가액을 기준시가로 산정한 경우에는 취득가액도 기준시가로 산정

30

답 ⑤

❙ 정답해설 ❙

구분	금액	비고
상품매출	₩100,000,000	
자기적립 마일리지 결제액	(₩4,000,000)	자기적립 마일리지 결제액은 공급가액에 불포함
용역매출	₩5,500,000	₩5,000,000 + (₩1,000,000 − ₩500,000)(주1)
기계 처분	₩3,500,000	
비품(사업상증여)	₩1,500,000	₩2,000,000 × (1 − 25% × 1기)
과세표준	₩106,500,000	

주1 ① 특수관계인에게 용역을 공급하고 부당하게 낮은 대가를 받은 경우에는 공급한 용역의 시가를 과세표준으로 함
② 주주에게 제공한 운송용역은 용역의 무상공급으로 과세되지 않음

31

답 ⑤

❙ 정답해설 ❙

⑤ 기계제조업을 운영하는 사업자가 대가를 받지 아니하고 상대방으로부터 인도받은 재화를 자재 부담없이 단순히 가공만 해주는 경우에는 용역의 무상공급으로 과세대상이 아니다.

32

답 ②

❙ 정답해설 ❙

구분	금액	비고
단기할부판매	₩10,000,000	
완성도기준지급조건부	₩5,000,000	₩10,000,000 × (10% + 40%)
토지·건물 일괄공급	−(주1)	공급시기는 양도일인 6월 20일이 되어 확정신고시 포함
선발급 특례	₩200,000	
과세표준	₩15,200,000	

주1 계약금을 받기로 한 날의 다음날부터 재화를 인도하는 날 또는 재화를 이용가능하게 하는 날까지의 기간이 6개월 이상이 아니므로 중간지급지급조건부(공급시기 : 대가의 각부분을 받기로 한 날)에 해당하지 않으므로 공급시기는 인도일임

33

답 ①

▌정답해설▐

① 재화·용역의 공급시기 이후에 발급받은 세금계산서로서 해당 공급시기가 속하는 과세기간에 대한 확정신고기한까지 발급받은 경우에는 매입세액공제가 가능하다. 단, 지연수취에 대한 가산세(공급가액의 0.5%)가 있다.

34

답 ①

▌정답해설▐

1. 토지, 건물 양도가액 안분(감정평가가액으로 안분)

   ① 토지 : $₩200,000,000 \times \frac{₩126,000,000}{₩180,000,000} = ₩140,000,000$(면세)

   ② 건물 : $₩200,000,000 \times \frac{₩54,000,000}{₩180,000,000} = ₩60,000,000$(과세)

2. 건물분 과세표준 안분

   ① 주택임대(면세사업분) : $₩60,000,000 \times \frac{40m^2}{120m^2} = ₩20,000,000$(면세)

   ② 상가, 사무실 임대(과세사업분) : $₩60,000,000 \times \frac{80m^2}{120m^2} = ₩40,000,000$(과세)

35

답 ③

▌정답해설▐

③ 간이과세자도 일반과세자와 마찬가지로 영세율을 적용받을 수 있다. 다만 면세사업자의 경우에는 영세율을 적용받으려면 면세포기를 하여야 한다.

36

답 ④

정답해설

1. 매출세액 : ① + ② = ₩6,165,000
   ① 과세 매출액 : ₩60,000,000 × 10% = ₩6,000,000
   ② 공통사용재화 공급 : ₩3,000,000 × $\frac{₩49,500,000}{₩90,000,000}$ (직전기 과세공급가액비율) × 10% = ₩165,000

2. 매입세액 : ① + ② = ₩8,200,000
   ① 과세상품 매입액 : ₩40,000,000 × 10% = ₩4,000,000
   ② 공통매입세액(건물, 트럭)

   (₩60,000,000 + ₩10,000,000) × $\frac{₩60,000,000}{₩100,000,000}$ (예정신고시 과세공급가액비율) × 10% = ₩4,200,000

3. 납부세액(△환급세액)
   ₩6,165,000 − ₩8,200,000 = △₩2,035,000

37

답 ②

정답해설

② 사업자가 타인의 명의로 사업자등록을 하거나, 그 타인 명의 사업자등록을 이용하여 사업을 하는 것으로 확인되는 경우 그 타인 명의의 사업개시일부터 실제 사업을 하는 것으로 확인되는 날의 직전일까지의 공급가액의 합계액의 1%를 가산세로 부담한다.

38 고난도

답 ②

정답해설

① 상장주식(유가증권시장과 코스닥시장에서 거래되는 주권상장법인의 주식을 말함)은 평가기준일 이전·이후 각 2개월 동안 공표된 매일의 거래소 최종 시세가액의 평균액으로 한다.
③ 비상장주식의 1주당 순자산가치를 산정함에 있어서 해당 법인의 자산가액은 상속세 및 증여세법에 따라 평가한 가액으로 한다. 이 경우 해당 법인의 자산을 보충적 평가방법으로 평가한 가액(담보물권이 설정된 재산 평가의 특례 따른 평가액 포함)이 장부가액(취득가액에서 감가상각비를 차감한 가액을 말함)보다 적은 경우에는 장부가액으로 하되, 장부가액보다 적은 정당한 사유가 있는 경우에는 그러하지 아니한다.
④ 비상장주식의 1주당 순손익가치를 산정함에 있어서 최근 3년간의 순손익액의 가중평균액은 평가기준일 이전 3년간 순손익액의 가중평균액으로 한다.
⑤ 최대주주의 주식에 대하여 할증평가를 하는 경우에는 할증비율은 최대주주의 지분율에 관계없이 20%가 적용된다. 다만, 중소기업 및 중견기업의 경우에는 할증평가를 하지 않는다.

39 고난도

답 ①

| 정답해설 |

1. 총상속재산가액 : ① + ② = ₩1,200,000,000
   ① 상속재산가액 : ₩1,000,000,000
   ② 추정상속재산가액 : ₩200,000,000(주1)

> 주1 ₩300,000,000 − Min(₩500,000,000 × 20%, ₩200,000,000) = ₩200,000,000

2. 증여재산가산액 : ₩200,000,000(증여 당시 시가)

3. 과세가액 공제액 : ① + ② = ₩15,000,000
   ① 일반 장례비 : ₩10,000,000(주2)
   ② 봉안시설 이용료 : ₩5,000,000

> 주2 Min(₩25,000,000, ₩10,000,000)

4. 상속세 과세가액
   ₩1,200,000,000 + ₩200,000,000 − ₩15,000,000 = ₩1,385,000,000

40

답 ①

| 정답해설 |

ㄷ. (×) 재산세 과세기준일은 매년 6월 1일이다.
ㄹ. (×) 재산세의 징수는 고지납부(보통징수) 방법에 의한다.

09 2015년 제50회 정답 및 해설

01	02	03	04	05	06	07	08	09	10	11	12	13	14	15	16	17	18	19	20
②	③	①	⑤	④	③	①	②	④	②	②	①	①	③	③	⑤	⑤	④	④	②
21	22	23	24	25	26	27	28	29	30	31	32	33	34	35	36	37	38	39	40
①	②	⑤	⑤	①	⑤	③	④	③	②	④	①	⑤	①	④	③	①	⑤	③	⑤

01

답 ②

▌정답해설▐

② 사업양수인은 양도일 이전에 양도인의 납세의무가 확정된 그 사업에 관한 국세 및 강제징수비에 대하여 제2차납세의무를 진다. 여기서 사업에 관한 국세 등은 해당 사업을 영위함으로써 과세요건이 충족되는 국세 등을 말한다. 따라서 사업용 부동산의 양도로 발생한 양도소득세 및 토지등 양도소득에 대한 법인세는 여기에 포함되지 아니한다.

02

답 ③

▌정답해설▐

③ 가산세는 해당 의무가 규정된 세법의 해당 국세의 세목으로 하며, 해당 국세를 감면하는 경우에는 가산세는 그 감면대상에 포함시키지 아니하는 것으로 한다.

03

답 ①

▌정답해설▐

② 결정 또는 경정으로 증가된 과세표준 및 세액에 대해서는 해당 처분이 있음을 안 날(처분의 통지를 받은 때에는 그 받은 날)로부터 90일 이내(법정신고기한이 지난 후 5년 이내에 한함)에 경정을 청구할 수 있다. 이 경우 과세표준신고서를 법정신고기한까지 제출한 자, 기한후과세표준신고서를 제출한 자 및 종합부동산세를 부과고지 받은 자도 경정청구가 가능하다.

③ 당초 법정신고기한까지 과세표준신고를 하지 않는 자도 이미 과세표준과 세액의 결정을 받은 경우라면 후발적 사유로 인한 경정 등 청구를 할 수 있다.

④ 상속세 및 증여세법에 후발적 사유로 인한 경정청구의 별도 규정을 두고 있다.

⑤ 과세표준신고서를 법정신고기한까지 제출한 자 및 기한후과세표준신고서를 제출한 자, 종합부동산세를 부과고지 받은 자는 법정신고기한이 지난 후 5년에 관할세무서장에게 청구할 수 있다.

04

답 ⑤

정답해설

① 부담부증여에 따라 증여세와 함께 양도소득세가 과세되는 경우에 그 양도소득세의 부과제척기간도 증여세에 대하여 정한 기간(15년, 10년)으로 한다.

② 국세기본법에 따른 불복청구, 감사원법에 따른 심사청구 또는 행정소송법에 따른 소송에 대한 결정 또는 판결이 있는 경우에는 원칙적인 부과제척기간에도 불구하고 지방국세청장 또는 세무서장은 그 결정 또는 판결이 확정된 날부터 1년이 지나기 전까지 해당 결정 또는 판결에 따라 경정이나 그 밖에 필요한 처분을 할 수 있다.

③ 국세기본법에 따른 불복청구, 감사원법에 따른 심사청구 또는 행정소송법에 따른 행정소송에 대한 결정 또는 판결에 의해 명의대여 사실이 확인된 경우에는 당초의 부과처분을 취소하고 그 결정 또는 판결이 확정된 날부터 1년 이내에 실제로 사업을 경영한 자에게 경정이나 그 밖에 필요한 처분을 할 수 있다.

④ 과세표준과 세액을 신고하는 국세(신고하는 종합부동산세는 제외)의 부과제척기간 기산일은 과세표준신고기한의 다음날이다. 여기서 과세표준신고기한에는 중간예납・예정신고기한 및 수정신고기한은 포함되지 아니한다. 따라서 중간예납세액 등의 부과제척기간도 정기분 과세표준 신고기한의 다음 날부터 기산된다.

05

답 ④

정답해설

④ 해당 재산에 대하여 부과된 상속세, 증여세, 종합부동산세는 법정기일 전에 설정된 전세권, 질권 또는 저당권에 의해 담보된 채권보다 우선한다. 따라서 그 재산 자체에 부과된 국세는 저당권 등의 설정시기에 불문하고 항상 피담보채권보다 우선징수된다.

06 고난도

답 ③

정답해설

① 국세기본법상 법인으로 보는 단체는 법인세법상 비영리내국법인으로 보므로, 영리법인과 달리 증여세 납세의무가 있다.

② 신탁재산에 귀속되는 소득에 대해서는 그 신탁의 이익을 받을 수익자가 그 신탁재산을 가진 것으로 보고 법인세법을 적용한다. 다만, 다음의 요건을 모두 갖춘 신탁(자본시장법에 따른 투자신탁은 제외)의 경우에는 신탁재산에 귀속되는 소득에 대하여 신탁계약에 따라 그 신탁의 수탁자(내국법인 또는 거주자인 경우에 한정)가 법인세를 납부할 수 있다. 이 경우 신탁재산별로 각각을 하나의 내국법인으로 본다.
- ㉠ 목적신탁, 수익증권발행신탁, 유한책임신탁 중 어느 하나에 해당하는 신탁일 것
- ㉡ 수익자가 둘 이상일 것
- ㉢ 위탁자가 신탁재산을 실질적으로 지배・통제하지 않을 것

④ 외국법인이란 본점・주사무소가 외국에 있는 법인(사업의 실질적 관리장소가 국내에 있지 아니한 경우만 해당)으로서, 다음 중 하나에 해당하는 단체는 외국법인으로 판정한다.
- ㉠ 설립된 국가의 법에 따라 법인격이 부여된 단체
- ㉡ 구성원이 유한책임사원으로만 구성된 단체
- ㉢ 그 밖에 해당 외국단체와 동종 또는 유사한 국내의 단체가 상법 등 국내의 법률에 따른 법인인 경우의 그 외국단체

⑤ 다른 내국법인을 연결지배하는 내국법인과 그 다른 내국법인은 다른 내국법인을 연결지배하는 내국법인의 납세지 관할지방국세청장의 승인을 받아 연결납세방식을 적용할 수 있다. 이때 "연결지배"란 내국법인이 다른 내국법인의 발행주식총수 또는 출자총액의 100분의 90 이상을 보유하고 있는 경우를 말한다. 〈개정 2024〉

07

답 ①

정답해설

① 각 사업연도 종료일 현재 「독점규제 및 공정거래에 관한 법률」에 따른 상호출자제한기업집단에 속하는 내국법인은 미환류소득에 대한 법인세 납세의무가 있다.

08

답 ②

정답해설

① 법인이 그의 특수관계인인 개인으로부터 유가증권을 저가매입하는 경우에는 매입시점에 시가와 그 매입가액의 차액을 익금으로 보며, 이 경우에는 그 차액이 해당 유가증권의 취득가액에 포함된다.
③ 자산수증이익(국고보조금 등은 제외)과 채무면제이익(채무의 출자전환시 채무면제이익을 포함) 중 이월결손금을 보전하는 데에 충당한 금액은 익금에 산입하지 아니한다.
④ 주식배당의 경우 의제배당에 해당하므로 익금에 해당한다.
⑤ 의제배당의 경우에도 수입배당금액의 익금불산입 규정을 적용한다.

09

답 ④

정답해설

④ 내국법인이 보유하고 있는 채권이 상법상 소멸시효의 완성으로 인하여 소멸한 경우에는 해당 대손금은 그 사유가 발생한 사업연도에 손금에 산입한다(신고조정사항). 즉, 법인이 손금으로 계상하였는지와 무관하게 그 사유가 발생한 사업연도에 손금 산입한다.

10 고난도

답 ②

정답해설

1. 부당행위계산부인 요건 충족 여부
   (1) 특수관계요건 : (주)A와 (주)B는 특수관계 요건 충족 & 법인주주 갑과 을도 특수관계 요건 충족
   (2) 현저한 이익 분여 요건(30% 이상 차이) : 요건 충족

   ① 합병 후 1주당 평가액 : $\frac{₩1,600,000,000 + ₩200,000,000}{40,000주 + 10,000주} = ₩36,000$

   ② 1주당 평가차액 : ₩36,000 − (₩10,000 × 2주) = ₩16,000

   ③ 30% 이상 차이가 나는지 여부 : $\frac{₩16,000}{₩36,000} ≒ 44.44\% \geq 30\%$

2. 이익분여액 : (₩40,000 − ₩36,000) × 40,000주 × 40% × 20% = ₩12,800,000

3. 세무조정
   ① 갑법인 : 〈익금산입〉 부당행위계산부인 ₩12,800,000(기타사외유출)
   ② 을법인 : 〈익금산입〉 투자지분증권 ₩12,800,000(유보)

11 고난도

답 ②

▌정답해설▐

※ 법인이 자기주식을 보유한 상태에서 과세되지 않은 잉여금을 자본금에 전입함에 따라 그 법인 외의 주주의 지분비율이 증가한 경우 그 증가한 비율에 상당하는 주식가액은 의제배당에 해당함

1. 재원분석
   ① 의제배당(○) = ₩10,000,000 + ₩40,000,000 + ₩230,000,000 = ₩280,000,000
   ② 의제배당(×) = ₩20,000,000

2. 의제배당금액 : ₩71,000,000
   (1) 지분율 방식

   $[₩280,000,000 \times 20\%(\text{A의 지분율})] + [₩300,000,000 \times 20\%(\text{자기주식 지분율}) \times \frac{20\%}{1-20\%}] = ₩71,000,000$

   (2) 주식수 방식

   $(12,000\text{주}^{(주1)} \times \frac{₩280,000,000}{₩300,000,000} \times ₩5,000) + (3,000\text{주}^{(주2)} \times ₩5,000) = ₩71,000,000$

   주1 (₩300,000,000 ÷ ₩5,000) × 20% = 12,000주
   주2 15,000주 − 12,000주 = 3,000주

12 고난도

답 ①

▌정답해설▐

1. 제24기 공제가능한 이월결손금
   (1) 제23기 결손금 중 소급공제 결손금
      ① 환급대상액 : ₩44,000,000(제22기 산출세액) − (₩320,000,000 − ₩200,000,000) × 10% = ₩32,000,000
      ② 한도 : ₩44,000,000 − ₩18,000,000 = ₩26,000,000
      ③ 최대 가능한 소급공제 결손금 : X = ₩140,000,000
      (₩320,000,000 − X) × 세율(10%) = ₩18,000,000
   (2) 제24기 공제가능한 이월결손금 : ₩200,000,000 − ₩140,000,000 = ₩60,000,000

2. 제24기 산출세액
   ① 각사업연도소득금액 : ₩300,000,000
   ② 이월결손금 : (₩60,000,000)
   ③ 비과세소득 : (₩20,000,000)
   ④ 과세표준 : ₩220,000,000
   ⑤ 산출세액 : ₩21,800,000

13 고난도

답 ①

▌정답해설▐

1. 기업업무추진비 해당액
   (1) 손익계산서상 기업업무추진비 : ₩60,000,000
   (2) 현물기업업무추진비 원가와 시가와 차액 : ₩1,000,000
   (3) 기업업무추진비 해당액 : ₩61,000,000

2. 기업업무추진비 한도액 : (1) + (2) + (3) = ₩46,080,000

   (1) 기본 한도 : ₩36,000,000 $\times \frac{12}{12}$ = ₩36,000,000

   (2) 수입금액 한도 : (₩800,000,000(주1) $\times \frac{3}{1,000}$) = ₩2,400,000

   주1 ₩860,000,000 − ₩20,000,000 − ₩10,000,000 − ₩30,000,000 = ₩800,000,000

   (3) 문화기업업무추진비 추가한도 : Min[₩10,000,000, (₩36,000,000 + ₩2,400,000) × 20%] = ₩7,680,000

3. 기업업무추진비 한도초과액
   ₩61,000,000 − ₩46,080,000 = ₩14,920,000(손금불산입, 기타사외유출)

14

답 ③

▌정답해설▐

퇴직급여충당금(회사)

감소	B	기초	A
기말	₩150,000,000	설정	₩100,000,000
	B + ₩150,000,000		A + ₩100,000,000

B + ₩150,000,000 = A + ₩100,000,000 ⇒ B − A = △₩50,000,000

세법상 퇴직급여충당금 설정한도액 : Min(①, ②) = ₩0
① 추계액 기준 : ₩300,000,000 × 0% + ₩18,000,000 + B − (A − ₩20,000,000) = △₩12,000,000(주1) ⇒ ₩0
② 총급여액 기준 : ₩500,000,000 × 5% = ₩25,000,000

주1 퇴직급여충당금 설정률 감소에 따른 환입액은 익금에 산입하지 않음

15 고난도

답 ③

▌정답해설▌

1. 대손금에 대한 세무조정 : 〈손금산입〉 매출채권 ₩20,000,000(△유보)

2. 대손충당금 한도액 계산
   (1) 세무상 기말 대손충당금 설정 대상 채권
   ₩800,000,000(세무상 채권가액) − ₩200,000,000(설정제외 채권) = ₩600,000,000
   (2) 설정률 : Max(①, ②) = 5%
   ① 1%
   ② 대손실적률 : $\frac{₩5,000,000 + ₩20,000,000}{₩500,000,000^{(주1)}} = 5\%$

   > 주1 전기말 설정대상채권 : (₩10,000,000 − ₩5,000,000) ÷ Max(1%, 0.6%) = ₩500,000,000

   (3) 대손충당금 한도액; ₩600,000,000 × 5% = ₩30,000,000

2. 대손충당금 세무조정
   (1) 전기 대손충당금 한도초과액 추인 : 〈손금산입〉 대손충당금 ₩5,000,000(△유보)
   (2) 당기 대손충당금 한도초과액 : ₩35,000,000 − ₩30,000,000 = ₩5,000,000
   〈손금불산입〉 대손충당금 ₩5,000,000(유보)

3. 각사업연도소득금액이 감소하는 금액
   ₩20,000,000 + ₩5,000,000 − ₩5,000,000 = ₩20,000,000

16 고난도

답 ⑤

▌정답해설▌

1. 하자보수충당금 : 〈손금불산입〉 하자보수충당금 ₩10,000,000(유보)
   ⇒ 세법에서는 하자보수충당금을 인정하지 않기 때문에 하자보수충당금 설정시 손금불산입(유보)한 후 실제 하자보수비 지출시 손금산입(△유보)으로 추인함

2. 업무무관비용 : 〈손금불산입〉 ₩2,000,000(사외유출 : 귀속자에 따라 소득처분)

3. 공사수익
   (1) 전기 공사수익 : $₩300,000,000 \times \frac{₩50,000,000}{₩125,000,000} = ₩120,000,000$
   (2) 당기 공사수익
   ① 당기공사원가
   ₩80,000,000 − ₩10,000,000(하자보수충당금)[주1] − ₩2,000,000(업무무관비용) + ₩10,000,000(건설현장 근로자 인건비) = ₩78,000,000

   > 주1 하자보수충당금의 경우 일반기업회계기준 적용법인인 경우 진행률 계산시 포함하나, IFRS(한국채택국제회계기준)적용법인은 진행율 계산시 제외하여 진행율을 계산함

② 당기 누적진행률 = $\frac{₩78,000,000 + ₩50,000,000}{₩160,000,000}$ = 80%

③ 당기 세무상 공사수익 : ₩300,000,000 × 80% − ₩120,000,000 = ₩120,000,000

④ 세무조정 : ₩120,000,000 − ₩100,000,000 = ₩20,000,000 〈익금산입〉(유보)

4. 각사업연도소득금액의 증가금액

₩10,000,000 + ₩2,000,000 + ₩20,000,000 = ₩32,000,000

17

답 ⑤

❚ 정답해설 ❚

1. 건물 : 정액법

① 감가상각비 해당액 : ₩30,000,000

② 상각범위액 : ₩800,000,000 × 0.05 = ₩40,000,000

③ 상각부인액(시인부족액) : ₩30,000,000 − ₩40,000,000 = △₩10,000,000

④ 세무조정 : 〈손금산입〉 전기 상각부인액 ₩10,000,000(주1)(△유보)

주1 Min[₩10,000,000, ₩20,000,000(전기상각부인액)]

2. 기계장치 : 정률법

① 감가상각비 해당액 : ₩30,000,000

② 상각범위액 : (₩200,000,000 − ₩134,000,000(주2) + ₩8,000,000(주3)) × 0.313 = ₩23,162,000

주2 ₩120,000,000 + ₩14,000,000 = ₩134,000,000

주3 ₩10,000,000 − ₩2,000,000 = ₩8,000,000

③ 상각부인액(시인부족액) : ₩30,000,000 − ₩23,162,000 = ₩6,838,000

④ 세무조정 : 〈손금불산입〉 상각부인액 ₩6,838,000(유보)

18

답 ④

❚ 정답해설 ❚

① 중간예납의무가 있는 법인은 직전 사업연도의 산출세액을 기준으로 하는 방법과 가결산방법(해당 중간예납기간의 법인세액을 기준으로 하는 방법) 중 어느 하나의 방법을 선택하여 적용할 수 있다.

② 관할세무서장(국세청장이 특히 중요하다고 인정하는 것에 대해서는 관할지방국세청장)은 법인이 과세표준신고를 하지 아니한 경우에는 해당 법인의 각 사업연도의 소득에 대한 법인세의 과세표준과 세액을 결정한다. 이러한 결정은 과세표준신고기한으로부터 1년 이내에 하여야 한다.

③ 법인이 휴업 또는 폐업상태에 있는 경우에도 법인세를 부과할 수 있다.

⑤ 각 사업연도의 소득이 없거나 결손금이 있는 법인의 경우에도 법인세 과세표준 신고를 하여야 한다.

19 고난도

답 ④

▌정답해설▐

① 같은 사업연도에 둘 이상의 연결법인에서 발생한 결손금이 있는 때에는 연결사업연도의 과세표준을 계산할 때 해당 연결법인에서 발생한 결손금부터 연결소득개별귀속액을 한도로 먼저 공제하고 해당 연결법인에서 발생하지 않은 둘 이상의 다른 연결법인의 결손금은 해당 결손금의 크기에 비례하여 각각 공제된 것으로 본다.

② 연결모법인은 각 연결사업연도의 종료일이 속하는 달의 말일로부터 4개월 이내에 해당 연결사업연도의 소득에 대한 법인세의 과세표준과 세액을 관할세무서장에게 신고하여야 한다.

③ 연결사업연도가 6개월을 초과하는 연결모법인은 각 연결사업연도 개시일부터 6개월이 되는 날까지를 중간예납기간으로 하여 연결중간예납세액을 중간예납기간이 지난 날부터 2개월 이내에 납세지 관할세무서 등에 납부하여야 한다.

⑤ 연결법인세 개별귀속액으로서 연결모법인이 연결자법인으로부터 지급받았거나 지급받을 금액은 익금에 산입하지 않으며, 연결자법인이 연결모법인에게 지급하였거나 지급할 금액은 손금에 산입하지 아니한다.

20

 ②

▌정답해설▐

② 거주자나 비거주자는 납세지가 변경된 경우 그 변경 후의 관할세무서장에게 변경된 날부터 15일 이내에 신고하여야 한다. 이 경우 납세자의 주소지가 변경됨에 따라 부가가치세법에 따른 사업자등록 정정을 한 경우에는 납세자의 변경신고를 한 것으로 본다.

21

 ①

▌정답해설▐

사업소득금액 : Min(①, ②) = ₩65,000,000

① 기준경비율법 소득 : ₩100,000,000 − ₩25,000,000(주1) − (₩100,000,000 × 20% × $\frac{1}{2}$(주2)) = ₩65,000,000

> 주1 주요경비 : ₩5,000,000(유형자산 매입비용 제외) + ₩5,000,000(임차료) + ₩15,000,000(거주자갑의 급여와 퇴직급여 제외) = ₩25,000,000
>
> 주2 복식부기의무자의 경우 기준경비율의 50%를 적용함

② 비교소득금액 : (₩100,000,000 − ₩100,000,000 × 60%) × 3.4배 = ₩136,000,000

22

답 ②

▌정답해설▌

구분	금액	비고
총매출액	₩25,000,000	
매출에누리와 환입	(₩700,000)	
매출할인	(₩800,000)	
계약금 수령	–	수입시기 : 인도일(2025년)
시용판매	₩500,000	수입시기 : 상대방이 구입의사를 표시한 날(2024년)
무인판매기	–	수입시기 : 인출일(2025년)
위탁판매	₩800,000	₩1,600,000 × 50% = ₩800,000
계	₩24,800,000	

23

 ⑤

▌정답해설▌

※ 건강증진 의약품 구입비 및 국외 의료비는 공제대상 의료비에 해당하지 않음. 안경·콘택트렌즈 구입비용은 1인당 연 50만원을 한도로 함

1. 상황1
   (1) 일반의료비 기준초과(△기준미달)여부
   ₩500,000 – (₩50,000,000 × 3%) = △₩1,000,000(기준미달 일반의료비)
   (2) 의료비 세액공제 : ① + ② = ₩2,580,000
   ① 일반의료비 세액공제 : Min[₩0, ₩7,000,000] × 15% = ₩0
   ② 본인등 의료비 세액공제 : [₩8,000,000(본인) + ₩10,200,000(65세 이상자) – ₩1,000,000] × 15% = ₩2,580,000

2. 상황2
   (1) 일반의료비 기준초과(△기준미달)여부
   (₩10,200,000 + ₩500,000) – (₩50,000,000 × 3%) = ₩9,200,000(기준초과 일반의료비)
   (2) 의료비 세액공제 : ① + ② = ₩2,250,000
   ① 일반의료비 세액공제 : Min[₩9,200,000, ₩7,000,000] × 15% = ₩1,050,000
   ② 본인등 의료비 세액공제 : ₩8,000,000(본인) × 15% = ₩1,200,000

24

답 ⑤

▌정답해설▐

1. 퇴직급여 과세표준 : ① − ② = ₩73,060,000

   ① 환산급여 : (₩151,000,000 − ₩15,000,000(주1)) × $\frac{12}{10년}$ = ₩163,200,000

   > 주1 근속연수공제 : ₩5,000,000 + ₩2,000,000 × [10년(1년 미만은 1년으로 봄) − 5년) = ₩15,000,000

   ② 환산급여공제 : ₩61,700,000 + (₩163,200,000 − ₩100,000,000) × 45% = ₩90,140,000

2. 퇴직급여 산출세액 : ₩73,060,000 × 기본세율 × $\frac{10년}{12}$ = ₩9,812,000

25 고난도

답 ①

▌정답해설▐

1. 금융소득금액

구분	금액	Gross-up 금액	금융소득금액
상장법인 현금배당	₩20,000,000	[Min(₩20,000,000, ₩30,000,000)] × 10%(개정안) = ₩2,000,000	₩22,000,000
저축성보험 보험차익	−(주1)		
정기예금이자	₩25,000,000		₩25,000,000
개인종합자산관리계좌 이자	−(주2)		−
비영업대금이익	₩5,000,000		₩5,000,000
계	₩50,000,000		52,000,000

> 주1 장기저축성 보험차익은 과세대상이 아님
> 주2 200만원(400만원) 이하로서 비과세

2. 과세표준 : ₩52,000,000(금융소득금액) + ₩15,000,000(사업소득금액) − ₩2,500,000(종합소득공제) = ₩64,500,000

3. 산출세액 : Max(①, ②) = ₩8,300,000
   ① 일반 : ₩20,000,000 × 14% + (₩64,500,000 − ₩20,000,000) × 기본세율 = ₩8,215,000
   ② 비교 : ₩5,000,000 × 25% + ₩45,000,000 × 14% + (₩64,500,000 − ₩52,000,000) × 기본세율 = ₩8,300,000

4. 세액공제 : (1) + (2) = ₩200,000
   (1) 배당세액공제 : Min(①, ②) = ₩0
      ① 귀속법인세 : ₩2,000,000
      ② 한도액 : ₩8,300,000(종합소득산출세액) − ₩8,300,000(비교산출세액) = ₩0
   (2) 특별세액공제 : ₩200,000

5. 결정세액 : ₩8,300,000 − ₩200,000 = ₩8,100,000

26

답 ⑤

정답해설

⑤ 공적연금소득을 지급하는 자가 연금소득의 일부 또는 전부를 지연하여 지급하면서 지연지급에 따른 이자를 함께 지급하는 경우 해당 이자는 공적연금소득으로 본다.

27

답 ③

정답해설

① 확정신고에 따라 납부할 양도소득세액이 2천만원을 초과하는 거주자는 그 납부할 세액의 100분의 50 이하의 금액을 납부기한이 지난 후 2개월 이내에 분할 납부할 수 있다.

② 양도소득금액 계산시 양도차손이 발생한 자산이 있는 경우에는 같은 호별 내 다른 자산에서 발생한 양도소득금액에서 그 양도차손을 공제하되, 이 때 양도차손이 발생한 자산과 동일한 세율을 적용받는 자산의 양도소득금액에서 우선 공제한다.

④ 특정시설물의 이용권·회원권, 그 밖에 그 명칭과 관계없이 시설물을 배타적으로 이용하거나 일반이용자보다 유리한 조건으로 이용할 수 있도록 약정한 단체의 구성원이 된 자에게 부여되는 시설물 이용권(특정시설이용권)의 양도로 발생하는 소득은 양도소득에 해당한다.

⑤ 양도란 자산에 대한 등기 또는 등록과 관계없이 매도, 교환, 법인에 대한 현물출자 등을 통하여 그 자산을 유상으로 사실상 이전하는 것을 말한다.

28

답 ④

정답해설

④ 거주자의 각 과세기간 총수입금액과 필요경비의 귀속연도는 총수입금액과 필요경비가 확정된 날이 속하는 과세기간으로 한다(권리의무확정주의).

29 고난도

답 ③

정답해설

1. 근로소득금액 : (1) − (2) = ₩34,140,000

(1) 총급여

구분	총급여	비고
급여	₩35,000,000	
상여금	₩6,500,000	잉여금 처분에 의한 상여금(수입시기 : 잉여금처분결의일)
사택제공이익	−	비과세 근로소득(출자임원이 아님)
자녀학자금	₩2,400,000	
고용보험료	₩500,000	회사대납액이므로 과세
급식비	₩1,800,000	현물식사를 제공받았으므로 식대는 과세
계	₩46,200,000	

(2) 근로소득공제 : ₩12,000,000 + (₩46,200,000 − ₩45,000,000) × 5% = ₩12,060,000

2. 기타소득금액

구분	총급여	비고
강연료	₩200,000	₩500,000 × (1 – 60%)
주택입주지체상금	₩240,000	₩1,200,000 × (1 – 80%)
손해배상금	₩700,000	
상표권 대여소득	₩500,000	₩3,000,000 – Max[₩2,500,000, ₩3,000,000 × 60%]
서화, 골동품 박물관 양도	–	비과세
계	₩1,640,000	

30

답 ②

▌정답해설▐

① 재화의 인도 대가로서 다른 재화를 인도받거나 용역을 제공받는 교환계약에 따라 재화를 인도하거나 양도하는 것은 재화의 공급으로 본다.
③ 건설업의 경우 건설사업자가 건설자재의 전부 또는 일부를 부담하는 것은 용역의 공급으로 본다.
④ 사업자가 광업권, 특허권, 저작권 등으로서 물건 외에 재산적 가치가 있는 모든 것은 재화의 공급으로 본다.
⑤ 국세징수법에 따른 공매 및 민사집행법에 따른 경매에 따라 재화를 인도하거나 양도하는 것은 재화의 공급으로 보지 않는다.

31

답 ④

▌정답해설▐

④ 은행업에 관련된 전산시스템과 소프트웨어의 판매・대여용역은 면세하는 금융・보험용역으로 보지 않으므로 과세된다.

32

답 ①

▌정답해설▐

① 사업의 양도에 따라 사업을 양수받는 자는 그 대가를 지급하는 때에 부가가치세를 징수하여, 그 대가를 지급하는 날이 속하는 달의 다음달 25일까지 사업장 관할 세무서장에게 납부할 수 있다.

33

답 ⑤

▌정답해설▐

① 사업자가 자기의 사업을 위하여 사용하였거나 사용할 목적으로 공급받은 재화・용역에 대한 부가가치세액은 재화・용역을 공급받은 시기가 속하는 과세기간의 매출세액에서 공제한다.
② 토지의 가치를 현실적으로 증가시켜 토지의 취득원가를 구성하는 비용에 관련된 매입세액은 매출세액에서 공제하지 아니한다.
③ 전자세금계산서 의무발급 사업자로부터 발급받은 전자세금계산서로서 국세청장에게 전송되지 않았으나 발급한 사실이 확인되는 경우 전자세금계산서 매입세액은 매출세액에서 공제한다.
④ 제조업을 운영하는 사업자가 자신의 사업을 위하여 직접 사용하는 개별소비세법에 따른 소형승용차의 유지에 관한 매입세액은 매출세액에서 공제되지 아니한다.

34

답 ①

▌정답해설▐

① 주사업장 총괄납부 사업자의 주된 사업장은 법인의 본점(주사무소 포함) 또는 개인의 주사무소로 한다. 다만, 법인의 경우에는 지점(분사무소 포함)을 주된 사업장으로 할 수 있다.
② 주사업장 총괄납부 사업자가 종된 사업장을 신설하는 경우 그 신설하는 종된 사업장 관할세무서장에게 주사업장 총괄납부 변경신청서를 제출하여야 한다.
③ 주사업장 총괄납부 사업자가 되려는 자는 그 납부하려는 과세기간 개시 20일 전에 주사업장 총괄납부 신청서를 주된 사업장의 관할세무서장에게 제출하여야 한다.
④ 주사업장 총괄납부 사업자가 주사업장 총괄납부를 포기할 때에는 각 사업장에서 납부하려는 과세기간 개시 20일 전에 주사업장 총괄납부 포기신고서를 주된 사업장 관할세무서장에게 제출하여야 한다. 즉 승인을 요하지 않는다.
⑤ 신규로 사업을 시작하는 자가 주된 사업장의 사업자등록증을 받은 날부터 20일 이내에 주사업장 총괄납부를 신청하는 경우 해당 신청일이 속하는 과세기간부터 총괄하여 납부한다.

35 고난도

답 ④

▌정답해설▐

1. (주)A의 공급가액(부동산 일괄공급) : ₩120,000,000(건물ⓒ) + ₩216,000,000(건물㉠) = ₩336,000,000
   (1) 장부가액에 의한 1차 안분
      ① 기준시가가 있는 자산(토지, 건물㉠) : $₩1,200,000,000 \times \frac{₩600,000,000 + ₩300,000,000}{₩1,000,000,000} = ₩1,080,000,000$
      ② 기준시가가 없는 자산(건물ⓒ) : $₩1,200,000,000 \times \frac{₩100,000,000}{₩1,000,000,000} = ₩120,000,000$
   (2) 기준시가에 의한 2차 안분(토지, 건물㉠)
      ① 토지 : $₩1,080,000,000 \times \frac{₩400,000,000}{₩500,000,000} = ₩864,000,000$
      ② 건물㉠ : $₩1,080,000,000 \times \frac{₩100,000,000}{₩500,000,000} = ₩216,000,000$

2. (주)B의 공급가액(완성도기준지급) : ₩10,000,000 × (10% + 50%) = ₩6,000,000

3. (주)C의 공급가액 : ① + ② = ₩75,250,000
   ① 과세사업 공급가액 : ₩72,000,000
   ② 공통사용재화의 공급가액 : $₩5,000,000 \times \frac{₩97,500,000}{₩97,500,000 + ₩52,500,000}$(직전 과세공급가액 비율) = ₩3,250,000

4. 공급가액 합계액
   ₩336,000,000 + ₩6,000,000 + ₩75,250,000 = ₩417,250,000

36 고난도

답 ③

▌정답해설▐

1. 매출세액 : ₩90,000,000 × 10% = ₩9,000,000

2. 매입세액 : (1) + (2) = ₩2,196,000
   (1) 일반매입세액 : (₩8,000,000 + ₩10,000,000)(주1) × 10% = ₩1,800,000

   > 주1 기업업무추진비 지출액의 경우 매입세액불공제, 운송업자의 운송비 매입세액은 영수증 수취분이므로 매입세액 불공제

   (2) 의제매입세액 : Min(①, ②) = ₩396,000

   ① 공제대상액 : $(₩18,600,000 + ₩3,100,000 \times \frac{₩90,000,000}{₩150,000,000}^{(주2)}) \times \frac{₩30,600,000}{₩31,000,000}^{(주3)} \times \frac{2}{102} = ₩396,000$

   > 주2 실지귀속이 불분명한 경우 해당 과세기간의 공급가액비율로 안분계산
   > 주3 면세농산물 등의 매입가액에는 운임 등의 부대비용을 제외함

   ② 한도 : $₩90,000,000 \times 30\%^{(주4)} \times \frac{2}{102} = ₩529,411$

   > 주4 법인사업자의 한도율은 2024.1.1.부터는 30%를 적용함

3. 납부세액 : ₩9,000,000 − ₩2,196,000 = ₩6,804,000

37 고난도

 ①

▌정답해설▐

1. 간이과세자에서 일반과세자로 전환되었으므로 재고매입세액을 계산함

2. 재고매입세액 : ① + ② = ₩23,590,000

   ① 건물(주1) : $₩275,000,000 \times \frac{10}{110} \times (1 - 10\% \times 3기) \times (1 - 30\%) = ₩12,250,000$

   > 주1 2021.6.30. 이전에 공급받은 재공품등
   > 재고매입세액의 부가가치율은 일반과세자로 변경되기 직전일(감가상각자산인 경우에는 감가상각자산의 취득일)이 속하는 과세기간에 적용된 해당 업종의 부가가치율에 의함

   ② 건설중인 자산 : ₩12,000,000 × (1 − 5.5%) = ₩11,340,000
   ③ 제품 : 취득가액이 불분명한 경우 재고납부세액은 시가로 계산하나, 재고매입세액은 계산하지 않음

38

답 ⑤

▌정답해설▌

⑤ 납세지 관할세무서장은 다음의 요건을 모두 갖춘 경우 납세의무자의 신청을 받아 물납을 허가할 수 있다. 다만, 물납을 신청한 재산의 관리·처분이 적당하지 아니하다고 인정되는 경우에는 물납허가를 하지 아니할 수 있다.
㉠ 상속재산 중 법령에 따른 부동산과 유가증권의 가액이 해당 상속재산가액의 50%를 초과할 것
㉡ 상속세 납부세액이 2천만원을 초과할 것
㉢ 상속세 납부세액이 상속재산가액 중 금융재산의 가액(상속재산에 가산하는 증여재산가액은 포함하지 않음)을 초과할 것

39 고난도

답 ③

▌정답해설▌

1. 금전무상대출 등에 따른 이익의 증여
(₩500,000,000 × 8%) − (₩500,000,000 × 3%) = ₩25,000,000(주1) ≥ ₩10,000,000

주1 대출기간이 1년 이상인 경우에는 1년이 되는 날의 다음날에 매년 새로이 증여받은 것으로 보아 증여재산가액을 계산함

2. 증여세 신고기한(2024년 10월 31일) 내에 반환하였으므로 증여세가 부과되지 않음

3. 특수관계인 저가 양수(주2)
(₩800,000,000 − ₩200,000,000) − Min(₩800,000,000 × 30%, ₩300,000,000) = ₩360,000,000

주2 특수관계인으로부터 저가양수한 경우 증여재산가액 : (시가 − 양수가액) − Min(시가 × 30%, 3억원)

4. 2024년 증여재산가액
₩25,000,000 + ₩360,000,000 = ₩385,000,000

40

답 ⑤

▌정답해설▌

⑤ 부동산 등의 취득은 민법 등 관계 법령에 따른 등기·등록 등을 하지 아니한 경우라도 사실상 취득하면 각각 취득한 것으로 보고 해당 취득물건의 소유자 또는 양수인을 각각 취득자로 한다.

10 2014년 제49회 정답 및 해설

01	02	03	04	05	06	07	08	09	10	11	12	13	14	15	16	17	18	19	20
①	②	①	④	⑤	②	③	②	①	③	④	⑤	①	⑤	③	⑤	④	①	⑤	①
21	22	23	24	25	26	27	28	29	30	31	32	33	34	35	36	37	38	39	40
③	②	②	④	④	②	③	④	③	⑤	④	④	①	②	①	③	③	④	⑤	⑤

01

답 ①

정답해설

① 심사청구는 불복의 사유를 갖추어 해당 처분을 하였거나 하였어야 할 세무서장을 거쳐 국세청장에게 하여야 하나, 소관세무서장 외의 과세관청장에게 제출된 경우에도 그 효력에는 영향이 없다.

02

답 ②

정답해설

② 세무공무원은 세무조사를 시작할 때 조사원증을 납세자 또는 관련인에게 제시한 후 납세자권리헌장을 교부하고 그 요지를 직접 낭독해 주어야 하며, 조사사유, 조사기간, 납세자보호위원회에 대한 심의 요청사항·절차 및 권리구제 절차 등을 설명하여야 한다.

① 세무공무원은 세무조사 기간을 연장하는 경우에는 연장사유와 기간을 납세자에게 문서로 통지하여야 한다.

③ 세무조사 결과통지 및 과세예고통지를 하는 날부터 국세 부과제척기간의 만료일까지의 기간이 3개월 이하인 경우에는 과세전적부심사를 청구할 수 없다.

④ 세무공무원은 납세자가 자료의 제출을 지연하여 세무조사를 진행하기 어려운 경우에는 세무조사를 중지할 수 있으며, 이 경우 그 중지기간은 세무조사 기간 및 세무조사 연장기간에 산입하지 아니한다.

⑤ 세무공무원은 세무조사의 목적으로 납세자의 장부 등을 세무관서에 임의로 보관할 수 없다. 다만, 세무공무원은 수시선정 세무조사 사유에 해당하는 경우에는 조사목적에 필요한 최소한의 범위에서 납세자, 소지자 또는 보관자 등 정당한 권한이 있는 자가 임의로 제출한 장부 등을 납세자의 동의를 얻어 세무관서에 일시 보관할 수 있다.

03 고난도

답 ①

▌정답해설▐

구분	납세의무성립일	과점주주	과점주주 지분율	제2차납세의무
부가가치세	2023년 6월 30일	갑, 을	$\frac{500주^{(주1)} + 200주}{900주^{(주1)}}$	① 갑 : ₩4,500,000 × $\frac{500주}{900주}$ = ₩2,500,000 ② 을 : ₩4,500,000 × $\frac{200주}{900주}$ = ₩1,000,000
법인세	2023년 12월 31일	병	$\frac{500주}{900주^{(주1)}}$	₩9,000,000 × $\frac{500주}{900주}$ = ₩5,000,000

주1 의결권 없는 주식수(100주)는 제외

더 알아보기 출자자의 제2차납세의무

1. 주된 납세자인 법인(유가증권시장・코스닥시장에 주권이 상장된 법인은 제외)의 재산으로 그 법인에 부과되거나 그 법인이 납부할 국세 및 강제징수비에 충당하여도 부족한 경우 그 국세의 납세의무 성립일 현재 무한책임사원과 과점주주가 제2차납세의무를 진다.

2. 무한책임사원과 과점주주
   ① 무한책임사원 : 합명회사의 사원과 합자회사의 무한책임사원을 말함
   ② 과점주주 : 주주(또는 유한책임사원) 1명과 그의 특수관계인으로서 그들의 소유주식 합계(또는 출자액 합계)가 해당 법인의 발행주식총수(또는 출자총액)의 50%를 초과하면서 그 법인의 경영에 대하여 지배적인 영향력을 행사하는 자들을 말함. 이 경우 소유주식 및 발행주식총수에는 의결권 없는 주식은 포함하지 않고 50%를 초과하는지의 여부를 판정함

3. 납부책임의 한도
   ① 무한책임사원 : 별도의 한도 없이 징수부족한 국세 등의 전액에 대하여 제2차납세의무를 진다.
   ② 과점주주의 제2차납세의무 한도액 : 징수부족한 금액 × $\frac{과점주주의\ 소유주식수(또는\ 출자액)^{(주2)}}{발행주식총수(또는\ 출자총액)^{(주2)}}$

주2 의결권이 없는 주식 제외

04

답 ④

▌정답해설▐

① 기한후과세표준신고서를 제출한 자로서 세법에 따라 납부하여야 할 세액이 있는 자는 그 세액을 납부하여야 한다. 다만, 기한후과세표준신고서 제출로써 기한후 신고의 효력이 발생하며, 기한후과세표준신고서 제출과 동시에 납부하여야 하는 것은 아니다.

② 과세표준신고서를 법정신고기한까지 제출한 자 및 기한후과세표준신고서를 제출한 자는 과세표준신고서에 기재된 과세표준 및 세액이 세법에 따라 신고하여야 할 과세표준 및 세액에 미치지 못할 때에는 관할세무서장이 각 세법에 따라 해당 국세의 과세표준과 세액을 결정 또는 경정하여 통지하기 전으로서 국세부과의 제척기간이 끝나기 전까지 과세표준수정신고서를 제출할 수 있다.

③ 가산세는 해당 의무가 규정된 세법의 해당 국세의 세목으로 하며, 해당 국세를 감면하는 경우에는 가산세는 그 감면대상에 포함시키지 아니하는 것으로 한다.
⑤ 납세자의 국세환급금과 국세환급가산금에 관한 권리는 행사할 수 있는 때부터 5년간 행사하지 않으면 소멸시효가 완성된다.

05 답 ⑤

▌정답해설▐

⑤ 부담부증여에 따라 증여세와 함께 양도소득세가 과세되는 경우에 그 양도소득세의 부과제척기간도 증여세에 대하여 정한 제척기간(15년, 10년)으로 한다.

06 답 ②

▌정답해설▐

② 자본금과 적립금조정명세서(을)표로 사후관리하는 소득처분은 유보 또는 △유보이다. 주어진 자료에 의한 소득처분은 다음과 같다.

① △유보, ② 기타, ③ △유보, ④ 유보, ⑤ △유보

07 고난도 답 ③

▌정답해설▐

1. 기부금 구분
   ① 특례기부금 : ₩10,000,000(이재민 구호금품) + ₩6,000,000(사립학교 연구비) = ₩16,000,000
   ② 일반기부금 : ₩4,000,000(사회복지법인 기부금)

2. 기준소득금액 : ₩40,000,000(차가감 소득금액) + ₩16,000,000(특례) + ₩4,000,000(일반) = ₩60,000,000

3. 특례기부금 기부금 시부인 계산
   (1) 한도초과이월액에 대한 세무조정
      ① ₩9,000,000(전기이전 한도초과이월액)
      ② 한도 : [₩60,000,000 − Min(₩5,000,000, ₩60,000,000 × 100%) × 50% = ₩27,500,000
      ③ 한도초과이월액 중 손금산입액 : Min(①, ②) = ₩9,000,000 〈손금산입〉(기타)
   (2) 당기지출액에 대한 세무조정
      ① ₩16,000,000(당기지출액)
      ② 한도잔액 : ₩27,500,000 − ₩9,000,000 = ₩18,500,000
      ③ 한도초과액 : ₩16,000,000 − ₩18,500,000 = △₩2,500,000(세무조정 없음)

4. 일반기부금

① 한도

[₩60,000,000 − Min(₩5,000,000, ₩60,000,000 × 100%) − ₩9,000,000 − ₩16,000,000] × 10% = ₩3,000,000

② 한도초과액

₩4,000,000 − ₩3,000,000 = ₩1,000,000(손금불산입, 기타사외유출)

5. 각사업연도소득금액

₩40,000,000 − ₩9,000,000 + ₩1,000,000 = ₩32,000,000

08 고난도

답 ②

▌정답해설▌

1. 감면후세액 : ₩27,500,000 − ₩2,000,000(통합투자세액공제)(주1) = ₩25,500,000

주1 중소기업의 연구・인력개발비 세액공제액은 최저한세적용배제대상임

2. 최저한세 : ₩250,000,000 × 7% = ₩17,500,000

3. 총부담세액

Max(₩25,500,000, ₩17,500,000) − ₩5,500,000(외국납부세액공제)(주2) − ₩15,000,000(연구・인력개발비세액공제)
= ₩5,000,000

주2 외국납부세액공제 : Min(①, ②)

① 외국납부세액 : ₩7,000,000

② 한도 : $₩27,500,000 \times \frac{₩50,000,000}{₩250,000,000} = ₩5,500,000$

4. 차감납부세액

₩5,000,000 − ₩500,000 = ₩4,500,000

09

답 ①

▌정답해설▌

① 법인이 지급하는 상여금은 원칙적으로 손금에 산입된다. 다만, 임원에게 지급하는 상여금 중 정관・주주총회・사원총회 또는 이사회의 결의에 따라 결정된 급여지급기준에 의한 금액을 초과하여 지급하는 금액은 손금에 산입하지 아니한다.

10

답 ③

▌정답해설▐

※ 법인이 자기주식을 보유한 상태에서 과세되지 않은 잉여금을 자본금에 전입함에 따라 그 법인 외의 주주의 지분비율이 증가한 경우 그 증가한 비율에 상당하는 주식가액은 의제배당에 해당함

1. 주식발행초과금(법인세가 과세되지 않는 잉여금)을 자본 전입의 재원하는 배당은 의제배당이 아님

2. 의제배당금액 : ₩10,000,000
   1,000주(주1) × ₩10,000 = ₩10,000,000

   > 주1 3,000주 − (10,000주 × 20%) = 1,000주

11

답 ④

▌정답해설▐

1. 제23기 감가상각시부인
   ① 감가상각비 해당액 : ₩1,340,000 + ₩2,000,000(즉시상각의제) = ₩3,340,000
   ② 상각범위액 : (₩10,000,000 + ₩2,000,000) × 0.390 × $\frac{6}{12}$ = ₩2,340,000
   ③ 상각부인액 : ₩3,340,000 − ₩2,340,000 = ₩1,000,000 〈손금불산입〉(유보)

2. 제24기 상각범위액 : [₩11,000,000(B/S상 기말 취득가액) + ₩6,000,000(즉시상각의제)(주1) − ₩1,340,000(전기말 감가상각누계액) + ₩1,000,000(전기말 유보잔액)] × 0.390 = ₩6,497,400

   > 주1 비용계상한 수선비 합계액 ₩6,000,000이 소액수선비에 해당하지 않으므로 비용 계상한 ₩6,000,000을 즉시상각의제 적용

12

 ⑤

▌정답해설▐

⑤ 중소기업인 법인이 수행하는 계약기간 1년 미만의 건설 등의 단기 용역의 경우에는 그 목적물의 인도일이 속하는 사업연도의 익금과 손금에 산입할 수 있으나, 중소기업이 아니므로 진행기준을 적용하여야 한다. ⇒ 세무조정 有

① 장식·환경미화 등의 목적으로 사무실·복도 등 여러 사람이 볼 수 있는 공간에 항상 전시하는 미술품의 취득가액을 그 취득한 날이 속하는 사업연도의 손비로 계상한 경우에는 그 취득가액(취득가액이 거래단위별로 1,000만원 이하인 것에 한정)을 손비로 인정한다. ⇒ 세무조정 無

② 연체이자는 손금으로 인정된다. ⇒ 세무조정 無

③ 유형자산의 취득과 함께 국·공채를 매입하는 경우 기업회계기준에 따라 그 국·공채의 매입가액과 현재가치의 차액을 해당 유형자산의 취득가액으로 계상한 금액은 유형자산의 취득가액에 포함한다. ⇒ 세무조정 無

④ 연지급수입의 지급이자의 경우 취득가액에 포함하는 것이 원칙이지만, 결산서에 비용계상한 경우에는 특례규정으로 손금으로 인정한다. ⇒ 세무조정 無

13

답 ①

▌정답해설▐

① 유가증권의 평가는 원가법 중 개별법(채권의 경우에 한정), 총평균법 또는 이동평균법 중 법인이 관할세무서장에게 신고한 방법에 의한다.
② 해당 법인의 주주 등(소액주주 등은 제외) 또는 출연자인 임원 또는 그 친족이 사용하고 있는 사택의 유지비・관리비・사용료와 이와 관련되는 지출금은 손금에 산입하지 아니한다. 따라서 소액주주인 임원에 대한 사택의 유지비 등은 손금에 산입한다.
③ 재고자산의 평가는 각 호별(제1호 제품 및 상품, 제2호 반제품 및 재공품, 제3호 원재료, 제4호 저장품)로 구분하여 종류별, 영업장별로 각각 다른 방법에 따라 평가할 수 있다. 따라서 동일한 영업장내에서도 재고자산의 종류별로 각각 다른 방법에 의하여 평가할 수 있다.
④ 리스회사가 대여하는 리스자산 중 금융리스의 자산은 리스이용자의 감가상각자산으로 하고, 금융리스 외의 리스자산은 리스회사의 감가상각자산으로 한다.
⑤ 금융보험업을 영위하는 법인이 수입하는 이자 및 할인액은 실제로 수입된 날을 손익귀속시기로 하되, 선수입이자 및 할인액은 제외한다.

14 고난도

답 ⑤

▌정답해설▐

1. 대손금에 대한 세무조정
〈손금산입〉 대손요건 충족분 ₩2,250,000(△유보)
〈익금불산입〉 당기 회수분 ₩47,750,000(△유보)
〈손금불산입〉 대손요건 불충족 매출채권 ₩2,000,000(유보)

2. 대손충당금 한도액 계산
(1) 세무상 기말 대손충당금 설정 대상 채권 : ₩300,000,000 + ₩2,000,000(주1) = ₩302,000,000

주1 당기말 유보잔액 : ₩50,000,000(전기말 유보잔액) − ₩2,250,000 − ₩47,750,000 + ₩2,000,000 = ₩2,000,000

(2) 설정률 : Max[1%, 대손실적률(주2)] = 2.5%

주2 대손실적률 = $\frac{₩6,000,000 - ₩2,000,000 + ₩2,250,000}{₩200,000,000 + ₩50,000,000}$ = 2.5%

(3) 대손충당금 한도액 : ₩302,000,000 × 2.5% = ₩7,550,000

15

답 ③

▌정답해설▐

1. 지급이자 손금불산입액(업무무관자산 관련 이자) : ₩30,000,000 × $\frac{20억}{100억}$ = ₩6,000,000

2. 수입배당금 익금불산액 : ₩6,080,000

   ① 갑법인 : (₩10,000,000 − ₩24,000,000[주1] × $\frac{366억원}{3,660억원}$) × 80% = ₩6,080,000

   주1 ₩30,000,000 − ₩6,000,000 = ₩24,000,000

   ② 을법인 : 배당기준일 전 3개월 이내에 취득한 주식 등을 보유함으로써 발생한 수입배당금액은 수입배당금 익금불산입 배제대상에 해당함

16

답 ⑤

▌정답해설▐

1. 거래1

   ① 단기할부거래는 법인세법상 인도기준(₩10,000,000)에 의하여 인식하여야 하나, 회사는 회수기준(₩2,000,000)으로 인식하였으므로 세무조정함

   ② 세무조정 : 〈익금산입〉 ₩8,000,000(유보)

2. 거래2

   ① 중소기업인 법인이 장기할부조건으로 자산을 판매하거나 양도한 경우에는 그 장기할부조건에 따라 각 사업연도에 회수하였거나 회수할 금액과 이에 대응하는 비용을 각각 해당 사업연도의 익금과 손금에 산입할 수 있으므로(신고조정 허용), 회수기일도래기준을 적용하는 것이 법인세 부담의 최소화이므로 회수기일도래기준에 의하여 세무조정함

   ② 인도기준(₩20,000,000), 회수기일도래기준(₩10,000,000)
   세무조정 : 〈익금불산입〉 ₩10,000,000(△유보)

3. 각사업연도소득금액에 미치는 영향 : ₩8,000,000 − ₩10,000,000 = △₩2,000,000(감소)

17

답 ④

▌정답해설▐

① 비출자임원, 소액주주인 임원, 직원에게 사택을 무상으로 제공한 경우에는 부당행위계산부인규정을 적용하지 않는다.

② 중소기업에 근무하는 직원에 대한 주택구입 또는 전세자금의 대여액에 대하여는 업무무관가지급금의 범위에서 제외하고 중소기업이 아닌 법인이 직원에 주택구입자금 등을 대여한 경우에는 업무무관가지급금으로 보므로 무이자로 대여시 부당행위계산 부인 규정이 적용된다.

③ 주식 등 및 가상자산은 시가가 불분명하면 감정가액의 적용을 배제하고 상속세 및 증여세법상 보충적평가방법을 적용한다.

⑤ 자산임대차의 경우 시가가 불분명한 경우에는 해당 자산의 시가의 50%에 상당하는 금액에서 전세금 또는 보증금을 차감하고 정기예금이자율을 곱하여 산출한 금액을 시가로 한다.

18 고난도

답 ①

▌정답해설▌

1. 합병법인(갑법인)의 합병매수차익 : ① − ② = ₩7,500
   ① 순자산 시가 : ₩120,000 − ₩30,000 = ₩90,000
   ② 양도가액 : 100주 × ₩800 + ₩2,500(주1) = ₩82,500

주1 합병법인이 대납하는 피합병법인의 법인세는 합병매수차익 및 양도차익 계산시 양도가액에 포함

2. 피합병법인(을법인)의 순자산 양도차손익 : ① − ② = ₩12,500
   ① 양도가액 : ₩82,500
   ② 피합병법인의 순자산 장부가액 : ₩100,000(자산) − ₩30,000(부채) = ₩70,000

3. 의제배당금액(병법인) : ① − ② = ₩10,000
   ① 합병대가 : 100주 × ₩800 = ₩80,000
   ② 피합병법인 주식의 취득가액 : ₩70,000

19

답 ⑤

▌정답해설▌

⑤ 중간예납세액이 1천만원을 초과하는 경우에는 정규 법인세의 경우와 마찬가지로 분납할 수 있다.

20 고난도

답 ①

▌정답해설▌

1. 사업소득금액 : ₩0(주1)

주1 국내 1주택자(보유 주택수 계산 : 부부합산)의 주택임대소득은 고가주택(기준시가 12억)에 해당하지 않으면 비과세함

2. 기타소득금액 : ₩8,000,000

구분	기타소득금액	비고
강연료	₩1,200,000	₩3,000,000 × (1 − 60%)
원고료	₩800,000	₩2,000,000 × (1 − 60%)
산업재산권 대여	₩6,000,000	₩15,000,000 × (1 − 60%)
계	₩8,000,000	

3. 근로소득금액 : ① – ② = ₩46,490,000

① 총급여

구분	총급여	비고
급여 및 상여	₩50,000,000	
사택제공이익	–	출자임원이 아니므로 비과세
식사대	₩1,200,000	(₩300,000 – ₩200,000) × 12개월
자녀학자금	₩8,000,000	
계	₩59,200,000	

② 근로소득공제 : ₩12,000,000 + (₩59,200,000 – ₩45,000,000) × 5% = ₩12,710,000

4. 종합소득금액

₩0 + ₩8,000,000 + ₩46,490,000 = ₩54,490,000

21

답 ③

▌정답해설▐

구분	금액
당기순이익	₩92,000,000
+) 총수입금액산입·필요경비불산입	
① 대표자급여	₩50,000,000(주1)
② 초과인출금이자	₩400,000(주2)
③ 자가소비	₩2,000,000
–) 필요경비산입·총수입금액불산입	
① 이자수익	(₩10,000,000)
② 토지처분이익(주3)	(₩20,000,000)
③ 자기소비원가	(₩1,000,000)
사업소득금액	₩113,400,000

주1 대표자급여는 필요경비불산입항목임

주2 $₩8,000,000 \times \frac{25억}{500억} = ₩400,000$

주3 건물과 토지의 양도로 인한 소득은 양도소득으로 과세되므로, 총수입금액 불산입함

22

답 ②

▌정답해설▌

구분	기본공제	추가공제	인적공제 합계	비고
본인	₩1,500,000		₩1,500,000	
배우자	₩1,500,000	–	₩1,500,000	
부친	₩1,500,000(주1)	₩1,000,000	₩2,500,000	경로우대자공제
모친	₩1,500,000	₩1,000,000	₩2,500,000	경로우대자공제
장인	₩1,500,000	–	₩1,500,000	
장남	–(주2)		–	
장녀	₩1,500,000		₩1,500,000	
계	₩9,000,000	₩2,000,000	₩11,000,000	

주1 부친 : 과세기간 종료일 전에 사망한 사람에 대해서는 사망일의 전날에 상황에 따름

주2 장남 : 장애인으로 연령요건은 제한받지 않으나, 소득요건 미충족으로 기본공제 및 추가공제 대상자가 아님

23

답 ②

▌정답해설▌

1. 금융소득의 구분

구분	무조건, 조건부 종합과세	원천징수세율
정기예금이자	₩5,000,000	14%
비영업대금의 이익	₩8,000,000	25%
법원에 납부한 보증금 및 경락대금 이자	–(주1)	–
공익신탁의 이익	–(주2)	–
외국법인 현금배당	₩6,000,000	–
비상장법인 현금배당	₩5,000,000(주3)	14%
계	₩24,000,000	

주1 법원에 납부한 보증금 및 경락대금에서 발생한 이자는 무조건 분리과세에 해당함

주2 공익신탁의 이익은 비과세 금융소득에 해당함

주3 Gross-up 대상

2. 금융소득금액

₩24,000,000 + Min(₩4,000,000, ₩5,000,000) × 10%(개정안) = ₩24,400,000

3. 원천징수세액

₩5,000,000 × 14% + ₩8,000,000 × 25% + ₩5,000,000 × 14% = ₩3,400,000

24

답 ④

▌정답해설▌

④ 세액감면을 적용받는 사업자가 해당 과세기간에 산출세액이 없어 감면받지 못하는 경우에는 이월하여 감면 받을 수 없다.

25 고난도

답 ④

▌정답해설▌

다. 근로소득과 공적연금은 각각 연말정산이 되나, 모두 종합소득에 해당하여 종합소득세 확정신고의무가 있다.

라. 공적연금은 연말정산되지만, 외국법인 배당의 경우 무조건 종합과세되므로, 종합소득세 확정신고의무가 있다.

마. 공적연금은 연말정산되지만, 종합과세대상 사업소득이 있어 종합소득세 확정신고의무가 있다.

가. 근로소득은 연말정산 되고, 배당소득은 2,000만원을 초과하지 않아 분리과세 되므로 종합소득세 확정신고의무는 없다.

나. 퇴직소득은 완납적 원천징수로 종결되고, 공적연금은 연말정산되므로 종합소득세 확정신고의무는 없다.

바. 이자소득은 2,000만원을 초과하지 않아 분리과세되고, 기타소득의 경우 기타소득금액이 280만원(700만원 − 700만원 × 60%)으로 300만원 이하에 해당하여 선택적 분리과세를 적용받을 수 있으므로 반드시 종합소득세 확정신고를 해야 하는 것은 아니다.

26

답 ②

▌정답해설▌

② 퇴직소득 원천징수시기의 특례
- ㉠ 1월부터 11월까지의 사이에 퇴직한 사람의 퇴직소득을 해당 과세기간의 12월 31일까지 지급하지 않는 경우 : 12월 31일
- ㉡ 12월에 퇴직한 사람의 퇴직소득을 다음 연도 2월 말일까지 지급하지 않은 경우 : 2월 말일

27

답 ③

▌정답해설▌

1. 임대료 : ₩32,000,000 × $\frac{9월}{12월}$(주1) = ₩24,000,000

> 주1 계약기간의 개시일이 속하는 달이 1월 미만인 때에는 1월로 하고, 계약기간 종료일이 속하는 달이 1월 미만인 때에는 이를 산입하지 않음

2. 간주임대료 : (₩500,000,000 − ₩300,000,000) × 60% × 288일 × $\frac{1}{366}$ × 3.66% − ₩1,000,000 = ₩2,456,000

3. 총수입금액 : ₩24,000,000 + ₩2,456,000 = ₩26,456,000

28

답 ④

▌정답해설▐

④ 양도차손이 발생한 자산이 있는 경우에는 다음 순서에 따라 같은 호별 내 다른 자산의 양도소득금액에서 그 양도차손을 순차적으로 공제한다.

㉠ 양도차손이 발생한 자산과 같은 세율을 적용받는 자산의 양도소득금액

㉡ 양도차손이 발생한 자산과 다른 세율을 적용받는 자산의 양도소득금액. 이 경우 다른 세율을 적용받는 자산의 양도소득금액이 2 이상인 경우에는 각 세율별 양도소득금액의 합계액에서 해당 양도소득금액이 차지하는 비율로 안분하여 공제한다.

⇒ 토지의 양도와 지상권의 양도는 같은 호별에 해당하므로 공제가 가능하다.

29 고난도

답 ③

▌정답해설▐

구분	금액	비고
① 양도가액	₩200,000,000(주1)	
② 취득가액	(₩113,000,000)(주2)	₩100,000,000 + ₩10,000,000 + ₩3,000,000
③ 양도차익	₩87,000,000	
④ 장기보유특별공제	(₩26,100,000)	₩87,000,000 × 30%(15년 이상)
⑤ 양도소득금액	₩60,900,000	
⑥ 양도소득기본공제	(₩2,500,000)	
⑦ 양도소득과세표준	₩58,400,000	

주1 시가와 양도가액의 차액(₩10,000,000)이 시가의 5%(₩10,500,000)에 미달하므로 부당행위계산부인을 적용하지 않음

주2 특수관계법인에게 저가매입한 경우 법인세법상 부당행위계산부인규정이 적용되어 배당처분된 금액은 이중과세 조정을 위해 취득가액에 포함함

30

답 ⑤

▌정답해설▐

⑤ 부동산임대업의 경우 그 부동산의 등기부상 소재지를 사업장으로 한다.

31

답 ④

▌정답해설▌

① 상품권 등을 현금 또는 외상으로 판매하고 그 후 해당 상품권 등이 현물로 교환되는 경우에는 해당 재화가 실제로 인도되는 때를 공급시기로 한다.
② 재화의 공급으로 보는 가공의 경우에는 가공된 재화를 인도하는 때를 공급시기로 한다.
③ 사업자가 재화・용역의 공급시기가 되기 전에 세금계산서를 발급하고 그 세금계산서 발급일부터 7일 이내에 대가를 받으면 해당 세금계산서를 발급한 때를 재화・용역의 공급시기로 본다.
⑤ 재화를 위탁판매수출하는 경우에는 수출재화의 공급가액이 확정되는 때를 공급시기로 한다.

32

답 ④

▌정답해설▌

④ 자기적립 마일리지 등으로 대금을 결제받은 경우에는 마일리지 등 외의 수단으로 결제받은 금액을 공급가액으로 하므로, 마일리지상당액은 원칙적으로 공급가액에 포함하지 아니한다.

33

답 ①

▌정답해설▌

② 전자세금계산서를 발급하였을 때에는 전자세금계산서 발급일의 다음 날까지 전자세금계산서 발급명세(세금계산서 기재사항을 말함)를 국세청장에게 전송하여야 한다.
③ 세금계산서의 필요적 기재사항은 ㉠ 공급하는 사업자의 등록번호와 성명・명칭, ㉡ 공급받는 자의 등록번호, ㉢ 공급가액과 부가가치세액, ㉣ 작성연월일을 말한다.
⇒ 공급연월일은 임의적 기재사항임
④ 소매업의 경우에는 공급받는 자가 세금계산서의 발급을 요구하는 경우에는 세금계산서를 발급하여야 한다.
⑤ 필요적 기재사항 등이 착오 외의 사유로 잘못 적힌 경우(과세표준・세액을 경정할 것을 미리 알고 있는 경우는 제외)에는 재화나 용역의 공급일이 속하는 과세기간에 대한 확정신고기한 다음 날부터 1년 이내에 수정세금계산서를 발급할 수 있다.

34 고난도

답 ②

▌정답해설▌

※ 부가가치세가 중복적으로 과세되는 것을 방지하기 위하여 사업자가 보세구역 내에 보관된 재화를 다른 사업자에게 공급하고 그 재화를 공급받은 자가 그 재화를 보세구역으로부터 반입하는 경우에 재화를 공급한 자의 과세표준은 다음과 같이 계산된다.

과세표준 = 그 재화의 공급가액 − 재화의 수입에 대한 과세표준(주1)

과세표준 : ₩90,000,000 − ₩50,000,000(세관장의 과세표준)(주2) = ₩40,000,000

주1 세관장이 재화의 수입에 대한 부가가치세를 징수하고 발급한 수입세금계산서에 적힌 공급가액을 말함
주2 ₩5,000,000 ÷ 10% = ₩50,000,000

35

답 ①

▌정답해설▐

구분	금액	비고
외상판매	₩5,000,000	
매출할인	(₩500,000)	
선수금	₩1,000,000	선발급 세금계산서 특례
견본품	−	재화의 공급 아님
기증받은 비품	−	공급 아님
국가에 무상공급	−	면세
교환	₩300,000	공급한 재화의 시가
계	₩5,800,000	

36

 ③

▌정답해설▐

1. 납부세액 : ₩66,000,000 × 20% × 10% = ₩1,320,000

2. 공제세액 : ① + ② = ₩78,100
   ① 과세사업 공제세액 : ₩11,000,000 × 0.5% = ₩55,000
   ② 공통매입세액 : ₩7,700,000 × $\frac{₩66,000,000}{₩110,000,000}$ × 0.5% = ₩23,100

3. 차감납부세액
   ₩1,320,000 − ₩78,100 = ₩1,241,900

37

답 ③

▌정답해설▌

1. 납부세액 : ① − ② = ₩5,000,000
   ① 매출세액 : ₩115,000,000 × 10% = ₩11,500,000
   ② 매입세액 : ₩65,000,000 × 10% = ₩6,500,000(주1)

주1 공급시기가 속하는 과세기간이 끝난 후 20일 이내에 사업자등록을 신청한 경우 등록신청일부터 공급시기가 속하는 과세기간 기산일까지 역산한 기간 내의 매입세액은 매출세액에서 공제함

2. 가산세 : (₩42,000,000 + ₩30,000,000) × 1%(주2) = ₩720,000

주2 사업자등록 신청기한이 지난 후 1개월 이내에 신청하는 경우 해당 가산세의 50%를 감면하나, 1개월이 지났으므로 감면하지 아니함

3. 납부세액과 가산세 합계
   ₩5,000,000 + ₩720,000 = ₩5,720,000

38 고난도

답 ④

▌정답해설▌

1. 총상속재산가액 : ① + ② = ₩1,500,000,000
   ① 상속재산가액 : ₩1,500,000,000
   ② 추정상속재산가액 : ₩0(주1)

주1 채무부담액이 1년 내에 2억원 이상인 경우에 해당하지 않으므로 추정상속재산은 없음

2. 증여재산가산액 : ₩200,000,000(주2)

주2 증여일 현재의 시가로 평가

3. 과세가액 공제액 : (1) + (2) = ₩110,000,000
   (1) 장례비용 : ① + ② = ₩10,000,000
      ① 일반 장례비 : ₩5,000,000(주3)
      ② 봉안시설 이용료 : Min(₩8,000,000, ₩5,000,000) = ₩5,000,000

주3 증빙이 없는 경우에도 최소 500만원은 공제하며, 증빙이 있는 경우에는 1000만원 한도로 공제

   (2) 채무 : ₩100,000,000

3. 상속세 과세가액
   ₩1,500,000,000 + ₩200,000,000 − ₩110,000,000 = ₩1,590,000,000

39 고난도

답 ⑤

▌정답해설▌

① 조세회피목적 없이 타인의 명의로 재산을 등기하는 경우 실제소유자가 명의자에게 그 재산을 증여한 것으로 보지 않는다.
② 법인이 자본을 감소시키기 위하여 주식을 소각할 때 주주 갑의 주식을 소각함으로써 다른 주주 을이 이익을 얻은 경우 을이 갑의 특수관계인에 해당하면서 대주주인 경우 그 이익에 상당하는 금액을 주주 을의 증여재산가액으로 한다.
③ 특수관계인에게 양도한 재산을 그 특수관계인이 양수일부터 3년 이내에 당초 양도자의 배우자 등에게 다시 양도한 경우에는 양수자가 그 자산을 양도한 당시의 재산가액을 그 배우자 등이 증여받은 것으로 추정하여 이를 배우자 등의 증여재산가액으로 한다.
④ 직업, 연령, 소득 및 재산상태 등으로 볼 때 재산을 자력으로 취득하였다고 인정하기 어려운 경우로서 자금출처로 입증된 금액의 합계액이 취득재산가액에 미달하는 경우에는 그 재산의 취득자금을 그 재산의 취득자가 증여받은 것으로 추정하여 이를 그 재산취득자의 증여재산가액으로 한다.

40

답 ⑤

▌정답해설▌

⑤ 취득세의 과세표준은 취득당시의 가액으로 한다. 여기서 취득당시의 가액이란 유상취득, 원시취득의 경우 사실상의 취득가액으로 하고, 무상취득의 경우에는 시가인정액으로 한다. 다만, 다음에 해당하는 무상취득의 경우에는 해당 가액을 취득당시의 가액으로 한다.
   ㉠ 상속에 따른 무상취득의 경우 : 시가표준액
   ㉡ 취득물건에 대한 시가표준액이 1억원 이하의 과세대상자산을 무상취득하는 경우 : 시가인정액과 시가표준액 중에서 납세자가 정하는 가액
   ㉢ 위 ㉠, ㉡에 해당하지 않는 경우로서 시가인정액을 산정하기 어려운 경우에는 시가표준액

모든 일에 있어서, 시간이 부족하지 않을까를 걱정하지 말고,
다만 내가 마음을 바쳐 최선을 다할 수 있을지, 그것을 걱정하라.

– 정조 –

2024 SD에듀 공인회계사(CPA) 1차 세법 10개년 기출문제집

초 판 발 행	2024년 01월 05일(인쇄 2023년 10월 24일)
발 행 인	박영일
책 임 편 집	이해욱
저 자	박지성
편 집 진 행	박종현
표지디자인	박수영
편집디자인	표미영 · 채현주
발 행 처	(주)시대고시기획
출 판 등 록	제10-1521호
주 소	서울시 마포구 큰우물로 75 [도화동 538 성지 B/D] 9F
전 화	1600-3600
팩 스	02-701-8823
홈 페 이 지	www.sdedu.co.kr
I S B N	979-11-383-5517-9 (13320)
정 가	20,000원